JN280059

孤立と統合

日独戦後史の分岐点

［編］渡辺 尚
今久保幸生
ヘルベルト・ハックス
ヲルフガンク・クレナー

京都大学学術出版会

Isolation and Integration
Watershed in the postwar history of Japan and Germany
*
H. Watanabe, S. Imakubo, H. Hax, W. Klenner
eds.

Kyoto University Press 2006

民族国家ドイツがかつてのドイツ国(ライヒ)におけるプロイセンのように，EUのドッペルゲンガー（分身）としての影を拡大していることは刮目すべき動向である．
　そればかりか，2004年10月にローマで締結されたEU憲法に，経済体制理念として社会的市場経済（Soziale Marktwirtschaft）が明示的に盛り込まれたこと（第I-3条(3)）が注目に値する．これはドイツ外交の大勝利と言ってよかろう．2005年5月末から6月初にかけてフランスとオランダの国民投票でこの批准が相次いで否決されたため，憲法の発効は相当先のことになったが，戦後西ドイツの政策運営を導いてきた経済体制理念が，今や統合ヨーロッパの共同理念として認知されるに至ったことは重視されるべきである．このような成果の上に立って，ドイツがヨーロッパの内に対してのみならず外に対しても政治的発言力を強め始めたことは，日本と対照的に米国主導の対イラク戦争に明白に一線を劃すことにより，米政府の反独姿勢をあえて買って出たことに端的に示される．
　しかし，東西ドイツ統一の経済負担は予想をはるかに超えて重く，東西合併費用はこれまでのところ旧西ドイツにとり「不良債権化」している．また，長期停滞に呻吟する日本の水準のゆうに二倍を超える構造的高失業率も，社会的市場経済が生み出した高度福祉国家体制の財政基盤を脅かしていることは，特に第2章で詳論されているところである．あろうことかドイツは，自らの主導で成立させた安定成長協定（ユーロ圏諸国に単年度財政赤字を国内粗生産の3％以下に抑えることを義務づけた）を，2002年にフランスとともに真っ先に破った．しかもこの協定違反は2007年まで6年連続する見通しである．EU内部の経済的「超大国」ドイツと，核兵器保有国フランスとの利益共同体が見せつける寡占的行動様式が，EU内部に新しい軋轢を生み，それが将来ドイツを統合のなかの孤立へ導く可能性は無視しえないのである．
　とはいえ，何人かのドイツ側寄稿者の現状関心は，EU統合拡大に伴うドイツ経済圏の不均等拡大が孕む構造的不安定にではなく（ドイツ経済の比重上昇は彼らにとり当然のことなのかもしれない），EU統合市場の急激な拡大に当面のドイツ経済が不適応現象を起こしていることに向かっている．しかも，その原因を社会的市場経済からの逸脱に求めようとしていることが目立つ．この社会的市場経済がドイツの新しい体制理念として定着したのは，後述のように1949年の第一回ドイツ連邦議会選挙を契機とする．その後，半世紀を経てドイツ内外の状況が一変したにもかかわらず，ドイツの多くの経済学者の間でこの体制理念

堅持の意志がいささかも衰えていないことは，ドイツ観念論の伝統の根強さを見せつけられるほどである．

それでは社会的市場経済とは何か．読者の便宜のためにここで多少の説明をしておくべきであろう．6人のドイツ側寄稿者のうち，ボル（第2章），ハイドゥク（第8章），ティーメ（第9章）はともにケルン大学のアルフレート・ミュラー=アルマク（Alfred Müller-Armack [1901～78年]，1950年からケルン大学教授，1958～63年連邦経済省欧州問題担当次官）のもとで経済政策学を学んだ同窓である．同じくケルン大学でグーテンベルクのもとで経営学を学んだハックス（第6章）も，ミュラー=アルマクの学統を継いでいる．このミュラー=アルマクこそ社会的市場経済を概念化し，1950～60年代の連邦経済相エーアハルトの経済政策運営を支えた鍵人物にほかならない．いわゆる新自由主義のドイツ的形態は，オイケン（Walter Eucken [1881～1950年]，1927年からフライブルク大学教授）を中心とするフライブルク学派（彼がベームと協力して1948年から『オルド — 経済・社会年誌』 Ordo. Jahrbuch für Wirtschaft und Gesellschaft を編纂したため「オルド学派」とも呼ばれる）のオルド自由主義として発現した．これは機能的競争秩序は市場が自ら生み出し維持するものではなく，公権力による秩序政策によってのみ形成され，本来のあり方からの逸脱が防止されるという認識に立っていた．この学派のなかで市場経済秩序と社会的公正との総合を重視したのがオイケン，リュストウ，レプケ，ミュラー=アルマク等であり，これを社会的市場経済として概念化したのがミュラー=アルマクなのである．彼によればこれは二つの原則，「体制整合性」（Systemkonformität すべての経済政策は市場経済の自己制御能力を保証しなければならない）と「補完性」（Subsidiarität 自己責任の優位，自助のための補助）によってのみ保証される．

この理念は1949年7月第1回連邦議会選挙に臨むCDU（キリスト教民主同盟）のデュッセルドルフ綱領に採択され，10年後の1959年SPD（ドイツ社会民主党）のゴーデスベルク綱領に採択されて，以後西ドイツにおけるすべての政党，宗派，社会組織，社会層に横断的な経済体制理念として共有されるようになった．両独成立から41年経った1990年5月，統一に先立ち東西両ドイツ間で締結された「通貨・経済・社会同盟条約」の第I章において，社会的市場経済が両国共通の経済形態であることが確認され，初めて社会的市場経済は法的根拠を得た．そしてついに，2003年6月に公表されたヨーロッパ憲法草案で，これはEUの目的の一つとして謳われるまでに至ったのである．

しかしこの間，1966〜72年に連邦経済相（1971〜72年財務相を兼務）を務めたSPDのシラー（Karl Schiller〔1911〜94年〕）の主導により，1967年に制定された経済安定成長促進法が，「フライブルク［オルド自由主義］の命令（Imperativ）とケインズの唱導（Botschaft）との共生態」を謳って連邦，州による総合誘導政策を導入して以来，社会的市場経済理念はミュラー–アルマクの願った「社会的了解」（Soziale Irenik）としての理念的社会統合の機能を大幅に低下させた．ちなみにこの立法は，中期財政計画と賃金決定における国・使用者・被用者三者の協調行動（konzertierte Aktion）とを両軸としたが，後者は当時急速にドイツを追い上げてきた日本経済を意識したものと言われている．ボルやハックスが1960年代に社会的市場経済が変質したと批判的に述べているのは，シラーによる総合誘導政策の導入を念頭に置いてのことと思われる．

　この経済体制理念が1960年代以来40年間にわたり試練に曝され続けてきたにもかかわらず，これへの確信がドイツの有力な経済学者たちの間でいささかも揺らいでいないのはなぜか，本書のドイツ側の諸論考はこの疑問を触発する．それはまた，日本とドイツとの経済体制理念に関わる状況の相違を再考させるものでもある．旧東ドイツ，ドイツ民主共和国がその体制擁護者により，当時として中央指令型計画経済体制の世界で最も完成した形態であると確信されていたはずであることを思えば，1990年のドイツ統一は国政史上の画期的事件に留まらず，社会主義対社会的市場経済という体制理念闘争における後者の勝利にほかならなかった．したがって，その後の一時的経済不振でもって社会的市場経済の鼎の軽重を問うことは，両ドイツ建国後40年にわたるイデオロギー闘争の帰結を否定することになりかねない．彼らの理念的固執が歴史的現実の重みに支えられていることを忘れ，イデオロギー闘争が文字通り観念論の次元でしか起きなかった自国の戦後史と重ね合わせて，日本人がドイツの理念史的現況へ批判の眼を向けることは，ドイツ側からすれば受け入れがたいものであろう．

　他方で，戦後日本における体制理念の自覚がドイツにおけるほど鮮明でなかったことは，理念それ自体の欠如をけっして意味しない．また，理念意識が希薄なために日本の経済政策運営がドイツの政策運営に較べて誤りの多いものであった，ということにもならない．現状認識にあたり，順調な現象に対してはその底に潜む弱点を探ることが，不調な現象に対してはその底に残る状況打開の可能性を見出すことが，それぞれ必須の政策行動となる．このような複眼

的な観点から，全世界的な地殻変動のもとで日独経済それぞれが直面している試練とその克服の可能性とを総体的に把握すること，これが本書の主題である．「孤立」と「統合」という一見相反する日独の現状の対比は，この共同作業のために組んだ足場にほかならない．この作業がどれほど所期の目的を達することができたかは，炯眼の読者の判断を待つばかりである．

目　次

序　論　　渡辺　尚　　i

第1部｜社会経済秩序の危機と政策選択

　　はじめに　　3
　　第1章　日本の危機状況と危機認識 ──────────── 7
　　　　　　　　　　　　　　　　　　　　　　　　渡辺　尚
　　第2章　ドイツ社会的市場経済の試練 ──────────── 59
　　　　　　　　　　　　　アルトゥール・ボル（渡辺　尚 訳）
　　第3章　日本型資本主義の新しいかたち ──────────── 75
　　　　　　　　　　　　　　　　　　　　　　　　劉　進慶
　　第4章　ドイツから見た日本型秩序論争 ──────────── 99
　　　　　　　　　　　ヲルフガンク・クレナー（黒澤隆文 訳）

第2部｜転換期に直面する企業システム

　　はじめに　　121
　　第5章　日本の企業集団に見る連続と断絶 ──────────── 123
　　　　　　　　　　　　　　　　　　　　　　　　竹内常善
　　第6章　市場変動とドイツの企業構造 ──────────── 151
　　　　　　ヘルベルト・ハックス（石井　聡・竹内常善・黒澤隆文 共訳）

第3部 対外経済関係のかたち

はじめに　175

第7章　対独関係から見た日本の貿易構造 ———————— 181
　　　　　　　　　　　　　　　　　　　　　八林秀一

第8章　ドイツから見た独日経済関係の展望 ———————— 209
　　　　　ギュンター・ハイドゥク, クリスティアン・シャッペル（八林秀一 訳）

第9章　ドイツの対外経済関係とEU ———————— 241
　　　　　　　　　　　　　イェルク・ティーメ（黒澤隆文 訳）

補　論　日本の対外経済関係—対米関係を中心に ———————— 263
　　　　　　　　　　　　　　　　　　　　　中村隆英

第4部 地域統合と政策選択

はじめに　279

第10章　東アジア統合と日本の戦略 ———————— 283
　　　　　　　　　　　　　　　　　　　　　今久保幸生

第11章　EU東方拡大とドイツ ———————— 349
　　　　　ウィム・ケスタース, マルティン・ヘブラー（今久保幸生 訳）

総括と展望　　　渡辺　尚　　385
あとがき　　　　今久保幸生　389
索　引　　393

凡例　本文中の注表示は,（　）内は著者により,［　］内は訳者によるものである.

第 1 部

社会経済秩序の危機と政策選択

はじめに

　第1部は4章から成り，1990年代以降の日独経済の問題状況が，それぞれ「類型」(Typus)，「秩序」(Ordnung)，「危機」(Krise)という鍵概念によって検討される．第1章で渡辺は類型政策論の立場から日本の危機を分析し，第2章でボルは秩序政策論の観点からドイツの危機を再検する．第3章で劉は日本の危機的状況の発生因を探究し，第4章でクレナーは日本の危機認識を秩序政策論の観点から整理する．四人の論点が必ずしも一つに収斂するわけではないが，四人四様の視点のずれがかえって彼我の問題状況の相似性と相違性との立体的把握を可能にしていることは，第1部の特色と言ってもよかろう．

　また，ともに類型論の立場をとりながら，渡辺と劉との危機理解が相互に批判を蔵していることは看過できず，あえて日本に対象を限定したクレナーが，ドイツに対象を限定したボルに代表される秩序政策論の立場に対する批判的見地を垣間見せることも興味深い．日本側とドイツ側とがそれぞれ共通の立場をとって対峙するのでなく，一人一人が独自な見地に立つ縦横な相互批判を展開する場を第1部は形成している．以下，読者の理解に資するように，4章の論点をあらかじめ整理しておこう．

　第1章で渡辺は，九十年代以後という時代設定を行い，そこに認められる共振的諸事象の未曾有性に照らして，現状を戦後日本経済史を劃する体制的危機と捉える．それは「見えない危機」である類型的危機が打ち出す日本経済の型（生産の優位）に刻印された，類型政策体系の公準の転換が迫られている事態にほかならない．したがって，彼の立論は類型論的観点を欠く秩序政策論の日本経済への適用可能性の限界を暗示するに留まらず，危機の主因を性急かつ月並みに日本経済の「閉鎖性」に求める第8章のハイドゥク・シャッベルへの反批判ともなっている．また，渡辺の類型論および政策体系公準の批判的認識は，劉の必ずしも明確とはいえない類型論および危機の主因を「政策の失敗」にも求める認識とある程度重なるが，基本的認識では一線を劃している．さらに，戦略的な安全保障の観点に立つ総合人口政策形成の喫緊性を説く渡辺の提言は，日本が直面する体制的危機が根源的には内在的要因に発するとはいえ，外

在的要因もこれに増幅作用を及ぼしている現状に照らして，日本の類型政策公準の転換過程が外部から妨げられることがあってはならないという主張，すなわち米国のみならず中国の覇権主義的行動に対する批判的認識を蔵している．

　第2章でボルは，社会的市場経済が1960年代央に変質した結果，理念と現実との乖離が生じ，その結果社会的市場経済が深刻な危機に陥っているという，秩序政策論者に共通の現状認識に立って論を起こす．社会的市場経済が本来の形態において有効性を発揮しえた期間を，その変容により機能不全に陥っている期間が大幅に上回るにもかかわらず，これがドイツの公式経済体制理念の地位を失っていないことは奇妙な政策史的状況に見える．彼によれば，市場環境の変動が社会的市場経済の機能不全を招いたのではなく，逆に後者の変質が今日のドイツ経済の危機を招いたのであり，この典型的事例として，労働市場，公的年金保険制度，大学教育の三分野が挙げられる．彼の言う社会的市場経済理念の「革新と徹底」とは，1960年代以前のミュラー－アルマクの時代に立ち返り，忘れかけた初志を想い起こすことにほかならない．しかし，それはこの理念の対錘的構成要素の一方，「社会的」から「市場経済」への重心移動を図ることではないのか．理念の振り子運動を通してドイツ観念論の伝統が秩序政策論者に継承されていることは，およそ理念的なるものに鈍感な日本の政策風土との対比で興味深い．

　第3章で劉は，「日本資本主義の新しいかたち」を提示する．共同体原理に根ざす「日本型経済システム」は，国際分業化では競争優位を実証したが，グローバル化で競争劣位を露呈したという．この日本型経済システムの有為転変は市場環境の変動によるものであり，前者は後者に適合しえず競争劣位に転落する可能性を孕んでいたと，彼は観る．とはいえ，日本型経済システムを根底から変える必要はなく，「低成長で公平にして豊かな社会」のモデルたらしめる再構成が必要であると，彼は提言する．このような彼の立場は，社会的市場経済修正の必要性を頑として認めようとしないドイツの秩序政策論者と対蹠的であるように見える．しかし，後者が社会的市場経済からの逸脱に危機の主因を求めるのに対して，劉が日本型の市場変動への不適合に危機の主因を求める点で，両者の因果認識は逆である．また，類型論に立つ点で劉は渡辺と共通するが，劉が二類型論を採り，しかも型の規定要因を経済外的所与に求める点で渡辺の

類型論と異なる．さらにまた，劉が非競争的「日本型経済システム」を「競争原理が貫徹する新たなシステム」へ変革せしめる必要を説くことが，「日本型」の「欧米型」への再編を事実上許容することにならないかとの問題を残している．

　第4章でクレナーは，ドイツ側寄稿者で日独を比較した二人のうちの一人として，「ドイツから見た日本型秩序論争」を整理している．もっとも，「秩序論争」とはあくまで彼の作業用の足場であり，日本で「秩序論争」という用語が使われているわけではない．彼によれば，ドイツではとりわけ労働市場と社会福祉給付とに秩序政策の観点から批判的検討を加えることに，経済学者の問題関心が集中しているのに対し，日本の秩序政策的議論は分散し，政府介入の可否と評価とに即して整理すれば，①保守的見解，②是々非々の見解，③日本の政策的特殊性の否定，の三種に大別できる．そして，このような問題認識の分布はむしろ正常な状態であると，彼は観ている．また，日本の経済学者たちに経済改革への主導力発揮は期待できないとしても，立場を同じくするドイツの経済学者たちが改革の推進力たりうるかといえばそうではないと，自国の秩序政策論者にも辛辣な眼を向ける彼自身の立場は，どうやら③に近いようである．それは，米国のベンチャーキャピタルや機関投資家の機能に着目して，日米金融システムの相似性を示唆する点にも窺われる．総じて社会的市場経済を相対化して観ているばかりか，そもそも欧米を基準にして日本を評価することを意識的に避ける彼の立場は，ドイツ側寄稿者のなかで異色であり，その独自な視点は示唆に富む．

　以上4章の論点整理から，読者は「類型」，「秩序」という認識概念の用語法が，論者によって異なることに気づかれるであろう．しかも，それが論点の拡散を招いているというよりも，日独経済が置かれた現状の多様かつ複雑な諸相を活写することに寄与していることを，認めていただけると思う．

第1章

日本の危機状況と危機認識

渡辺　尚

1　問題提起

　1990年初頭に戦後日本経済史上最大の泡沫景気がはじけた後も慣性で上昇を続けた実体経済が，1991年3月に下降局面に入って以来2005年8月時点で14年半が経った．この間，日本経済は1997年5月および2000年10月をそれぞれ峰とする二回の短期景気循環を経ており，2002年2月には1991年以後三回目の緩やかな上昇局面を迎え[1]，2005年8月時点で景気上昇期間は，この間の二回の軟調局面（政府の月例経済報告の基調判断によれば，2002年12月から2003年8月および2004年11月から2005年7月）を含めて43カ月に及ぶ．これは岩戸景気（42カ月）を抜く景気上昇であり，戦後最長のいざなぎ景気（57カ月）に並ぶ可能性さえ生まれている．しかし，1991年からほぼ11年に及んだ長期不況が2002年1月をもってようやく終ったと断定するのは[2]，現時点では時期尚早である．そもそも目前に迫った人口減少期において，今後も続く短期景気循環による一時的経済成長率の上昇を無視すれば，潜在成長率が低下傾向を辿ることは必至であり，そのような状況下で長期停滞の終了を事後的に確認することは，これまでにまして方法的に困難となる．過程の終結が確認されていない以上，過程の総括に着手することは控えざるをえない．とはいえ，日本経済の構造基盤が試練に曝されているかのような様相を呈する状況が10年以上も持続したという，戦後日本経済史上未曾有の事実に照らすならば，その複合的原因

の究明作業に着手することは，けっして尚早とは言えまい．本稿はこの作業に
適合的な観点を探るために，未曾有の諸現象の共振性に着目し，これらの相互
関連を歴史的文脈のなかで把握することを目指す予備的考察である．この考察
を進めるにあたり，「長期不況」とも「長期停滞」とも，あるいはまた「大不況」
とも眼に映ずる1990年以後の時期を，無概念的とのそしりを恐れずあえて九十
年代以後と呼ぶことにする．過程の終結がまだ確認されていない現時点におい
て，しかも予測を控える立場をとる限り，この間の時期の暫定的概念化は作業
仮説としても避けるべきであり，よって呼称は中立的でなければならないから
である[3]．

　九十年代以後の不況現象を端的にしめすものは，この14年間（1991〜2004年）
の平均実質経済成長率が，これに直接先行する16年間（1975〜90年）の4％台
に対して，1.3％に過ぎない（しかも1998, 1999, 2002年は負成長率）という事実で
ある．とはいえ，この直接先行期の成長率も，さらにこれに先立つ時期，すなわ
ち神武景気から始まり，岩戸景気を経ていざなぎ景気の終焉をもって閉じる16
年間（1955〜70年）にわたる高度成長期の，10％に迫る平均成長率にはるかに
及ばない．戦後日本経済は高度成長期最後の「いざなぎ景気」の5年間（1965〜
70年）を平均10％超（1969年は12.0％！）という伝説的速度で急膨張を遂げた後
も，余勢を駆って1973年まではなお比較的に速い成長を続けた．しかしついに
1974年，戦後初めての負の成長率（-1.2％）を記録して最終的に高度成長期の幕
を閉じた．これ以後現在に至るまで，成長率は階段を踏むように下降してきた
のである[4]．すでに30年間にわたる成長率縮小の趨勢に照らすならば，九十年
代以後は戦後日本経済史の局面転換期というよりも，1974年に始まる成長鈍化
の趨勢の持続を確認できる最新局面と言うべきであろう．換言すれば，一次石
油危機直後の1970年代央が戦後日本経済史の分水嶺であったことが，あらため
て看取できるのである[5]．

　しかし，たとえそうであっても，九十年代以後がそれまでに見られなかった
悲観的現状認識を日本人に瀰漫させたのは，経済成長率の落ち込みが少なから
ぬ基本経済指標における戦後経済史初めての傾向的悪化を伴っているためであ
る．なかでも日本人の自信を喪失させているのは，失業率の高止まりである．
これは1955年以来2％台を超えることがなく，事実上の完全雇用の長期持続
は，戦後日本経済の自他共に許す抜群の業績と目されてきた．ところがこれは
1991年の2.1％から年を追って上昇して行き，1995年に3％を，1998年に4％

を超え，2001年に5％に達して高止まった．2004年に4％台に低下したものの，1999/2000年の水準に戻っただけである．雇用の縮小は一人あたりの被用者報酬の伸び率低下をもたらし，1991年の4.4％から1992年の0.9％に急落した．以後1％前後で推移した後，1998年にはついに-0.6％に落ち込み，これ以後2003年までの基調は負である．これは家計購買力を縮小させ，個人消費需要の落ち込みが，物価上昇率に反映している．すなわち消費者物価指数の対前年比は1992年に前年の3.3％から1.6％に半減して以来低落を続けて，1999年から基調は負に転じた．2004年に0.0％に戻ったものの，総じてデフレ基調から2005年8月時点でなお脱しきれていないという認識が，大方に共有されている．これには批判の余地があるにしてもである．

　悲観的自己認識の根拠が日本経済の長期にわたる業績不振それ自体に求められるにせよ，これの増幅に一役買っているのが，おりしも九十年代以後東アジア諸国の経済が日本経済と対照的な勢いを見せつけていることである．そのため東アジア世界に占める日本経済の不動と思われてきた超絶的地位が脅かされ始めたことは否みがたい．これによる日本人の自信の揺らぎが経済停滞を持続させる心理的要因となっている面も看過できない．事実，韓国，台湾はこの間に従来日本が支配してきた情報技術産業のいくつかの業種で日本を追い抜き，日本の鼻をへし折った．持続的高成長を謳歌する中国は，日本から中国への雪崩を打つような資本と技術の移転を惹き起し，そのため日本は「産業空洞化」の危機に曝されているという中国脅威論が，一部で唱えられるほどである[6]．

　日本経済の意気を消沈させているのは，実は東アジア諸国の経済的抬頭だけでない．1990年代の米国経済は持続的好況を謳歌しながら，1980年代にハード技術で追いついた日本経済を再び引き離した．冷戦期に軍事部門で蓄積された技術資源の民需部門への移転で可能となったディジタル化が，三次産業部門の劇的な拡大，深化を惹き起し，これに生命科学産業の勃興も加わって米国経済は活を入れられたからである．かつて朝鮮戦争後の米国における軍事から民需への技術移転は，技術の米国内移転に留まらず国際移転をも惹き起こし，それは日本経済の戦後復興ばかりか，やがて米国経済に追いつくほどの高度成長の技術的基盤を整備する結果を生んだ．当時，日本経済は後発の利益をたっぷり享受できたのである．しかし，冷戦終熄後の再版技術移転は日本経済に均霑すること乏しく，むしろ経済力の日米隔差を再び広げる結果をもたらしてしまった．

とはいえ，以上の状況証拠をもってしても，長期停滞という現状認識がまだ直感的次元に留まっていることは否めない．悲観的現状認識を相対化する現象もまた看過しえないからである．すなわち2004年に4％台に戻った失業率はEUのそれ（1991～2003年平均9.0％）に較べて半分の数値であり，この間に失業率で一時は日本を下回った米国も，再び日本を上回っている（2005年7月現在5.0％）．1991年の円の対ドル平均相場は135円だったが，九十年代以後の対ドル相場は終始これより円高の水準で推移し（2004年は108円），これで観る限り米国経済に対する日本経済の相対評価はけっして落ちてはいない．経済成長率にしても，そもそも世界経済史上記録的な日本の高度成長期を比較基準とすることは非現実的であり，今のところ後発の利益をふんだんに享受している，中国をはじめとする東アジア諸国の高成長率と比較することも当をえない．

ちなみに，ドイツの1992～2003年の平均実質経済成長率は1.3％（しかも1993, 2003年と二度の負成長）で日本と同様に長期停滞ぶりを示し，その上1991～2003年の失業率は8.0％と日本の2倍に近く，2005年4月には12％に達した（旧東ドイツは常に10％を超える構造的高失業率）．この現状打開の展望を示しえない社会民主党政権に国民の不満が嵩じているが，本書のドイツ側寄稿者の論調から窺われるように，危機感はあっても日本のような悲観的気分が瀰漫しているわけではない[7]．

このような観点に立つならば，九十年代以後を「危機」と観る立場に与さない現状認識も，あながち失当とは言えまい．むしろ，長期停滞はすでに長期間持続しているがゆえに，それなりに安定した位相と観ることも可能であり，よってこれを日本経済が成熟した定常状態に達したことの兆候と解釈することは，けっして牽強付会であるまい．後論のように，九十年代以後にわかに少子・高齢社会化として問題にされ始めた日本の長期人口減少に適した，新しい社会経済体制を創り出すことができるならば，生活安定と環境保全との水準とをこれまで以上に高める道が開けるかもしれないからである．

また，九十年代以後の日本経済が直面している現状を，超長期景気波動の一局面として把握する立場も，根拠薄弱な悲観論の批判として説得力を持つ．「平成不況はありきたりの不況ではない．戦後初めて「コンドラチェフ不況」が絡んだかたちの不況になった」[8]という篠原の指摘は明快である．しかし，このような観点は，やがて新しいコンドラチェフ循環の上昇局面が始まるという期待を秘めており[9]，この理論的楽観論が九十年代以後の諸現象に露呈している戦

後日本社会の構造的諸問題を軽視させる恐れがあることは看過できない．

　日本社会成熟論であれ，超長期景気波動論であれ，悲観論を批判もしくは相対化する立場に共通しているのは，人口力と経済力との相対的低下が，さなきだに弱い日本の国際政治力を一層弱める結果をもたらすことへの問題意識の希薄さである．直感的悲観論者のなかで少なからぬ者がこの危険にうすうす気がついていると思われ，このような現状認識の相違が，閉塞的現状を打開する目標の設定を巡る世論をいっこうに収斂せしめないことの一因であろう．目下のところ日本社会が方向性を失っているように見えるのは，長期停滞が孕んでいる新しい高質の社会へ向かう可能性と，地球規模化の奔流のなかで経済力の相対的低下が日本社会の国際的地位の低下に繋がる危険との比較を，おそらく測りかねているためであろうと思われる．

　ともあれ，九十年代以後の，すなわち冷戦終熄後の東アジアの混沌たる状況のもとで受ける「小国寡民」の誘惑は，凍死に瀕した者を襲う睡魔に似ている[10]．このような危機意識をもって，筆者の問題関心は，とりわけ東アジアで地域・民族対立が冷戦期にまして複雑なねじれを見せる現状が，経済と政治との不可分性をあらためて見せつけている点に向けられる．ただし，かかる現状の分析のためには相応の方法的装備が必要である．そこで，「危機」と「型」という方法概念の検討から始めよう．

2　危機と型

(1)　「危機」とは何か

　海外からの政策論的圧力は概して意識的に経済外的な観点から，「日本型」の示す「欧米型」との個体差を世界標準としての「欧米型」からの偏倚，すなわち「特殊性」と見て，この「特殊性」をもって日本経済のその時々の危機の直接的原因と見なしたがる傾向が認められる[11]．問題は，これ自体が一種の外圧であることに気づかず，無批判にこれを受け容れる論者が日本側に後を絶たないことである（九十年代以後の不況現象を長期化させた要因の一つである「平成バブル」は，日本の消費様式を無視した「内需拡大」という外圧による過剰流動性の発生が孕んでいたのではなかったか[12]）．たいていの場合，そこで性急に下される診断と処

方は，欧米の経済的価値観を絶対視し，日本経済の型の意味を理解していない皮相な診断からする，副作用を無視した対症療法に過ぎない．敗戦後1960年代まで，「日本型」は内外からの批判に曝され続けた．しかし，日本経済の高度成長の持続とともに「日本型」は賛嘆の対象に転じ，1980年代には警戒の対象にさえなった．九十年代以後は「日本型」を再び批判と揶揄の対象に戻した．このような「日本型」を巡る「外部評価」の長期循環は，かえって日本経済が固有な型に一貫して刻印されてきたことを逆説的に示唆するものである．それでは日本経済の型とは何か．これを概念的に規定するためには，方法的迂回を厭わず，経済的危機概念をまず再検討しなければならない．

　資本制経済が見舞われる危機は，現象，認識，政策という危機概念を構成する三要素の組合わせにより少なからぬ形態に分けられる．ここで，現象を基準にするならば，さしあたり四形態が挙げられるであろう．第一形態は，景気波動がもたらす循環的危機 cyclical crisis である．九十年代以後を恐慌（＝危機 crisis）と見るか否かは議論の分かれるところだが，周期の長短を問わず波動の下降局面が，競争劣位の個別企業にとり市場からの退出を迫る危機として現象することに変わりない．また，景気調整政策の限界を九十年代以後はいやというほど見せつけてくれた．とはいえ，時に超長期波動の谷間の深度と持続期間とがいかに「大不況」現象を呈し，政策的制御可能域からはみ出ようとも，これは経験法則からして遅かれ早かれ経済過程自体による自律反転が期待できる危機形態である．

　第二形態は，単一もしくは相互依存関係にある複数の基幹産業が何らかの原因により競争力を失い，急速に衰退する場合で，これは代謝的危機 metabolical crisis と呼ばれるべきものである[13]．これはまず当該産業部門とその関連産業とが集積している地域経済を直撃し，さらにこの地域経済が国民経済の産業連関で持つ比重に応じて，国民経済にも打撃を与える．この危機からの脱出は，中央・地域両政府の連携による戦略的・地域的産業構造政策による衰退産業の排出と代替産業の導入，およびこれに適合的な基盤制度の改革，再構築の遂行をもって初めて可能となる．したがってその達成に相当の時間を要することは言うまでもない．中核産業であった石炭産業が消滅し，農産物貿易自由化の国際的圧力のもとで農業も代替産業としての効果を発揮しえない北海道地域経済の現状は，今なお代謝的危機のもとにあると言えよう．

　第三形態は，自壊要因の内部蓄積が限界値に達したり，未曾有のまたは偶発

性の自然災害や大戦争を含む内外の複合的要因による，社会経済構造基盤の全面的崩壊のため発生するもので，社会全体が方向性を失った危機意識によって覆われる．政策対応にしても経験法則からの学習効果が働かないため，新しい政策基準の創出が喫緊の課題となるが，これに失敗すれば，体制転換が起きやすい．よってこれは体制的危機 systemic crisis と呼ばれるべき形態である．現代日本経済史では，1920 年の戦後恐慌から始まり関東大震災（1923 年），金融恐慌（1927 年），昭和恐慌（1930～32 年），さらにシベリア出兵（1918～22 年）以後の永続戦争を経た，四半世紀に及ぶ過程の最終局面である 1945 年の体制崩壊がこれに当たる．

　以上の危機の三形態がいずれも顕在的なものであるのに対して，第四形態は，当該資本制社会にとって所与の歴史的条件により刻印された，社会経済構造基盤の属性と言うべき，恒常的かつ潜在的な危機である．その意味で類型的危機 typological crisis と呼ばれるにふさわしい．前三者がいずれも程度の差はあれ危機認識およびこれに基づく何らかの臨機的政策対応を発動させるのに対して，後者は通常，危機として認識されず，むしろ当該社会の経済風土に固有な日常的現象と見なされる．したがってこれへの対応も日常化し，当該社会を構成するすべての経済主体の行動を律する自明の原則となる．もっとも，これが明示的に定式化されるか否かは別である．確かに，この第四形態も明示的なまたは暗黙の行動原則に基づく政策を発動せしめる．これを一括して類型政策 typological policy と呼ぶことにしよう．戦後日本の広義の産業政策の多くは，循環的危機または代謝的危機への臨機的対応のように見え，オルド学派的的観点からすれば政府の市場過程への直接的介入である「過程政策」Prozeßpolitik と見なされるであろう．しかし，これらを類型政策の範疇に捉え直す可能性の検討は，新しい政策史的課題であるまいか．

　第四形態の検出は，他の三形態の検出のような直感的認識をもってしては不可能であり，方法的操作によってのみ初めて可能になる．この恒常的危機にこれまで経済学的関心がほとんど払われてこなかったのは，これがあまりに日常的現象であるがゆえに，見れども見えない隠れた危機だからである．しかし，これを検出しないことには型の把握はなしえない．次節で敷衍するように，歴史的個体としての国民経済や地域経済の型を決めるのは，まさに各個体に内在する固有の類型的危機への対応様式にほかならないからである．そしてこの型相互の関係が，資本制社会間の政治的，経済的，社会的緊張関係を生み出す現

実的契機となる．いわゆる「日本型資本主義」なる語が概して便宜的用語法に留まっているのは，そもそも型の把握が危機の把握および同位類型との比較という方法的手続きを踏んでなされるべきことの認識が不十分だからである[14]．

このような意味における類型的危機に対して，第三形態の体制的危機は第一，第二形態への政策対応の学習効果が活きないばかりか，類型的危機への慣習化もしくは制度化した政策対応が経験的に確かめられてきた効力をもはや発揮できないような危機である．よって類型的危機の中心的現象の恒常性に対して，体制的危機はその未曾有性を特徴とする．ゆえに，これは型を生む類型的危機そのものの変容を惹き起こして，従来の類型政策公準の修正を迫るばかりか，場合によれば型そのものの転換を促す可能性さえ孕んでいる．九十年代以後をこの意味での体制的危機として把握できないかという問いの検討に，今や本章の問題関心は絞られる．

(2)「型」とは何か

類型的危機への固有な対応様式が型にほかならないとするならば，類型政策のよって立つ公準が型の検出に有効な手がかりを与えてくれるであろう．この公準は当該資本制社会の社会経済的自己確認と自己主張との根拠でもある．成立期もしくは転換期にある新生の資本制社会は，内在する恒常的危機への固有な対応様式，すなわち型を確定しえた時に初めて，自己証明の根拠を得るに至り，一つの歴史的個体としての自己形成を遂げたことになる．ひとたび確立した一つの資本制社会は，これ以後一貫して類型的危機への対応において自己を確認しながら，周期的かつ交錯しながら見舞う波長の異なる循環的危機と，時には産業構造の部分的機能麻痺を惹き起こすほどの代謝的危機とに耐えて，それぞれ独自な歴史過程を辿るのである．このような観点に立つならば，アジア NIEs の両雄，韓国と台湾でさえ，それぞれ資本制社会として独自な型をすでに確定したと言えるかどうか，疑問なしとしない．自らを「社会主義市場経済」と呼ぶ韜晦により，「賤民資本主義」 *Paria-Kapitarismus* (M. ウェーバー) 的実態を隠蔽している中国に至ってはなおのことである．

ところで，いったん確定した型が当該資本制経済を一貫して刻印するのに対して，類型政策体系とこれを支える公準は強靱な耐久力を示すとはいえ，体制的危機をもたらすような状況変動により変わりうるものである．その意味で類

型政策公準は，資本制社会の構造基盤の激変に際して型が脱ぎ替える歴史的衣裳であるとも言えよう．例えば「社会的市場経済」という秩序政策理念は，二次大戦後に構造基盤断絶に直面した西ドイツ経済が，新たに身にまとった類型政策公準であると解釈することができる．しかし，ドイツ経済の型そのもの，すなわちドイツ経済に伏在する類型的危機は，19世紀前半の資本制ドイツ経済の成立以来，一貫して不変であると考えられる．同様に日本経済もまた，敗戦後1947年の新憲法施行をもって自己認識の枠組みを変えたが，日本経済の型そのものは20世紀初頭にこれが確立して以来，一貫して不変であると考えられる．

(3) 日本経済の型とは何か

それでは，日本経済の型とは何か，すなわち，これを規定する資本制日本経済に内在する類型的危機とは何か．これは何よりも，幕末の日本社会が外圧により体制転換を強制されたという初期条件に規定されている．しかし，幕末の日本社会がペリー来襲に端的に表現される欧米列強からの強圧を受け，植民地化の危機に瀕したことの記憶が日本人の間で薄れてしまったことは，来襲の「来航」への言い換えが如実に物語る．半植民地化一歩手前まで行かされた不平等条約の改正のために，日本が明治期いっぱいを対欧米外交努力に費やさなければならなかったことは，今日あらためて想起されてよい．これはじつに13世紀の元寇以来の日本を襲った国難であり，その後今日まで日本を襲ったいかなる危機も比肩しえないほどの体制的危機であった．そのため幕末・明治日本は江戸時代に辿ってきた進路の転轍を余儀なくされ，しかもその際，「文明開化」 *civilization* と意識された西洋化（事実上は欧州化 *europeanization*）を目指す道しか選択肢がなかったのである．

短期的な効率性の観点からすると，西洋化の最も合理的な道は実は自ら進んで植民地となることである．事実，植民地化もしくは半植民地化したアジア諸地域が，部分的または表面的に日本よりはるかに「西洋化」したことを，フィリピン，シンガポール，香港，上海などの事例が明白に示している．いや，これに「戦後日本」も付け加えられるべきかもしれない．これらに対して幕末・明治の日本が選択した非植民地的西洋化は多分に自己矛盾を孕み，その上，激烈な副作用を伴う道であった．この難路に踏み出すにあたり，まず欧米列強に対抗できる戦力装備が緊急目標に設定され（「強兵」），これを可能にする長期経済発展

(「富国」)が戦略目標に据えられた．よって「強兵」は単なる国防政策でなく，政府需要の創出を梃子として殖産興業＝「富国」を図る産業近代化推進の政策手段と見なされた．「富国」とは後発国として世界市場における競争劣位から脱することを狙うに留まらず，植民地化の危機に瀕した日本に残された唯一の緊急脱出路として認識されていたのである．

　かくて国是として打ち出された「富国強兵」という公準に，全政策目標が収斂した．それは，江戸時代の経済発展の成果を新たに外から強制される発展様式の受容に適合的な形態に変換する一方で，このようにして準備された受容基盤に適合するように外来要素にも何らかの変容を加えるという，二重の経済近代化の達成を目指すものであった．いわゆる「国産化」とは外来技術の単なる習得でなく，これを在来的条件に適合させるという「革新」(イノベーション)の日本的形態にほかならない．しかも，こうして日本が外からの危機への対応に動き出すやいなや，内なる危機が早くも芽生えたのである．それは次のようなものであった．

　西洋化＝近代化の目標が外部から与えられるため，その時々の日本の産業編成 *industrial formation*[15] もしくはこれを総体的かつ即物的に表現する社会的商品構成の変動の推進力は，基本的に外部要因となった．新たに市場参入を果たすべき新種の財が概して他律的に決定されるために，日本経済の産業編成＝商品体系は基準と目された西洋よりもかえって変動しやすく，商品寿命も相対的に短くなった．確かに，「富国強兵」の目的に適うものとして政策的に選択された移植産業が，日本の主体的判断による順序と時差とをもって導入されたことを考量すれば，それは全面的に他律的であったと言えないかもしれない．しかし，西洋化の到達目標が外部に求められる以上，産業変動の動因が外部に発することは否めない．この本来的な他律性もしくは受動性のために，日本の産業資本の蓄積様式も独自な様相を呈するに至った．産業編成＝商品体系の常動性は国内需要の流動性の原因であると同時に結果でもあり，それは産業資本にとり生産物と生産要素との齟齬による生産過程遂行の困難という危機が一過性のものではなく，反復して発生することを意味する．危機に対する臨機的対策が比較的短期に効力を失い，したがって繰り返し新しい対策を講じ直す必要に迫られるからである．すなわち，目的としての生産物と手段としての生産要素との齟齬の絶えざる更新が，これへの対策の難度もその都度更新し，産業資本の循環に制動をかけ続けるのである．これこそ日本経済の内部に早くも巣くった類型

的危機にほかならない．この危機への恒常的対応が産業資本の型を規定する．すなわち，日本の産業資本の基本的関心は，何を作るかでもどのようにして売るかでもなく，どのようにして作るかに収斂したのである．この意味での生産の優位こそ，日本の産業資本の型の規定にほかならず，ひいてはこれは日本経済一般の型ともなった．20世紀初頭の形態完成以来，1世紀にわたり資本制日本経済を刻印してきた型とは，まさしくこのようなものである[16]．

　日本経済の発展につれて，生産の優位という型規定のもとで，生産の困難性の克服の切り札が次第に労働の協業生産性に求められるようになっていった．すなわち，その時々の技術水準に適合的な規模の，概して小規模の生産集団の多能工的構成員の息のあった相互代替的連携作業が，物的生産要素の恒常的不備を補う究極の手段と見なされるようになったのである．こうして形成された固有の集団規律のもとで，独業生産性を志向する者は協業生産性に頼ることのできない工程を担当して補完機能を果たす限りにおいて受け容れられ，いったん協業生産性を損なうと見なされるや単位集団から排除されるようになった．産業資本が生み出したこのような協業生産性範型は，やがて日本経済一般の基準となった．この型に鋳込まれた工場人 *homo fabricator* こそ近代日本人の経済人類型規定にほかならない．小集団内の濃密な共同体的人間関係と，小集団間の時に経済合理性からかけ離れた過当競争とは，実は生産の優位の属性であり，したがってせいぜいここ百年来の日本社会の相貌に過ぎない．これを日本人の超歴史的な「国民性」とするのは俗論である．

(4) 類型政策と段階区分

第一期：1945年まで

　前節で検出された生産の優位という型は，日本経済を今日に至るまで一貫して刻印している．しかし，近現代日本経済史の軌跡には方向転換点が見出されるので，これによる局面区分が可能である．とりわけ1945年の敗戦という体制的危機克服のために，型を表現する類型政策公準が根本的な転換を余儀なくされたことに着目するならば，近現代日本経済史は1945年以前の第一期と，これに続く第二期とに分けられるであろう．第一期を貫く類型政策の公準は前述のように「富国強兵」であった．これは当初，日本の植民地化を防ぐための防衛的目標設定であったのに，やがて列強に伍して軍事大国化することが新たな目標

に据えられた．それは「強兵」が「富国」の尺度となったことでもある．強運に恵まれた一次大戦までの連戦連勝がその都度「強兵」の成果を確認させ，そのため「富国」の達成度も戦勝により間接的に確認されるという思いこみを生んだからである．いやそれどころか，戦争そのものが次第に自己目的にさえなって行ったのである．1874年の台湾出兵から1945年のアジア太平洋戦争の敗戦に至るまでの70年間，日本が10年以上の戦間期を置くことなく「出兵」，「事変」，「戦争」に明け暮れた（ゆえに「十五年戦争」でなく七十年戦争と呼ぶべきである）要因の一つとして，第一期日本にとり戦争が持った独自な類型政策史的意義が挙げられるだろう．

　企業行動も第一期にはこの国策に合致することが要請された．国是達成のために政府の強力な指導に服することが，日本企業の社是となった．個人消費は政府消費の陰に置かれたため，さしあたり従来の消費様式が温存されたのだが，やがて必要に応じて国策と企業行動とに適合的な変容を迫られるようになった．時代の要請に合致しない江戸時代からの伝統的消費様式は次第に排除されてゆき，前述の二重過程の進行につれて，不易流行を特徴とする新しい「日本的」消費様式が徐々に形づくられて来たのである．

第二期：1945年以後

　1945年9月の対連合国降伏文書調印は「富国強兵」路線の完全な破綻を意味した．1946年11月公布の日本国憲法および1951年9月サンフランシスコ講和会議で締結された対日平和条約と日米安全保障条約とは，日本社会が強兵路線から転轍し，西洋化が新たに非戦のもとで推進されることになったことを明らかにした．非軍事的（もしくは反戦的）な西洋化はやり直しの「近代化」*modernization* として意識され，第一期の到達目標としての西洋が英国を中心とする欧州であったのに対して，第二期のそれは米国に置き換えられた．また，第一期の類型政策公準が著しく攻撃的な性格を具えていたのに対して，第二期のそれはその反動として著しく退嬰的となった．米国との二国間同盟は軍事主権の米国への委譲であり，よって外交主権の米国への白紙委任にほかならない．非(反)核兵器を唱えながら米国の核兵器の傘のもとに安住するという矛盾をさらけ出しながら，第二期日本は事実上，米国の被保護国に転化したのであり，その結果，明治時代をまるまる費やして達成した「条約改正」の外交成果を，半世紀も経たないうちに放棄してしまったことになる．

日本経済の動員しうる資源が経済再建・成長に集中投入された第二期は，第一期の「富国強兵」に代わって，富国向米という類型政策公準により刻印されることになった．向米とは国防上の安全保障を全面的に米国に委託するだけでなく，経済政策を米国からの要求（圧力）に合わせ，時にはこれを利用して経済政策を策定し，総じて米国を規範にして社会経済体制の再設計を図るという全面的な米国志向である．第一期もパクス・ブリタニカのもとで英国志向は別して強く，それは日英同盟（1902〜23年）という外交成果にも結実した．しかし，英国への全面的傾斜は用心深く避けられ，欧米列強との多国間関係の均衡のとれた展開をもって，日本の国際的地位を確立することが図られた．これと対照的に第二期では，米国への全面依存，第一期が目指した外交的主体性の放棄が，第一期の経済成長を歪ませた強兵体制維持の費用を激減させ，さらに第一期の強兵的資本蓄積の成果を平和的資本蓄積のために移転することを可能にした．それは第二期日本経済の急速な復興と持続的成長という果実をもたらした．生活様式も米国型高度大衆消費社会が基準となり，第一期に生み出された消費様式のうちで米国化に不適合な部分は次々に排除されていった．そのため，今や多くの日本人が，戦後捨てて顧みなかった何がしか欧州への憧れを秘めた第一期の，あの「古き良き日本」の生活様式（例えば，市電の走る街角，振り子時計のかかる洋間）に郷愁を覚えるほどである．

　ともあれ，第二期の類型政策公準のもとで，軍需に代わり民需において，特に個人消費財需要において，第一期を通して嵌められていた社会的抑制が外され，需要範囲が一挙に拡大したことは，生産物と生産要素との齟齬という類型的危機がむしろ激化する結果をもたらした．体制的期危機に瀕して類型政策公準の大転換が図られたにもかかわらず，日本経済に内在する類型的危機の形態は不変であり，したがって生産の優位という日本経済の型の転換も生じようがなかった．そのため，戦後も日本人は工場人であり続けた．というよりも，軍人でなくなった分だけ，工場人として純化したのである．

　さらに，非戦に徹した第二期では，「富国」の達成度を図る尺度が直截に経済成長に求められるようになった．第二期前半の記録的かつ持続的高度経済成長が，経済成長こそ西洋化－近代化の尺度であるという固定観念を生んだからである．この経済成長への饑餓が功を奏して，日本経済は遅くとも1960年代までに発展途上国段階を最終的に脱し，経済規模で欧米水準に追いつくことに成功した．そして1980年代には，世界経済の三極の一つとしての地位を獲得するま

でに至ったのである．しかし，敗戦時の予想をはるかに超えた経済成長による日本社会の西洋化の加速が，江戸時代ばかりか第一期の歴史遺産まで随所で破壊する結果をもたらしたことは否むべくもない．対外的には非戦路線であったとはいえ，対内的には己の自然と文化とに対するスクラップ・アンド・ビルドという強兵路線を敢行した第二期日本は，今や類型政策公準が自己確認のよすがとしての意義を失い始める地点にまで来てしまったのである．

3　日本型の属性

ここで生産の優位という型が具える属性のなかで，本稿の問題関心からしてとりわけ重要なものに一瞥を加えたい．

(1) 産業構成

生産の優位の第一の属性は，産業構成における製造業の優位である．協業による労働生産性上昇効果が最も期待できるのが製造業であるのに対して，財貨を介さずに効用が生産者から消費者へ直接に供給される三次部門では，効率性が協業生産性よりも独業生産性に左右されやすい．協業生産性が競争力の根源として最重要視される限り，日本の産業構成が製造業の優位として現象するのは当然である．その結果，二次部門，特に製造業の優位と三次部門の劣位という生産性の部門間不均衡が，製造業の展開まで制約する事態が生じるほどである．

九十年代以後の長期停滞は，この突破口を産業編成の製造業優位からサービス業優位への転換に求めるか，それとも比較優位にある製造業の革新に求めるかという，戦略対立を生んでいる．総じてこの対立の特徴は，いずれの立場も製造業かサービス業かという二者択一の観点に囚われていることにあり，両者を相互補完の関係において捉える姿勢が弱い．製造業とサービス業とがメービウスの帯の関係にあることを認識せず，また，国民経済を構成する一次部門を含めた諸産業部門の均等発展を目指すリスト的観点に立てず，ペティー＝クラーク的，段階論的モノストラクチュア志向に走りたがる日本の政策構想力の貧困が，ここにも露呈していると言わざるをえない．ともあれ，概して製造業

寄りの発言力が依然として強く,「ものづくりの復権」の主張が「サービス経済化」促進の主張を圧しているように見えるのは,日本経済の選択肢は工業立国以外にありえず,日本経済の浮沈は製造業の競争力復活にかかっているという共通認識が,依然弱まっていないことを物語る.何よりも製造業の競争力低下に危機感が向かう限り,生産の優位という型はまだ崩れを見せていないと言ってよかろう.

確かに実態としては,日本経済においても一見「脱工業化」が進行し,その結果,統計上は附加価値生産でも就業者数でも製造業部門の比重低下の傾向は否みがたい.その上,九十年代以後,製造業部門が生産拠点を続々と国外に移転し（この横並び現象も協業生産性を志向する工場人特有の行動様式である）,国内で工業生産立地の縮小が進行したことも事実である.しかし,製造業かサービス業かという不毛な観念的二分法を退けるならば,一見「サービス経済化」の観を呈する諸現象も,実態としては製造業における社会的分業の展開や流通業の製造業化と観られる例が少なくない.「ソフト化」,「システム化」,「産業融合」,「四次産業（quaternary industry）」等と呼ばれる諸現象は,むしろ従来の産業分類が現実に対応できなくなってきたことを示唆している.したがって,産業構成の変動方向を一概に「脱製造業化」または「脱工業化」と観る解釈は皮相に過ぎるか,あるいは何らかの政策的意図を秘めたものと言うべきである.

さらにまた,九十年代以後の全般的経済不振が金融部門の弱体化によって特徴づけられることも,つとに共通の認識となっている.しかし,これは長期停滞の原因でなく,結果と見られるべきであろう[17].これまた日本経済の型の属性の一つである利潤関心の弱さは,実体経済に比して金融経済における技術進歩を妨げてきた.加うるに,後述する日本経済の貿易依存率の構造的低位は,国際金融市場での危険負担と利益確保のノウハウ習得の機会を金融部門に十分与えてこなかった.日本の金融機関は製造業の優位に刻印された実体経済の持続的成長と,大蔵省／財務省の事実上の統制＝保護により経営の安定を保障されてきたのであり,その意味で比較劣位の「幼稚産業」であったと言うことさえできる.そのような金融部門の収益力の弱さが九十年代以後の長期停滞で露呈したのは,従来これを補ってきた実体経済が停滞したためであり,その逆ではない.

(2) 資源輸入

　生産の優位の第二の属性は，高い資源輸入率と対照的に輸出依存率が低いという貿易構造の独自性に表れている．この点で第一期と第二期とに変化は認められない．違いは第一期では全般的技術水準の低位のため交易条件が不利であり，貿易収支の逆調に絶えず悩まされねばならなかったのに対して，第二期の，それも戦後復興過程が終了した1960年末以降は，交易条件が大幅に好転して黒字基調となり現在に至っていることである．

　生産物と生産要素との齟齬という類型的危機に曝される日本経済が選択した戦略的対応策の一つが，一次産品調達の海外依存である．自給資源を基盤とすることに固執することは，生産物と生産要素との適合的な組合わせの迅速，柔軟な更新を妨げることになる．したがって，自給可能な工業資源ですら低費用での安定調達が可能な海外産品に対する依存に順次切り替えてゆく，固有の資源政策が一貫してとられてきた．これを正当化するための「資源小国」という自己認識は，現在に至るまで不変である．違いは，第一期では強兵路線の制約のために経済合理性が押さえ込まれ，「持たざる国」の対外膨張政策正当化の根拠とされて，結局，軍事的支配の拡大・強化に終わったのに対して，第二期では貿易自由化の大義のもとで，輸入依存がすべての一次資源に拡大し，量的輸入依存度上昇に拍車がかかったことにある．国内自給資源であった綿花を海外からの調達に切り替えるために，産業革命のさなか1896年に実施された綿花輸入関税撤廃はその起点であったし，2002年初頭，国内に残る最後の炭鉱が操業を停止したことは，その一つの到達点であった．

　第二期における資源輸入の増大は，安全保障観念が極度に薄れたために，食糧資源でさえ海外依存度を異常に高めてしまったという結果をもたらした．1億人を超える人口規模の国の食料自給率が，穀物で28％，供給熱量で40％に留まる（2002年）という事態[18]は，近代世界経済史上例を見ない．飲用水資源に不足しているわけでもないのに，この長期不振のもとで34.3万kl（230億円：2003年）もの鉱水，炭酸水等が輸入されている現実[19]は，一種の戯画としか言いようがない．じつに食料安全保障の面でおよそ無防備な第二期日本は，憲法で非常食等（Lebenswichtige Güter）の備蓄義務を連邦に課している（1999年改正憲法第102条）スイスの対極に位置していると言えよう[20]．

　第一期，第二期を貫いて強まる一方の海外資源依存性向は，日本の通商関係

の基調を規定してもいる．日本経済にとり「海外」とは何よりも資源の供給源の謂であり，ゆえに貿易とは第一義的に資源輸入にほかならない．日本の貿易を特徴づけるものは輸入のための輸出であって，輸出のための輸入を旨とするた欧州（類型規定は販売の優位）の貿易とは対照的に異なる．したがって，輸出依存率が日本よりはるかに高いばかりか，輸出市場での高利益率を重視する欧州企業の輸出戦略は，概して日本企業に縁遠い．輸出志向の強い一部の製造業と輸出依存産地型中小企業との利害を日本経済の利害に一般化すること，ひいては円高が日本経済に根本的打撃を与えるとする見方に固執することは失当である．確かに，例えば1985年9月のプラザ合意で円の対ドル相場は240円前後から翌86年に160円台に高騰し，86年の第一四半期の経済成長率は負を記録した．しかし，円高不況は1年ほどで終わり1986年のうちに4年にわたる景気拡大が始まった．この間の円の平均対ドル相場は139円であり，けっしてプラザ合意以前の水準に戻ったわけではないのである．

　ここで注目されるべきは，九十年代以後，鉱物資源，農林水産物資源に加えて工業製品の供給も海外に求める傾向が強まっていることである．1985年まで概ね30％未満に留まっていた製品輸入比率は，1986年に41.8％と一挙に10％以上も上昇した．この勢いは九十年代以後も衰えず，2004年には61.3％に達した[21]．労賃水準の高止まりにもかかわらず労働力輸入が自由化されないこともあって，価格競争力の低下を恐れる製造企業が続々と中国や東南アジアに生産拠点を移していることは，資本・技術輸出であると同時に間接的労働力輸入であり，その限りで労働力も事実上輸入資源化し始めたことになる．もっとも，労働力の輸入それ自体は現代日本経済史上初めての現象ではない．すでに第一期のうちに，軍事部門からの若年男性労働力の大量需要が惹き起こす産業部門の恒常的労働力不足を補うために，朝鮮人・中国人労働力の直接輸入が行われたからである．しかし，九十年代以後は間接輸入であること，しかも戦後初めての失業率の高止まりを支えている要因の一つであることは，未曾有の現象であると言えよう．

　確かに1980年代後半バブル経済期に，日本企業は国内労働力の不足を合法・不法の労働力輸入である程度補おうとした．その結果，外国人登録者数が激増する一方で，不法滞在問題が顕在化したので，政府は1990年施行の出入国管理及び難民認定法改正法により，技術者・専門職従事者に限り受け入れ，単純労働者の入国は原則として認めない方針を打ち出した．ただし，日系人に対して

は在留資格「定住者」を新設して就労制限を外したため1988年から急増した外国人登録者数が，1992年頃いったん頭打ちとなった．しかし，1996年より再び増勢に転じて現在に至っている[22]．九十年代以後，日本企業の海外直接投資が活発になったことと外国人登録者（外国人労働者）の増加傾向との相関の理解にはなお立ち入った検討が必要だが，日本企業が労働力の直接輸入だけでなく間接輸入にも眼を向け始めたことは注目に値する．生産要素調達方式におけるこのような転換は，直接には入国管理政策への対応策であろう．しかし，単純労働力の直接輸入を地域・社会政策的観点から統制する政府の方針が，消極的にではあれ企業側から受け容れられていることは，少なくとも単純労働力に関する限り，外国人労働者の使用が中長期的に見て費用対便益の点で企業にとり必ずしも有利ではないことを，企業が認識しているからではないのか．それは，長期人口減少による労働力不足を外国からの移民によって補充するという欧州型の労働力補充政策が，日本経済の類型属性に不適合であることを示唆していないだろうか．それが日本の労働市場の「閉鎖性」の問題でないことだけは確かである．いやここでむしろ留意されるべきことは，そもそも国内労働力供給不足が移民により解消できるという発想は，日本が必要とし，かつ受入れ費用に見合う労働力を海外から随時かつ無制限に調達できるという前提に立っており，これは長期的にみれば非現実的な前提であることである[23]．欧州でさえ2030年には移民供給源が枯渇すると予測されており，その意味で日本以上に深刻な将来が待ちかまえているのである[24]．

(3) 消費様式

　生産の優位の第三の属性は，消費様式の独自な動態である．外から与えられる消費標準と既存の消費需要との著しい乖離が，第一期の初期条件の一つをなした．国民の伝統的消費様式への執着と購買力不足とのために，外来財の有効需要を創出することは容易でなかった．そこでまず政府消費財や公共財が近代化することで需要創出への刺激が与えられた．この初期条件は政府に個人消費一般への政策的関与，すなわち消費規範の提示，新しい消費様式への誘導という独自な機能を附与する契機となった．そのため現在に至るまで，消費過程政策「（米国のように消費者政策でなく）が日本の社会政策の一つの柱をなしており，これもまた類型政策の範疇に属する．

こうして徐々に始まった消費様式の西洋化は，伝統的消費様式と異なるだけでなく，欧米の消費様式とも異質の，まったく新しい，しかも無定型な消費様式を生み出したのである．このことは，消費財の独自な範疇分化に如実に示される．すなわち，第一範疇は，和服，畳，茶道具のように，伝統的消費様式が存続する消費局面において需要が維持される伝統財である．商品世界における伝統財の比重は傾向的に減少し，そのため希少価値が増大して，特に第二期において外来財と対蹠的に高級品化する傾向が認められる．第二範疇は，西洋から導入された形態のままで消費される外来財である．これは前述のように，第一期ではすぐれて（軍需を含む）政府消費財，公共財，上流階級消費用の階級財を形成したが，大衆消費社会化した第二期では，ブランド商品への特異な社会的嗜好に基づく需要に支えられた高級輸入品の形態で存続している．第三範疇は，伝統財と外来財とが交配した合成財である．外来財が伝統財と接着または融合するために何らかの変容を蒙る一方で，これの反作用として当該伝統財も相当の変容を蒙り，この相互作用の結果，純粋の外来財でも純粋の伝統財でもない合成財が生み出される．この合成財は在来財として新種の外来財とまた交配する．第一期の事例として，大八車と自転車が交配した人力車や，第二期の事例として，近郊電車と客車列車とが交配した長距離電車列車としての新幹線を挙げるだけで十分であろう．このような意味での一代雑種が続々と市場に参入する現象こそ，日本の商品世界に特有の動態を生み出す原動力なのである．

　以上の三範疇のなかで商品構成に占める比率を傾向的に高めてきたのが合成財である．しかも前述のように合成剤は，雑種強勢が一代雑種に限られない進化の可能性を秘めており，無定型，無方向な消費様式の動態のなかで，世代を重ねるごとに新しい形質が生み出される．他方で，各世代の合成財が新たに外来財と交配して二次的，三次的合成財が生み出される．このような複合的な商品動態が，日本の国内市場でやむことなく進行している．伝統財，外来財が概して身分制社会を反映した身分（階級）財であるのに対して，合成財は非身分（階級）財であること，また前二者がそれぞれ原産地の地域性を色濃く反映している点で文化付着的であるに対して，後者は意識的に日本色を抑制している点で文化中立的であることを特色とする．

　日本人の消費行動様式も，とりわけ合成財の生産者に相当の販路を保証する上で適合的に作用した．なぜなら，工場人たる消費者は消費行動においてもその特性を遺憾なく発揮して，協業的消費を旨とするからである．消費行動にお

いても個別化, 差異化でなく, 「同調」が世間体を保持するために必要条件であるとの認識は, 第一期以来驚くほど忠実に世代交代のたびに受け継がれ, 今日の若年世代にまで貫徹している. この消費行動様式が新種の合成財に対する需要を少種大量化することにより, 合成財の商品寿命が概して比較的短いにもかかわらず, この消費行動様式は合成財の生産者に商品寿命の尽きる前に投下資金を回収する期待を抱かせるに足る内部市場を保証してきたのである. この市場条件のもとで生産者は, 初期故障の発生を最小限度に留めるための技術を磨いてきた.

合成財の集合がその構成品目を絶えず入れ替えながら, 総体としての比重を増大する一方で, 外来財の比重が縮小してゆく日本の消費財市場の特性は, 結果的に国内生産者に低関税率のもとでも内部市場を商圏として確保することを容易にし, 逆に外来財をもって参入しようとする国外からの供給者に対して障壁効果を及ぼした. この障壁効果は彼らに「不公正な商慣行」として映るため (伝統財も市場環境がますます不利になり, 市場から退出を余儀なくされていることは, 彼らの眼に入らない), 日本市場を「閉鎖的」と決めてかかる海外からの批判が後を絶たない. このような批判が日本市場の類型特性への無理解に基づくものであり, またこの無理解が欧・米それぞれの類型特性から生み出される消費財構成・動態を普遍的基準とする消費イデオロギーから発していることも, 論をまたない. この意味で, 所得水準の国際比較に際して算出基準として用いられる購買力平価も, そのイデオロギー性があらためて問われるべきであろう.

他方で, 前述のように日本経済の輸出性向は構造的に弱く, これは特に欧州経済と対照的相違をなす. OECD 加盟国のなかで輸出依存率が一貫して低いのは, 日本と米国だけである. 日米の違いは, 日本の輸出超過に対して米国の輸入超過にある. 資源自給率が日本の比較を許さないほど高い上に, 農産物輸出を除けばそもそも輸出よりも対外直接投資に積極的な米国経済と異なり, 日本が資源調達の対外依存度を傾向的に高めてきたことを考量するならば, 日本の輸出依存率の上方硬直性は近代世界経済史において特異な事例である. 日本がまだ新興工業国の段階にあった第一期でさえ, 日本の貿易依存率が現在の台湾や韓国のそれと比較にならないほど低かったことを想起するならば, 日本経済の輸出性向の弱さは, 類型属性としてしか理解できないものである. 日本経済を「外需依存型経済」と観るのは謬見であり, 類型属性を無視した外圧への屈従がしばしば経済政策運営を誤らせてきたことは否みがたい[25].

このような日本国内の最終消費財市場の属性として，商品構成の変動と世代交代とが密接に関連していることが挙げられる．すなわち，日本の商品構成変動の動因が不断の新種外来財の導入と，これと在来財との交配による新しい合成財の生成にあると言えるならば，これに対応する消費者層の変動は概して世代交代であると考えられる．ここで「世代」とは，同一の消費行動をとる人口集団としての消費コウホートを指すものとする[26]．したがって消費財体系とは，各消費コウホートに対応する消費財構成の総合である．世代交代による消費財体系の変動は，旧体系の積極的需要基盤であったコウホートを中心的地位から退け，新体系の周辺的地位に追いやる．したがって消費財体系の変動は多かれ少なかれ消費コウホート間の摩擦を生む．これが世代対立の日本的形態にほかならない．コンピュータ駆使能力における隔差，いわゆるディジタル・ディバイドは日本ではすぐれて世代間隔差として現象し，中高年失業者の増大という深刻な問題を生む一因となっている．このような商品体系の変動周期は世代交代の周期に比例して比較的短い．かくて日本の変動して止まない消費財体系は，何層もの消費コウホート間の対立という固有の社会的対立を孕む重層的構成を具えているのである．

4　九十年代以後の未曾有性

　少々長くなったが，日本経済の型，類型属性を確認する作業を以上で終えて，危機論の観点から九十年代以後の日本経済の長期停滞の様相をあらためて点検しよう．
　日本経済がこれほど長期にわたり方向性を失い，国民が自信をとり戻せないでいる現象は，少なくとも戦後初めてである．もちろん，10年以上も続く平均1％台の経済成長率，一時は5％台に高止まりした失業率，10年以上低落を続けた国内企業物価指数などは戦後初めての事象であっても，近代日本経済史上未曾有とは必ずしも言えない．しかし，視野を経済指標の外にまで広げてみれば，第一期，第二期を通じて近代日本社会経済史上未曾有の事象を九十年代以後に検出することは容易である．ここでは人口動態，対東アジア関係，環境問題，この三つに着目しよう．

(1) 人口動態：少子高齢社会化

回顧と現状

　国内状況の変動のうちで際だっているのが，人口動態の変化である[27]．1945年の敗戦に至るまで，日本経済を構成する諸部門はすべて労働集約度が高かった．「富国強兵」政策のもとで膨張した軍事部門においても，装備の不備を補う兵力が軍事力の基盤であった[28]．このような状況下で出生率増大の社会的動因が強力に働いたのは当然である．その結果，1872年から1945年までの73年間に，人口は3481万人から7215万人に増加し，増加率はじつに107％に達した．しかし，人口増加率はすでに1930年前後を境にして減少傾向に転じ，敗戦直後の一次ベイビブーム（1947～49年）とその反響効果の現れた1960年代後半から70年代前半に攪乱があったものの，趨勢に変化はない．国立社会保障・人口問題研究所の中位推計によると，自然増加率は2007年に負となるので，人口減少社会の到来は目前に迫っている．

　合計出生率（以下TFRと略記）の減少傾向もけっして戦後の新しい傾向でなく，遅くとも1920年代に始まっている[29]．人口転換が本格的に進行し始めたその時に，日本がアジア大陸侵攻という永続戦争を開始した特異な共時性は，第一期の時代特性を解明するための一つの鍵となるかもしれない．ともあれ戦争激化につれてTFRは1940年代に入りいったん盛り返し，1947年に4.54という極大値を記録した．しかしこれ以降減少の一途を辿り，1957年には2.04と置換え水準を下回った[30]．さらに1961年に1.96まで減少したが，こののち微増傾向に転じ，1971年には2.16にまで回復した．しかし，1974年最終的に置換え水準を割り込んで（2.05）再び減少傾向に転じ，以降1982～84年にやや持ち直したものの持続せず，2004年にはついに1.29まで落ち込んだ[31]．

　出生数の変動も出生率の変動にほぼ照応している．敗戦直後1947～49年の一次ベイビブームの頂点をなす1949年に出生数は270万人を記録した．これが1950～57年に急減し，1957年に157万人まで激減したのち，1958年に増勢に転じ，二次ベイビブーム（1971～74年）の頂点をなす1973年に209万人まで回復した．しかし，1974年以後は減少の一途を辿り，2003年には112万人と，1949年の41.7％まで落ち込んでしまった[32]．

　出生率，出生数の変動は，時差をおいて人口の年齢構造の変動をもたらした．まず年少人口は，1954年に2989万人の戦後最大値に達したあと減少傾向に転

じ，2000年に1847万人と，38.2％減となった．その比率は1949年に35.5％の最大値に達したあと低落傾向に転じ，2000年に14.6％へと激減した．次いで生産年齢人口が1995年に絶対数で8717万人の最大値に達したあと減少に転じ，2000年には8622万人と1.1％減になった．比率で1991～93年に3年続いて69.8％を記録したあと減少傾向に転じ，2000年に67.9％に低下した．これら一連の人口動態の最終結果が総人口の到来である[33]．

以上の外観から，TFRが置換え水準を最終的に割り，また出生数が減少に転じた1970年代央は日本の第二の人口転換期と見ることができるだろう[34]．それは4半世紀後に生産年齢人口の減少傾向への転換を，そしてほぼ30年後には総人口の減少傾向への転換をもたらしたからである．直近の将来に人口減少時代を迎えることは，実は1970年代央以降のTFR低下と出生数減少傾向とからつとに予想されたことである．それにもかかわらずこの事態に対する社会的危機感の表面化が抑えられてきたのは，普通死亡率が1980年代初まで低下したあとも緩やかな上昇に留まったため，自然増加率が減少しながらも正であり続けたからである．しかし，1989年にTFRがそれまで日本の人口動態統計史上最低であった丙午（1966年）のそれを下回り1.57を記録した時，日本社会に初めて衝撃が走った[35]．その翌年に泡沫景気がはじけたのであり，九十年代以後とは，日本社会がやがて長期人口減少時代を迎えることは不可避という危機意識を，日本人がようやく共有するようになった時期なのである．これはじつに日本経済史において未曾有の事態である[36]．

国立社会保障・人口問題研究所の平成14年1月推計によると，TFR1.39（これは2004には高位推計というべきものになった）と仮定した中位推計で，2000年に1億2693万人だった総人口は2006年に1億2774万人と最大値に達したあと，2025年に1億2114万人，2050年に1億59万人に減少する．2000年に17.4％を占めた65歳以上人口の割合は，2025年に28.7％，2050年に35.7％に上昇する．これと対照的に2000年に68.1％を占めた生産年齢人口は，2025年に59.7％，2050年に53.6％まで低下する[37]．また，国連の中位推計（2004年）によると，2000年に総人口で世界9位を占めた日本は，2050年に16位に後退し，ロシアを上回るものの，フィリピン，ベトナムを下回ると推計されている[38]．

これまでの検討から，確かに経済成長も人口動態も1970年代央をともに転換期としているが，1990年代央の生産年齢人口の減少開始，老齢人口の年少人口凌駕により，九十年代以後は人口構造の変動が顕在化した時期であることが確

かめられた．これから導き出される仮説は，戦後日本の経済成長が若年人口（20歳未満）増加と正の相関を持つこと，すなわち，若年人口を成長点とする比較的若い世代集団を，供給と需要の両面で主たる基盤としてきたという仮説である[39]．

出生率低減要因

それでは出生率の傾向的低下の原因は何に求められるのか．大正末年は出産制限が始まり，出生数の減少が始まった時期と言われるが[40]，すでに第一期のうちに始まった出生率低下傾向が第二期において持続したのはなぜなのか．第一期と第二期との類型政策公準の転換に留意するならば，その要因は第二期に独自な状況にまず求められるべきであろう．

戦後の出生第率低下傾向の要因分析は，さまざまな分野の専門家によってなされているが，夫婦の自主選択による出産制限に求める点では暗黙の一致が認められる．国立社会保障・人口問題研究所の5年ごとの調査によれば，1977～2002年の6回の調査結果で，平均出生児数は2.2人前後，理想子ども数は2.6人前後でほとんど変化がない．この差の理由として，2002年の同研究所調査によると，「子育てや教育に金がかかりすぎるから」(62.9％)，「高齢で生むのはいやだから」(33.2％)が突出して1，2位を占め，他方で「健康上の理由から」(19.7％)，「欲しいけれどできないから」(15.7％)が5位，7位を占める[41]．前二者は消極的理由（「欲するが，困難」のように見えて，実は積極的理由（欲しない）の間接的表現にほかならない．ここには明らかに少子イデオロギーというべきものが看取される．「富国強兵」という類型政策公準のもとで，食糧供給力の限度まで人口を増やすことが国策であった第一期では，これを受け止める役割を家族および学校を中心とする地域社会が効果的に果たした．これに対して第二期では，個人消費の自由化がついに出産にまで及び，出産，育児は第三者の介入を許さない両配偶者間[42]の絶対的私事と見なされるようになり[43]，家族生活の目的としての優先順位が落ちてきたのである．第一期で直接的出産強制の場として機能した家制度の崩壊も，この風潮を助長したことは言うまでもない．

「富国強兵」という社会的理念が消え，出産・育児が自由化されて個人消費化した結果は，その価値を機会費用計算や費用便益分析で測る市場原理の浸透である．つまり，経済的に無理だから生まないのでなく，経済的に見るから生まないという一面を無視できないのである．総じて家族生活を損益計算の対象に

据えるのは戦後に顕著となった現象であり，第二期を刻印する経済成長至上主義と軌を一にしている．それは家族の準企業化，すなわち生活原則に対する営利原則の優位，と言うことさえできる．消費行動一般における同世代同調志向が，出生コウホートや婚姻コウホートの出産行動に第一期とは逆向きの社会的強制として働いたことも，この「経済観念」の普及に拍車をかけたことは疑いを入れない[44]．かくて戦後日本では，未婚・晩婚・晩産傾向とともに生涯未婚率も上昇し，また夫婦の完結出生児数も減少した結果，置換え水準以下への出生率低下という不可逆的人口動態が生じたのである．

他方で，健康・身体上の理由で出産を断念している夫婦がかくも多いことは見過ごせない[45]．これを『少子化社会白書』が問題にしていないのは不可解である．

人口動態が経済要因だけに帰せられるものでないことは，主要先進国のTFR趨勢曲線が収斂傾向をしめさない事実が物語っている[46]．第二期日本のせいぜい二人っ子イデオロギーが，政府の人口政策の介入なしに中国の人口政策以上の効力を発揮したことは，むしろ注目に値する現象と言うべきであろう[47]．相対的過剰人口の重圧に喘ぎながら，国策として人口増強政策が推進された第一期と対照的に，第二期の日本人は，増加率の減少傾向のもとでも人口増がまだ続くという安心感に浸りきり，出産，育児を経済計算の対象に据える自由を享受してきた．第一期の子宝イデオロギーが「富国強兵」という類型政策公準に根ざしていたように，第二期のの少子イデオロギーも「富国向米」という類型政策公準に根を下ろしていると考えられる[48]．このような第二期の出産行動の累積効果がようやく表面化したのが，九十年代以後にほかならない．

(2) 東アジア状況の転換

体制対立から地域対立へ

第二期における第二の人口転換は内因性のものであり，これまで外国労働者の入国が厳しく管理されてきたため，外部状況の変化とさしあたり切り離して検討することが可能である．しかし，未曾有の事態が日本経済の外部環境の未曾有の変動と同時期に発生した以上，両者の共時性と相互作用とを視野の外に置くことはできない．

そこで，国外に眼を転じよう．ロシア十月革命以来四分の三世紀続き，二次

大戦後は冷戦という形態をとった体制対立が，1991年末のソ連消滅をもって一見終熄した．しかし，資本主義対社会主義の体制対立の終焉が東アジアの状況を流動化し，見通しをつけにくくさせたのは戦後初めての事態である．確かに欧州では，中・東欧の体制転換がEU統合東方拡大の道を開いた．近年のロシアの西欧接近もこの統合拡大に有利に働いている．欧州では九十年代以後が東西分裂の修復に向かう転換期となったことは，あらためて述べるまでもない．

　これに対して東アジアでは，冷戦終熄が欧州ほどには緊張緩和の効果をもたらしていない．それどころか，今や中国は海洋資源開発を国策に据えた新戦略をもって日本との間で東シナ海における領土・領海紛争を惹き起こしており，中国の海洋調査船が事前申請なしに日本の排他的経済水域で活動し，艦艇が日本の領海の侵犯を繰り返している．また，武力による台湾併合の目標をけっして降ろそうとせず，チベット，ウィグル，内モンゴルなどで内攻する民族運動の弾圧を，「中華民族」分裂阻止の名分をもって正当化しようとしている．このような中国の一連の行動は，「社会主義市場経済」の「社会主義」が軍国主義として暴走しかねない危険を孕んでいることを暴露し，東アジアにおける最大の懸念材料であることは否定できない[49]．すでに核兵器を所有している中国が通常兵器でも現代化を重点目標に据え，経済成長を上回る速度で軍拡を進め，「富強大国」への道を邁進していることは，第一期日本の「富国強兵」策を想起させるものである．「中華民族」という観念も孫文に発するとはいえ，彼の「五族共和」を逆用した満州国建設構想における「五族協和」観念と重なるのである．

　北朝鮮が前期的社会主義の武装を解こうとしないため，朝鮮半島の安定も未だに遠い現状である．経済的に無力化した国の一国軍国主義を過大評価することは戒めなければならないが，これは自壊作用の末に暴発する危険を秘めているので，警戒を怠ることは許されることでない．

　もちろん東アジアでも，資本主義対社会主義の体制対立は事実上終わっている．日本の経済成長率がつとに低下傾向を辿っていた1978年末の第11期3中全会で改革・開放路線に踏み切った中国は，啓蒙絶対主義的一党独裁体制のもとで持続的経済成長を実現した．その実績を踏まえて，1992年の第14回共産党大会が「社会主義市場経済論」を採択し，翌年の全人代は憲法にこれを明記することを決定した．すでに北朝鮮経済の低迷と対照的な経済発展を続けていた韓国は，中国の動きに呼応して1992年のうちに中国と国交を樹立し，同年中に新生ロシアとも基本条約を結んだ．他方で，アジアNIEsの筆頭格として1980年

代まで韓国に先行した台湾は，1996年総統直接選挙を実現して（李登輝当選）民主化の進展を世界に印象づけた．こうして中国対台湾，韓国対北朝鮮の複雑な民族内緊張関係を残しながらも，北朝鮮を例外として台韓中の持続的経済成長が日本を含む東北アジア経済の相互依存関係の展開を可能にし，「東アジア経済共同体」の展望さえ開けてきたことは，まさに東アジア近代史において初めてのことである．

さらにまた，企業の最適地生産，最適地部品調達，国際的OEM網の編成により「国産品」の概念が曖昧になり，少なくとも汎用品において日本の消費者が *Made in Asia* (*by Japanese firms*) 産品の購入に抵抗を示さなくなったのも，九十年代以後の特色である．「舶来」（欧米産）の高級消費財，嗜好品を除き，長らく国産品（合成財）に固執してきた日本の消費者の商品選好行動の変化は，国内市場を巡る日本企業間の競争に新局面をもたらす原因であると同時に結果である．この新局面は，海外とりわけ中国への生産拠点の移転とそれに伴う日本国内生産立地の空洞化を招き，「価格破壊」が産地の中小企業破壊を惹き起こした．これは，近代日本経済史上未曾有の事態と言ってよかろう．もっとも，中国における賃銀水準上昇の兆しと近年の反日運動に象徴されるカントリーリスクの上昇とを受けて，日本企業は対中進出にこれまでより慎重となり，投資先の東南アジアへの分散と日本国内への開発・生産拠点の回帰の動きも始まっている．ともあれ，一次産品だけでなく，汎用製品の一部までもが外部からの供給に頼る「資源」と化したことは，九十年代以後に初めて認められる傾向である．

とはいえ，このような動向がそのまま「東アジア経済共同体」形成へ向かうとは考えられない．経済的相互依存の進展と逆向きに政治的緊張はむしろ強まってきているからである．東アジアの政治状況は冷戦期よりもかえって複雑になり，欧州とは異なる様相を呈していることは軽視できない．このような経済と政治のねじれ現象もまた，東アジアにおいて二次大戦後初めての事態であると言えよう．そればかりでない．この現状のもとで「社会主義」の旗をけっして降ろそうとしない中国経済の規模の急激な拡大に，資本制日本経済が押され始めたことは，日中双方にとり日清戦争以来の未曾有の事態である．日清・日露戦争の時期に資本制経済を確立した日本の競争相手は，以後1世紀にわたり欧米であった．アジアのなかで，というよりも非西洋世界で，日本経済は第一期，第二期を通して超絶的な地位を占め続けてきた．米欧と並び資本制世界経済の一極に位置する日本経済の東アジアにおける盟主の地位が，「非市場経済

国」である中国の躍進によって脅かされようとは，およそ予想もされなかった事態である．今や黒船が米国からでなく，中国から来襲したのであり，これは近代日本経済史における未曾有の事態である．この未曾有性が日本人を周章狼狽させ，自らの将来展望を過度に悲観的なものにしていることは否めない．

確かに人口規模で見るならば，長期人口動態予測における日中間の鋏状隔差は，中国がやがて米国を追い抜く経済超大国になる一方で，日本が経済大国の地位を失うという事態が必至のように見える．事実，国連の中位推計（2004年）によると，1950年から2050年までの百年間を25年ごとに四等分した場合の中国の対日人口倍率の推移は，1950年：6.6倍，1975年：8.3倍，2000年：10.0倍，2025年：11.5倍，2050年：12.4倍と開く一方である[50]．人口を基準とする限り，日本は中国に対して小国化，文字通り倭国化の一途を辿っているのである．

しかし，ここで見落とされてならないことは，中国経済の規模の拡大が質の向上を伴う必然性はなく，また，その経済成長がいつまで持続するかも不確定であることである．現在までの中国経済の高成長は，海外からの資本・技術の投入を国内の無制限労働力供給に組み合わせた資源依存型成長である．中国が抱える深刻な構造的諸問題，一党独裁制による公権力の独占と腐敗，営利観念と経済倫理との伝統的落差，所得・地域較差の拡大，一人っ子政策の強行がもたらす人口構成の歪み，環境破壊と砂漠化の進行，しかも内部矛盾の解決策を覇権主義的行動に求めさせる中華思想，これらはけっして持続的経済成長により自ずと解決されるものでなく，長期的に見れば経済成長の阻止要因となる．中国の超経済大国化という長期予測は，じつはこれらの構造問題がすべて克服されるという楽観的前提に立つものであることが留意されるべきである．第一期日本が急いだ「富国強兵」の道が結局日本を体制的危機に導いた歴史の教訓を，日本に対して「歴史をもって鑑となす」ことを主張してやまない中国が，どれほど真摯に受け止めようとしているか，きわめて疑わしい．その意味で，規模に幻惑された日本側の悲観は，危機感の欠如から生ずる楽観と同様に非現実的である．

自衛隊海外派兵

1990年8月のイラクによるクウェイト侵攻を機に勃発した湾岸戦争で，日本は1991年4月掃海艇をペルシャ湾に派遣した．これは自衛隊の発足以来初めての海外派遣であり，それは第二期初めての日本軍隊の海外派遣にほかならな

い．続いて1992年9月国連の平和維持活動のために自衛隊部隊がカンボジアに派遣され，それ以後，自衛隊は海外での平和維持活動を間断なく続けるようになった．2001年11月，テロ対策特別措置法が制定され，これに基づき海上自衛隊艦艇がインド洋に派遣され，航空自衛隊も国外空輸を開始した．2003年10月テロ対策特措法の期限が2年延長された．さらに2003年7月イラク人道復興支援特別措置法が制定され，これに基づき同年12月以降順次イラクへ陸上自衛隊が派遣された[51]．戦後日本が有事に際して踏み込んだ対米協力を余儀なくされることが常態であり，沖縄をはじめ日本各地の基地が米国の後方支援機能を果たしてきたことは事実だとしても，1980年代まで自衛隊の海外派遣はなかった．自衛隊の存在と憲法第9条の規定との整合性に問題があるにせよ，専守防衛が日本領域内に限定されてきたことは第二期日本の平和主義を象徴する意義を持つ．したがって，湾岸戦争は戦後日本史の一つの節目となった．九十年代以後という新しい「戦後」は，自衛隊の海外派遣という既成事実の累積に，日本人と東アジア人とが否応なしに慣らされる時期だったのである．

　それでは九十年代以後の連続的自衛隊の海外派兵が意味するものは何か．第一に，海外派兵が主体的選択でなく，米国からの圧力への屈従もしくは米国の意向の先取りと見なされる限り，向米公準が九十年代以後も貫徹していることが確認されることである．第二に，自衛隊が国内に留まる限り，「戦力なき軍隊」という解釈により憲法第9条との整合性を図る余地があったとしても，海外派兵により自衛隊の軍隊性が白日のもとに曝されることは不可避であることである．似而非軍隊という半世紀にわたる虚構はこれ以上保持できない時が来た．第三に，外交力との均衡を欠いた軍事力の顕示が，近隣諸国に残る第一期日本の侵略性の記憶を呼び起こし，これが政治的に利用される隙を生むことである．それはさなきだに弱い外交力を一層弱める．ちなみに，生産力人口の減少開始と連続的海外派兵との共時性が，1920年代の人口転換と大陸侵攻開始との共時性に照応していることは，単なる歴史の偶然だろうか．これは，外交力の不足を海外派兵の実績によって補おうとする安易な姿勢が，やがて深刻な危機を招きかねないことを警告する，第一期からの歴史的教訓と観るべきでないのか．外交力の援護射撃を受けない軍事力は非力である．自衛隊の海外派兵がさらけ出す矛盾は，向米公準が今や限界に来たこと，換言すれば，明治期を貫く全外交努力によって達成された「条約改正」の成果をあえなく失った第二期日本が，再版「条約改正」の秋を迎えていることを示唆していないか．

(3) 地球環境問題

　高度成長期に深刻な地域的環境破壊を生んだ日本では，すでに 1960 年代に「公害」観念が社会的に定着した．1967 年公害対策基本法が制定され，1971 年に環境庁が設置された．現行の環境基本法がこの公害対策基本法に代わったのは，1993 年である．後者で公害と並んで初めて「地球環境保全」という用語が使用され，一国規模の公害関心は地球規模の環境関心へ拡大した．すなわち，九十年代以後に世界 *world* から地球 *earth* へ，平面から球面への空間認識次元の転換が起きたのであり，これまたグロウバリゼーションの一局面にほかならない．これは，平均気温の傾向的上昇，異常気象の続発，氷山や氷河の縮小，砂漠化の進行という一連の現象に直面して，1980 年代末から地球温暖化が世界共通の関心事となったことを背景にしている．1988 年 11 月の「気候変動に関する政府間パネル」(IPCC) 設置から，1992 年 5 月の「気候変動に関する国際連合枠組み条約」成立，1997 年 12 月に京都で開催された同条約第 3 回締約国会議 (COP3) における議定書採択，2001 年 11 月にマラケシュで開催された COP7 における合意を経て，2005 年 2 月京都議定書の発効に至る動向は，環境政策が地球規模の共通政策であるとの認識の深まりを示すものである．この間，非政府機関である国際標準化機構 (ISO) も 1993 年に環境管理の国際規格化の検討を開始し，環境マネジメント規格 (ISO14001) の認証取得にすでに多数の企業，自治体が取り組んでいることも注目に値する[52]．

　それでは，環境問題への関心が日本で世界に先駆けてすでに 1960 年代から顕著になり，ドイツでも 1979 年に環境政策を綱領の中心に据える「緑人団」*Die Grünen*（「緑の党」は誤訳．既成政党の組織原理を変革し，組織名から党 *Partei* を意図的に外しているため，「緑の人々」が原語に忠実な訳）が結成されているにもかかわらず，なぜようやく 1980 年代末になって地球温暖化が環境問題の中心問題に据えられたのか．

　第一に，これが冷戦終熄の副産物だからである．地球温暖化問題は温室効果ガスの排出削減，ゆえに化石燃料，特に石油の消費削減の問題に収斂する．1970 年代に二度も石油危機に見舞われた資本制社会は産業の脱石油化に向かい，省エネルギーおよびエネルギー多様化の技術革新がエネルギー弾性値の低下をもたらした．ところが，欧州の社会主義圏はソ連からの潤沢な石油供給により石油多消費型生産構造を温存し，それが技術進歩の停滞を招く一因となった．前

者に対する後者の競争劣位が決定的となり，その結果冷戦終熄に至った時，前者は脱石油の勝利をも晴れて祝うことができたのである．

　第二に，冷戦体制の終熄それ自体が新たに環境問題一般へ関心を向ける余裕を生んだからである．軍拡は経済成長と並んで環境破壊の最大の要因であり，したがって軍事的緊張が緩めば，軍拡で破壊された環境の修復に眼が向かうのも当然である．

　第三に，経済成長が不可避的に環境破壊を伴うという認識が，冷戦の終熄によって経済政策形成に反映される条件が整ったからである．冷戦期に軍備拡張ばかりでなく開発と経済成長とを巡る体制間競争の激化は，不可避的に資本制世界内部の日米欧三者間の熾烈な競争をも惹き起こした．これに遅れをとり始めた欧州が起死回生策として打ち出したのが環境政策にほかならない．冷戦の終熄により開発・成長史観を相対化する機運が生じたことが，「持続的成長」に適合的な類型特性を体現しているという自己認識をもって，欧州が環境政策で主導権を握ることを容易にしたのである．

5　類型政策公準の転換

(1) 体制的危機から第三期へ

　以上，九十年代以後の未曾有な事象を確認したところで，次に，それではこの未曾有性が類型的危機の変容，ひいては日本経済の型の変換を惹き起しているのか，あるいはそこまで行かずとも類型政策公準の刷新を迫っているのか，という問題の検討に移ろう．

　海外資源依存度の傾向的上昇を九十年代以後の未曾有性が加速していること，しかも「資源」観念が一段と拡張していることに着目するならば，日本の産業構成の変動が止まる定常常態への収斂が近い将来始まるとは考えにくい．そうであれば，生産物と生産要素との恒常的齟齬という類型的危機は今後とも変わらず，よってこの類型的危機への固有の対応様式としての型の規定，すなわち生産の優位も変わることはないであろう．したがって，生産の優位により培われた洋の東西を問わずあらゆる文化を比較的偏見なく受け容れる，日本人の感度と能力とが今後とも保持され，また日本社会が一般に考えられているより

はるかに開かれた体制（時には無防備に過ぎるほどに！）であり続けることは疑いを入れない．

しかし，間もなく始まる人口減少による労働力不足は，日本経済に固有の協業生産方式の変更を迫るのではあるまいか．この疑問に答えるために，ここで第一期の人口構造を振り返ってみよう．日本の人口転換がつとに完了した1935～36年でも，15歳平均余命は男43.9年，女46.3年に留まった[53]．すなわち，昭和10年代は，50歳を超えるともう晩年とされるほどの，現在と較べてはるかに短命な社会だったのである．1936年の総人口は6925万人で，超長期推計（中位推計）で総人口が再びこの水準に戻るのは2088年頃とされている[54]．第一期が労働集約的生産構造に刻印され，その上，膨大な若年男性労働力が軍隊に吸収されていたにもかかわらず，速水・小嶋によれば出産制限がすでに始まっていたことを考量するならば，第一期で生産の優位の型を確立させた要因が労働力一般の無制限供給なのではなく，協業生産方式に適合的な労働力の育成であったことが判る．鍵は量でなく質にあり，よって教育に帰着する．

とはいえ，若年労働力供給の傾向的減少が量から質への転化を伴い，あらゆる教育努力をもってしてもそれを抑止できない状況を迎えることにならないか．確かに，少子化と幼稚化との相関は否めないように見え，協業生産方式に不適合な若者，それどころか就職そのものを拒否する一群の若者（「ニート」）さえすでに生まれている．しかし，彼らの間に小集団志向が一層強まっている傾向も看取できるのであり，若い世代ほど工場人という類型規定から外れてゆくという傾向を一般化することはできない．問題は，教育政策が人口政策の一環として整合的に位置づけられていないことにある．協調性に欠ける独業志向の技術者，技能者にしてもけっして目新しい存在でなく[55]，第一期以来，このような職人気質の直接生産者の個人的生産性が協業労働の足らざる部分を補い，両者相まって合成財開発に力を発揮してきたことは，すでに触れた通りである．

以上の考察から，九十年代以後の体制的危機を，生産様式そのものの変革を余儀なくされた幕末・明治初期の危機と並べることは行き過ぎであるとしても，第一期から第二期への類型政策の転換をもたらした敗戦直後の危機に相応すると見ることは，あながち不当であるまい．すなわち，日本経済は今や新しい類型政策公準で装備し直されるべき第三期への転換過程にあるというのが，この予備的考察から導き出されるさしあたりの結論である．もっとも，このよ

うな見解はすでに少なからぬ論者により，ただし概ね直感的に主張されてきた敗戦期と九十年代以後との比定を，類型論的観点から確認したに過ぎない．この転換過程がいつ終わるかは，新しい公準がいつまでに定着するかにかかっていよう．第一期から第二期への転換の終了を告げる「もはや戦後ではない」（1956年度『経済白書』）という認識を日本国民が共有できるためには，早くとも岩戸景気（1959～61年）まで待たなければならなかったことを想起するならば，第三期への転換過程である九十年代以後が10年間にわたり続いているとしても，けっして不思議でない．しかも，「戦後期」の終了が単に国民経済の基本指標が太平洋戦争勃発以前の水準に復したという量的認識によってでなく，長く続いた戦時中に変動が堰き止められていた旧来の生活様式が一変したとの，質的変化の国民的実感によって確認されたことを思えば，第三期への転換，すなわち類型政策公準の転換は，国民の消費様式の変容によって初めて完遂されたことになろう．

(2) 人口政策

消費行動の変化

そこで，人口動態の変動を消費様式と政策対応との両面から検討しよう．まず消費様式から見る．日本の消費財体系の変動が現実に消費コウホートの世代交代により惹き起こされるためには，商品世界に新規参入して最新版の消費財体系の必須の構成要素となるべき新種財が，すぐれて若年者層の需要に合致する特性を帯びていることが必要条件となる．換言すれば，若年者層が増加傾向にあるならば，消費財体系の更新動因がそれだけ強く働くことになる．二次ベビイブームが頂点に達し，出生数が極大値に達したのは1974年であるから，1991年3月に景気が長期下降局面を迎えた時，1974年出生のコウホート（遅生まれ）は16歳であり，このコウホートが高等学校に進学した1990年の進学率は94.4％であった．このコウホートが大学・短期大学を受験したのは1993年でこの年の大学・短期大学進学率は40.9％であった[56]．すなわち二次ベビイブームによる最後の巨大コウホートがほぼ自立的な購買力単位として消費財市場に参入したのが，1990年代初ということになる．つまり，九十年代以後は新規参入する消費コウホートが減少傾向を辿る一方で，中・高年齢の消費コウホートが購買力の担い手として比重を増してきた時代なのである．人口動態の変動に

より年齢別人口構成が変わるだけでなく，従来の消費財体系の変動様式が変調を来していることが推測される．この意味で，日本の消費様式は今や転換点を迎えていると言えよう．

　もっとも，第一期の日本経済が，特に消費財において供給力不足と購買力不足という一見相反する二重の制約を科せられ，しかも消費財において伝統財がまだ幅を利かせていたことを想起するならば，消費財体系の変動と消費コウホート交代との相関は，すぐれて第二期を特徴づける現象として理解されるべきかもしれない．ともあれ，日本企業は国内市場を重視する限り，今や消費財開発の世代目標を新規参入の若年消費コウホートから次第に高齢化する既存消費コウホートに移してゆく必要に，すなわち商品開発観念を抜本的に変える必要に迫られている．購買力基盤の高齢化は，日本の消費財体系の陳腐化が次第に遅くなり，よってその変動周期がそれだけ長くなることを意味する．そのため耐久期間が在来品より格段に長い，資産性製品需要が増大することは必至である．

　ここで陳腐化の日本的形態に眼を向けるならば，次のような特徴が見出される．新規参入消費コウホートの購買力に合わせ，これまで日本企業は概して中位の価格で品質基準を満たす上に，比較的陳腐化しやすい消費財の開発に戦略的重点を置いてきた．第一期の日本にはまだ身分差別が多分に残っていたとはいえ，第二期にこれは大幅に消え，日本は欧州と較べて身分・階級差がはるかに小さい社会となった．社会的階層分化と消費財体系の階層分化とが並行現象である以上，合成財を主力とする日本の商品世界に階層分化が起こりにくいのは当然である．これに対して欧州経済が今なお（超）高級品を生み出す体質を保持していることは，消費者が階層化していること，すなわち欧州が身分・階級社会という特質をなお失っていないことを物語る．確かに日本でも伝統財と外来財とが身分性を帯びて高級品化の傾向を見せてはいる．しかし，合成財に較べて両者の比重は低下する一方である．第二期における長足の生産技術進歩と資源輸入の増大，加えて大量国内需要に支えられた合成財は，概して品質，機能，意匠の点で高い水準に達しながら，相対価格は下落傾向にある．このような特性を具える商品に大量需要を期待しようとすれば，供給側は積極的な陳腐化戦略を講ぜざるをえない．消費者にとりそのような商品特性は，ある種の玩具性として眼に映ずるはずである．合成財，すなわち本来の日本的商品の生産者が，日本人の体格と家屋とに合わせて概して小型化を競いながら製品差異

化を図ってきたことも，合成財の玩具性を強める結果を招いた．

　事実，携帯音楽プレイヤーという革新的製品として1970年代末に登場した初代ウォークマンが，若者の間に必需品化して製品名になったのも，アニメイションが写実映画と並ぶ地位を確立したのも，「マンガ」が新しい書籍範疇として世界的に認知されたのも，日本的商品の玩具性の賜物である．コンピュータソフト技術に関して総じて世界の後塵を拝している日本企業が，ゲームソフトにおいては世界市場で健闘している現象は象徴的である．その意味で戦後の幼稚化現象は少子化とだけでなく，陳腐化の日本的形態としての玩具化が企業戦略として重視されてきたこととも相関があるのかもしれない．この点に着目するならば，中高年消費コウホートも程度の差はあれ玩具性に対する愛着を捨てきれずにいることに，あらためて気づかされる．愛玩用人形やいわゆる食玩の収集に熱中する成年は女性ばかりか男性にも少なくなく，夏の甲子園高校野球がつとに国民的行事となっているというような現象は日本以外で見出しがたい．とりわけ第二期の消費行動様式において，成人と未成人との区別がなぜかくも弱まったのか，成人が往々にして示す幼稚な消費行動が一体何に由来するのかは，日本で性差以上に歳差が依然として幅を利かせているだけに，興味深い研究課題である．ともあれ，新消費コウホートに比較的容易に妥協する性向を具えた「気の若い」旧消費コウホートの存在が，新規参入消費コウホート減少による市場縮小をある程度補い，また世代間摩擦の激化を抑える働きをしていることは確かであろう．

　以上の考察から，とりわけ第二期日本経済の属性の一つは，日本的商品が帯びる玩具性にあり，その意味で第二期日本経済は玩具の資本主義と呼ぶことさえできることが確められた．「陸海空軍その他の戦力は，これを保持しない」という憲法第9条のもとに置かれた自衛隊は，いわば「玩具の兵隊」であることが求められ，これは，第二期日本資本主義の玩具性を戯画的に示す好例である．

　そればかりか，実は出生率低下の隠れた要因としてこの玩具性を挙げることもできるのである．「富国強兵」公準のもとで第一期の子どもは，単なる投資財もしくは生産財に留まらず公共財であった．家計と健康とが許す限り3人以上を出産することは，有配偶女性の社会的義務であった[57]．しかし第一期の社会的出産強制に代わる第二期の「産児制限」観念の普及と人口妊娠中絶の事実上の放任[58]は，まず子どもを節約されるべき消費財に変えた．第二期の進行につれて家計所得の持続的増大が有配偶出産の完全自由化の道を開いたが，それは

結果的に子どもの耐久消費財化もしくは高価格愛玩財化を招いたのである[59]．

しかし，九十年代以後若者向きの玩具性を帯びた消費財が姿を消す兆しが見えることも，事実である．日産のシルビア，スカイライン GT-R，トヨタのスープラなどの若者用「デート車」が 2002 年に生産停止に追い込まれたのは，その一例である．新消費コウホート参入が減少する一方で，平均寿命が延びてきたことは商品の平均寿命をも延ばし始め，よって財が耐久財化，高品質化，高価格化することにほかならない．長らく国内の高級車市場を外来財に委ねてきた日本の自動車企業が，これに参入の動きを見せ始め，トヨタが 2005 年 8 月に高級車ブランド「レクサス」の国内市場向け販売に踏み切ったことは，その好例である．それは，次第に高齢化してゆく日本の消費者の関心が相対的品質から絶対的品質へと向かい，その結果，消費財を遅かれ早かれ飽きて捨てる玩具と見る第二期に身についた幼児消費観念から脱し，再び第一期の節度ある消費行動に回帰する見通しが開かれ始めたことに対応する．ただし，第一期の消費者は前述のように供給力不足と購買力不足という二重の制約のもとで，ひたすら節約に務めることを余儀なくされたのだが，第三期では強い購買力をもって入手した資産性高品質財を使いこなす，成熟した消費行動をとることが期待される．そしてこのことは，玩具化した子どもを第一期とは別の意味で，すなわち日本社会再生産の担い手として，公共財に復させることの見通しをも開くものである[60]．

総合人口政策

九十年代以後人口減少の到来が目前に迫ったことは，近現代日本経済が初めて直面する事態であるため，当初は危機感だけが先行していたように見える（1997 年，有識者アンケート結果）[61]．さしあたりの危機意識が，労働力供給の減少による潜在的経済成長力の低下，世代間負担の不均等増大という経済問題に向かい，年金制度や地方財政制度の改革，外国人労働力導入の是非に政策的焦点が合わせられている．その反面，人口減少そのものに対しては，総合的観点を欠いた対症療法的少子対策が講じられているに過ぎない[62]．平成 10 年の『厚生白書』は「出生率回復」を謳ったが，少子化対策の基本理念を明らかにした平成 15 年の少子化社会対策基本法でも，「少子化の進展に歯止めをかける」ことが謳われているに過ぎない．これではそもそも TFR を置換え水準以上に回復することが目標なのか（それは不可能に近い），減少を辿る趨勢曲線の勾配を緩や

かにすることが目標なのか（どの程度にまで？）判然としない[63]．しかし，最大の問題点は人口減少が日本の安全保障にどのような影響を及ぼすかという関心が欠如していることである．

　そもそも経済成長が永久運動ではありえないように，人口増大も無限に続くはずがない．したがって世界の超長期人口動態を見据えながら，日本の自然的・社会的・経済的条件に見合った適正人口規模を例えば国勢調査に合わせて算定して，それを基準にした人口政策を策定もしくは修正することは必須の課題である．出生率，死亡率，国際人口移動率という人口変動三要因のうち，国際人口移動率はもとより出生率も非経済的要因に強く左右される以上[64]，長期人口減少を少なくともある程度減速させることで，これに伴う混乱や不利益を最小限度に食い止めるための政策対応の余地は，まだ十分に残っているはずである．人口の再生産過程が基本的に自己完結的であるために[65]，これに対する政策対応には限度があるにせよである．その際求められるのは，単に人口政策[66]を政策体系に新たに組み入れることではなく，公共政策の基軸に人口政策を据え，これに諸関連政策分野を「新結合」させる新しい類型政策公準を創出することである．それは日本社会の存続にとり必須の政策イノベーションと言えよう[67]．

　しかし，この革新を遂行するためには，いくつかの前提条件が満たされなければならない．第一に，日本における従来の「老若男女」に関する通念を徹底的な吟味にかけることである．確かに性差別に関しては批判的認識がかなり浸透し，それに基づく政策努力がそれなりに効を奏してきた．すでに出生数が最大値に達する直前の昭和47（1972）年に勤労婦人福祉法（昭和60［1985］年改正時に改称され以後「男女雇用機会均等法」と略称）が，平成4（1992）年に育児・介護休業法が，1995年国勢調査に基づく1997年将来推計人口が公表された直後の平成11（1999）年に男女共同参画社会基本法が，それぞれ施行されている．この制度は未だに十分な効力を発揮するに至らず，意識改革はまだ緒についたばかりである．国連開発計画（2004年）によれば，ジェンダー・エンパワメント指数（GEM：女性社会進出指数）で日本は78カ国のうちで38位に留まっている[68]．とはいえ見通しはすでにかなり開かれていると言ってよい．

　第二の問題は，固定的年齢別分業の見直しが性的分業の見直しと較べても立ち後れていることである．従来の「年少者」，「成年」，「定年」，「高齢者」といった観念により刻印された世代時計の定時法が，未だに抜本的見直しの対象に

なっていないのは問題である[69]．それは，女性就業のための障碍除去が世界的潮流に乗って比較的容易であるのに対して，高齢者就業のための障碍除去は世界的潮流にむしろ逆行する動きになるからかもしれない．たとえそうであっても，今や年齢差別[70]に根ざした従来の「生産年齢」の上限と下限とが見直されるべき時である．上限について言えば，65歳時の平均余命が男18.02年，女23.04年（2003年）に達し[71]，健康余命も世界最高水準に達している事実と，65歳以上の労働力率が2000年実績値（2005年推計値）で男35.2％（31.5％），女14.4％（13.3％）に見られる高い就業意欲[72]とに照らして，高齢者規定の下限の引き上げがなされるべきである[73]．平均寿命がつとに世界最高水準に達している日本に，国連の高齢者規定をそのまま当てはめることは当をえない．日本の雇用制度の根幹をなしてきた新学卒者一斉採用，終身雇用，年功賃銀・処遇，一律定年退職の複合体系がすでに崩れ始めているなかで，一律定年制は公的機関でも私企業でも最も頑強に墨守されている[74]．個人差を考慮しない一律定年制により就業意欲がまだ盛んな熟練技能工を切り捨てている愚は，経営資源浪費以外の何物でもない[75]．定年を迎えて日本の労働市場からの退出を余儀なくされた「高年齢」熟練技能者が，中国をはじめ東アジア諸国に新しい職場を見出して技能を移転し，結果として日本の競争相手を育てている現実を，なぜ日本の企業がみすみす傍観しているのか，理解に苦しむことである．確かに最近ようやく定年退職者の再雇用の動きが始まっているが，その条件はまだきわめて厳しく，企業の硬直的な年齢観念の改革が容易でないことを窺わせる．

　「生産年齢」の下限についていえば，義務教育期間中に児童・生徒に労働現場で直接体験を積ませることが，授業計画に本格的に導入されるべきである[76]．芸術や体育における幼児からの過酷な「英才教育」や，小学生の夜遅くまでの塾通いが不問に附されながら，労働に関しては労働基準法の最低年齢条項（15歳未満児童の労働の原則禁止）が教育現場にまで過度の縛りをかけているように見えるのは，均衡を欠く．また，高校までの中等教育課程と大学以上の高等教育課程との間に間隔を設けない進学制度が標準学歴とされるため，年少人口の減少傾向にもかかわらず，未成年期間がいたずらに長引かされていることも軽視できない．その上，概して高等教育の費用負担者が親であることも，少子化の要因になっている[77]．扶養手当，扶養控除の対象となる扶養親族に22歳までの4年制大学在学中の子，孫が含まれる「親がかり」こそ，「大学生はまだ社会人でない」という特異な観念を日本中にはびこらせている所以であり，これは

前述の第二期日本社会の幼稚化現象の一面でもある．この大学生非社会人観を一掃するためにも，現行学校制度の抜本的見直しが必要であろう．すなわち，高校進学率がすでに 96.1％（2003 年）に達している現状に照らして[78]，高校までを義務教育化し親の中等教育費用負担を減らす一方で，高校卒業と大学入学との年齢を分離し，大学受験に際して一定年数以上の職業経験を持つ者を優遇する措置を講ずることである．それは，大学の学費を基本的に奨学金と本人の自己資金とでまかなう制度を創り出すことであり，よって高等教育の費用負担から親を解放することである．このような新しい高等教育制度設計のためには，成人年齢の下限を 18 歳に引き下げることが望ましい．

　労働力は日本経済にとり究極の自給資源であり，これを「開かれた社会」という強迫観念のもとに海外からの調達に仰ごうとすることは，けっして合理的選択ではない．よって国内人口資源の動員の徹底を図り，性，年齢を問わず，労働力率を高める施策を講ずることが望ましいばかりか[79]，現実的対策でもある[80]．

　第三に，政策当局は今や人口政策に本格的に取り組むことへのためらいを捨てなければならない[81]．生殖に関する両性の自己決定権は，憲法第 24 条第 2 項の「婚姻及び家族に関するその他の事項…は個人の尊厳と両性の本質的平等に立脚」するとの条項により保障されていると解釈できるが，自己決定権とは親の一方的な生む（または生まない）権利であって，生まれる（または生まれない）権利ではない[82]．子どもは自己の意思で生まれてくるわけでなく，親は子どもの意思を体して生むわけでもない．親の意思を子どもの意思と擬制しているに過ぎない法的状況のもとで，第二期日本が倫理的荒廃に陥ってしまったことはとうてい否定できない．刑法の堕胎罪条項は母体保護法の母性保護条項によって覆い隠され，母体を守る口実で人工妊娠中絶が「本人及び配偶者の同意」のみに委ねられてきた，すなわち野放しになっているからである．第一期の反動として女性の権利の尊重に関心が向かうあまり，子どもは視野の外に置かれてしまったのである．

　日本国憲法では第 26 条第 2 項の義務教育条項で「子女」という語が唯一回使用されるだけである．これに対してドイツの基本法は，第 6 条「婚姻，家族，非嫡出子」の第 2, 3, 5 項で子どもの権利を明示的に謳い，さらにいくつかの各州憲法も子ども条項を設けている．バイエルン州憲法は，第 3 部「共同生活」第 1 章「婚姻，家族，子ども」の第 125 条「子ども」で，「子どもは国民（Volk）の宝（das köstliche Gut）である」とまで謳っている．総じて女性と等しく子ども（胎児

も含めて）もその権利を擁護するという姿勢において，日本の「平和憲法」がきわめて弱いことは否みようがない．

　以上の現状を見据えながら，あらためて子どもが両親の私有物でなく社会の公共財であるとの認識に立つならば，日本社会存続の絶対的基盤である人口の再生産のために，公権力が「個人の尊厳」を尊重しながら政策努力を傾けることを，憲法第24条はけっして妨げるものではないはずである．第一期に相対的過剰人口の重圧のもとでなお，「産めよ殖やせよ」という強兵志向的人口増強政策を強行したことに対する反省や，「産児制限」が女性解放運動の目標とされた経験，それに多子が貧困と同義であるという国民的刷り込み，さらには諸外国の強権発動的人口政策の失敗例に照らして，第二期日本では優生保護法（昭和23年制定，平成8年母体保護法に改正）により受胎調節，不妊手術の公認や人工妊娠中絶の事実上の自由化はあったものの，出産行動への直接介入と受けとられるような動きを政府は慎重に避けてきた[83]．明示的人口政策に踏み込むことへの政府のためらいは，出産の自己決定権のもとで人工妊娠中絶が野放しとなるばかりか，育児における親権の不可侵性のもとで，程度の差はあれ過保護か虐待かを不可避的に伴う子どもの私物化＝玩具化が進んできた傾向に照応するものである．今や，政府の人口政策上の不作為とこれを当然視してきた第二期日本人の出産観念とが，根本的に見直されるべき時である[84]．

総合人口政策と安全保障

　総合人口政策の樹立が喫緊の課題であるのは，これが国際労働力移動に関わる日本の政策自主権を堅持するために必須の条件だからである．前述のように，総人口で2000年になお世界9位を占めた日本は，2050年には16位に後退する．日本を上回る人口を擁する15カ国のうち7カ国がアジアに属する．しかも中国の対日人口倍率は10.0倍から12.4倍に，2035年に中国を抜いて首位に立つと予測されるインドのそれは8.0倍から14.2倍に，それぞれ鋏状に拡大する．確かに中国も2030年頃に人口減少期を迎えると予測されるが，他のアジア諸国は2150年に至るまで人口増加が続く見通しである[85]．この推計を前提にするならば，今後アジア諸地域から日本にかかる人口押出し圧力は強まる一方であろう．もしも日本が時宜を得て総合人口政策を策定していなければ，日本はこの圧力にとうてい抗うことができず，外圧に屈して労働市場政策や入国管理政策の自主権を事実上放棄せざるをえなくなるだろう．

1995～2000年に人口が減少したのは10県に留まったが，2000～05年にはこれが28道府県に増加し，2010～15年には39道府県に増加すると推計されている[86]．今後，人口の大都市圏集中傾向が強まることを考えれば，人口減少と人口分布の偏倚との同時進行の結果，非都市圏の過疎化が加速し，深刻な問題を生むことは不可避である[87]．とりわけ離島や半島などの過疎地域は行政サービス維持が困難になり，これがさらに過疎化を促進するという悪循環に陥るばかりでなく，日本列島という細長い身体の，外からの圧力に最も弱い部位となるであろう．その時は，外国人技能者を活用する一方で，不熟練労働者の受入れは制約するなどという政策選択の自由はもはやあらかた失われているはずである．

6　おわりに

　間もなく人口減少社会となる日本は，長期的展望に立てば米国と中国という両人口超大国に挟まれ，地政（経）学的に両国と同時に対峙する二正面戦略をとらざるをえなくなる．それは三つの道のいずれかを進むことになろう．一つは，日本が一方に対抗するために他方との密着を強め，その結果一方との関係が険悪化する反面，他方への属国化が進む道である．二つは，日本の頭ごしに両超大国が戦略的提携に向かう場合，かつて日清両国に両属した琉球王国のように，対米従属性と対中従属性との均衡に日本の存立基盤を見出す琉球化の道である．三つは，曲がりなりにも日米中の三体関係を展開し，それを梃子に日本の対外的自律性を強める道である．望ましいのが第三の道であることは言うまでもないが，これは至難の道である．そのためには，高度な戦略目的の設定とこれを達成するための不撓の政策意志が不可欠であり，それには第二期の類型政策公準の革新が必須の前提となる．

　日本はまず，類型政策公準の革新に基づく総合人口政策の遂行により，相対的人口小国として社会経済体制の量から質への転換を果たさなければならない．そしてこの実績に基づき，新しい類型政策公準を普遍性を持つ体制理念として米中両国に認知させ，かくて理念闘争における主導権を掌握することを目指すべきである．相対的人口小国の日本が，日米中を二・五体関係でなく三体関係のなかに定置するためには，これ以外の方法は考えられない．それは，当

分人口増加と経済成長との正相関の利益を享受できるために，規模と成長の観念に固執するはずの米中両国に対して，質と持続の理念を対置することにほかならない．日本が尊厳ある存続を自らに保障しうるか，それとも「米露覇権による平和」*Pax Russo-Americana* の転形としての「米中覇権による平和」*Pax Sino-Americana* にあえなく埋没してしまうかは，この理念闘争の帰趨にかかっている．それゆえ生産の優位という型規定を自覚しながら，第一期，第二期を貫通する「富国」という成長至上主義と，軍国主義に染め上げられた第一期の反動として第二期に甘受された「向米」という事大主義と，この両者に刻印された第二期の類型政策公準を転換し，第三期の類型政策公準を確定すること，九十年代以後日本の最大の政策課題はこれである．

注

1）内閣府（2005）7-8頁，浅子・福田（2003），13-14頁．
2）内閣府（2005）は，バブル経済の後遺症である過剰雇用，過剰設備，過剰債務がほぼ解消したと宣言した（16-20, 293頁）．2005年度および2006年度の実質（名目）経済成長予測は政府が1.6％（1.0％）および2％弱（2％程度），15民間調査機関が1.9％（1.0％）および1.9％（1.7％）である（日本経済新聞〔朝刊〕2005. 8. 18）．
3）九十年代以後の把握を巡る「複合不況」論（宮崎1992）以来の議論の相沢（1991, 3, 106-118頁）による整理を参照．相沢自身はこれを恐慌と捉え，恐慌は長期波動に対する不可分のエレメントとする篠原（1999）186, 193, 195頁に近い解釈を下している．これに対して長島（2003）は，「平成大不況」を「複合危機＝システム統合の危機」の一局面と捉えるが，1930年代のような本格的「デフレ・クライシス・スパイラル」は起きていないと主張して，「デフレ・スパイラル」論者を批判している．
4）内閣府（2005）長期経済統計，に拠る．以下，基本統計数値は主としてこれに拠る．
5）篠原（1994）・（1999）は，戦後経済を「ケインズ＝シュムペーター的局面」（1950～73年），「非ケインズ的局面」（1974～80年），「グローバル・アジャストメントの局面」（1981～）の3局面から成るコンドラチェフ超長波と捉え，また「異種サイクル［キチン，ジュグラー，クズネッツ］の交錯」が観察される「大型バブルとデフレーションの長期的交替」としており，これと似た「長期不況」が1920～30年代にも見られたと指摘している．加藤（2002）No. 227：189-190頁，（2003）No. 235：86頁は，篠原と同じくコンドラチェフ波動論の立場をとりながらも，［超］長波は1980年代を底として現在上昇過程にあり，2006年頃以後にこれと中波との下降局面が来ると予測している．
6）九十年代以後の対アジア（特に対中）直接投資の急増は，一次大戦後の集中的対中直接投資による在華紡の簇生と酷似している．いずれも資本過剰と国内賃銀水準の上昇（在華紡の場合は深夜労働の禁止）とが直接の契機となった「純然たる民間資本による対外投資」（高村）であり，製造業の中核部門が主役となり（前者：電気・電子工業，自動車製造業，後者：綿紡績業），日中垂直分業への収斂（前者：部品・中間財・高級品対汎用

品，後者：中細糸・加工綿布対太糸・生地綿布［粗布］）が見られることで共通している．相違は前者が中国をまず生産拠点として位置づけ，それゆえ現地製品の対日輸出も狙いの一つであるのに対して，後者はまず中国市場制圧を目指し，やがてアジア市場支配を狙ったこと，また，前者を資本不足補塡，外貨獲得，技術導入のために中国政府が積極的に受け入れているのに対して，後者は半植民地化した中国の民族紡を圧迫しながら展開し，排日運動再燃のきっかけになったことである．もっとも，2005 年春中国全土に反日暴動が発生し日貨不買運動にまで及んだことは，日中間に横たわる歴史的暗礁の浅さを示すものであった（高村 1982，西川 1987 第 4 章「在華紡の展開と中国市場の再編」，服部民夫「アジアの経済発展とアジアのなかの日本」〔宮本ほか 2003〕，100-101 頁）．

7 ）Sachverständigenrat zur Begutachtung der gesamtwirtschaftlichen Entwicklung, *Erfolge im Ausland-Herausforderung im Inland: Jahresgutachten 2004/05*, 606-607, 610-611 頁．

8 ）篠原（1994），257 頁．

9 ）篠原は本格的投資ブームの到来を 2010 年前後と予測している（篠原 1999，158 頁）．

10）最近の『経済財政白書』（内閣府）は平成 15 年版，17 年版がそれぞれ三分の一の紙数を人口問題分析に費やしている．平成 15 年版（2003）は，第 3 章「高齢化・人口減少への挑戦」のなかで人口減少が日本経済に及ぼす影響を巡る悲観論と楽観論とを整理している（189-191 頁）．1 年をおいた平成 17 年版（2005）は，第 3 章「「人口の波」と経済構造の変化」で「人口減少問題を過度に恐れる必要はない」（296 頁）と断言し，むしろ楽観的姿勢に転じている．いずれも人口政策に関する明確な戦略目標の設定がなく，また，人口減少が世界経済における日本経済の比重を低下させ，ひいては安全保障に由々しき影響を及ぼす危惧への言及もない．総じて日本政府は，人口問題を安全保障問題と結びつけることを避けている節がある．確かに人口・経済規模がそのまま「国力」なのではなく，軍事力においても兵力の意義は低下しているとはいえ，「人口は国力でない」と断言する藤正・古川（2000）39, 197 頁は，民主制のもとで人数は力なりという単純な事実を見落としている．経済的楽観論を安全保障観念の希薄さが可能にしている点で，人口減少下で経済成長を追求することの愚と，国民所得最大化を目指すことの必要性とを明快に論じる松谷（2004）も同様である．ちなみに，松谷が「社会としての豊かさ」のモデルを安易にヨーロッパに求め，小国のヨーロッパが新たに大国化を目指す大同団結が EU 統合拡大にほかならないことを見落としている点も，指摘しておきたい．

11）日本で「日本型」が論じられる時は同位類型として「欧米型」（または「アングロ・サクソン型」）が想定されることが多く，「北米型」と「西欧型」との類別の観点が弱い．逆に欧米で「北米型」（または「アングロ・サクソン型」）と「西欧型」（または「大陸ヨーロッパ型」）とが対比され場合は，日本型を両者と同位の第三類型として捉える観点が弱い．アルベール（1992），ケルブレ（1997），宮本他（2003）を参照．九十年代以後の長期停滞の主因を日本的経営に求め，後者を人口増加社会の不幸な産物と見なし，「西欧型」に向かう必要を説く松谷・藤正（2002）の脱日入欧論は，型の歴史的理解の欠如が露呈している一例である．

12）篠原（1999）39, 131, 138 頁の指摘を参照．

13）概して「循環」で捉えきれないものが「構造」と呼ばれることが多く，この用語の安易な適用は，隠れた「循環」の検出を妨げる一方で，後述の体制的危機の兆候を見落とさせる．篠原（1999）46 頁の指摘を参照．また「構造的危機」*crise structurelle* はレギュラシオン学

派に独自な用語法があるので，これとの混同を避けるために新陳代謝 *metabolism* 観念を援用した用語を当てる．

14）「日本型資本主義」を論じた比較的新しい邦語文献として宮本ほか（2003）や鶴田（2005）が挙げられる．前者は，7人の共著者のうち「日本型資本主義」を鍵概念として使っているのが3人に過ぎないことで，「日本型」が便宜的に使われていることが露呈している．後者は，「市場優位のアングロ・サクソン型経済システム，社会優位の欧州型経済システム，企業優位の日本型経済システム」という型の三分類の可能性を示唆しているが，「市場」，「社会」，「企業」の概念的対比の検討が不十分であり，方法上の問題を残す．この意味で，型の定立基準の設定（土地所有制度を基準に据えることの当否はさておく）と同位の型相互の対比という手続きを踏んで，70年前に「日本型」把握を目指した 山田（1934）の方法的姿勢は，依然として古典的意義を失っていない．

15）構造は剛性が強く，よって産業構造 *industrial structure* はすぐれて西欧型資本体制に当てはまる．日本では産業の組合わせが流動的なので，「構造」よりも編成とするのがふさわしい．

16）渡辺（1996）を参照．

17）加藤（1999）No. 211: 93 頁，同（2003）No. 235: 90 頁．

18）総務省統計局・統計研究所（2005），113 頁．

19）貿易商品分類上は「非アルコール含有飲料（甘味，香味料無）」で，具体的には「鉱水，炭酸水，水，その他」である．このうち容量で 71.6％，価額で 77.7％ がフランスからの輸入である．水もまた「高級舶来品」化したのである（『食料品貿易統計年報』2005, 160-161 頁）．

20）http://www.admin.ch/ch/d/sr/ioi/index.html を参照．黒澤隆文氏のご教示による．

21）内閣府（2005），421 頁．

22）経産省（2005），254-255 頁．

23）東アジア諸国における出生率低下傾向については，早瀬（2004）第2章「出生率低下とその要因」を参照．

24）EU 統計局の予測によると，EU25 カ国の総人口が 2025 年から減少に転じる．特にドイツ，オーストリアなどが移民流入を警戒している新規加盟の中・東欧で人口減少が激しく，ポーランド，チェコ，ハンガリーではすでに人口減少が始まっている（日本経済新聞〔朝刊〕2005.4.13）．

25）村松・奥野（2002）は大型バブルを発生させた政策の失敗の総合研究だが，そもそも日本が「内需拡大」を経済政策目標に据えることの妥当性の根拠を問う姿勢が弱い．対米貿易不均衡（これは日本の輸出性向の強さを表すものでない）是正のために，米国が日本に「内需拡大」の圧力をかけてくるのは米国の立場からすれば当然であるが，それを日本自身がどう受け止めるかは別問題である．日本が自ら「内需拡大」を掲げることは，「輸出依存型」という自己認識から導き出される自己批判的目標設定となるが，後者の根拠が希薄であれば前者の根拠も希薄となる．

26）コウホート（cohort）は，古代ローマ歩兵編成単位（cohors）に由来する，同時発生集団を意味する人口学上の用語である．出生以外の因子にも拡張されて適用されているので，同一消費行動をとる世代集団を「消費コウホート」と呼んでもよかろう．

27）以下，人口動態の実績値と推計値は国立社会保障・人口問題研究所（2002）および同

(2005)による.

28) 1926年時点で日本の人口（内地人口6074万人）は，独立国のなかで，中，米，ソ，独に次ぐ世界5位の人口大国であった（速水・小嶋2004, 238頁）．これは人口が第一期の日本に恵まれた稀少資源であったことを物語る．第二期の始期にあたる1950年でも日本は5位にあり，2000年に至っても9位に留まり，先進国では米，露に次ぐ3位の座を占めている．第二期日本の経済成長を支えてきた基盤が人口規模にほかならないことがあらためて確認される．ただし，国連の中位推計（2004年）によれば日本は2050年に16位に後退する（国立社会保障・人口問題研究所2005，補遺）．

29) 日本の第一の人口転換は1920年代に起きたとする通説（阿藤誠「先進諸国の出生率の動向と家族政策」同編1996, 13頁）を速水・小嶋は地域差が大きいので一般化できず，地域によってすでに明治末期に起きていると批判している（速水・小嶋2004, 93-94, 232頁）．ちなみに *total fertility rates* には普通「合計特殊出生率」という訳語が当てられるが，本稿は前出の早瀬や後出の大淵に倣って合計出生率を用いる．また *fertility* の訳語は「出生力」でなく出産力もしくは生殖力とするべきだろうが（事実，国立社会保障・人口問題研究所も現在の「出生動向基本調査」を，1987年まで「出産力調査」と呼んでいた），人口学で定着した用語法に従う．

30) 置換え水準は人口が親の世代と同数で置き換わるためのTFRで示される．女性の死亡率により変動するが，日本における平成15年の値は2.07である．これは国立社会保障・人口問題研究所で算出される．（『我が国の人口動態』2005, 9頁）．

31) 2003年は1.2905, 2004年は1.2888で減少に歯止めがかかったとは言えない（日本経済新聞〔朝刊〕2005.6.2）．

32) 国立社会保障・人口問題研究所（2005），49頁．

33) 国立社会保障・人口問題研究所（2002.3），313頁．

34) 大淵（1997），104頁；阿藤誠「二一世紀の人口問題の方向性」（毎日新聞社人口問題調査2003, 40-43頁）．

35) 国立社会保障・人口問題研究所（2002.3），9頁．

36) 1990年代に入ると，20歳未満人口が全年齢階級で減少し始めた（大淵1997, 122-123頁）ことから，「少子化不況」という呼称も生まれた．岩渕勝好「子育て支援は未来へのメッセージ」（『将来人口推計の視点』2002, 43頁；額賀2001, 14, 117頁）．しかし，人口の伸び悩みが1990年代のデフレ的停滞の一要因となったとする少子化不況論は，人口増加率と経済成長率との低下傾向がすでに1970年代央に始まっていることを説明できない．

37) 国立社会保障・人口問題研究所（2002.3），30, 73頁．この推計で用いられるTFRはコウホートTFRであり，2004年に1.29まで低下したのは期間TFRである（『将来人口推計の視点』16-17頁）．

38) 国立社会保障・人口問題研究所（2005），補遺．もっとも，長期人口推計は一世代（25年程度）が限界との指摘もある．小川直宏「新人口推計に対するコメント」（『将来人口推計の視点』, 46-47頁）．

39) TFRが最終的に置換え水準を割ることによる出生数の減少傾向への転換と，経済成長率減速の開始とが1974年に重なったことはたびたび指摘されている（大淵1997, 71頁；内閣府2003, 187-188頁；松原2004, 33-34頁）．しかし，生産年齢人口は1995年まで，労

働力人口は 1998 年まで増加傾向を辿ったのであり，TFR と経済成長率との変曲点の一致の解釈は慎重を要する．

40) 速水・小嶋 (2004), 221, 224-225 頁．
41) 内閣府 (2004), 35-36 頁. ちなみに, 1932～53 年出生コウホートの完結出生児数は 2.0 人前後でほとんど変化がなかった (阿藤 1996, 18 頁). 毎日新聞社人口問題調査会が昭和 25 年以来隔年で実施している「全国家族計画世論調査」によれば, 既婚者で理想子ども数を 3 人とする割合が最大であり, 変化が見られなかった. 希望子ども数はこれより少ないが, 置換え水準は上回っている (岡崎陽一「「全国家族計画世論調査」の五〇年間」毎日新聞社人口問題調査会 1993, 156-158 頁). なお, 小川直宏「長引く景気不安が出生率を低下させる」(『エコノミスト』2000 年 12 月 11 日号〔川本 2001, 82 頁〕) は, 近年「無子派」と「多子派」とに二極化しているという.
42) 日本の非嫡出子の全出生数に対する比率は国際的にきわめて低く, 2003 年に 1.93％ に過ぎなかった (『人口統計資料集』2005, 67 頁).
43) 小宮英美「「結婚しない男性」の実態と本音を知ること」(『将来人口推計の視点』, 53 頁).
44) ゆえに何かの原因でいったん出産，育児に対する経済計算志向が弱まると，横並び効果で出生率が反騰する可能性がある (石山 1998, 48 頁).
45) 経済的・社会的制約や本人の価値観による出産制限のみに関心が向けられがちだが, 不妊治療対象者が 30 万組以上にも達している現状に照らし, 夫婦の出産力自体の低下に警鐘を鳴らす産婦人科医もいる (市川尚「将来人口推計に対する意見」〔『将来人口推計の視点』41-42 頁〕).
46) 阿藤誠「将来推計人口を考える」(『将来推計人口の視点』, 38-39 頁).
47) 若林 (2005) によると, 中国の計画出産, いわゆる「一人っ子政策」が開始されたのは 1979 年であり, 以後の実績に基づいて 2002 年 9 月「人口・計画出産 (生育) 法」が施行され,「一人っ子政策」が全国的に制度化された (第 5 章「一人っ子政策の登場から法制化へ」). 1979 年は米中が国交を樹立し, 中国が中ソ友好同盟相互援助条約の破棄をソ連に通告した年である. また, 日本の TFR が低下の一途を辿り始め, 出生数減少傾向が不可逆点を超えたことが確認された時期でもある. 中国における人口政策転換が東アジアにおける緊張緩和や日本の人口減少見通しを背景に起きたことは, 逆に中国における人口政策が安全保障観念と不可分であることを示唆する. この人口政策はめざましい成果を上げ, 1970～75 年に 4.86 だった中国の TFR は, 1990～95 年に 2.1 と置換え水準まで下がり, さらに 1995～2000 年には 1.80 にまで低下した (早瀬 2004, 32, 36 頁).
48) 日本がモデルとする米国の TFR は, 2003 年に 2.04 (暫定値) となり, 先進国のなかで置換え水準をほぼ維持しているのは米国だけである. 2000 年に 2 億 8400 万人を数えた米国の人口は, 国連の中位推計 (2004 年) によると 2050 年に 3 億 9500 万人に達して, インド, 中国に次ぐ世界三位の地位を譲らず, すでに TFR が 1.8 台に低下した中国の対米人口倍率は, 2000 年の 4.5 から 3.5 に縮小する. 国立社会保障・人口問題研究所 (2005), 53 頁, 補遺. これは米国の移民政策の成果にほかならない (ウオーレス 2001, 264 頁；松山 2002〔第 1 章第 3 節〕；高橋克秀「数は力？米国一極集中の背景」『評論』No. 139, 日本経済評論社, 2003.10〕). だからといって米国人が人口問題で楽観的というわけでない. 米国の高齢人口比率の傾向的上昇が, 日欧に遅れるとはいえ確実に「世代間の嵐」を巻き起こすと警告

する論者もいる．コトリフ・バーンズ (2005)．ちなみに，観方を変えれば先進地域のなかで戦後最大の人口増加率を示している地域単位はじつは EU である．人口規模ですでに米国を抜いていることが，EU の国際発言力を強めていることを見落としてはならない．したがって，日本と各 EU 加盟国との人口規模比較はもはやあまり意味がない．
49) 防衛庁 (2004) は中国の軍事情勢分析に 11 頁を割いている．これによると，中国の公表している国防費の推移は 1994～2000 年に平均 15％程度に達し，経済成長率を大幅に上回る．東アジアの軍事的緊張をいたずらに高める異常な軍拡と言わざるをえない．
50) 国立社会保障・人口問題研究所 (2005)，補遺
51) 防衛庁 (2004)，防衛年表 421-432 頁．
52) 環境省 (2005)，163-164 頁．
53) 国立社会保障・人口問題研究所 (2005)，80-81 頁．ちなみに 2000 年における 15 歳時平均余命は，男 63.19 年，女 70.01 年で，1935～36 年と較べてそれぞれ 19.34 年，23.68 年延びている．
54) 国立社会保障・人口問題研究所 (2002.3)，203 頁．
55) 中村修二氏が日亜化学工業に青色発光ダイオードの発明対価の支払いを求めた訴訟で，東京地裁が 2004 年 1 月 30 日に 200 億円の支払いを日亜に命じた判決に対して，経営者層から一斉に浴びせられた批判は，我が道を往く独業的技術者が生産の優位の社会でいかに孤独な存在であるかを，あらためて見せつけた．
56) 国立社会保障・人口問題研究所 (2005) 150 頁．
57) 敗戦時までに出産行動をほぼ終えたと見られる 1901～05 年出生コウホート（妻）までは，出生児数 4 人以上の比率が 67.6％，3 人が 8.2％，よって 3 人以上の比率が 75％を超えた．平均出生児数は 5.0 人であった（国立社会保障・人口問題研究所 2005, 70 頁）．
58) 人工妊娠中絶実施率は 1954～55 年に最大値 50.2‰ を記録し，2003 年は 11.2‰ であった．対出生比は 1957 年に最大値 71.6％ を記録し，2003 年は 28.5％ であった（『人口統計資料集』2005, 68 頁）．
59) 「贅沢品」(八代尚宏「人口構造の変化と日本経済──マクロ経済および社会に対する影響──」〔小宮・佐瀬・江藤 1997, 9 頁〕) もしくは「奢侈財」(八代 1999, 17 頁；藤正・古川 2000, 89 頁)，「劣等財」(ルマニシェ，小島宏「フランスの出生・家族政策とその効果」〔阿藤 1996, 187 頁より引用〕) という観方もある．
60) 塩野谷裕一「少子高齢化の本質はなにか」(『ESP』2000 年 4 月号〔川本 2001, 34 頁〕) は社会の安定した存立を保障する世代再生産の場としての家族の機能を重視し，「少子化は公共的な問題」として，事実上子どもを公共財と観ている．鈴木りえこ「女が子どもを産まないわけ」(『This is 読売』1998 年 3 月号〔川本 2001, 46 頁〕) や神野直彦「スウェーデンに学び，子どもを社会全体で育てよ」(小林・小峰 2004, 131 頁) 等は，スウェーデンでは子どもは社会全体で育てるべき「公共財」とされていると指摘する．後出のように，バイエルン州憲法（第 125 条）も「子どもは国民の宝である」と謳い，子どもの養育の義務を負う母親を保護する義務を国家（州）に課している．高山憲之「男性の働き方を変えよう」(『ESP』2000 年 4 月号〔川本 2001, 152 頁〕) は，子どもを「未来への投資」としているが，これは誤解を招く表現である．「人的公共投資」とでもするのが高山の本意に適った表現であろう．
61) 厚生省 (1998) 17 頁．しかし，2004 年に行われた内閣府の世論調査の結果は，「低出生

率が続くことに「大変危機感を感じている」42.1％,「多少危機感を感じている」34.6％,合わせて76.7％に上った(『少子化社会白書』2004, 89-90頁).

62) 経済企画庁(1992)と厚生省(1993)で,政府は人口問題への危機意識を表明し,1994年「子育て支援施策10カ年基本計画」(エンゼルプラン)が策定されて,少子化対策が本格化した.1997年10月厚生省人口問題審議会の報告書「少子化に関する基本的考え方について」を受けて,少子化対策が刷新され,1999年に2004年度を目標とする「重点的に推進すべき少子化対策の具体的実施計画について」(新エンゼルプラン)が策定された.2002年に厚生労働相の私的諮問機関「少子化社会を考える懇談会」の中間報告を受けて,少子化対策プラスワンが公表され,2003年に「次世代育成支援に関する当面の取組方針」が決定した.このようなほぼ10年間の試行錯誤を踏まえて,2003年に少子化社会対策基本法と次世代育成支援対策推進法が成立し,2004年少子化社会対策大綱が策定された(内閣府(2004),106頁).このように1992年以来政府は少子化対策に取り組んでは来たが,この13年間TFRは1.50から1.29まで低下する一方で,いっこうに歯止めがかかる気配が見えない.その点からすれば,この間の政策努力は失敗に終わったと言わざるをえない.ただ,政府が少子化対策に取り組むことへの国民の拒否反応が大幅に弱まった点を考慮するならば,本格的政策展開の前提条件の整備をある程度進めたことを評価できるかもしれない.

63) TFRの低下を「国家的危機」と捉え,総合国力強化を重要な国家戦略として位置づけ,少子化抑制戦略と人口減少適応戦略との二重戦略の要を唱えて,前者の当面の目標として1.6までのTFRの回復を掲げた小林・小峰(2004)の政策提言は,具体的かつ明快である.ちなみに,婚姻と出産とが分離しない限り,先進国のTFRは1.8が限界であると藤正・古川(2000)83, 94頁は指摘しており,これは小林・小峰の目標設定が現実的であることを逆に示唆している.

64) 阿藤誠(2002)「将来推計人口を考える」(『将来人口推計の視点』,37-38頁).

65) 大淵(1997)11頁,増淵勝彦「少子化対策の国際比較」(『ESP』2000年4月号〔川本2001, 188頁〕).逆に晩産によるキャッチアップ現象の生起とTFR反騰の可能性も指摘されている(阿藤1996, 33頁;大淵1997, 192頁;河野2000, 97-98頁).

66) 人口政策の回顧と現状については,阿藤(1996)第1章「先進諸国の出生率の動向と家族政策」および,河野(2000)第9章「人口政策」を参照.

67) 1990年代中頃までは,国民の生存のために人口政策(出生力の置換え水準までの回復)の必要性を認めながら,日本で国民的合意を得ることは不可能であり,せいぜい家族政策をとることができるとしても,国民の人口行動に直接介入できない以上,これにも限界があるとする大淵の悲観的見解が代表的なものであった(大淵1997, 201-202, 221頁).あの個人主義社会をもって鳴るフランスが,二次大戦前から積極的な出生促進政策を実施してきたことに関心を寄せる者が,日本で人口問題専門家に限られていたことは,むしろ奇妙な現象である.小島,前掲論文およびジェラール・キャロー「フランスにおける出生率の動向と家族政策」(阿藤1996).しかし有無を言わせぬ現実そのものが,今や日本の世論を変えつつあることについては,注79)を参照.

68) 内閣府(2005),56頁.

69) 高齢者対策の基本的枠組みは,ようやく1995年施行の高齢社会対策基本法により法制化され,これに基づき翌年高齢社会対策大綱が策定され,さらにこれを修正した新しい

高齢社会対策大綱が2001年に閣議決定された．この政策過程は公的年金開始年齢の65歳までの定年引上げと連動しており，65歳までの雇用確保を主たる狙いとしたものである．また，2006年4月から65歳までの定年引き上げまたは継続雇用制度が義務化されることになった（内閣府2004, 157-159頁）．
70) 米国における年齢差別禁止法については，森戸英幸「雇用政策としての「年齢差別禁止」――「雇用における年齢差別禁止法」の検討を基礎として――」（清家編著2001）を参照．
71) 国立社会保障・人口問題研究所（2005），80頁．
72) 同上，138頁．ちなみに，厚生労働省の高齢者就業実態調査によると，2004年10月の55～59歳男性就業率は71.5％で2000年の70.9％より微増した．就業理由は「生き甲斐・社会参加」，「健康」が増えたという（日本経済新聞〔朝刊〕2005.6.10）．
73) 大淵（1997）170, 180頁；河野（2000），153-156頁；小川（2000）（川本2001, 87-88頁）；古田隆彦「「少子国家」こそ二十一世紀の先進国」（『潮』2000年8月号〔川本2001, 121,124頁〕）．
74) 2003年に一律定年制を採用している企業のうち98.8％が60歳以上の定年であり，少なくとも65歳までの勤務延長制度，再雇用制度を有する企業は64.3％であった（内閣府2004, 69頁）．
75) 定年退職制度の廃止を唱える清家（1992, 1998, 2000, 2001）の一連の仕事および共通の観点に立つ八代（1999）を参照．この間に，労働力不足の解消と技能伝承を進めるため，すでに少なからぬ企業が定年退職者の再雇用制度を導入している．トヨタは2006年4月より年齢上限を65歳に引き上げ，全社員を原則として再雇用すると発表した（日本経済新聞〔朝刊〕2005.7.30）．
76) 青少年を農山漁村で長期自然体験活動に参加させることを政府は推奨しているが，これは共同生活や自然・環境への関心を養う上で意義があっても，日常的生活次元における「ものづくり」体験を通した労働関心を養うものではない（『少子化白書』2004, 146-147頁；服部2003, 116頁）．
77) 大淵（1997），119頁．前出の「出生動向基本調査」（2002）（注29）参照）で，理想の子ども数を持たない理由として「子育てや教育に金がかかりすぎるから」を挙げるのが，全年齢階級で突出して多く（62.9％），特に25～29歳では80％を超えていることが目立つ（『少子化社会白書』2004, 36頁）．
78) ちなみに女子の高校進学率は遅くとも1970年以降常に男子を上回っているが，女子の進学率が頭打ちとなる一方で，男子進学率の微増傾向が止まらないため隔差は縮み，2003年は男子95.7％，女子96.6％であった．これから見ても，高校教育が事実上義務教育化していると言える（国立社会保障・人口問題研究所2005, 150頁）．
79) 八代（1997），10-12, 21, 26頁；藤正・古川（2000），29, 31, 102頁；小林・小峰（2004），84-86頁；内閣府（2005）296-297頁．
80) 政府も今のところ，「外国人労働者政策において労働力人口の維持という目標をメインターゲットとすることは現実的ではない」という判断を下している（経産省2005, 263-265頁）．藤正・古川（2000）102頁は，日本は労働力を少なくとも30年間ほぼ現状水準で維持できると指摘している．ちなみに，厚生労働省の雇用政策研究会は2005年7月，2030年の労働力人口は対2004年比で最大15.7％減少するが，高齢者，女性，働く意欲の薄い

若者の労働市場参加を促進すれば、労働力減少は 8.0％に留まるとの試算結果を発表した（日本経済新聞〔朝刊〕2005.7.28）.
81）少子化社会対策基本法は前文で,「少子化の進展に歯止めをかけること」を謳っているが，これだけでは戦略目標の設定と言えない．また，2005 年 4 月に経済財政諮問会議の専門調査会がとりまとめた『日本 21 世紀ビジョン』も,「少子化の流れを変える」という抽象的な標語を掲げるだけで，どのように変えるのかが判然としない.
82）「出産」（＝生む）を「出生」（＝生まれる）と呼び換える日本の人口学の用語法は，親の責任を曖昧にする.
83）河野（2000），214-215 頁.
84）毎日新聞社人口問題調査会による「全国家族計画世論調査」の第 20 回調査（1990 年）では，少子化に対する国の直接介入に反対する割合が 79.0％に上ったのに対して，第 25 回調査（2000 年）では，23.3％に激減した（岡崎 2003，164 頁）.
85）『人口統計資料集』（2005）補遺；早瀬（2004）23-26 頁．ちなみに米国の対日人口倍率も同期間に 2.2 倍から 3.5 倍に拡大する.
86）『人口統計資料集』（2005）178-179 頁．なお，三大都市圏でさえ安泰でなく，総務省の人口調査によれば，2005 年 3 月時点ですでに関西圏が減少に転じており（日本経済新聞〔朝刊〕2005.7.28），国土交通省の予測によれば，2030 年に全国 85 都市圏のうち 74 が人口減少に転じている（同〔朝刊〕2005.8.24）.
87）すでに大淵（1997，216-218 頁）が過疎化による地域社会の崩壊に警鐘を鳴らしている．また，1990 年代に永住目的の日本人出国者が急増したことに注目し，日本全体の「過疎列島」化の進行開始を 1990 年代日本経済の特色と捉える額賀（2001）は，定住人口不足を補うべく交流人口の増加を図る観光産業の国策的育成を提唱する．小林・小峰（2004），88-89 頁も人口減少適応戦略の一として交流人口の増加を挙げている．しかし，いずれも過疎地の安全保障観念は希薄であり，額賀には「観光立国」スイスが国民皆兵国家でもあることの認識が欠けている.

参考文献

相沢幸悦（2001）『平成大不況──長期化の要因と終息の条件──』ミネルヴァ書房
浅子和美・福田慎一編（2003）『景気循環と景気予測』東京大学出版会
阿藤誠編（1996）『先進諸国の人口問題──少子化と家族対策──』東京大学出版会
アルベール，M. 著・小池はるひ訳（1992）『資本主義対資本主義』竹内書店新社（原著刊行 1991 年）
石山嘉英（1998）『超高齢化社会の経済学──低成長と高負担を生きのびる──』日本評論社
ウオーレス，P 著・高橋健次訳（2001）『人口ピラミッドがひっくり返るとき──高齢化社会の経済ルール──』草思社（原著刊行 1999 年）
大淵寛（1997）『少子時代の日本経済』日本放送出版協会
オムニ情報開発株式会社（2004）『食料品貿易統計年報　2004 年版』
加藤雅（1998 ～ 2003）「景気変動の原因について（I）-（X）」『東京経大学会誌』No. 207 ～ 235

川本敏編（2001）『論争・少子化日本』中公新書クラレ
環境省編（2005）『平成17年版　環境白書——脱温暖化——"ひと"と"しくみ"づくりで築く新時代』ぎょうせい
経済企画庁（1992）『平成4年度国民生活白書——少子社会の到来，その影響と対応——』
経済産業省（2005）『平成17年版　通商白書2005〜我が国と東アジアの新次元の経済的繁栄に向けて〜』ぎょうせい
ケルブレ，H. 著，雨宮昭彦・金子邦子・永岑三千輝・古内博行訳（1997）『ひとつのヨーロッパへの道：その社会史的考察』日本経済評論社（原著刊行1986年）
厚生省（1993年）『平成5年版　厚生白書：未来をひらく子どもたちのために——子育ての社会的支援を考える——』
―――監修（1998）『平成10年版　厚生白書：少子化社会を考える——子どもを生み育てることに「夢」を持てる社会を——』ぎょうせい
厚生労働省大臣官房統計情報部編（2005）『平成17年　我が国の人口動態——平成15年までの動向』厚生省統計協会
河野稠果（2000）『世界の人口』（第2版）東京大学出版会
国立社会保障・人口問題研究所（2002.3）『日本の将来推計人口——平成13（2001）〜62（2050）年——：平成14年1月推計』
―――（2005）『人口統計資料集2005』
コトリフ，L.／バーンズ，S. 著・中川治子訳（2005）『破産する未来——少子高齢化と米国経済——』日本経済新聞社（原著刊行2005年）
小林陽太郎・小峰隆夫編（2004）『人口減少と総合国力——人的資源立国をめざして——』日本経済評論社
小宮隆太郎・佐瀬正敏・江藤勝編（1997）『21世紀に向かう日本経済——人口・国際環境・産業・技術——』東洋経済新報社
篠原三代平（1994）『戦後50年の景気循環——日本経済のダイナミズムを探る——』日本経済新聞社
―――（1999）『長期不況の謎をさぐる』勁草書房
清家篤（1992）『高齢者の労働経済学——企業・政府の制度改革——』日本経済新聞社
―――（1998）『生涯現役社会の条件——働く自由と引退の自由と——』中公新書
―――（2000）『定年破壊』講談社
―――編（2001）『生涯現役時代の雇用政策』日本評論社
社会保障審議会人口部会編集（2002）『将来人口推計の視点——日本の将来推計人口（平成14年1月推計）とそれを巡る議論——』ぎょうせい
総務省統計局・統計研修所編（2005）『日本の統計　2005』国立印刷局
高村直助（1982）『近代日本綿業と中国』東京大学出版会
鶴田満彦編著（2005）『現代経済システム論』日本経済評論社
内閣府（2005）『平成17年版　経済財政白書——改革なくして成長なしⅤ——』
―――編（1989）『平成1年版　男女共同参画白書』
―――編（2005）『平成17年版　男女参画社会白書』
―――編（1989）『平成1年版　高齢社会白書』
―――編（2004）『平成16年版　高齢者社会白書』

―――編(2005)『日本21世紀ビジョン』
―――(2004)『平成16年版 少子化社会白書』, ぎょうせい
長島誠一(2003, 2004)「日本資本主義の危機と改革(1), (2)」『東京経大学会誌』No. 233, No. 234
西川博史(1987)『日本帝国主義と綿業』ミネルヴァ書房
額賀信(2001)『「過疎列島」の孤独――人口が減っても地域は蘇るか――』時事通信社
早瀬保子(2004)『アジアの人口――グローバル化の波の中で――』アジア経済研究所
速水融・小嶋美代子(2004)『大正デモグラフィ――歴史人口学で見た狭間の時代――』文春新書
藤正巌・古川俊之(2000)『ウェルカム・人口減少社会』文春新書
防衛庁(2004)『平成16年版 日本の防衛――防衛庁・自衛隊発足50周年を迎えて――』
毎日新聞社人口問題調査会編(2003)『少子高齢社会の未来学』論創社
松谷明彦(2004)『「人口減少経済」の新しい公式』日本経済新聞社
松谷明彦・藤正巌(2002)『人口減少社会の設計――幸福な未来への経済学――』中公新書
松原聡(2004)『人口減少時代の政策科学』岩波書店
松山幸弘(2002)『人口半減――日本経済の活路――』東洋経済新報社
宮崎義一(1992)『複合不況――ポスト・バブルの処方箋を求めて――』中公新書
宮本又郎・杉原薫・服部民夫・近藤光男・加護野忠男・猪木武徳・竹内洋(2003)『日本型資本主義――どうなる どうする 戦略と組織と人材――』有斐閣
村松岐夫・奥野正寛編(2002)『平成バブルの研究上・下』東洋経済新報社
八代尚宏(1999)『少子・高齢化の経済学――市場重視の構造改革――』東洋経済新報社
山田盛太郎(1934)『日本資本主義分析――日本資本主義における再生産過程把握――』岩波書店
若林敬子(2005)『中国人口問題と社会的現実』ミネルヴァ書房
渡辺尚(1996)「資本循環と資本類型――経済政策類型論の構築のために――」(『経済論叢』第157巻, 第1号)
Sachverständigenrat zur Begutachtung der gesamtwirtschaftlichen Entwicklungen(2004), *Erfolge im Ausland － Herausforderung im Inland: Jahresgutachten 2004/2005,* Wiesbaden

第 2 章
ドイツ社会的市場経済の試練

アルトゥール・ボル

（渡辺　尚　訳）

1　はじめに

　社会的市場経済は一つの経済・社会政策理念であり，その根底にあるものは市場の自由を社会の調整と結びつけるという基本観念である（Thieme 1994, 21頁以下）．この理念は私が学生時代に指導を受けたアルフレート・ミュラー–アルマク（1901～75）に由来し，彼は1940年代初めにこれを構想し，社会的市場経済なる概念に定型化したのである．ルートビヒ・エーアハルト（1897～1977）──［米英占領地区を合した統合経済地区の］経済行政担当理事（1948），後の初代ドイツ連邦共和国経済相（1948～63）──は，この理念を彼の政策行動の指針とした．エーアハルトの業績は，彼が危なげに見えて実はしっかりと，社会的市場経済を与野党からの抵抗を排して貫徹し，かくてドイツ復興を可能にしたところにある．国際的賞賛も浴びたこの成果は，彼の批判者を沈黙させた．社会的市場経済は今日ほとんどすべての政治的，社会的党派の信条となっており，それは何よりも選挙民各層を惹き付ける魅力のためなのである．この効果と根本的理解をあまり要しないこととが，多分この理念の人口膾炙に与って力があったのであろう．これは，いかなる経済政策にも社会的市場経済の名をもってする傾向に，看取することができることである．

　ドイツの社会的市場経済の歴史は，明らかに二つの局面に分けられる．第一局面は，1948年西ドイツでルートビヒ・エーアハルトにより市場経済が，連合

国占領軍により通貨改革が導入された時に始まった．この局面は1960年代半ばに，エーアハルトがまず連邦経済相の座から，次いで連邦首相の座から降りたことをもって，事実上終わった．「奇蹟の復興」を遂げたこの時期は，完全雇用（1950年代半ば以降），物価水準の安定，世界経済への統合のもとで，時には二桁の成長率さえ記録したとてつもない経済成長を実現したのである．この成果は，中央銀行の通貨安定保証義務を除けば，法令により目標として設定されることなくして達成されたのである．

　社会的市場経済の第二局面は，1960年代半ばから今日まで続いている．この局面に特徴的なことは，時の経過につれて社会的市場経済の理念と現実との乖離が拡がってきたことである．法的特例措置［1967年の経済安定成長促進法］を講じたにもかかわらず，全体経済的目標，すなわち完全雇用，物価水準の安定，対外経済関係の均衡，持続的かつ適度な成長は，もはや同時に達成されることはけっしてなかったのである．社会的市場経済の基本理念，自由な市場と社会の調整とに照らして，第二局面におけるドイツが国際比較で常に地位低下を続けていることが，銘記されるべきである．カナダにある世界の経済的自由に関するフレイザー研究所の最新報告[1]によれば，ドイツは市場の自由の点で，1970年の第5位から，近年では第15位に落ち込んだ．個別市場における地位低下は，これよりはるかに酷いものである．労働市場について74カ国の数値が呈示されている．このなかでドイツは74位であり，目下世界の殿(しんがり)を務めている．所得再分配について，給付・手当金，政府部門比率，限界税率を基準にすると，ドイツは調査対象となった123カ国のうちで102位である（Gwartney 2002, 5頁以下）．この順位は，所得再分配が社会的調整の域から大幅に逸脱してしまっているといういう推定を裏づけるものである．要するに，第二局面で社会的市場経済は深刻な危機に陥ったのである．ここ数年来ドイツでは，理念と現実とがこれまでよりは一致するべきであるならば，この危機がどうしたら克服できるか，どの分野において社会的市場経済が一層浸透しなければならないかが議論されている．この議論を，私は最も関心の的となっている三つの問題領域について整理してみたい．他の報告者の扱う主題は視野の外に置くことにする．

2　社会的市場経済の徹底が急を要する分野

(1) 労働市場の規制解除

　ほぼ30年来というもの，ドイツにもはや完全雇用はない．それ以前の時期と異なり，また他の諸国の状況と対照的に，経済的繁栄にもかかわらず失業は減らず，しかも経済成長率の低下とともに増大し，まるで階段を上るように絶えず一層高い水準に向かって上昇してきたのである．6年来，年央の失業率は10%弱であり，旧東独地域諸州では旧西独諸州の2倍に達している．この公式失業率に統計に現れない失業率を加えるならば——その数値を全経済動向評価専門家委員会が毎年呈示している——，失業率は約13%にまで増大するであろう．この比率は代々の連邦政府の失業を減らす目標を掲げたすべての声明の背後に潜んでいる．

　ドイツの高失業率とこれを減らすことができないでいることとは，つまるところ根本的な原因がある．すなわち，本来の労働市場が認められていないこと，これである (Woll 1988)．市場が機能していれば，賃銀は供給と需要が均衡に達するまで下がり続け，よって自発的失業を除く非自発的失業は減少する．任意の商品市場と同じように労働市場が少なくとも中期的に機能しうることは，理論的に示されるだけでなく，経験的にも実証されるのであり，とりわけ1950/60年代のドイツの経験に照らしてそうなのである．確かに労働市場は，特定の前提が満たされた時にのみ，理論どおりに機能する．それは第一に，供給者と需要者とが相互に競争できなければならないことである（競争制度の実在）．第二に，失業した労働力が新しい条件のもとで職場移動を受け入れることが前提される（職業的・空間的移動の必要性）．第三に，国家は市場過程に介入してはならない（私的行動の自由の保証）．

　現実を一瞥するならば，ドイツでは目下これらの条件のどれ一つとして満足に実現してはいないことが判る．競争は拾得者報労金 (Lohnfindungen) まがいの［賃銀］カルテルにより妨げられ，移動性と行動の自由は一連の国家介入により侵害されている．これに続いて，被用者の立場を強める規制がある．労働市場の競争制限により割りを喰うものは，市場での限界賃銀でもまだ何とかやってゆけるにもかかわらず，今や市場から排除されるような供給者であり，

需要者なのだ．換言すれば，労働組合，経営者団体，国家により労働市場が真価の発揮を妨げられていることは，誰よりも失業者の首を絞めることなのだ．カルテルがその加盟者の利益のみを目指していることは，まだ解らないでもない．解らないのは，失業者の苛酷な運命を適切な遣り方で軽減することを，国家がその主要課題と見なしていないことだ．失業を減らし，根絶しなければならないと，すべての政党の政治家は確かに口先では言ってみせる．しかし彼らの現実の行動は，そのような公言を裏切っているのだ．失業者の社会的差別を根絶するために，労働市場の機能を再び十全化し，または少なくとも改善することができるか否かに，社会的市場経済の真価が問われているのである．

　ここで，政策がどのような立場をとるべきかを，略述させていただきたい．使用者と被用者との関係は，ドイツとたいていの西ヨーロッパ諸国では実に広範に集団的労働協約に規制されている．いくつかの点でドイツには独自なものがあり，それは他国では求めて得られなかったものである．すなわち，労働協約は使用者を縛るだけであり，労働者の地位が有利になる場合には，それを妨げるものではないということである（片務的優遇原則）．労働協約が元来協約当事者だけを縛るというのは，たんなる理論に過ぎない．被用者のおよそ30％だけが労働組合に加入しているので，従業員の大部分は労働協約の枠外に置かれているはずである．しかし実際には，労働協約はドイツ連邦銀行の推定によれば，被用者の90％以上に適用されている．というのは，非組合員も労働協約の拡大適用条項や労働裁判所の判決や連邦・州労働大臣の一般的拘束力を持つ声明により，適用対象になるからである．労働争議手段としてのストライキやロックアウトは立法者による統制を必要としない．その役割を裁判所が引き受けるからである．これは偶然ではなく，労働組合の戦略である．組合は明らかに立法府よりも司法府により強い影響力を行使できると，見ているからである．ドイツには，他の多くの法治国家と違い，独自な労働裁判権というものがある．職業裁判官と並んで労働組合と使用者側から指名される裁判官によっても，判決が下されるのである．最高審級である連邦労働裁判所は，連邦労働相の法的監督権のもとにあり，後者はドイツでは伝統的に労働組合員なのである．たとえかつて組合専従であったというわけでないにしてもである．

　片務的優遇原則は廃止されるべきである．労働協約が市場適合に妨げとなることがわかったならば，それは拘束力を失って当然である．企業経営陣と事業所委員会［Betriebsrat］とが代替協定を結ばない時に限り，労働協約が適用され

るとの規定を労働協約法に盛り込むことが望ましい．個別企業の協定が労働協約当事者の承認を受けなければならないとの事業所組織法の規定は，削除されるべきである．企業別労働協約は，とりわけいくつかの大企業で今日すでに結ばれているので，個別企業次元の協約はけっして新機軸と言えない．［その場合は］企業の協定相手は言うまでもなく事業所委員会であって，労働組合ではない．事が起きている場所で決定を行うこと（賃銀政策の分権化）は，現行方式に比べていくつもの経済的利点を持つことになろう．

　こうして労働組合と使用者団体の専従が影響力を失うことは願わしいことであるが，いかなる変化に対してもなされる彼らの抵抗もまた激しくなるだろう．労働協約法に基づく［部門内全事業者に適用される］全般的拘束声明も，同様に完全に削除されなければならない．というのは，両当事者間の私的協定を第三者にも押しつけることは，自由秩序の原則と相容れないからである．労働協約に縛られない企業は，賃銀設定において自由であるべきであり，当局の指令によって排斥されてはならない．連邦憲法裁判所の秩序政策上間違った判決として，当裁判所が全般的拘束声明に契約の自由の違反を認めようとしないことが挙げられる．労働争議権は法的規制を必要とする．法治国家は権力の分割，したがって立法府と司法府との分離に基づいている．立法者は法律を制定する，裁判所はこれを適用する．［しかし］労働組合の強い影響のもとにある労働裁判所は，労働争議権に対しては両方のことをやる．というのも同じく労働組合の圧力を受けている立法府は，その憲法上の義務から免れているからだ．ドイツの労働争議の実態に照らして，法的規制が考慮に入れられるべきは，第一に，ストライキまたはロックアウトを欲していない被用者と使用者とは，いかなる過大な圧力も受けてはならず，第二に，労働争議に踏み切った責任者は，その行為の結果に対して責任を持たなければならないということであろう．

　集団的労働協約権と労働争議権とに対する以上の改正案は，秩序政策的原則に従っており，これは賃銀カルテルを非加入の第三者にまで拡げることと労働組合寄りの争議権の形成とに，少なくとも歯止めをかけようとするものである．現行法のこのような改正が実現するならば，それは持続的な失業の減少にきっと役立つことであろう．とはいえ，失業を減らすために上述の改善案のほかになおできることはないかという問いが残っている．個人的労働権が可能な限り再び認められ，とりわけ労働市場における協定締結の自由が強化されなければならない．使用者と被用者との協定にいかなる制限もあってはならない．

もちろん，とりわけ刑法の枠組みで社会通念となっていること（例えば殺人の依頼や麻薬販売）を除いての話である．失業者には労働への権利が，使用者には望む人間を雇用する権利が認められなければならない．この権利は職場や全日雇用に関わる権利と異なり，まさに基本的人権の範疇に属するものであろう．失業者が経営者と協定に達したならば，それが他の規定によって効力を制約されてはならない．被用者に，お前は他人より安値で自分を売り込もうとしている，経営者に，お前は人の弱みにつけこもうとしているなどと，非難することは許されるものでない．

　労働組合により集団的労働権をもって獲得された賃銀水準に眼がゆくあまり，被用者の危険を経営者，非組合員，納税者に転嫁する労働組合の第二の戦略が，見逃されてはならない．いくつかの代表的事例だけを挙げよう．①解雇保護を「社会的に不当な」場合に拡大適用し，もって解雇にかかる企業側の危険を著しく高めること，②事業所の移転または閉鎖に際して社会的計画の提示を義務づけ，これから訴訟を防ぐために相当の補償金がしばしば被用者に支払われること，③病気にかかった労働者に賃銀が引き続き支払われ，例えばドイツで蔓延しているアルコール依存症のような自己責任に帰せられる類のものまで，病気と認定され，かくて企業に著しい費用負担を押しつけること，以上である．このような，またこのほかにも挙げられる諸負担は企業に反作用を及ぼし，それは失業者の状況を悪化させるのである．というのも，企業は現存の人員を引き続き雇用し，生産時間を延長し，もって将来解雇が困難になる労働力を［新たに］雇用することを避けようとするからである．上述の場合になされるべきことは，解雇通知をかつてのように雇用期間の長さだけを基準にすること，社会的計画の提示義務を廃止すること，アルコール依存症に対する判例法を制定法にとって替えることである．総じて，強制規定は最低限度を保証するのみという原則に立ち返るべきである．

　労働市場における競争が失業を減らすための適切な手段であると見抜いた社会的市場経済の代表者たちに，とりわけ法律家がドイツ憲法の規定を楯にとって異を唱える．この規定（基本法第9条(3)）は，「労働条件と経済的条件を保全し，そして改善するために団結する権利は，何人にも，またすべての職業に対して保障される」と謳っている．この規定は，現在の規制が撤廃されたとしても，労働市場での競争に狭い限界を設けるものだ，というのも保障される団結の自由から団結に相応した行動が導き出されるからだ，ということが主張され

る．この主張は支持しがたい．憲法は団結の自由を保障しているだけだからである．この自由が形ばかりのものに留まるべきでないならば，この規定の趣旨に実質的に従う何らかの団結行動の自由がなければならない．しかし，その目的はただ一つ，労働市場の両当事者にとって「労働条件と社会［経済］的条件とを保全し，そして改善する」ことにあるのみである．失業者の犠牲によって「職場占有者」の権利を強めることの根拠になっている労働法には，いかなる憲法上の基礎も欠けている．最近の判決において，失業を減らすための戦いに憲法次元の意義を認めた連邦憲法裁判所の判例に従えば，労働市場にかかる当事者は，共同の福祉に結びつけられている．共同の福祉とは，国法の原則として明示されている目的と秩序の観念に照らして，計られるべきものだということなのである．

　憲法上の権利の抑制的な解釈は，本来の道に戻らせられるべき次のような積極的な規制と対立するものではない．すなわち，労働市場における団結は憲法上可能であるが，けっして必然的ではない．協約自治は保障される．しかし，それは不可欠のものでもなければ，とりたてて保護されるべきものでもない．可能性は強制ではない．憲法には可能性の保障があるだけであり，これ以外の何ものもない．被用者だけに，失業者によって担われなければならない利益をもたらすような片務的な労働権は，憲法違反である．憲法上の権利を根拠とする賃銀市場当事者には，競争秩序が適用される．競争制限防止法は，これまでと異なり労働市場を例外としていない．労働権は国家によって保障されたカルテル協定の性格を帯びてはならない．競争原則が貫徹した労働市場は，労働力はただ労働の提供に対してのみ報酬を受けるということを，保証しなければならないのである．

(2) 公的年金保険のシステム変動

　ドイツには国が引き受ける保険があり，これは特定の前提条件が生じると老齢年金の請求権を保証する．これは保険会社により引き受けられる私的年金と区別して，公的年金と呼ばれる．年金は原則的に保険料支払い期間と額とによって決まる（等価原則）．しかし，公的年金保険の給付は，例えば子どもの養育や教育を受ける期間を算入するように，社会的観点を考慮に入れるために，私的保険とは異なる．このような保険料に関わらない給付が，税金によってま

かなわれる公的年金保険への国家補助の理由なのである．

ドイツは1889年に世界で初めて公的年金保険が廃疾保険とともに導入された国である．これに先だったのは，公的疾病保険（1883）と公的災害保険（1884）の導入である．このビスマルクの社会改革の目的は，低所得の被用者を特定の生活上の危険と危急とから守ることにあった．年金保険の導入時，年間所得が2000マルク以下の労働者と職員とが保険加入を義務づけられた．年金受給年齢は70歳に定められた．当時平均寿命は48歳であった．19世紀末に総人口6300万人のうち，約1500万人の被用者が保険加入義務を負っていた．このほかの公的保険も無差別ではなかった．例えば，当時公的疾病保険の対象となった者は人口の14％であった．このような初期状態から，ドイツのすべての公的保険はずいぶんと隔たってしまった．現在では，非自営業者も自営業者も含めて全就業者のおよそ80％が公的年金保険の対象になっている．これには月間所得が320ユーロを超えるすべての労働者と職員が，さらにいくつかの自営業者の集団も属し，これらのためには基本金給付の制度がある．保険対象とならないのは，公務員，裁判官，軍人，政治家で，これらのための年金は国家財政から支出されている．被用者については被用者と使用者とが半々に保険料を拠出する．保険料算定の基礎は，保険加入義務のある被用者の粗収入である．保険料率は現在約20％である．これは疾病保険，養育保険，失業保険の強制保険料をも含む社会的公課総額の約半分を占める．

保険金給付の財源調達は二つの方式に区別される．資金積立方式と賦課方式とである．資金積立方式では，後の支払いに充当される資産が保険料により形成される．この財源調達は私的生命保険に一般的である．賦課方式は収納された全保険料が，保険により給付を受ける人に分配される．この財源調達は損害保険，例えば自動車事故や窃盗による損害に対する保険で支配的な方式である．他の諸国にもよく見られるように，公的年金保険はドイツで，初め資金積立方式をとっていた．1957年に「スライド制年金」が導入された．これは賦課金によりまかなわれるものだが，その特徴は現在の保険料支払者が将来年金を受け，年金取得者はもはや保険加入義務はないという点にある．その時々のスライド制年金の決定基準は，すべての被保険者の平均年間粗所得および個人的比率（個人的粗労働報酬と全被保険者の平均との比率）である．このようにして，年金生活者も経済成長の恩恵に浴させるようにするという，1957年年金改革の明白な目的が保証されることになっていた．

スライド制年金導入に先立つ長年の議論において，一連の警告が発せられた．警告者のなかにルートビヒ・エーアハルトも含まれる．彼は何よりも秩序政策からの懸念を表明し，各人はまず自ら人生の危険に対する予防措置を講じなければならないと，飽くことなく説き続けたものである．きわめて重視されている論文で，彼は1956年に次のように書いている．「もしも私たちが自由な経済・社会秩序を長期にわたり堅持したいと望むならば，根本的に重要なことは実際のところ，人間にその個人的な自由に至らしめる助けをしてきた経済政策と並んで，同じく自由な社会政策を講じることである．個人が自己責任をもって自律的に具える能力と意欲がある時にさえ，生活の暗転や非常事態に備えるに際して個人の自主性を排除することは，生産と消費の決定を個人に委ねる市場経済秩序に矛盾する」(Erhard 1988, 462頁以下)．

　ルートビヒ・エーアハルトの懸念は，確かに何よりも秩序政策の観点からのものであった．しかし彼は，同じ箇所で叙述しているように，公的年金保険の制度変更が資本市場，経済成長，市場経済の安定性に及ぼす悪影響をも見逃していない．連邦経済省学識顧問会は，1998年の公的年金保険改革に対する意見書のなかで，直接にこの点を指摘し，次のように述べている．「経済的観点からすれば，賦課方式と資金積立方式との間には甚だしい懸隔がある．資金積立方式は個人貯蓄により資本市場における供給増大をもたらし，これは利子率低下を伴うために資本形成の増大と経済成長とを惹き起こす．これに対して賦課方式は現就業者から年金受給者への支払いが行われるに過ぎない．この支払いにより取得される請求権は実際の資本金を積み立てるものではなく，現就業者の将来世代に向かうのである．賦課方式による貯蓄はまったくのミクロ経済的幻想に過ぎない．賦課方式の貯蓄幻想は，保険料支払者の世代が現実には現在の年金生活者の世代を支えているに過ぎないのに，前者を己の老後に備えることができたというごまかしの保障で安心させるのである．」(Wissenschaftlicher Beirat beim Bundesministerium für Wirtschaft 1998, 27項)

　しかし，賦課方式の秩序政策的かつ経済的短所は，私たちの社会のたいていの構成員にほとんど知られていないように見える．なかんずくこの短所は，現在の公的年金保険の財源破綻に導いた人口変動のようには，誰の目にも明らかであるというわけでないのだ．この危機の原因はドイツの構造的な出生率低下と平均寿命の伸長であり，その結果は保険料を払い込む就業者数の減少と年金受給期間の増大である．この傾向は今後数十年間強まるという予想は，まず動

かしがたい．もしも公的年金保険の規定が変わらないままであるならば，専門家の推計によれば保険料率は20％から2036年に40％に上昇する．現行の公的年金保険制度がこのままでは存続しえないということを，もはやくどくどしく説明するまでもない．

　公的年金保険制度の改革案にはことかかない．すでに引用した連邦経済省学識顧問会と並んで，さまざまな機関が，何よりも全経済動向評価専門家委員会が，現行の年金制度の変更を提案し，その目的として，今後数十年間の支出比率をもはや大幅に上昇させないことを，明瞭に掲げているのである．このためにさまざまなやり方が構想され，それらの具体的なかたちはかなり異なるものである．改革案の実施の第一歩を，政府は2001年に踏み出した．議会では一つの法律が成立し，これにより老後に備えるための自発的な貯蓄が優遇税制により助成されることになった．政府，保険会社，銀行の期待はこれまで満たされていない．それはおそらく，かかる貯蓄契約の税法上の仕組みが関心を持つ者を後込みさせてしまったからであろう．

　これまでの公的年金保険の改革案は細部で甚だしく異なるにもかかわらず，私的契約による資金積立方式を国家によって推進するが，これまでの賦課方式を維持するという点で共通している．両方式が具体的にどのような比率で併存するべきかについては，これまでのところ議論は尽くされていない．ただ，賦課金とともに強制貯蓄［積立て］の比率を提案した連邦経済省学識顧問会だけが，数値を挙げている．すなわち，長期的には老齢年金は半額が積立金によって充当されるべきであるというのである．注目に値することは，これらの提案のなかにルートビヒ・エーアハルトの主張のような秩序政策からの主張がいささかも見られないということである．秩序政策からの主張であれば，公的年金保険においても資金積立方式への復帰が目論まれるとしてもおかしくないはずである．そのようなことは政治的に不可能だとする月並みな批判に対しては，いくつかの国，最初にペルーが近年この方式に切り替えたという挙例でもって，応えることができよう．

(3) 大学教育改革

　ドイツで市場経済原則の徹底が必要とされる諸領域のなかで，数年来労働市場および社会保障と並んで大学教育がますます問題とされるようになってき

た．何よりも全経済動向評価専門家委員会が1998/99年版の年度評価で（*Vor weitreichenden Entscheidungen*, 439～459項），また独占委員会がその特別意見書で（Monopol-Kommission 2000），この問題を詳細に扱っている．大学教育が経済学者の視野で捉えられるというのは，ドイツの大学の伝統からしてかなり異例のことである．ドイツで一般的であり政界と学界で支配的な観点からするならば，大学の設立と維持とは国家により保障されるべきことなのである．この観点からすれば，市民の強制拠出金によって学生の教育をまかない，資力に不足する学生にはその生活費も全額または一部を補助してやることは，国家の義務なのである．大学と学生の生活費とのための国家支出は，現在ほぼ200億ユーロに達している．この額には，［大学教育と］切り離すことができない研究への支出ももちろん含まれている．しかし大学の当然の役務とはいえないもの，例えば大学病院支出はこれに含まれていない．何よりも大学の代表者や教育分野の政治家が繰り返し強調することは，この額でも少な過ぎる，なかんずく国際比較においてそうであるというのである．したがって国家支出の大幅な増額こそが喫緊事であるとされている．

　大学教育を巡る20年以上にわたる議論は，大学の学生過密と在学期間の大幅な延長とにより惹き起こされた．前者は1970年代の末に，これは数年のうちに収まると誤解されてしまった．ドイツ学生の職業資格取得最低年齢は平均28歳であり，これは合衆国の大学卒業生と較べて5，6歳遅い．その合衆国は，大学領域においても多くの国の基準となっているのだ．合衆国では高額の授業料にもかかわらず州立大学でも外国人留学生が集まってくるというのに，彼らはドイツを避けるのである．少なくとも合衆国，イギリス，日本からの留学生がそうである．このような事態に立ち至ったことは，19世紀から20世紀初めにかけてドイツの大学が世界で最高峰に立っていたことを考えるならば，驚くべきことである．

　市場経済制度を旨とする他の国を一瞥すれば，国家によってまかなわれる大学教育はわずかな事例で，例えばフランスやスウェーデンにおいてのみ，ドイツ同様に支配的であるに過ぎない．たいていの国では非国立大学の比率がかなり高い．そこでは奨学金を受けられない学生は，修学費用の全部または大部分を自らまかなわなければならない．教育の質でも，これらの国の私立大学は最高群で高比率を占めている．ともあれ，大学教育市場は機能しないという主張は説得力を持たない．したがって，かつてとは異なり今日では大学教育での競

争に対する論拠として市場不適合論を持ち出すことは，もはやできないのである．

なぜドイツで国家領域における大学教育の民営化も私立大学の増大も，例えばアングロサクソン諸国のようには期待することができないのかを説明することは，あまりに話が拡がり過ぎるであろう．後者についていえば，近年一連の私立大学が，とりわけ経営者教育・再教育をめざして設立されたということを挙げることができよう．学生総数に占める私立大学生の比率は，しかし無視できるほど小さい．公的部門に競争がありうること，たとえ最悪の事態，すなわち市場からの退出がたいていは排除されている場合でもそうなのだということは，異論の余地がない．そうでなければ，ドイツの大学が19世紀に市場経済に傾く大学制度を持つ国においても規範とされたことを理解することができない．実際のところドイツの大学の窮境は，要するに肝心な点で公的部門における競争要因が排除されていることに帰せられると言えるのである．今の大学教育の改革は，純粋な市場経済的大学制度で期待できるほどの成果を上げることは多分できまい．とはいえ，現在の否定的側面を大幅にとり除くことはできよう．すなわちかなり確かに期待できることは，現行の需要超過が競争によって緩和され，供給不足が是正され，教育の質が改善されるということ，これである．そのための前提条件を具えている点で，ドイツは特に有利なのである．というのは，大学はフランスのような集権国家と異なり，16 のラント（州）に属しているからであり，明らかに 1950・60 年代のように，ラントは相互に競争関係に入ることができるからである．

大学改革の議論において多くの対策が提案されたが，ここではそれを簡単に述べるにとどめる．これらの対策は三群に分けられる．第一群の対策は，ラント間の競争を強めることを目指すものである．1970 年代に成立した大学大綱法は大学の不統一な組織を是正するものであるが，これは完全に廃止され，もってかつての状態に立ち戻るべきだとするものである．同じことが大学教員の俸給法についても言えるのであり，これはかつてのように再び各ラントに任せられるべきである．最後に，試験・修学制度を全ドイツ的に単一化する傾向が競争を妨げており，この傾向により地域分化と特色形成とが阻まれているとする．

第二群の対策の目標は，大学の学生過密を緩和し，教育供給に好ましい作用を及ぼすに適した資金獲得策を講じようとするものである．1960 年代までドイ

ツ連邦共和国においても普通であったように，再び授業料を導入し，その一部が教師に与えられるべきである（聴講料制度）．授業料の決定の際は大学に自由裁量権が認められるべきである．それは自治体に営業税の徴収税率決定が認められているのと同様である．授業料徴収の好ましからざる影響を避けるために，ドイツで甚だ未整備の奨学金制度を整備し，国家の支払い保証のもとで学資貸付けを提供することが考えられている．

　第三群の対策は，大学教育の供給者と需用者との自由な市場参入を促すことを狙っている．大学は学生を選抜し，不適合な受験者を排除する権利を得るべきである．教育市場への私立大学の参入が，とりわけ国家による認可規制の緩和により，容易にならなければならない．ドイツの［大学の］寄付金収入の少なさに照らして，財団により運営される大学をラント所有企業の民営化の対価によってまかなうことが考えられる．これは 1950［・60］年代にフォルクスワーゲンベルクの部分的民営化の際に問題になったことである[2]．

　ドイツの大学で授業料を復活しようとの提案を批判して，しばしば次のような懸念が表明される．低所得階層からの学生を学資工面に走らせるのは社会的市場経済の原則と合致しないのではないかと．この主張は社会的市場経済理念の誤解に基づいている．この理念の根本的な特質は，個人の自由の優位にある．国家はただ補完的役割を果たすに過ぎない．個人が本人にとり最重要事を自ら処することができない場合においてのみ，国家の介入が望ましく，かつ必要になるのだ．ここでは，かかる場合においても国家の行動は［個人の］自由の余地を狭め，資源の徴発を要求し，しかもその資源たるや他者から取得されるものだという経験がものを言っているのである．国家によってまかなわれる大学教育は，社会の他の成員に対して大学卒業生を有利にする．人材投資によって取得した資格が求められるならば，たいていの場合，大学教育を受けない者よりも高い個人所得がもたらされるのである．経験的な教育研究が示すように，これは累進的所得税の制度のもとでも当てはまる．［大学］教育費用がその期待所得が平均して大学卒業者よりも低い納税者によってまかなわれるので，「貧しい者」が「富める者」に補助金を与えることになる．国家によってまかなわれる大学教育は，社会的市場経済で自らを正当化することができない．これに対して，すでに述べたように，資力の乏しい者を奨学金や国家による支払保証付きの貸付けによって助成することが，社会的市場経済に合致するはずである．

3 総　　括

　社会的市場経済は，1949年のドイツ連邦共和国成立以来の経済政策的理念である．この理念の貫徹とこれによって達成された，とりわけ1950・60年代の成果とは，ルートビヒ・エーアハルトの名と密接に結びついている．彼の後の時代，いくつかの経済領域が危機に陥り，その克服のために社会的市場経済の理念の革新と徹底とが必要となったように見える．これらの分野に労働市場，年金保険，大学教育が属しているのである．

　労働市場の状況は，30年来，それ以前と異なり完全雇用がないということによって特徴づけられる．圧するばかりの失業の根本原因は，労働市場における競争が認められていないことにある．国家の無数の干渉により規制の厚い網が出来上がり，これがまた国家の干渉を求めるのである．労働市場における自由に関する国際比較で，ドイツは74カ国中最後尾についている．多数の専門家が一致して，競争の復活のためのいくつかの提案がなされており，それはとりわけ失業者にこれまでよりも有利な労働市場への参入の機会を提供しようというものである．

　ドイツの公的年金保険は，これまでの規制をもってしては将来もはや維持できるものでない．年金は1957年以来保険加入強制対象者によって拠出される賦課金により財源を調達してきた．顕著な出生率低下と平均寿命の伸長とは，保険加入強制を受ける者の数が減り，年金支払期間が増大する結果をもたらした．現行規定のもとでは，保険料は社会保険料分担金総額の半分を占めるに過ぎない現在の20％から，今後30年間で2倍に膨れあがるであろう．専門家によって提案されていることは，その第一歩が政府の側からすでに踏み出されたのだが，公的年金保険を資金積立方式の私的年金により補完することである．ルートビヒ・エーアハルトは被用者にも，彼らが老後に備える意欲と能力があるならば，私的年金が有利であることを説いたものである．［しかし］彼の秩序政策的立場も，公的年金制度のもとでも資金積立方式に戻るべきではないのかという問いも，現在の議論ではあまり顧みられない．

　ドイツの大学教育は深刻な危機に陥っている．これは明らかに大学が学生過密となり，また世界で最も在学年数が長いことに現れている．外国人留学生，特に先進国からの留学生はドイツを避けている．この状態は，ドイツが一次大

戦に至るまでの時代に大学分野で国際的に最先端にあっただけに，なおのこと奇異に映る．大学教育の苦境の根本的な原因は，労働市場のそれと同様，大学内部の，また特に大学間の競争の欠如である．大学はドイツで事実上例外無しに国家機構である．これは過去数十年間に多くの規制で何重にも縛りつけられ，それは所有者間の，すなわちラント間の競争を止めてしまったのである．教育の質を高め，在学年数を妥当な程度まで短縮するために，どのようにしたら市場経済的原則を大学部門にも通用させることができるか，問題はまさにここにある．

訳注

[1] http://www.freetheworld.com/
[2] 1959年のドイツ連邦共和国とニーダーザクセン州との間の条約および1960年の法律により，VW社は有限会社から株式会社に転換し，株式の60％が民間に売却されて，その売却益をもってVW財団が1961年に設立された．

参照文献

Erhard, Ludwig (1988), Selbstverantwortliche Vorsorge für soziale Lebensrisiken, in: *Versicherungswirtschaft 11* (1956); 再録：Karl Hohmann (Hrsg.), *Ludwig Erhard, Gedanken aus fünf Jahrzehnten. Reden und Schriften,* Düsseldorf-Wien-New York, 461–465 頁.

Gwartney, James u.a. (2002), *Economic Freedom of the World. 2002 Annual Report,* Vancouver, B.C.

Sachverständigenrat zur Begutachtung der gesamtwirtschaftlichen Entwicklung (1998), *Vor weitreichenden Entscheidungen,* Wiesbaden

Thieme, H. Jörg (1994), *Soziale Marktwirtschaft. Ordnungskonzeption und wirtschaftspolitische Gestaltung,* 2. A., München

Wissenschaftlicher Beirat beim Bundesministerium für Wirtschaft (1998), *Grundlegende Reform der gesetzlichen Rentenversicherung,* Bonn

Woll, Artur (1988), Deregulating the Labor Market: The West German Case, in: *Ordo* (39), 183–193 頁.

第3章
日本型資本主義の新しいかたち

東京経済大学名誉教授

劉　進慶

1　問題の所在と分析視角

(1) 問題の所在

　日本経済は1990年代初頭以来，バブル経済の崩壊以後の長期不況が経済のグローバル化（以下グローバル化と略記）と重なるなかで，構造問題を露呈し，大きな変革と転換を迫られている．本章は，グローバル化がもたらした日本経済の構造問題と，その対応としての変革の方途についての論究を主たる課題とする．

　戦後，日本経済は大きく発展し，日本は世界有数の経済大国に成長した．その国際経済的要因は，世界貿易拡大の潮流に乗って日本の外国貿易が発展したことと，国際的な投資の拡大によって国際分業が進展したことであった．自然資源に乏しい日本は，アジアで唯一の先進国として，戦後世界の国際経済自由化・ボーダーレス化の最大の受益者となったのである．その日本が，今やグローバル化に戸惑い，立ちすくんでいるのは，一見不可解ともいえる．唯一，理由として考えられるのは，国際分業化の効果とグローバル化のそれとが日本の場合には異なったということであろう．つまり，前者は日本の経済発展にポジティブに働いたが，後者はむしろネガティブに作用した可能性があるということである．

国際分業化とグローバル化とは，それではどのように違うのだろうか．まず国際分業化とは，国民経済の枠組と各国の独自の経済制度（以下，システム）の存在を前提に，各国の資源賦存条件の相違に基づきつつ，国際的な補完関係が進展する現象を意味する．これに対して経済のグローバル化とは，国民経済の枠組や各国独自の経済システムを取り払い，世界規模の共同市場を構築し，市場原理に基づく競争と資源の最適配分を促進する動向であると定義できよう．いわゆる「グローバル・スタンダード」の語もまた，このような意味からきている．単純化すれば，国際分業化においては国民経済の枠組や経済システムの独自性は維持されるが，グローバル化では世界共通の経済システムと統一的な市場ルールが求められるのである．しかし現実には，各国の発展段階や歴史的・社会的条件がきわめて多様であるなかでは，各国の経済システムとグローバルな経済システムの間には，乖離や齟齬が生じざるをえない．この点に問題の核心がある．

特殊日本的な経済システムや日本的経営は，国際分業化の過程では国際競争力上の優位を示し，日本の経済成長を支えてきた．だが現在，グローバル化の過程ではこれらの日本的な経済システムや市場ルールは国際的なそれとの間で齟齬をきたし，問い直されてきている．厄介なことに，これら日本的経済システムや日本的経営方式は，戦後の日本経済の成功経験を支えた土台であるのみならず，日本の歴史文化や社会の価値体系に根ざす組織原理を基底に成り立っている．その優位性と有効性とが今日，グローバル化のなかで揺らいでいるにしても，この基底的条件は人為的に改変できるものではなく，日本の経済システムを何らかの世界共通の経済システム，統一的市場ルールに即した構造に全面的に作り替えることは不可能である．いわゆる「グローバル・スタンダード」が実態としては米国発の基準であって，その市場ルールが実際には必ずしも普遍性を持つものでないとすれば，なおさらであろう．

普遍性を持つ経済システム，世界規模で統一的な市場ルールとは，どのようなものであるべきだろうか．社会科学としての経済学は，研究対象である経済現象の基底に特定社会の歴史文化や価値体系があることを，理論的・仮説的に捨象してしまう．しかし，こうした要素を無視して実際に機能している経済システムに接近することは不可能である．世界各国の経済システムには，必ずその社会独自の特殊性が存在する．同じく資本制であっても，各国の資本主義には，さまざまな類型が存在するのである．

今日進展しつつあるグローバル化が，世界の資本制諸国とともに，非資本制のさまざまな社会をも包み込んでいく現象であるならば，グローバル化がもたらす共通性と世界各国の特殊性とが折合えるような，そうしたグローバル化の理念を考える必要があろう．

(2) 分析視角

　経済構造とその変革について検討するためには，経済制度の問題に立ち入る必要がある．経済制度（システム）とはこの場合，社会のなかで個人や集団が営む経済活動に関する組織や仕組の体系の総称である．経済システムは，繰り返しになるが，特定の歴史文化が育む価値体系に基づき形成される．まずこの点を問題認識の出発点とすることが重要である．

　次に，日本の経済や経営の特質を制度論的視点から見るならば，これは一言で言って集団主義原理ないしは共同体原理の価値体系に基づく．集団主義原理の価値体系に基づくとはいえ，私有財産制，市場経済，資本家的企業経営等を持ち具えた経済システムであるには違いになく，れっきとした資本主義経済である．こうした特質は日本ばかりでなく，広く非欧米世界一般にもみられる．これに対して，欧米先進国の経済システムや経営の場合は，主として個人主義原理の価値体系が基底をなしており，日本は特に，産業組織や企業経営および労使関係において，欧米と相当程度に異なっている．この点は贅言を要しない．本論では制度論的視点から経済システムの組織原理と市場機能（メカニズム）を基本的分析概念として，グローバル化の衝撃によって顕在化した日本経済の構造問題に接近してみたい．

　いうまでもなく市場メカニズムの核心は競争原理であり，経済システムと市場メカニズムおよび市場競争は背中合わせの緊密な関係にある．その内容に深く立ち入る余裕はないが，少なくとも経済システムは，理念的に市場メカニズムと整合し，市場競争の促進を目標として形成される必要がある．それと同時に，この経済システムもまた，歴史的・文化的諸条件に育まれた社会固有の価値体系を基盤にせざるをえない．これが，経済システムの特殊性が生まれる背景である．しかし他方，市場メカニズムと市場競争の促進を図るという目標においては，国際的に共通性がある．

　次に問われねばならないのは，日本の経済システムが，ある時期から市場メ

カニズムを十分に発揮できず,グローバルな市場競争に対応しきれなくなってしまったということである.この問題を整理してみよう.1960年代まで,集団主義を志向する日本の経済システムや経営方式は,日本資本主義の後進性の表れとして捉えられていた.欧米に比べて日本は資本主義化の度合いで遅れているのであり,しかもこうした特殊性は市場機能や生産力の向上を阻害し,市場競争上の劣位をもたらすと理解されたのである.ところが1970年代以降になると,日本経済と日本企業の国際競争力は著しい優位性を発揮し,世界の注目を浴びた.日本産業の競争力は,1980年代から鉄鋼,自動車,電子等の主要部門で米国を凌駕して世界の首位に立った.巨額の貿易黒字を蓄積した日本は,名実ともに経済大国へとのしあがった.

　この過程で,日本資本主義の「後進性」の象徴であった集団主義的経済システムが,個人主義原理に基づく欧米型の資本主義に組み換えられたという事実はない.日本の経済システムや経営方式は,1960年代に指摘された「後進性」の諸要素を残しながら,いつとはなしに生産力や生産性の優位性を獲得し,しかも一時期,国際的に高い評価さえ受けたのである.日本経済システムの「後進性」がいつの間にか市場競争上の優位性へと転じた経緯について,理論的に整理した論究は,これまでほとんどみられない.

　ところが1990年代以降,事態は再び一変する.それまで国際競争力を支えてきた日本の経済システムと日本的経営は,グローバル化の過程で優位を喪失した.特に不良債権問題を抱えた金融部門の評価の低落は著しい.

　組織原理において一貫していた日本の経済システムと経営とが国際競争において時に優位になり,時に劣位となる問題は,どう考え,位置づけられるべきであろうか.一つ考えられるべきことは,競争力の優劣は,組織原理の類型差そのものに由来するわけではないということである.集団主義原理の日本的経済システムが個人主義原理の欧米システムに劣るのではない.問題の核心は経済システムの組織原理の優劣にではなく,特定の経済システム——ここでは集団主義原理に基づくシステム——が,特定の条件下で市場メカニズムから乖離し,市場競争に対応しきれなくなった点にこそある.組織原理自体には問題がないとしても,その上に構築された実際の経済的諸制度とその機能が内外の条件変化にそぐわなくなり,市場競争力の後退をもたらしたのである.

　1990年代,米国は日本とは対照的に長期の持続的経済成長を謳歌した.その主たる原因はIT革命である.情報技術の開発と応用を先導した米国は,技術進

歩に基づく優位を企業化して生産力を高め，企業は超過利潤を獲得し，巨額の資本蓄積を達成した．これが1990年代の米国経済をして「ニューエコノミー」と言わしめた成長力の根源である．しかし先端技術の独占による超過利潤の獲得と高成長が一巡し，技術の標準化段階に移行した後にも，米国の経済や生産力が引き続き優位を保ちうるとは限らない．日本の過去の成功経験からすれば，日本経済が将来において優位性を発揮する可能性は少なくない．こうした認識は，日本の変革を考える場合の鍵となろう．

　本論ではまず，制度論的視点から集団主義的価値体系を基底とする日本型資本制経済システムの特質について整理し，次に，米国主導のグローバル化の日本経済にとっての意味について考察し，さらに，日本と東アジアとの地域経済協力関係の可能性を探る．最後に，日本の変革の方途について私見を提示する．なお本論は，独自の実証分析による論考ではなく，日本経済の現状把握と将来構想のための一試論に留まる．

2　集団主義原理と日本型資本制経済システム

　日本の経済システムは，資本の側については企業系列，株式持ち合い，主力銀行，下請制工業，日本的経営等の語で，また労働の側に関しては，終身雇用制，年功制賃金，企業別労働組合，協調的労使関係等によって特徴づけられる．さらに全体としては，旧通産省（MITI）を頂点に「日本株式会社」としての一体性を有することがその特質とされた．これらの概念が示す日本経済システムの基底とは，集団主義ないしは共同体的組織原理である．しかもこれは，基本的には市場競争上の優位を志向する目標に即して形成されている．つまりこれは，国内市場での秩序ある市場競争と日本企業の国際競争力を促進するための経済システムであり，その完成度は高く，日本の経済復興と高度成長に大きく寄与してきた．このなかで中核的概念といえるのが，企業系列システム，日本的経営，および終身雇用である．以下，この三つの基本要素について概観してみたい．

(1) 企業系列システム

　企業系列とは，狭い意味では企業集団または企業グループを指す．その本質は，生産，流通，金融の全分野における日本特有の企業間の連繋関係に基づく経営的結合である（藤田1965，164-276頁）．欧米企業には類例がなく，英語ではそのまま keiretsu と称される．また企業系列とは，より具体的には，企業間の株式の持ち合い，役員派遣，資金融通，生産の下請，技術支援，販売・購買での協力など，大企業間または大企業と傘下中小企業間との多面的で体系的な協力関係，およびタテの支配・従属の組織的連繋システムである（下谷1993，217-222頁）．

　企業系列は戦後まもなく形成された産業組織であるが，これは，占領政府による財閥解体に由来する．解体された財閥の個別企業が，戦後直後の厳しい資本不足のもとで資金供給を仰ぐ相手は，伝統的関係を有する旧財閥系の銀行以外にはありえなかった．これを契機に，次第に株式の持ち合いや役員の派遣へと関係は深まり，主力銀行（メインバンク）といわれる金融系列関係に発展したのである（橘川1996，130-139頁）．しかもこの金融系列を基盤に，工業部門においては大企業と系列の中小企業の間で下請制工業という独自の経済システムが形成されていったのである．

　その結果，三菱，三井，住友，芙蓉（主力銀行は富士銀行．1999年から2003年にかけ次の第一勧業銀行および日本興業銀行と統合，みずほファイナンシャルグループを形成），第一勧業，三和（2002年，主力銀行の三和銀行は東海銀行と合併しUFJ銀行となり，さらに2006年1月に東京三菱銀行と合併し持ち株会社として三菱UFJファイナンシャル・グループを形成）等の六大企業集団が形成された．前三者は文字どおり旧財閥系の関係企業を中心とする企業集団で，後三者は主として主力銀行を中心とした非財閥系の企業集団である．これら企業集団は，上述の企業系列の連繋関係，特に株式相互持ち合い，役員派遣，社長会の結成，系列融資，集団内取引，共同投資等の多角的相互支配のネットワークを持つ（奥村1975，211-216頁）．なお，企業集団の頂点には社長会がある．これは株式相互持ち合いに基づく相互支配の機関で，定例的会合を開き，集団としての政策を協議する場となっている．このほか，新日鉄系，日立製作所系，トヨタ系，松下系などの巨大企業集団があり，かなりの数にのぼる．これらの企業集団は独立系巨大企業集団と呼ばれ，どちらかといえば，垂直型企業系列の部類に属する（角谷1982，

107–120 頁).

　企業系列は株式の相互持ち合いを系列企業支配の法的根拠とするが, 実質的には系列融資を担う主力銀行 (メインバンク) システムこそが企業系列の経営戦略や経営支配の支柱である. 主力銀行は一般に, 系列企業にとっては融資シェアが首位の銀行であって, 総合取引を行う. またしばしば大株主でもあり, 役員の派遣を受け入れることもある.

　この主力銀行システムは, 系列企業にとっては以下の利点を有する. 第一に, 系列融資によって, 自己資本の規模に比して大規模な投資と, これを通じた企業規模の急速な拡大が可能となる. 1970 年代まで日本経済を牽引したのは主として企業の設備投資であり, その結果, 日本企業は, 国際比較で見て高い他人資本比率を持つに至った. 第二に系列企業は, 主力銀行の系列融資によって, 短期的な赤字を気にすることなく長期の投資と経営戦略を展開することが可能となる. 第三に, 系列関係に属することにより, 非系列企業に比してリスク負担能力が高まり, 経営上の信用度と安定性が増す. 第四に, 工業部門では, これは大企業主導の下請制工業システムの形成を可能ならしめる要因にもなる. 総じて主力銀行システムは, 企業集団の経営戦略を強化し, 金融的基盤を強める役割を担っている (鈴木 1998, 24–34 頁). このなかでも特に, 系列下請制工業にとっての重要性が注目される.

　次に, 工業部門における系列下請制工業について見てみよう. まず, 下請制工業とは, 親企業たる発注企業が, 下請企業である受注企業に対して製品や部品などの製造・加工を発注する委託生産の特殊な工業生産システムである. 親企業は通常大企業であり, 下請企業は概して中小企業で, 親企業と下請企業は, 一般に資本参加, 役員派遣, 技術指導, 系列融資などの関係を持っている. しかし企業集団の拡大発展に伴って, 親企業と資本関係を持たない中小企業もまたしばしば下請関係に組み込まれて, 技術支援や資金融資の便宜を供与される. 親企業は優位な経営資源を持つことによりしばしば買手独占の立場に立つため, 親企業と下請企業の間には自ずと支配・従属関係が形成されることになる.

　このようにして, 特に高度成長の時期, 親企業を頂点とし, 垂直的専属的下請中小企業群を傘下とする強大な企業集団が形成された. その代表的事例が新日鉄, トヨタ, 日産, 日立, 松下, 東芝, NEC, 三菱重工, 旭化成等の独立巨大企業集団である (小林 1980, 63–72 頁). 系列下請制工業は, おしなべて次のよう

なメリットを企業集団にもたらした．親企業にとっての資本の節約効果，大企業と中小企業との賃金格差を利用したコストの引き下げ，景気変動に対する柔軟性の高さ，さらには，労働者組織の圧力回避の手段にもなった点である．これらの利点が，企業集団の生産性の向上と競争力の強化を促進したのである．

　以上に見てきたように，総じて，企業系列は集団主義的組織原理に基づく企業共同体である．これらの日本的経済システムは，優れた品質と割安な価格の製品や部品を生産し，国際競争で優位に立ってきた日本産業の底力の根源であり，日本経済の持続的高度成長を支えた要因である（香西 1982, 229–232 頁）．

　しかしながら，企業系列は，市場原理の点で次のような問題をそれ自体のなかに抱えている．第一に，取引関係が市場メカニズムから乖離し市場競争が消失する危険性である．これは，価格決定を巡る需要側と供給側の関係が集団の内部取引関係になっていることに起因する．例えば系列下請制工業における発注企業（親企業）と受注企業（下請企業）の取引関係では，しばしば，需要側が供給側のコストと利潤を熟知する状況下で，需要側のコスト計算に則しつつ取引価格が決められる．この取引には市場メカニズムや市場競争の機能は働かない．第二に，主力銀行システムにも銀行経営の競争性や中立性の後退の問題がある．銀行融資は一般に，融資先企業の財務構造や経営能力を判断基準に行われるが，系列企業への融資の場合にはこの判断に系列関係への配慮が影響を及ぼし，銀行の経営原則から乖離した融資が常態化していった．これは金融市場における市場メカニズムと競争原理の喪失を意味する．第三に，系列集団企業の発展の結果，これらはその規模と経営資源の優位性のために自ずと独占資本化する．市場の独占化や寡占化の進展に伴い，市場競争の機能が減退していく．独占禁止法に基づく公正取引の監視機構は存在したが，企業系列システムがある限り，実際には市場競争は骨抜きにならざるをえなかった．

　以上のように，企業系列システムは日本経済の国際競争における優位の基盤となったのであるが，それと同時に，こうした経済システムそれ自体のなかに，環境の変化に立ち遅れ，逆に競争劣位をもたらす要因があったのである．これこそが，今日，日本経済を考える上で核心をなす問題である．なお，日本経済の特徴となっている経済システムは，企業系列とともに日本的経営方式にも立脚しており，前者は後者を育む土壌ともなっている．次にこの日本的経営方式について見てみたい．

(2) 日本的経営

　1970年代以降，日本企業の生産性と製品品質の向上が著しく進むなかで，日本企業の経営方式が国際的に注目を浴びた．それまで前近代的で非合理的とされた日本特有の終身雇用，年功賃金，企業別組合等が，一転して日本的経営の優位を支える要因として見直された．そればかりではなく，日本的経営は，欧米先進国の企業にとっても学ぶべき経営モデルとして積極的に評価されるようになった．日本的雇用や労使関係については次節で取り上げることとし，ここでは日本的経営の特徴を把握しておこう．これは，ボトムアップ方式の意志決定，市場シェア優先の経営戦略，および人的資源開発指向の労務管理の三点にまとめることができる．

　日本的経営の最大の特徴は，意志決定おいてボトムアップ（bottom-up）方式がとられる点である．ボトムアップ方式においては，経営政策に関する経営首脳の決定は，中堅幹部を中心とする下からの構想や提案の積み上げによって下される．これはまたコンセンサス方式または集団意志決定システムとも呼ばれる（津田1987, 169-174頁）．このような意志決定方式は，欧米企業の場合のトップダウン（top-down）方式と対照的である．欧米企業では企業の最高経営方針はすべて経営首脳自らが決定し，上意下達の方式を取るのが一般的である．

　この意志決定のボトムアップ方式は，日本の企業にのみ特有のものではなく，日本の組織体においては普遍的にみられる特徴であり，その典型は官庁における稟議制である．これは，主管者が決定案を作って関係者に回付し，承認を求める仕組である．また一般の社会においてこの稟議制におおよそ相当するのが「根回し」による意志決定である．したがって，ボトムアップによる日本企業における意志決定方式は，日本社会に根ざす特殊日本的方式であると理解してさしつかえない．

　この意志決定方式のメリットは，経営方針が事前に企業の中堅幹部および現場従業員において周知徹底され，方針決定後に従業員の意欲と積極性を引き出す上で役立ち，実施効率と成功率が高いことである．反面そのデメリットは，決断に時間がかかり，市場動向やビジネスチャンスに的確に対応しにくい点である．また，政策責任の主体が不明朗である面も否めない．

　次に，市場シェア優先の経営戦略について検討しよう．本来，企業経営の最高目標は利潤獲得であり，経営戦略の最優先課題もこれに置かれるのが一般的

であるが，日本企業の場合，中長期的には利潤獲得を目指すとしても，少なくとも短期的には，利潤獲得よりも市場シェアの維持拡大が経営戦略の最優先課題とされる傾向にある．こうした市場シェア優先の経営戦略へと日本企業を方向づける経営環境が存在する．

　そうした経営環境の第一は，利潤獲得や株式配当を求める株主からの声が弱い点である．上述の株式の相互持ち合いの結果，企業の主要株主はおしなべて系列企業もしくは機関投資家で構成されており，個人株主は相対的に少ない．その結果，株式総会においても株式配当議題の重要性が低い．一方，これもまた特殊日本的であるが，株主総会はいわゆる「総会屋」という不法な「専門ブローカー」が取り仕切り，単なるセレモニーに過ぎない無風状態に置かれてきた．また株式配当の実績は必ずしも株式相場に反映されず，配当率と株価の相関関係が弱い．第二に，上記の状況のもとで，企業業績の評価基準が同業他社との市場シェア競争に置かれ，経営首脳の関心もまた市場シェアの維持と拡大に向けられる．第三に，主力銀行システムのもとでは，単年度の利益状況が思わしくなくてもこれが系列融資に悪影響をおよぼす可能性は低く，むしろ中長期の経営戦略に重点をおくことが肝要となる．総じて，グローバル化のなかでは，日本的経営における戦略目標が，企業経営本来の姿から乖離してきたという事態が浮彫りになったのである．

　日本的経営方式の三つ目の特徴は，人的資源開発指向の労務管理の優位である．日本企業の労務管理は，従業員の技能開発を重視し，創造性や責任感を誘発する人的資源開発への指向性を持つ．これは，在職訓練（OJT），職場ローテーション（JR），品質管理（QC）の三つの要素から成る．

　まず在職訓練とは，現場労働者と技術者を結びつけて，職場において技能研修を積み重ね，技術能力の向上を図る労務管理方式である．この過程で，現場労働者の主体性により多くのノウハウが生み出され，それがまた技術者の開発研究に寄与するという技術蓄積の好循環が生じる．次に職場ローテーションとは，特定の単位の生産ラインや職場内の各種の職務を関係者全員がこなせるように巡回担当し，生産ラインや職場機能が途切れることなく常時維持される労務管理方式である（土屋1987, 99-104頁）．最後に品質管理とは，従業員の技能向上を前提に職務に対する積極性や倫理感を高め，生産過程自体のなかで各自が品質管理を実行する仕組みである．

　このように，日本的経営の労務管理は，従業員の創造性，積極性，責任感を引

き出す人的資源開発に基礎を置きつつ，日本企業の生産性と製品品質の向上に大きく寄与したのである（島田 1988, 145-150 頁）．とりわけその品質管理は，国際的にも評価が高く，欧米先進国を含め世界の多くの企業のモデルとなっている．

しかしこの日本的経営方式は，今日のグローバル化の過程においては，意志決定のボトムアップ方式および市場シェア優先の経営戦略において劣勢に転じている．それに対し，人的資源開発指向の労務管理はなおも優れた面を保っている．弱点は主として日本的雇用制度にあるというべきである．

(3) 日本的雇用制度と労使関係

労働力は，人格を伴う特殊な商品であり，それゆえに特定社会の歴史文化や人間関係が最も強く投影される生産要素である．そこで日本的雇用制度に注目すると，その中核は終身雇用であるといえ，これを基礎に年功賃金，企業別組合および労使協調関係が成り立っていると考えられる．

まず終身雇用とは，高校や大学を出た者が新卒で雇用されると，よほどの事情がない限り，定年退職まで解雇されることなく働くという雇用制度である．この制度は戦前の戦時統制経済下で形成され，それが戦後に引き継がれたものであり，不文律の社会慣行として定着している（中村 1984, 145-146 頁）．中小企業では多少事情が異なるが，およそ日本企業の約90％がこの制度を取り入れている．この事実からもわかるように，終身雇用は，日本社会において雇用者と被用者の双方から幅広く肯定的に受け入れられてきた経済システムである．実際，中途転職者は労働市場においては，賃金や昇級等の面で通常きわめて不利な扱いを受ける．日本的雇用のもう一つの要素である年功賃金は，この終身雇用を前提としている．

年功賃金とは，新卒採用者が単身者の生活費をまかなう最低レベルの初任給から出発し，勤続年数や年齢に応じて定額的に賃金昇給が進む賃金システムである．これを年功と呼ぶのは，雇用年数の増加が，職務的責任と地位の昇格，技能や能力の向上，それに企業への貢献度や忠誠度の深まりに対応すると考えられるからである．また年功賃金は，加齢とともに一般に，妻帯から育児へと家族扶養費の負担が増すことを考慮したものであり，その点で年功賃金は一面では生活保障給の意味も有している（小林 1977, 132-134 頁）．

このように終身雇用と年功賃金は，それなりに高い合理性と整合性を持つ雇用制度である．労働者の雇用，身分と生活の安定を保障し，労働者の企業への帰属意識を高め，職務への積極性と責任感を強めるメリットを持っている（山田 1980, 91-98 頁）．この終身雇用と年功賃金を基盤に，労使の協調と企業別組合が支配的となったのである．

　企業別組合とは，欧米の労働組合が企業的横断的な組織を基本とするのに対し，日本の労働組合が企業内従業員を中心にして組織されることを指して用いられる用語である．その特徴は，企業ごとに常用従業員を一括加入させる組合であること，職員層と現場労働者層がともに加入し，労・職混合の組合であること，団体交渉の基本単位である点にある．1950 年代，年功に対応した権利を要求する労働者の立場と，労働者組織の圧力を回避しようとする企業側の思惑とが一致し，大企業を中心に企業別組合が形成されてきたことが，その歴史的背景である．日本における労働運動が「春闘」の形態を取ってきた理由もここにある．周知の通り春闘とは，労働条件に関する団体交渉を年度始めの春季に一括して進める労働運動の慣行であるが，これは労使協調路線の表れで，その結果日本においては，労働運動や労働争議による不安定性や経済的損失は限定的であった．

　終身雇用，年功賃金，企業別組合は，かつては日本的経営の三種の神器とされた．しかしこれらは，1990 年代以降，グローバル化の過程で根本から問い直された．日本的雇用制度の最大の問題は，能力と賃金の対応関係が希薄となり，人的資源を最大に活用する市場メカニズムや競争原理が十分に機能しなくなった点にある．このなかで最も問題とされているのが，年功賃金システムであり，この面での変革は避けられないだろう．しかしこれは，必ずしも日本的雇用制度全体の限界を意味するものではない．終身雇用や企業別組合を根本的に改めることは，日本の社会関係や価値体系になじまず，これらは今後も相当程度存続してゆくであろう．

3 経済のグローバル化と日本経済へのインパクト

(1) 日米経済摩擦とその背景

　日本経済へのグローバル化のインパクトは，近年においては後述のように東アジアからも生じているが，歴史的には米国からの圧力を主体としてきた．そのはしりは，日本の経済システムや日本的経営が国際的優位を確立した1970年代以降の日米経済摩擦であり，具体的には，日本の巨額の対米貿易黒字と，その要因たる特定産業の対米輸出を巡る対立と摩擦であった．この対立は繊維に始まり，その後，鉄鋼，自動車，電子製品等へと順次焦点を移してきたが，その都度，該当産業の自主規制や生産拠点の一部対米移転によってその緩和が図られてきた．しかしそれにもかかわらず日本の対米黒字は増え続け，外貨準備高と対外純資産は拡大していった．1985年のプラザ合意は，こうしたなかでなされたものである．

　このプラザ合意は，日本経済にとっては1970年代のニクソン・ショックによる対ドル円レートの360円から240円台への切り上げ以来，最大の試練となった．しかし日本の輸出企業は，この難局を減量経営と生産性の向上によって巧みに乗り切った．しかもこれは，前述の日本的経営の優位が確立した時期と重なっていた．しかし，このプラザ合意が日本経済に甚大な衝撃をもたらしたことも事実であり，戦後日本経済の発展過程における大きな転換点となった．対ドル円レートが短期間のうちに240円台から120円台へと2倍に切り上げられた結果，生産拠点の海外移転と産業空洞化が進んだ．またそれとともに日本は円高不況へと陥り，これへの政策対応は続く時期にバブル経済を誘発した．バブルの破裂後の1990年代，日本経済は長期の停滞局面に陥った．

　今日の目からはこれらの経緯は明らかであるが，これはいわば「後知恵」であって，歴史的転換点のなかに身を置いてことの重大性を察知するのは容易なことではなかった．日本における経済科学の不明は，経済のバブル化を予見しえず，またバブル後遺症の不良債権問題の深刻さを予知しえなかったことといえよう[1]．また同時に，ポスト冷戦体制への対応の重要性，IT革命の技術進歩を梃子とする米国中心のグローバル化が日本経済に及ぼす影響，さらには中国経済の躍進を的確に捉えきれなかったともいえる．かくて，「失われた十年」の

間，日本経済はこの巨大な時代の波濤のなかで「漂流」を続け，今日，再起を賭けた難局に立ちすくんでいる．

　以上の経緯で核心をなすのは，日米の経済構造の相違とそれによる経済関係上の不均衡である．この問題は，1989年から行われた日米構造協議（SIIT = US-Japan Structural Impediments Initiative Talk）ですでに米国から提起されていた．米国が指摘した日本経済の構造的障壁とは，端的にいって日本市場の閉鎖性と高コスト体質であった．それによれば，企業系列による株式相互持ち合いシステムは株式市場や資本市場の閉鎖性に，また下請制工業は市場取引の閉鎖性に帰結しており，外国資本の参入余地は構造的に存在しない．また，地価（家賃）や公共料金，各種経済インフラストラクチャーの価格，各種生活費が割高であり，投資環境として劣悪である．要するに，米国は日本の対外市場開放と市場競争の促進による投資環境改善を強く求めたのである．これに対して日本側は，米国の要求内容は日本の経済システムやビジネス慣行といった社会経済構造の改変に等しく，到底受け入れられないと反論した．

　他方，日本は，米国に対しては，財政赤字と貿易赤字から成る米国の双子の赤字の解消と，高金利政策の是正を求めた．米国は日本の要求に対してはそれなりに反論したが，いずれにせよ，論議はこの点ではほとんどかみ合わなかった．結局，日米構造協議においては，日本側は米国の問題提起と改善要求に対してまったく聞く耳を持たず，協議は平行線を辿った．米国の主たる狙いは，集団主義原理に基づく日本経済システムと市場メカニズムの閉鎖性の打破にあったのであるが，これらの問題は，1990年代のグローバル化の過程で再び浮上する．そしてこの問題は，今や日本が自ら問い直さざるをえない課題となったのである．

(2) 日本経済の生産性二重構造と高コスト構造

　日本市場の閉鎖性は，欧米先進国のみならず，発展途上国からも指摘されてきた問題である．意図的な政策の結果ではなく，むしろビジネス慣行や社会経済構造に由来するものとして，この閉鎖性を一時的には擁護しえたとしても，それがもたらす日本国内市場の競争の後退，それによる資源配分の歪みや経済の高コスト構造は放置しうるものではなく，グローバル化の過程で，日本自身の問題として対応を迫られることとなった．そこで再度，1985年以降の円高が

あぶり出した日本経済の生産性二重構造と高コスト構造について見ておく．

ドル対円レートが，ほぼ2年という短期間のうちに240円台から120円台に引き上げられた結果，日本の輸出産業の国際競争力は半減し，その克服にはコストの引き下げ，理論的には生産性の2倍の引き上げが必要となった．これは難題ではあったが，それまでモノ造りにおいて国際競争を勝ち抜き，貿易黒字の稼ぎ手となってきた日本の工業部門は，これを達成する体力を十分に持ち合わせていた．しかしそうした部門は，日本のGNPの25％を占めるに過ぎない．残る75％の非工業部門，特にその圧倒的部分を占めるサービス業においては，国際的にはグローバル化の進展が最も顕著な金融部門を含め，日本企業はいずれも国内市場を基盤にしており国際競争力が弱く，低生産性が温存されたままとなっている．日本においては，輸出指向部門と内需中心部門の間の生産性の格差が大きく，全体として高コスト構造となっているのである．しかも上記のように，円レートの2倍の引上げは，国際的に見た時の日本の物価高と高コスト体質をさらに深刻化させた．日本の一人当りGDPは名目で約3万5000ドルの高いレベルに達しているが，購買力平価で見ると，多くの試算で約2万3000ドルに過ぎず，3分の1も目減りしてしまう．名目所得額と生活実感が乖離していたことも，これらの数字を裏づけてきた．しかも経済のグローバル化が進むに伴い，こうした内外価格差は，ますます際立っていった．

国内市場を基盤とする産業の低生産性には，秩序ある市場競争を基本方針としてきた政府の政策や規制も責任の一端を負っている．一般に市場競争は，淘汰の結果としてしばしば独占をもたらす．戦後の経済成長の当初においては，各種産業における企業間競争はそれなりに激しく，この過程で支配的な企業集団が形成されていった．しかしこうした局面で，通産当局は，各分野の産業組織について，むしろ，数社の大手企業を中心とする独占ないしは寡占体制を容認する政策を採ったのである．その結果，日本の国内市場における産業組織は，欧米先進国に比べ，次第に著しく非競争的になっていった．この状態では，経済のグローバル化に伴う市場開放には耐えられない．政府は，何をおいても，おびただしい数の経済関連諸法規の規制緩和に乗り出さざるをえなくなった．

規制緩和は，基本的には公的部門の民営化，大組織の分割，参入規制の撤廃および農産品輸入規制の緩和等さまざまなかたちで進んだ．その一つの結果が，いわゆる「価格破壊」であり，いま一つが，銀行や証券会社の破綻であった．価格破壊は，まず衣料，食品，雑貨等の日用消費財の劇的な価格下落現象

として発生した．その典型は，「ユニクロ現象」と称された良質で低価格の衣料品の普及であり，「百円ショップ」の登場であり，また例えば，中国との貿易摩擦問題にまで至った安価なネギ，シイタケの大量輸入である．このほか，格安航空券や国際電話での価格引き下げ競争等も，身近に繰り広げられている．

　大蔵当局による金融「護送船団」方式の放棄も，これに類する事例といえよう．「護送船団」方式とは，「銀行（金融，証券機構）は潰さない，潰れない」という日本の金融政策の基本方針を指した言葉である．金融の安定が経済の安定を支えるという理念に基づき，政府金融当局は，認可権や行政指導を通じて，秩序ある競争を図ってきた．その結果，銀行や証券会社は，金融当局の指導に沿って経営しさえすれば，一定の利潤と経営の安定が保障されるという状況を享受するに至った．日本の金融機関の信用は，その経営実績にではなく，実質的には国家のお墨付きによって支えられており，したがって国際的なBIS基準に沿う経営を必要としなかったのである．

　この経営環境は，グローバル化と規制緩和によりあえなく崩れた．金融「護送船団」方式が撤廃された結果，1990年代後半には，金融機関や大手企業の，かつては想像しえなかった破綻や倒産が相次いだ．1997年には，まず都市銀行の北海道拓殖銀行が破綻し，これに山一証券の廃業，三洋証券の倒産が続き，さらに年末には，中堅商社の東食が破産した．翌1998年には，政策系金融機関であった日本長期信用銀行と日本債券信用銀行が破綻して一時国有化された．さらに2000年には大手のそごう百貨店までが倒産に追い込まれた（三橋ほか2001，30-32頁）．

　1990年代，「失われた10年」といわれるように低成長が続き，生産拠点の海外移転，産業の空洞化，失業者の増大と雇用情勢の悪化が進み，日本経済は恐慌寸前の状態に置かれた．こうしたなかで進められた規制緩和は，経済エスタブリシュメントを破壊する効果を持った．日本経済の生産性二重構造と高コスト構造を解消するには，このような破壊と再建は不可避であったのであり，これこそが，日本経済の改革の核心をなす課題であったといえよう．しかも，この改革の外在的な前提条件は，東アジアの国際経済環境の変化というかたちで，この時点ですでに整っていた．この点に注目する必要があろう．

(3) アジアの通貨危機と地域経済協力の重要性

　1980年代以降，中国とASEAN諸国は著しい工業化と経済成長を遂げた．なかんずく，13億の人口を持つ中国は，億単位の低賃金労働力と巨大な国内市場条件を持ち具えて世界市場に参入してアジアの経済地図を塗り替え，日本にも大きなインパクトを与えている．北東アジアおよびASEAN諸国を含めた東アジアは，高品質かつ低価格の日用・耐久消費財を日本に対して輸出する能力を有する．いわば，日本の経済変革を補完する東アジアの地域的な国際分業関係は，この時点で出来上がっていたといえよう．グローバル化の日本へのインパクトは，単に米国の「ニューエコノミー」に留まらず，ほぼ時を同じくして，東アジア経済の日本への追い上げというかたちで出現していたことを見落としてはならない．

　高度に工業化を遂げていた日本に加えて，1980年代には東アジアや東南アジアでも製造業が拡大して世界有数の加工輸出基地が形成され，1990年代においても世界の成長センターとして発展を続けた．しかしこの成長は，中国市場を例外として1997年のアジア通貨危機で唐突に停止し，一時，後退を余儀なくされた．金融の急速なグローバル化がもたらしたアジア通貨危機の経験は，逆説的にグローバル化の弊害とその限界を示し，グローバル化と平行して地域経済協力を進めることが重要であることを認識させる教訓ともなっている．

　そもそもアジア通貨危機とは，米国のヘッジファンドが，為替投機で利鞘を稼ぐ狙いから東南アジア諸国のオフショア・金融センターで運用していた短期資金（ホットマネー）を一挙に大量に引き揚げたために発生した，地域的な経済的混乱である．その結果，タイ，インドネシア等のASEAN諸国の外貨保有は枯渇し，為替レートは暴落して，生産や輸出をはじめ経済システムが深刻な打撃を受けた．通貨危機はその後，香港や韓国にも波及し，東アジアの経済成長にブレーキがかかったのである（滝井ほか1998，1-22頁）．この地域に企業進出し，あるいは資金供与をしてきた日本にとっては，折からの不良債権問題に，また新たな困難が加わることを意味した．

　世界経済の視点から見るならば，世界の成長センターである東アジアは，本来ならば，世界の金融資本にとって有用な蓄積基盤でもある．その点では，米国のヘッジファンドは，この資本蓄積基盤を投機的営利活動によって自ら破壊したともいえる．金融市場の「暴力」は，国際経済秩序を混乱に陥れ無秩序化し

たのであって，これはグローバル化の行き過ぎの弊害といえよう．その本質はまた，バーチャル経済としての金融経済が実体経済としての産業経済を侵蝕する，経済のグローバル化の負の側面であるとも理解しうる．実際，米国のホットマネーにとっての世界でのビジネスチャンスは，その後むしろ狭まった．

　日本と関連づけてこの問題を見ると，日本は世界最大の対外債権国でありながら，豊富な金融資産を自国で運用しきれず，巨額の余剰資金や年金，保険金等の資金を米国に移し，信託投資基金に委ねて運用している．これら日本に由来する金融資産が，ヘッジファンドの手を経て，回り回ってアジアの通貨危機発生の遠因となったとの皮肉な見方も可能であろう．アジア通貨危機によってグローバル化の負の側面が明らかとなったために，日本を含め，アジア地域で独自のリージョナルな通貨安定機構や資金運用市場が必要であることが，強く認識された．それと同時に，東アジア地域の共同市場圏，すなわち FTA（自由貿易協定または自由貿易地域）構想の重要性も，新たに自覚されたのである．なお付言するならば，アジア通貨危機で中国が受けた影響はきわめて軽微で，その他の諸国の経済も，数年を経ずして再び成長軌道に戻った．東アジア経済のダイナミックスは依然として磐石である．

　東アジア地域の FTA について一瞥しておこう．2001 年 11 月，中国と ASEAN 10 カ国が 10 年以内の FTA の締結に向けた基本合意に達し，これを契機に，アジアを舞台とする FTA 計画に拍車がかかった．日本は 2002 年 1 月，シンガポールと二国間の FTA を締結，11 月に，中国に続いて ASEAN 10 カ国との間で FTA を 10 年以内に締結するとの基本合意に達した（その後の状況については，第 10 章を参照）．中国は多国間ベースの一括交渉の戦略を優先し，日本はむしろ条件の近い国と二国間交渉を積み重ねている．日本は東アジア諸国に対しては先進国としての対応を迫られ，加えて国内に複雑な農業問題を抱えているので，アジア FTA へは受け身の姿勢がみられる．これに対して中国は，アジアとは同じ発展途上国の立場で地域的協力関係を強めることを期しており，意欲的である．しかしいずれにしても，日中両国が本格的に取り組み，かつ日中の協力が実現するならば，アジア FTA の展望は自ずと開かれるであろう．その実現は，すでに予見しうる未来に属するといえるだろう（Taylor 1996, 20–30 頁）．

　以上，見てきたように，世界経済の均衡ある発展のためにも，地域経済協力はグローバル化と並行して推進される必要がある．世界の輸出加工センターである東アジアは，いずれ，東京，上海，香港，シンガポールを統合した世界の金

融センターを域内に持つに至るであろう．日本，中国，アジア NIEs を含めた東アジア諸国の外貨保有高は，優に1兆ドルを超えており，十分な条件を具えている．また，20億人になんなんとする東アジアの人口からして，この地域の経済成長が今後も続けば，消費の面でも世界的市場となることはまちがいない．かくて，日本の変革と再建は，このような東アジア経済のダイナミックスを活用する戦略によってのみ実現することになろう．

4　日本の変革と日本型資本主義の新しいかたち

(1) 変革のハードル

　政府は，1990年代の長期不況の間に，公共投資を中心とするケインズ主義的な景気対策を11回発動，64兆円の国債を発行して合計127兆円の財政支出を行い景気の回復を期したが，これら公共投資は民需を喚起することはなく，まったく効果を上げなかった[2]．この長期不況は景気循環による不況ではなく，バブル破裂の後遺症である不良債権問題，生産拠点の海外移転，経済グローバル化の影響等が織り成す複合的な不況であるが，より本質的には，経済構造と経済環境の齟齬に起因した，いわゆる構造不況である[3]．また，これが構造不況として認識されず，そのため不適切な対策がとられ，あるいは対策が遅れたことも，不況が長引いた一因であろう（篠原1999, 37-39頁）．その典型的事例が，1997年，橋本内閣時代の財政政策の失敗であった（吉川2000, 31-39頁）．

　この長期停滞の克服に際しての最大の問題は，構造改革の遅滞である．国益を目指す経済政策は，その実施の過程で，派閥，族議員，地方益を代表する諸勢力，利益団体により骨抜きにされてしまう．景気対策を意図した巨額の公共投資は，有効需要の増加に直結せず，地方の土建利益団体にばらまかれて消える．いわゆる「土建国家」の問題である[4]．しかもこれらを克服するためのリーダーシップが欠如してきた．経済の変革は，いずれ政治の変革を伴うものでなければならない[5]．しかしこれらの問題は，より根本には，国民意識の変化にかかっているといえよう．指導者を選ぶ国民に，難局に対する危機感，変革を求める意識が乏しいことが，最大の問題であるようにも思われる．

　戦後，奇蹟的な経済復興と高度成長を遂げて経済大国となった成功経験を持

つ国民は，経済のグローバル化とそのもとでの変革に，大きな戸惑いと不安を覚えている．前述のように，日本の一人当りの GDP は約 3 万 5000 ドルに達する．名目値と生活実感の格差が，上で指摘したように一時期とりわけ顕著であったとはいえ，日本がそれなりに豊かな社会であることは否定しがたい．しかも所得分配は比較的平等で，国民の階層間所得差が比較的小さい状態を保ってきた（南 1984, 327-328 頁）．日本は，国民の 90％が中産階層に属すると感じるいわゆる「一億総中流」の社会を築き上げてきたのである．したがって，不況が続き雇用情勢が厳しいからといって，大きな変革がどこまで必要なのか，またどのように変革すれば現在よりよくなるのか，変革でどのような明るい未来が描かれるのかといった疑問に対する答えは常に不明確であらざるをえず，大多数の国民は，危機意識と変革への緊急性を本当のところ感じてこなかった．変革の遅れの深層には，こうした自足感があったと見るべきである．

(2) 日本資本主義の新しいかたち：低成長で公平にして豊かな社会

　グローバル化のなかにあっても，日本経済の課題は，日本的経済システムを根底から改変するというものではない．そもそも，日本の経済システムの基底にある集団主義原理，共同体原理は日本社会の属性であって，変えられるものではなく，仮に可能であっても変えねばならないというものではない．確かにそれは，経済のグローバル化をリードする米国の個人主義原理とは異なるが，その是非はむしろ価値観の問題であって，経済システムの是非を越えた問題である．そのため，日本の変革はいずれにせよ折衷的方法を取ることにならざるを得まい．

　次に変革の核心がどこに置かれるべきかであるが，前述のようにそれは，工業部門と非工業部門の間の生産性の二重構造の解消と，これと表裏の関係にある高コスト構造の是正にある．そのためには，日本市場を一層外国に開放し，外圧を梃子に，市場メカニズムと競争原理が貫徹するシステムに日本経済を再編することが必要となろう．これには試行錯誤の過程が不可欠である．過去の成功と失敗の経験に照らすならば，日本は十分に変革のための潜在力と人的資源を持っている．

　いずれにせよ，変革の彼方にある日本経済社会の新たな未来像は，国民の価値基準に即して描かれるものでなければならない．そのような観点によりつ

つ，ここでは，私的な構想として，「低成長で公平にして豊かな社会」という未来像を提起してみたい．これが「低成長」を前提とするのは，三つの理由による．一つ目は「成長至上主義」の弊害が今日では大き過ぎることである．その根拠は地球資源と環境負荷の限界性にある．資源問題については，すでに1970年代初頭に，ローマ・クラブが問題提起を行っているが，現在においては，地球環境問題の限界性は一層浮彫りになっている．年々自然資源を消費し，地球環境を破壊して物質的富を増加させる「経済成長」の概念は，原理的にも実際上も永続できるものではない．「成長至上主義」は貧しい社会のものであり，豊かな社会ではこれは再考されねばならない．端的にいえば，既存の経済メカニズムのなかで与えられた価値基準を脇に置くならば，社会が豊かであれば，成長にこだわる必要はないのである．

二つ目は「成長の世界的再分配」の提案である．現在，世界には豊かな先進国と貧しい発展途上国があり，これを南北問題と呼んでいるが，南北間の貧富の格差は，今日も縮小するどころか拡大する傾向にある．豊かな国はますます豊かに，貧しい国はますます貧しくなるのでは，世界の平和は保てず，人類の幸福を語ることはできない．成長の世界的再分配とは，貧しい発展途上国の成長を促進し，豊かな先進国の成長を抑制することを意味する．

三つ目は，1990年代の日本の経験である．長期不況と低成長のなかでも，日本では曲がりなりにも豊かな生活が維持されている．不況と低成長を常態とし，そうしたなかでなおかつ人々が仕事にありつき，かつ公平で豊かであるような，そうした社会を可能にする経済システムの構想の鍵が，日本自身の経験にある．階層間所得格差の小ささや「一億総中流」意識に示されるように，日本は公平な社会に関する成功経験を持つ．「豊かな社会」についても，一人当たり3万5000ドルの所得レベルは先進国でも高い方に属し，また90年代のデフレーションの結果，低成長下で実質購買力はむしろ改善して，生活水準もそれなりに高いレベルを維持している．

このように日本は，戦後の高度成長と，1990年代の低成長下の高い生活水準の双方の体験を持ち，「低成長で公平にして豊かな社会」の構想を実現しうるノウハウと能力を持ち合せている．この構想はまた，地球市民としての道徳的実践を課題としたものでもある．したがって，日本が変革のなかでこの課題に挑戦し，新たな経済モデルを作り上げることができるならば，人類の共生に貢献し，世界諸国に尊敬されるパイオニア国家となりうるであろう[6]．

注

1) 宮沢喜一「不良債権の深刻さ疎く」(『朝日新聞』2003.5.14, 11頁). 宮沢氏はこのインタービューで,「社会全体が不良債権問題の深刻度合いがわかっていなかった」と述懐している.
2) 吉富勝「金融不全で民需起きず」(『朝日新聞』2003.8.23, 8頁). 吉富氏は,事態の深刻さに気づくのが遅れたことが,「失われた10年」の背景にあると指摘している.
3) 村山富市「住専懲りて問題先送り」(『朝日新聞』2003.5.15, 10頁). 村山氏は,バブル後遺症(不良債権問題),公共投資依存の景気対策,政・官・民の旧態依然とした体質等から抜け出していない意味で複合要因としている.
4) 立花隆「"官僚悪者論"は的外れだ」(『朝日新聞』2003.7.14, 5頁). 立花氏は土建屋国家体制,族議員,自民党中心の政治システムを壊さずして,再建はないと力説している.
5) 中曾根康宏「冷戦後政策点検怠った」(『朝日新聞』2003.5.14, 11頁). 中曽根氏は,「冷戦が終わった時,政策の大点検をやり,構造改革なり,転換を考えなければならなかったのにしなかった」と述懐している.
6) なお,このためには,経済学と経済理論の変革が必要となる. 低成長下で完全雇用を達成し,企業が利益を出さずとも存続しえ,またデフレーションが負の影響を及ぼさないような経済システムを実現するためには,経済学の根本的な変革が求められる. これが有志の経済学者に残された課題である.

参考文献

奥村宏 (1993)『法人資本主義の構造』社会思想社
橘川武郎 (1996)『日本の企業集団——財閥との連続と断絶』有斐閣
香西泰 (1982)『高度成長の時代』日本評論社
小林謙一 (1977)「企業内労働市場と賃金構造の変貌——旧型年功制から新型年功制への転換」,氏原正治郎ほか編『講座:現代の賃金 I』社会思想社
小林好弘 (1980)『企業集団の分析』北海道大学図書刊行会
篠原三代平 (1999)『長期不況の謎をさぐる』勁草書房
島田晴雄 (1988)『ヒューマンウエアの経済学——アメリカのなかの日本企業』岩波書店
下谷政弘 (1993)『日本の系列と企業グループ——その歴史と理論』有斐閣
鈴木健 (1998)『メインバンクと企業集団——戦後日本の企業と企業間システム』ミネルヴァ書房
角谷登志雄 (1982)『日本経済と六大企業集団』新評論
滝井光夫・福島光丘編著 (1998)『アジア通貨危機——東アジアの動向と展望』日本貿易振興会 (ジェトロ)
津田真澂 (1987)『日本的経営の人事戦略』同文館
土屋守章 (1987)『日本的経営の神話』日本経済新聞社
中村隆英 (1984)『日本経済——その成長と構造』東京大学出版会
藤田敬三 (1965)『日本産業構造と中小企業』岩波書店
三橋規宏・内田茂男・池田吉紀 (2001)『ゼミナール日本経済入門』日本経済新聞社

南亮進（1984）『日本の経済発展』東洋経済新報社
山田保（1980）『日本的経営の経済学——近代経済学への挑戦』中央経済社
吉川洋（2000）『転換期の日本経済』岩波書店
Robert Taylor（1996），Greater China and Japan: Prospects for an economic partnership in East Asia, Routledge, London and New York.

第4章
ドイツから見た日本型秩序論争

ヲルフガンク・クレナー

（黒澤隆文 訳）

　日本とドイツは，秩序政策体系[1]の転換に遅れをとったと，一般に目されている．この遅れのために，両国は，潜在的な成長力などを十分に発揮できないでいるというのである．本来ならば3％あるいはそれ以上のGDP成長率が可能であったと仮定すると，1992年から2001年の成長率の実績は，これを1ポイントから2ポイント下回ってきた．そのため両国民は，旧来型の秩序政策に基づく解決策への固執のゆえに，この10年間の累計のみでGDPの5分の1に相当する対価を払ってきたとさえいわれているのである．

1　日本とドイツにおける状況

　この問題については，基本的に多様な態度がありうる．しかしドイツでは見解の幅は狭く，多様性はむしろ日本で目立っている．
　第一の見方では，成長率の低下は受忍しがたい厚生の損失と見なされうる．その場合，既存の秩序政策体系に対しては批判的な態度がとられることになる．またその場合には，秩序政策上の障害とともに，マクロ経済政策的な判断ミスや政策対応の誤りが低成長の原因となっているのではないかという点についても，検証の目が向けられるであろう．
　これとは異なった第二の立場としては，成長率の低下を，経済成長の意識的な断念の結果として肯定的に理解する見方がありうる．こうした見方は，次の

二つの場合に成り立つ．第一に，伝統的な秩序政策理念に特別な価値を認める場合である．この場合，旧来型の政策理念が原因で生じた成長率の低下は，こうした秩序政策と，それに伴う社会政策上のさまざまな対応策に伴う機会費用として容認されることになる．また第二に，例えばなけなしの環境資源を追加的に投入しなければならない場合など，物的生産の一層の増大がもはや純粋な厚生の創出には繋がらないといった状況が考えられる．

最後に，既存の秩序政策的な諸概念が，たとえ今日の世界経済の条件のもとで最適とは言えなくとも，長期的には他国のそれに優越すると見なす立場を，仮説として考えることも可能であろう．既存の秩序政策が，例えば，目下盛んに喧伝されているアングロ・アメリカ的な処方箋とは異なって，衝突をそれほど伴わない社会的環境を創り出し，これによって長期においては国民経済的に利益を生む投資が可能になるといった見方である．

ドイツの経済学者のなかでは，最初に挙げた立場，すなわち GNP の低成長は甘受しがたいという見解が支配的である．もちろん，低成長率の要因としては，マクロ経済学的な理由も挙げられてはいる．東西ドイツの再統一の際に定められた東西通貨の1対1の交換比率とともにヨーロッパ通貨同盟の流れのなかで，一国単位での景気対策がほとんど断念されたことが，それにあたる．

しかしこの件に関するほとんどすべての研究が，むしろ秩序政策に焦点を絞っていることは，看過ごされるべきではないだろう．この間，秩序政策上枢要な多くの領域が経済政策を巡る対立の焦点となってきたが，その重点は当然ながら，労働市場ならびに国の指揮統制下にある社会保障分野であった．労働市場においては，実際問題として存在している賃金カルテルが批判の対象となった．賃金カルテルは，労働力の流動性を損ない，協定賃金よりも低い賃金で働く用意のある労働力を労働過程から排除するというのがその主張である．また社会保障は，国民経済的にもはや負担しきれない重荷となっており，個人的な決定の自由を受忍しがたいまでに制約し，また市場メカニズムの作用を損なっているというのである．

その他の，最初に示したようなこれと異なった立場の一部は，ドイツにおいても見出される．しかしそうした立場の背後には，労働組合など，特定の社会集団の利益代表者が控えているのが普通である．いかなる社会的政策が望ましいかという点については，経済学者の立場は部分的には大きく相違する．しかしながら，ドイツの労働市場は自由化されるべきであり，また国による既存の

各種の給付は削減されねばならないという点，また社会福祉的な支出は市場経済的な原理によって制御されねばならないという点については，ドイツの経済学者の立場は基本的に一致しているのである．この合意は，経済的な歪みや，労働意欲を削ぐ制度の問題性が，もはや見逃すことができないほどに深刻化しているという共通認識に基づいているが，しかしそれは同時に，ドイツでは秩序政策的な思想が広く普及してきたという事実にもよっている．とりわけ，経済学の一つの流れであるフライブルク学派は，秩序政策的な視点を分析の中心に置き，これに関する明瞭な方向性を持ってきた．しかしながら，ドイツの秩序政策の実際の状況は，たとえほとんどの経済研究所や主要な経済政策的審議機関による共同提案であったとしても，それが実践に移される保障が何ら存在しないということを示している．

　これとは対照的に，日本の経済学者の間で行われている議論からは，政策として具体化してきた秩序政策的な諸概念を巡る深刻な対立が窺われる．日本経済の成長の可能性を高めるためには，既存の秩序政策を欧米的なものに改革すべきだとの主張がなされているのであるが，既存の制度に対する批判は，ドイツの場合よりもずっと広い範囲に及んでおり，労働市場のみならず，資本市場や土地市場もがそれに含まれる．具体的には，行政指導の枠組での行政と経済の関係や，製造業企業相互間の取引関係の網の目，ドイツのハウスバンクシステムに相当するメインバンク制のもとでの，いわゆる系列システムというかたちでのメーカーと銀行の結合関係，国が進める特定の事業を，財政資金ではなく，国有銀行たる郵便貯金の預金を原資とする財政投融資資金でまかなうという慣行，特有の労使関係，建設業と農業における規制など，批判の対象は多岐にわたるのである．二，三の文献を読むだけで，日本の経済システム全体が御役御免となりかけているかの如き印象を受けるだろう．しかしこうした分析にもかかわらず，よく吟味され，詳細に至るまで検討を加えられた改革の提案は，現在のところむしろ希である．ドイツとは異なり，秩序政策上の誤りが最大の原因であるとは，必ずしもみなされていない．いく人かの論者は，バブルの発生に際して投機の過熱に対して有効に対処するだけの果断さが不足したこと，またその後，経済に対する十分な流動性の供給が遅れたことが原因の一つであるとして，マクロ経済政策にも問題があったと見ている．

　こうした見方とともに，日本社会が価値を置いてきた従来からの秩序政策的な体系や制度をなんとか維持しうるのであれば，成長率のある程度の低下もや

むをえないとの立場も，それほど希ではない．これまでのようにGDPの高い成長率ばかりを重視するのではなくて，今や，質的な改善に，より大きな重点を置くべきだというのである．

　最後に，目下称揚されているアングロ・アメリカモデルが，急速で安定的な経済成長という点で，長期的には決して，より優れた秩序政策体系とはいえない，少なくとも日本においてはそうではない，とする見方も無視しえない．日本のやり方が遅かれ早かれその強みを発揮するのであるから，アングロ・アメリカモデルの丸ごとの受容などは拒否すべきであるというのである．とはいえこうした立場においても，この日本モデルをいくつかの点で修正する余地があることは認められている．

2　日本における秩序政策的な議論

　以下では，二，三の論点に焦点を絞りながら，日本における秩序政策的論争の整理を試みる．日本で議論の対象となっているメカニズム・構造・制度的な要素のうち，ごく限られた領域についてのみ検討を行う．具体的には，国家と経済の間の関係（行政指導），企業グループ内の関係（株の相互持ち合いによるいわゆる系列グループ），金融機関と金融機関の間の関係（日本的な性格のメインバンク制度）を調整する制度やメカニズムなどであり，日本に関する一般的な文献で包括的に扱われている事項を分析対象とする．

　秩序政策的な議論は，戦後最も深刻で長期にわたる経済的な危機を背景に行われている．1990年代後半の一時期までは，それまで常に経済の安定をもたらしてきた経済の「自己回復力」に，なお期待が寄せられていた．しかしこの間に，経済的困難の根はより深いところにあり，尋常ならざる抜本的な対策を講じなければ，経済的停滞とデフレ期待から脱出できないのではないかとの見方が広まってきた．とはいえ，日本経済は「破綻」したとして，零落した日本経済には徹底的な更正手続きを施さねばならないとする，外国ではよくみられる見解は，日本の経済学者にはほとんど共有されていない．過激な表現を好む一部のジャーナリストの発言を除けば，今日の経済問題の原因についての日本での見方は，これよりずっと控えめであり，かつより多様でもある．目下表面化しているあらゆる問題にもかかわらず，欧米的概念の弱点についても人々は承

知しており，他方で日本固有の諸概念も，未だにある種の強みを持つと見なされている．とりわけ，日本の経済・社会の情勢やその仕組についてより楽観的な認識を持つ人々は，むしろ，最良の処方箋と称される政策が不可避的にもたらす副作用を警戒している．

　ほんの十数年前には，日本に関心を持つ外国人が，経済政策や企業経営のモデルとして日本の秩序的諸要素，経営手法，生産コンセプトを自国の政府や企業に薦めていたことからすると，まさしくそうしたモデルが今や外国においてまったく信用を失い，日本の経済的な復活のためには，日本は欧米の，それもとりわけアメリカ合衆国の秩序政策的な諸原則をまるごと採用すべきであるとか，あるいは欧米企業への日本企業の売却を進めるべきであるとか主張されているということは，驚くべきことである．しかしいずれにせよ，日本においても，ある経済システムについての価値判断は，賞賛される場合にも批判される場合にも，その具体的な経済的成果によってなされるのであり，経済システムに体現された秩序政策的な原則それ自体によって評価がなされるということは，きわめて希なのである．

　秩序政策に関する多様な立場は，単純化すると以下の三つの類型に分類できる．

①「保守的」見解．これは，上の叙述で秩序政策の日本的特徴とした諸要素を基本的には維持することを主張する．これらの要素は今後も日本の国際競争力の基盤であり続けるというのが，その根拠である．

②「是々非々的」見解．この見解は，日本の秩序政策的な「特殊性」についての厳格な再検討を要求しつつ，そうした検討を踏まえた上で，「特殊性」を維持するか，あるいは他の解決法によりこれを代替するかを決定すべきであるとする．

③上の二つの見解を有する経済学者たちが前提としているような秩序政策的な「特殊性」は，そもそも日本には一切存在しないとの見方．この立場をとるならば，他の国の秩序政策に日本のそれを収斂させる必要は，そもそも存在しない．

3 「保守的」見解

　伝統的な経済システムの維持に肩入れすることは，昨今では受けが悪い．公然と「保守的」見解をとる経済学者がこのところきわめて少ないのは，そのためである．しかしながら，その影響力は非常に大きいように思われる．多くの「保守的」経済学者が官庁組織一般のみならず改革のための政府の各種の委員会にさえ入り込んでおり，その立場を利用して秩序政策上の転換を遅らせていると主張されている．

　日本の今日の「保守」は1950年代や60年代のそれとは異なる．保守派といっても，戦後直後にみられたような企業と官僚の密接な結びつきを肯定するものはほとんどいない．保守派は，競争促進のために1990年代以来とられてきた政策を容認しており，またその一部の者は，これを支持さえしている．彼らは政府による規制が，少なくともいくつかの領域で容認しがたいほどに過剰であったと考えており，そのため，政府が1980年代以来，非製造業部門においても果たしてきた「規制緩和者」としての役割や機能をも基本的には歓迎している．しかしそれにもかかわらず，国による経済への介入は依然として有益で，しかも「行政指導」による介入は必要でさえあると見なしている．ただしこの行政指導は，間接的に効果を発揮するかたちで，また企業間の競争を妨げないようなかたちで設計されるべきだというのである．

　国による介入を正当化するような洗練された理論的道具立てがこれらの見解にあるのかというと，もちろんたいした論拠は見あたらない．普通は，市場の失敗や，新産業を初期段階で保護育成する必要性なるものが大雑把に引き合いに出される程度である．理論的には，そうした想定は以下のごとく要約できる．個々の動的な経済過程は，市場の失敗と結びついており，このため国の介入が必要となる．この介入が失敗に終わることも確かにあるだろう．しかし保守派は，だからといってあらゆる行政的な介入が拒絶されるべきとは考えない．彼らはこの点で，いわゆる自由化論者と異なり，また同時に，市場の失敗の個別例をもってして市場機能を廃止することも適切でないと考える．

　ここで取り上げるその他の日本の「特殊性」についても，「保守的」経済学者は，秩序政策的な次元においては，一般に，大きな改革の必要性を認めない．確かに，金融機関やメーカーは資産の流動性を高めて取引ネットワークを新たに

構築するために，従来所有してきた系列企業の株を売却しつつある．これによって，日本で支配的だとされてきた企業系列や企業とメインバンクの関係は次第に重要性を喪失している．しかしながら，「特殊」日本的な諸制度は，基本的に将来においても企業活動に適合的であり続けるのであって，日本の競争力の向上に貢献し続けると考えられているのである．

これらの論者が，日本の経済システムの根幹についてかくも強い自信を持つこと，他方で他の経済学者たちの日本の経済システムに対する疑問の念が，目下の経済的困難に規定されていることを考慮すると，これらの「保守派」が，この経済的停滞現象をどのように解釈するのかが問われよう．これらの保守派もまた，日本が直面する困難の一因を「過剰規制」に求めている．しかしこれらの人々は，より重大な要因として他の二つの点を挙げている．

それは第一には，なんといってもマクロ経済政策の誤りである．日本銀行が1980年代末に過剰流動性の発生を許し，この過剰流動性によって，土地と株に対する大規模な投機を発生させたことが批判されるのである．これにより株は300％近くも騰貴し，東京の土地価格は，純然たる計算上はアメリカ合衆国全土の地価に等しいという水準に達した．投機は，とりわけ，建設会社が通常の業務の範囲を越えて土地売買に手を出すに至って加熱し始めた．投機への陶酔のなかでメーカーさえもがこうした投機に手を出した．本来の業務よりも，はるかに容易に多額の利益を上げることができたからである．ついには金融機関もこれに加わったが，それはとりわけ，一連の規制緩和の結果，資本市場での直接の資金調達手段を企業が入手し，銀行の貸付業務が次第に困難になったからであった．株や土地の高騰にもかかわらず，通貨政策の参考指標である物価指数がかなり安定していたために，日銀は長い間こうした状況を放置した．最後の段階になって日銀はようやく腰を上げ，経済取引に大胆に介入し，短期間のうちに公定歩合を数％引き上げた．しかしこれによって阻止されたのは投機のそれ以上の過熱のみではなかった．通常の企業活動も困難となったのである．まずは投機に加わっていた企業が困難に陥り損失を出したが，後には，好況が続くことを見込んで生産能力を拡大していたその他の企業も窮地に陥った．その後，経済の安定化のために一連の金融政策と財政政策とが講じられたが，これらは効果がないか，あったとしてもごく限定的であり，時にはむしろ安定性を損なう方向にさえ作用した．

注目に値するのは，経済政策が当時犯した二つ目の深刻な失敗に対する「保

守派」の見方である．企業が，新しい製品や技術を開発するのではなしに，投機業務に手を出したこと，それも，アメリカ合衆国において情報技術の開発・応用・普及が進み，次の10年の高い経済成長の基礎が築かれていたまさしくその時に投機に手を染めたことが，厳しく批判されるのである．すなわち，日本企業の誤った行動は市場の失敗の事例と見なされるのである．しかしながら日本の「保守派」に特徴的なのは，最終的には政府の失敗に責任を求めるところであろう．というのも，アメリカ企業の情報技術への傾斜も，国の介入に帰することができるからである．とりわけ，政府が財政資金でインターネットを開発し，さらに当初は軍事目的であったものを民間利用に公開したことが重視される．このようにアメリカ合衆国の技術革命は，「見えざる手」の作用の結果としてではなく，それどころか，きわめて具体的な政府の介入の帰結であると見なされるのである．それに対し日本政府は，日本の将来について誤った見方をしており，これに相当するような主導権を発揮しなかったという．

「保守派」の上記の見方に立つならば，政府は二つの点で失敗を犯したといえる．まず政府は，株式市場での投機を抑え込む措置をとらなかった．さらに政府は，新しい技術分野の開拓が重要な時期に，将来の方向性を示して技術開発を主導するという役割を怠った．この二つ目の非難は，きわめて微妙な主題に関わっている．

というのも，日本の官僚は1980年代初め以来，経済への介入に対する世論からの批判にさらされてきたからである．発展した先進工業国に追いつくことが最重要課題であった二次大戦直後の時期に，こうした介入が意味を持ったことについては，たいていは認められてきた．しかしその後，日本の経済が高度に発展するにつれ，経済的な革新の促進や支援に関する官僚の能力は，次第に疑問視されるようになっていった．そのため経済官僚は，1980年代半ば以降，経済過程への介入に尻込みするようになっていた．とりわけ，マスコミで事細かに報道される際限のないスキャンダルのために，経済官僚の機能は時にまったく機能麻痺に陥ってしまった．しかも頻繁な政権交代のために，政治的連続性も欠如していたのである．こうした背景があるために，「保守派」は批判者たちの主張するところとは異なり，政府および官僚が，高度に多様化した経済のもとでも一国の経済力の引き上げという重要な役割を担っていることの証拠として，アメリカ政府に誘発された技術的な飛躍を引き合いに出すのである．こうした文脈で，保守派は，日本の国家的決定の担い手が情報技術に関して一国の

水準の引き上げという役割を怠り，したがって政府の失敗という批判を甘受しなければならいと結論する．

こうした推論を，いくつかの事実に照らして検討してみよう．というのも，その時代，まったくこれに相当するような政府プロジェクト，例えば，通商産業省による「第五世代コンピュータ・プロジェクト」があり，これにより，NEC，東芝，日立，富士通の共同研究がなされていたからである．これは，当時ヨーロッパの経財政策担当者にさえも警戒感を呼び覚まし，研究プロジェクトEUREKA [2] の発足のきっかけとなった事業であった．もちろん，通産省のプロジェクトはアメリカ合衆国での企画とは異なってほとんど成功しなかった．その限りでは，日本の官僚がこの時代，技術的指導力を適切なかたちで発揮することに失敗したという指摘は，まったくの誤りとはいえないのである．

4 「是々非々」の見解

日本の「特殊性」の今日あるいは将来における意義についての上述の分析と評価のうち，「是々非々」的立場に分類される見解は，きわめて多様である．そのうちいくつかは「保守派」にきわめて近いが，それほど教条的ではない．というのも，実地に検証して有効性が確認される限りにおいて，日本の「特殊性」は維持されるべきというのがその主張だからである．また他方の極では，現時点ですでに改革しなければならないことが山積していると判断し，アングロ・アメリカ的諸概念への適応を説く．

見解の幅の広さは，例えば行政指導についての見方によく表れている．ある者は，行政指導の維持どころか強化さえも主張する．とりわけ，リスクと先行投資額が特に大きな先端技術の導入に際してそうした主張がなされる．多様な見解の反対の極には行政指導に対するきわめて批判的な見方がある．なかには，先進国へのかつてのキャッチアップの過程，すなわち政策構想の立案が容易であったとされる時代においても，産業政策は失敗続きであったとの主張さえみられるのである．通産省が日本のモータリゼーションを単一の国策自動車メーカーの創出で導こうとして失敗した事実はよく引用されるし，あるいは，後にSONYの名のもとで技術的最先端企業へと発展した会社に対して当局が技術輸入の許可を渋った件なども，その事例といえよう．そればかりでなく官

僚たちは，表向きの政策目的やそれについて信じられていることとは裏腹に，新しい産業や技術の振興を図るよりも，むしろもっぱら衰退産業部門において，発展にほとんど寄与することのない保護政策に従事してきたという．そもそも，技術革新は一般に政府の支援を必要としないのであって，多くの新しい分野が，政府による支援を得ることなく顕著な発展を遂げたのであると主張される．

こうした批判にもかかわらず，これら「是々非々」論は，将来のために「正しい」決定を下す官僚の能力を，丸ごと否定するところまでには至らない．確かに，先行投資の大きさ，学習効果，外部費用や外部経済の存在などから，産業政策的な介入を直接に正当化することには問題がある．しかしながら，入念に構想された目的，合理的な政府による介入，それも費用対効果の点で問題のないものについては，なお意義があると考えられているのである．

企業系列や「メインバンク」については，一部において非常に洗練された理論的な論文がある．その主たる主張は，単純化すれば，以下のように要約される．ここで問題となっている日本の「特殊性」とは，経済的な機能や課題のために生み出された，制度的変数のある特定の編成にほかならない．編成とはこの場合，例えば，企業間の関係や一般企業と金融機関の関係の形態を指す．日本特有の編成とともに，他国で適用可能な各種の概念もある．これら各国に固有の解のすべては，まったく合理的かつ有効なものでありうる．その限りでは，その時々の当該国の環境条件，例えば法制度，社会的慣習，文化的条件などに合致するかたちで，制度的諸変数の間で，均衡状態が作られることが重要となる．ある国でみられる均衡状態は，原理的には，他国のそれより優れたものでも劣ったものでもありえない．したがって，日本の既存の制度もまた，日本が置かれた環境条件のもとでは「最善の」解決策であり，他方アングロ・アメリカ的概念は，アングロ・アメリカ的世界においては「最善の」解決策であるということがありうる．これらの相対的最適条件のどちらも，それ自体として「優れて」いたり「劣って」いたりするものではない．しかしながらもしも，一国が置かれた環境条件が変化するならば，既存の制度は最善のものといえなくなり，新しい均衡状態が必要となるだろう．例えば，日本経済にとって死活的重要性を持つ環境条件がアメリカ合衆国のそれに近づくならば，日本の「特殊性」は時代遅れのものとなり，アングロ・アメリカ的な制度への適応が必要であるということになる．

価値判断から可能な限り距離を置いて目標と手段の関係を明らかにし，またこれらの関係と，それが置かれれた環境条件との連関を示そうとする点で，「是々非々」的立場は「保守派」の見解と区別される．「保守派」は，明示的にであれ暗黙のうちにであれ，日本において実現したモデルが欧米のそれに優越することを前提としている．例えば「保守派」は，新古典派的な想定とは異質の，系列グループやメインバンクシステムの枠組みでの長期の時間軸に基づく取引関係が，関係者間の信頼関係を醸成し，その真剣な肩入れを促進すると想定している．それにより経費と労力のかかる監視活動が不要となる．日本はしたがって，その卓越した競争力を守り，あるいはこれを再び獲得しようと望むならば，将来にわたってこうした制度に立脚してゆくべきであると主張される．とはいえ，「是々非々的」立場に分類される経済学者であってもその一部は，分析に持ち込むことはないにせよ，心の奥底では「保守派」の発想に類似した価値判断を有しているように見受けられる．
　この「是々非々」的立場に分類される分析の多くは，以下の問題について検討を行っている．
①日本において，既存の制度的な均衡状態を支えてきた環境条件が変化し，欧米諸国，とりわけアメリカ合衆国にみられるような環境条件に近づいてきたという事実が存在するか否か．
②新しい制度的な均衡が必要になってきているのだろうか．またそれは，アメリカ合衆国と同様のものになるのか，あるいは，日本と欧米の条件が特定のかたちで混在するような状況に合わせた，まったく新しい組み合わせとなるのであろうか．
③既存の制度から新しい均衡状態への移行は，この転換過程に生じる費用を最小限にするために，いかなるかたちをとるべきか．
　ここでは，日本で支配的とされているメインバンクシステムの事例を例に，これらの論考の内容を検討してみよう．企業とメインバンクの特有の長期的関係は，とりわけ二次大戦後に支配的となった環境条件のもとで形成された．それは具体的には，未成熟な市場，法的規制によって銀行業の業務分野に仕切りが設けられていたこと，直接金融の手段が抑圧されたこと，与信業務に際してリスクが見通しやすかったこと（二次大戦後まもない時期には，最先端領域に乗り出す日本企業は限られていたため）などである．最大の貸手として「うちの系列企業」に対する責任を感じている銀行は，不動産担保をあてにしつつこれらの

企業に資本参加してその経営を監視し，もし何か問題が生じた場合にはその業務にも口を出した．上に挙げた環境下では，こうしたメインバンクシステムは最適の制度であったという．

　しかしながら，「是々非々」的見解によれば，ここ10年の間に環境条件は変化してしまった．金融部門での改革によって企業は直接金融の手段を手に入れ，その結果，銀行貸付一般や，これら企業のメインバンクとの良好な取引関係への依存度は従来よりも低下した．銀行業務の業際規制や長短分離規制も緩められ，銀行は次第に相互に競争するようになったのである．それゆえ企業にとっては，取引銀行の選択の余地が拡がった．また何よりも，企業活動が最先端技術領域に及ぶに至って，投資リスクが高まり，銀行の与信業務もこれに応じて以前よりも大きなリスクを背負い込むようになった．しかし，企業と銀行の関係や銀行の経営姿勢においてはこうした変化が考慮されることはなく，メインバンクは出資先企業に対する最大の貸し手であり続けた．相も変わらず担保主義に固執し，格付機関などの助言を得ることもなく，永年の取引関係に基づく顧客情報をあてにし続けたのである．互いに競合するに至った各銀行は，状況適応においてこのように誤ったために，企業の資金調達手段が多様化すると顧客獲得が次第に困難となった．こうした銀行は，しばしば担保価値をあてにして慎重な審査を経ることなく貸付を行った．これら銀行の顧客の多くが，こうして得た資金を株や土地の投機的な買い付けに投じたのはいうまでもない．こうして発生した投機ブームとそれに伴うさまざまな問題に直面して初めて，新しい制度が必要であることが認知されたのである．

　次なる論点は，銀行と企業の関係を規定する環境条件が具体的にどのように変わったのか，またそれは，グローバル化の結果ますますアングロ・アメリカ的なシステムに近づいてゆくのか，そもそも日本はアメリカ的な金融システムを模範とすべきなのだろうか，という問題である．こうした問いに対する見解はきわめて多様であり，一部の点では互いにまったく正反対の見方がなされているが，ここではこの問題には立ち入らない．しかしいずれにせよ，アングロ・アメリカ世界で形成された環境条件やそれに即した諸制度は，この場合，必ずしも自明のモデルとは見なされていないことに，留意する必要がある．むしろ逆に，アメリカ合衆国においても新しい状況への適応の必要があり，また実際にその過程がみられるといった認識がある．確かに，アンダーライター［引受証券会社］，ベンチャー・キャピタル，格付機関，ファンドマネージャーな

どのアメリカの専門化した金融機関や，事前モニタリング，中間モニタリング，事後モニタリングなど，そこで用いられる手法への関心は高い．しかし同時に，日本の普通の金融機関への近似化の傾向を，アメリカ合衆国に見出すこともできるのである．アメリカのベンチャー・キャピタルは，日本の長期信用銀行と類似したかたちの統合的なモニタリングを行っているし，またアメリカ企業に対する機関投資家の影響は，時として日本のメインバンクと企業の関係とほとんど同一である．

5 「日本の特殊性」否定論

「保守的」見解や，「是々非々的」見解とほとんど対話不能であるほどに対立しているのは，日本の経済システムには，他の市場経済システムから外れた特性は原理的には何ら存在しないとする立場である．それによると，日本の「特殊性」なるものは，マルクス主義思想の願望の産物に過ぎない．マルクス主義的な考えに傾いた経済学者やその他の社会科学者は，日本に他の資本主義国で支配的なメカニズムをみようとはせず，そのためにこれを，「特殊性」の語で飾りたがるというのである．

確かに日本の大学の経済学部においては，マルクス主義は欧米諸国の経済学部とは比較にならないほどの影響力を持っている．しかしながら，日本の経済に「特殊性」を認める人々のすべてを，マルクス主義に影響されているとするのは，必ずしも正当とはいえないように思われる．「特殊性」を認める経済学者の多くが，近代経済学の学派に属することは疑いない．しかしそれにもかかわらず，同意するか否かは別として，日本の「特殊性」を否定する主張の論理を辿ることは，それほど難しくはない．

彼らは，今日に至る発展過程に関する実証的研究に基づいて，日本の企業家は常に市場メカニズムの利点を熟知していたと論ずる．それによると，正常に機能する市場においては，市場メカニズムは経済全体にとって望ましい結果を生むが，規制が著しい分野ではしかし，そうした効果はわずかである．二次大戦直後の，市場がまだ十分に発達していない時期には，国による限定的な介入がそれほどの害をもたらさなかったということもありうるだろう．しかし少数の分野でうまくいったからといって，国による介入が国民経済的な資源配分を

歪めて経済的厚生を損なったことは，見逃されてはならない．こうした損失は，往々にして目にとまりにくいのである．したがって，あらゆる分野で有効に機能する市場を徹底して構築することが重要である．ここ数年とられてきた規制緩和措置によって，日本はすでに正しい方向に向かっているのであり，この道をさらに進まねばならない．

　しかしこれらの論者は，何が何でも改革のスピードを上げろと要求しているわけでは，必ずしもない．というのも，秩序政策的な制度改革と経済安定化の両立は，経済的にはかなり困難であるからである．ある特定の，基本的には望ましいはずの規制緩和政策が，期待されたプラスの効果をもたらすよりも早く，いくつかの企業グループや産業部門，あるいは地域などでの需要の著しい後退をもたらし，これによって経済が一層不安定化するという危険も考えられるのである．

　政策対応に関するこうした柔軟な判断とは対照的に，他の経済学者が「特殊性」と表現するものに対する評価においては，これらの論者はまことに非妥協的である．「特殊性」否定論者によれば，戦後直後の10年の間でさえ，行政指導が経済的に有意義な行動指針を企業に与えたことなど，ただの一度もなかった．明確で経済学的に入念に検討された目標が案出されることも，またこれに基づいて資源配分のための政策手段が講じられることも，希であった．そうでなくとも，本来の政策目的は，実際の政治のなかではうやむやにされてしまった．というのも，政策の実施段階では，当初の構想とはまったく異なった視点があっという間に忍び込み，当初の想定よりもはるかに多くの企業・分野・地域が政策的な助成措置から利益を得ることになったのである．日本においても国による介入は他国のそれと異なるところはなく，たいていは，政治的・経済的・人的影響力という点で最大の勢力に対して，あるいはまた要求貫徹のための影響力の行使に最も長けた集団に対して，助成措置が講じられるのである．日本の官僚が，他国の官僚とは対照的に，経済的に有益な協力関係を経済界との間で構築することに成功したとの見方は，したがって神話というべきであって，国家の至高性に対するマルクス主義的な信仰によって育まれたものに過ぎない．

　系列や「メインバンクシステム」が同様にフィクションとして片づけられることも，驚くに値しない．企業が例外なく資金調達先を多様化しようとしていること，「メインバンク」と見なすある特定の銀行と常に優先的に取引するよう

な慣行がないことは，多くの経験的な事例によって示されている．対する銀行もまた，ある企業が数年来あるいは数十年来の顧客であったとしても，そうした企業と特別な結びつきを持つとは感じていない．そうした結びつきが業務上の利益と矛盾する場合には，なおさらである．近年，多くの銀行が大口顧客への貸付の打ち切りに及び腰であったことは，まったく反証にならない．またかなり以前から，多くの中小企業が，十年来の取引関係にもかかわらず貸し渋りにあっている．これと対照的に大企業への貸付が続けられているのは，単に，こうした会社の倒産が銀行をも巻き添えにしかねないからである．企業間の株の持ち合いは確かに希な現象ではないが，これは通常は低い水準に留まっている．こうした株の持ち合いが，グループの「外」の企業との取引を妨げていないという事実の方が，ずっと重要である．これら企業が，単に価格のみならず，将来にわたる協力の可能性，柔軟性，信頼性その他をも判断基準としていることも，当然ながら考慮されねばならない．

　以上のように主張するこれらの経済学者が，日本の経済システムの現状をどのように捉えているかを見るならば，これらの論者のその他の主張も理解しやすい．日本の経済的な発展が，もしも行政指導等から言及に値するほどの影響を受けていないのならば，官僚による介入は，今日日本が抱える問題の原因でもありえない．「保守的」見解とはちがって，これを政府の失敗に帰することはできないのである．そもそも系列や「メインバンク」関係なるものが存在しないのならば，「是々非々」論の一部による主張は成り立たず，それらのために経済状態が悪化したなどということは，ありえるはずもない．したがって日本の目下の困難の原因は，秩序政策的な「特殊性」とされるものには求められない．「特殊性」否定論者はむしろ第一に，過去20年間のマクロ経済政策の誤りにこれを帰している．この点で，この見方は「保守派」の見解と非常に近いところにある．

6　結　　論

　最後に，改革政策にどれだけの実行可能性があるかについて考察しておきたい．最適解に関心を持つ経済学者が公けに発表する理論的諸概念が，経済システムの変更の契機となることは希である．変化はむしろ，政治的な決定の帰結

であるのが普通であり，これは，さまざまな政治的・経済的利益団体の影響のもとにある．

　ここ数十年来，日本ではシステムの改革を目指す勢力が活動してきた．この勢力は，近年，年を経るごとに大きくなる問題を前にして勢いを増している．しかし，既存のシステムの少なくとも一部特定の要素の維持を求めるグループが，これに対峙している．これら改革反対派の人々は，過去に有効であることが証明されたものは将来においても誤謬ではありえず，変化によって自らの利益が損なわれるとの確信を持っている．当然ながら，現存のあらゆる体制に内在する抵抗力がこれに加わる．その限りでは，改革者を決然たる行動に駆り立て，同時にその勢いを削ぐような，非常に複雑な力関係がある．

　経済学者の助言は，秩序政策のごくわずかな変更しかもたらさないかもしれない．しかしそれにもかかわらず，これがまったく無意味ということはないのであって，少なくとも長期的にはそうであろうし，経済学者はもちろんそうした期待を持っている．もしそうであるならば，経済学者の秩序政策に関する提言の政治的影響力は，経済学者間でどれだけ一致がみられるかに依存すると見るのが妥当であろう．しかし上で見たように日本では，経済学者間の意見の一致は，どう見ても限られている．しかしそれでも，いくつかの点で共通認識はある．

　少なくとも，製造業のみならずその他の部門・分野にも国内的・国際的な競争を持ち込むことを目的とした規制の緩和に関しては，基本的には合意がある．しかしながら，「保守派」の経済学者が伝統的なシステムのいくつかの特質に愛着を持っており，またより多くの経済学者が，漸進的な改革をはっきりと選好しているために，いくつかの分野での統制的な規制は，比較的長い間，かなり濃密に残ると考えられる．そうした部門に含まれるのは，今日の視点では，農林業，建設業，それにとりわけ，いわゆる財政投融資関連の諸機関の部門であろう．この最後のものは，「第二の予算」とも呼ばれ，公衆の目にさらされにくいという特権を持っている．

　行政指導の枠組みでの諸政策を断固として拒絶するのは少数勢力に過ぎない．「保守派」経済学者は，国が将来においてもまた，とりわけ新技術の開発にふさわしい環境条件を創出すること，またいくつかの場合には，個々の経済過程にも大規模に介入することに，価値を見出している．その他のたいていの経済学者も，少なくとも指標の提示の範囲での国による介入については，これを

支持あるいは容認している．経済的自由主義の代表と見なされるアメリカ合衆国においてさえ，国による介入が普通のことであり，将来においてもこれは変わりそうにないという事実が引き合いに出される．例えばアメリカ合衆国では，2001年に，新エネルギー源に関する助成計画が公表されている[3]．

こうした状況下では，日本では，かつてよりは直接的介入が少なくなるにしても，国による先端部門育成政策が今後も続けられることが予想される．数年前，情報技術，バイオテクノロジー，航空宇宙産業の振興に関する審議会の設置が報道されたのも，こうした秩序政策的な路線に沿ったものである[4]．日本の企業は，したがって今後も国による介入を覚悟しなければならないが，逆にいえば，将来においても，政治や官僚の重要な決定に，自らに有利なように影響力を行使する可能性が残るのである．こうした機会が，過去においては外国企業にさえ利用されてきたという十分な事例がある．例えばアメリカ企業の圧力で，通産省は，日本の自動車メーカーによるアメリカ合衆国への乗用車輸出に上限を設定し，またこれらに対し，アメリカ合衆国からの製品購入に便宜を図るように要請したのである．今日では，アメリカ合衆国の金融機関は，日本市場への参入に際して日本政府の後押しを求めているようである．

「系列関係」あるいは「メインバンク」の枠組みでの企業と金融機関の関係を，どのように評価し，またその性格をどのようなものと規定するかという問題は，認識の不一致を確認して終わるほかないような種類の論争である．むしろ，この違いを相対化し，経済主体間の関係が新古典派モデルのみで説明しつくされるような経済は，世界のどこにも存在しないということを想起するのがよいのかもしれない．ほとんどあらゆる経済において，経済主体の間には，参加者すべてが利益を得るような，長期間かけて生成する関係がある．例えば，系列に類似した企業集団があるなどとは誰も言わないであろうアメリカ合衆国においても，通常企業の吸収合併は，それまで維持してきた長期的な企業間関係を切断し，よりよいサプライヤーや顧客との間で新たに経済的ネットワークを構築することでなされるのである．

その限りでは，日本をまったく「普通の」経済として見る見方と，日本経済を多々の「特殊性」に刻印されたものと見る見方が併存していることも，ごくあたりまえのことを示唆する現象として理解すべきである．日本の企業であれ，世界のどこの企業であれ，第一には市場のルールのもとに置かれるわけだが，しかしそれとともに，ある特定の法的環境条件や，文化的・歴史的背景，それ

にその他の，新古典派モデルが立ち入らないような諸条件のもとにも置かれるのである．

　上述のようにドイツでは，大学や各種研究機関，政府の委員会等に籍を置く経済学者は，秩序政策に関してはとりわけ労働市場と社会国家的な規制の問題に焦点を当てており，ほとんど例外なく，これらの分野での早急な改革を求めている．これとは対照的に，秩序政策に関する意見は，日本の経済学者においてはずっと分散している．これらの論者は往々にして，可能な解決策の利点と欠点を併記する以上の主張を行っていない．秩序政策上の選択肢は今なお議論の対象であって，現状に対する評価においてさえも大きく意見が分かれるのである．秩序政策の共通の方向性というようなものは，したがって明確ではない．「保守派」は，秩序政策の個別の要素を批判したとしても，改革には慎重である．「是々非々」的見解はおそらく，決然たる改革の実行部隊が頼りにするには「あまりに学問的」である．最後に，秩序政策的な信念の点で，改革の断固たる推進力として本来最も期待できたはずの人々に関しては，これらの論者が日本経済を「まったく普通の経済」と認識し，危機の要因をもっぱらマクロ経済政策の誤りに求めているために，やはり改革を推し進める勢力とは評価しえない．こうした背景のために，個別領域における合意にもかかわらず，日本の経済学者には経済改革に向けた強い主導性は期待できそうにない．とはいえ，仮に日本の経済学者の間でより広い合意が得られたならば，秩序政策的な改革が前に進むだろうかと問うたならば，同じ問題に関するドイツの経験からすると，これについても疑問符が付くだろう．というのも，ドイツの経済学者が総じて同じ立場をとっているにもかかわらず，ドイツでは今日に至るまで，これが政治を動かして断固とした秩序政策的な改革を進めるような事態は起こっていないからである．

訳注

[1] ドイツの「社会的市場経済」に関連して多用される「秩序」概念の含意については，序論 iv 頁以下の解説を参照．

[2] 先端技術の遅れを取り戻すため，EU（欧州連合）が中心になって推進しているハイテク技術者育成プロジェクトの名称．1985 年にフランスが提唱，欧州共同体（当時）9 カ国の合意のもとに開始された．2003 年時点においてもなお数百のプロジェクトが進行中である（http://www.eureka.be を参照）．

[3] 2001 年 5 月，アメリカ合衆国のブッシュ政権は，「国家エネルギー政策」(National En-

ergy Policy, NEP）を発表した．これは将来のエネルギー需要の逼迫予測をもとに，エネルギー安全保障政策の強化や原子力発電の新規建設とともに，各種の新規代替エネルギーの開発促進を掲げている．http://www.energy.gov/engine/content.do

［4］2001年1月の省庁再編の結果，旧通商産業省の「産業構造審議会」は経済産業省に引き継がれた．その際，部会組織が再編されたが，これに伴い，「航空機宇宙産業分科会」「情報経済分科会」「化学バイオ部会」等の部会が新規に設置された．
http://www.meti.go.jp/report/committee/data/g_commi01.html

第 2 部

転換期に直面する企業システム

はじめに

　第2部は第5章,第6章の2章から成る.ここでは技術革新や市場環境変動に日独企業がどのように対応し,どのように変容し,その結果どのような問題が新たに生じるに至ったかが,共通の主題である.第5章は日本企業,第6章はドイツ(ヨーロッパ)企業にそれぞれ対象が限定されており,両者の比較検討が行われているわけではない.しかし,彼我の企業システムの相似性と相違性とが自ずから浮かび上がり,ひいては日独双方の共通の産業構造選択もまた確認される結果となった.

　まず第5章で竹内は,泡沫景気の破裂後の日本の企業集団の求心力低下に着目し,その主因を高度経済成長期の「戦後型企業集団」に伏在する構造的脆弱性,すなわち,一次産業関連部門の脆弱性,二次産業部門の不均等発展,企業集団内の監視機能の不全,経営者機能の劣化に求める.これは現在の企業集団再編過程にも影を落とし,高度経済成長期の代表的企業が既存企業集団から離脱し自前の組織拡大を進めているが,これが概して自己決定権を持たない直系の系列機関を増やすに留まり,組織肥大化が相応の人材育成を伴わない弊を彼は指摘する.結果として後発国型の経営組織や企業間関係と異なるところがないと,彼は喝破している.

　このような現状を的確に把握しえない「日本型新古典派エコノミスト」に対する竹内の辛辣な批判は,第5章を貫く,かつて日本資本主義論争で日本社会を刻印する封建遺制の廃絶を当面の課題とした講座派を思わせるほどの,悲憤的論調の反響でもあろう.また,企業システム再編の基盤となるべき産業構造の変容の米国型方向性に疑問を呈し,「製造業部門への依存度をそれほど落とさない高度化社会」に向かう彼の展望は,「ものづくり」の経済の高度化を目指すものである.彼の現状批判の基準が,製造業を基盤とする生産力の均等発展の方向性に置かれていることが窺われる.これは第10章の今久保の論調と共鳴するものである.

　これを受けて第6章でハックスは,まず,過去10年間のドイツ企業構造の変化の諸相を概観する.また,化学工業等の事例に即して,国境を越える企業合

併・買収の実態に検討を加え，新設企業による構造革新への寄与，企業活動の工業・商業から対製造業サービス業への重心移動，革新的新設企業の資金調達を可能にする「新市場」の果たした役割に着目する．また，シェアホルダー志向を強める企業の内部構造変化を，ドイツの弱点であった資本市場の発展を促すものとして肯定的に評価する一方で，ステイクホルダーへの長期的義務を軽視する危険にも注意を促す．さらに，1990年以来の金融市場改革が企業の資金調達可能性を広げ，2000年の税制改革が企業の負担軽減をもたらしたと評価する一方で，敵対的買収を妨げるドイツの法改正や，連邦政府が1998年以降労働市場の規制を弛めるどころか強めてさえいることを，市場志向の企業の構造改革を妨げるものとして批判する．

　ハックスは市場志向の企業改革や規制撤廃を重視し，政策介入の強化を批判する限りで新古典派と立場を同じくするが，彼はむしろオルド学派の伝統を踏まえた秩序政策重視の立場を全面に打ち出したと解釈できる．他方で，長期戦略志向，ステイクホルダー志向の軽視に警鐘を鳴らすのは，社会的市場経済の「社会的」との親和性を窺わせるものであり，彼ならではの均衡のとれた複眼的観点は相変わらず健在である．留保つきながら現下のドイツ企業構造の改革に対して肯定的である点は，悲観論に終始した竹内の論調と対照的であるばかりか，同じく社会的市場経済論の立場から「社会的」の重視をやや一面的に批判するボルと較べて，一種の余裕さえ感じさせるものである．それは，ドイツの現実の企業動態に直接触れることからくる自信によるものであろう．

　総じて第2部から読み取れることは，革新志向の企業の自己変革の場としての二次産業部門を中軸にした産業構造の堅持こそ，日独それぞれの競争優位の確保にとり戦略的重要性を持つとの認識で，竹内もハックスも一致していることである．もっともハックスはこの点で竹内ほど明確でないが，それはむしろ彼が二次産業の優位を自明の前提としていることを窺わせるものである．それどころか，これは日独双方の執筆者全員に共通する認識であると言ってよかろう．問題は二次産業のモノカルチャー的存続への固執でなく，とりわけ三次産業との相互補完的均等発展をどのようにして図るかにあり，よってペティ・クラーク的展開方向（「農業よりも工業，工業よりも商業」）を目指す単純な二項対立的政策選択は，日独双方から考慮の外に置かれているのである．

第5章
日本の企業集団に見る連続と断絶

竹内　常善

1　はじめに

　本章では，かつて「企業集団」や「ビジネス・グループ」あるいは「財閥」ないし「旧財閥」とも呼ばれていた日本の代表的な企業における，企業間関係について検討する．その存在は，「財閥」が日本の工業化の中核的な推進力であると世間的に見なされていた第二次世界大戦以前だけでなく，大戦後の経済成長の時代においても多くの注目を集め，その研究も幾多の研究者によって精力的に行われてきた[1]．さしあたり，ここではそれらを指して「企業集団」と呼ぶことにする．三井，三菱，住友の「三大企業集団」，あるいはそれに安田（芙蓉グループ）を加えた「四大企業集団」は，それに続くと見なされてきたいくつかのグループともども，我国の代表的諸企業を網羅してきたし，経済と経営の領域におけるエリート集団としての評価を逞しくしてきた．
　だが，近年になって，それらに関して言及される頻度は急激に低下している．大方のマスコミや経済ジャーナルの世界で，企業間関係への関心が薄れている訳ではない．企業の大型合併や，統合に伴う大規模なリストラが扱われる頻度はむしろ多くなっている．ただ，そうした趨勢が，これまでの企業集団分析の枠組みとは違った視点で扱われるようになっている．本稿では，このような転換がどのような経緯と事情によって齎されたのか，またそこでどのような新しい可能性が胚胎されようとしているのかについて，いささかの問題提議を試み

るに過ぎない．

　ここで利用する資料はきわめて限られたものである．主に使用するのは『週刊東洋経済』の臨時増刊号として出された『日本の企業グループ』と『海外進出企業総覧』の2003年版である．ただ，集計の一部に多少の疑問もあることから，『日経ビジネス』の掲載データを，大筋の確認のために利用した．いずれも特に目新しいものではない．また，とりわけ斬新で精妙な分析手法を駆使したものでもない．せいぜい四則計算で足りる範囲の作業でしかない．それでも，状況の推移とその論理的因果関係を垣間見るには，さしあたり十分だと思われる．

2　1970年代までの企業集団

　第二次世界大戦後の「財閥解体」の後，それまでの財閥がどの程度まで再編成されたのかについては異論も多い．ただ，本来なら，より完璧な自由競争条件の成立や情報の対称性の維持に神経質でなければならないはずの我国の新古典派経済学者のほとんどが，再編成を経て日本経済再生の根幹部を担うようになった戦後型企業集団の形成や機能については，何故か頑ななまでに口を閉ざしてきた．この点は，ATTやマイクロソフトのような「超優良」と見なされている企業であろうと，独占や寡占の弊害があると見なした領域や企業に仮借ない批判を加えるアメリカの新古典派グループや，彼らを育んだ知的土壌とは，見事に一線を画している．日本型新古典派エコノミスト達が一斉に企業集団への批判を開始するのは，それらが急激に力を失いはじめて十数年も経った1990年代以降のことだった．

　つまり，戦後日本の経済再生過程で一定の役割を果たしながら，同時に，その固有の問題を胚胎してきた過程で，彼らは一貫して無頓着を決め込んできた．しかも，ほとんど不可避的に胚胎するはずの問題が噴出してくると，とたんに激烈な伝統主義批判を開始しはじめたのである．その変わり身の速さには呆れるしかない．そこで，ここでは彼らの批判する「護送船団方式」あるいは「フルセット主義」が，彼らの評価して止まない高度経済成長期の必要条件でもあったことについて，多少の検討を加えておきたい．

　時代に阿諛追従することの多い知的（ないし似非知的）風土にあって，一部の経済学者が日本の企業統合に例外的批判を試みたのは，1968年に行われた八幡

製鉄と富士製鉄の合併に際してのことだった．市場シェアで圧倒的な企業の成立が，自由な市場競争の余地を奪い，ひいては当該企業を含めた企業競争力を損ないかねないという危惧は，「近代経済学」の立論根拠からすれば常識的なものであった．それが常識であり，アメリカでは当然至極なことだとしても，理論的な立場に反する動向に鮮明な異議申立てをすることは，日本ではきわめて特異な事態だった．だが，この時に垣間見えた萌芽的でかつ批判的な「近代経済学」の立場は（ほんの一部の研究者たちによる超例外的な試みを別にするなら），その後，なんら強化されることもなく，停滞と逡巡のうちに推移することになる．

　内田忠夫や小宮隆太郎らの批判的試みが大方の注意を惹かなかったことにはいくつかの社会経済的な原因がある．一つには，企業家たちが考えていた「市場競争」と，学者たちの考えていたそれとが，おおよそ異質の意味内容になっていたことが挙げられる．「近代経済学」の基本的な枠組みは，個別の国民経済の範囲内で構想されてきたものである．その限りで，各々の論理の背景にある経済的実態への配慮を怠ってはならない．市場競争が人材と資源の最適配分を齎すとしても，その公正性と長期的展開力を維持していくためには，個々の経済的枠組みの中での不断の自己革新が求められることになる．そしてまた，「競争」そのもののあり方も，国により時代によって異質の内容を伴って立ち現れてくる．ここでまず注目しておかねばならないことは，1960年代から70年代にかけて，日本の代表的企業家たちが最も神経を集中していたことは，圧倒的な欧米の資本と渡り合えるだけの競争力を，いかにすれば彼らが獲得することができるのかという，国際競争の次元での課題認識であった．主要な課題として日本経済の重化学工業化を自国資本で達成し，さらに求められる外貨獲得の手段として一部産業の輸出競争力をどのように確保するかという，さし迫った「危機感」がその底辺にあった．そのため双方で，国際競争についての多元的な理解の必要性が論じられることも，一国モデルと多国籍モデルとの乖離の問題も，この時点ではまるで俎上に載せられることがなかった．

　さらにまた，「競争」そのものの捉え方に，欧米と日本とでは大きな質的差異があることが無視されていた．西欧や北米の典型的な市場競争の世界においては，個々人の能力や構想の違いを競い合う「場」ないし「ツール」として「市場」や「組織」を考える傾向が強い．経済学の理論も，経営学の理論も，それを前提に構築されている．それに対して，日本の場合は，何らかの集団や組織への帰

属と忠誠心を媒介にしながら,人々が「市場」の「競争」に参加するものと考えられてきた.経済学の変数は政治的・社会的・文化的な諸々の変数から独立したものとして扱えるとする欧米流の理論的前提と社会的実践倫理を,知的綿密さと実直性だけで直截に吸収しようと努めてきた我国の「経済学者」や「経営学者」には,そのことを相対化して配慮する余裕が欠けていた.

1960年代の研究者たちの知的誠実さや思惑とは別に,日本企業の最前線ではすでに熾烈な競争の枠組みが整えられつつあった.鉄鋼2社が合併して成立した新日本製鉄は,その一つの事例に過ぎなかった.かつての国有企業を母体としていた新日鉄の場合はやや特異な立場にあった.その担い手達にあったのは,強烈なまでの国家意識と,国際競争力確保を至上命題とする狂おしいほどの使命感であった.彼らは競争力の確保そのものに「国家の威信」を懸けていたとも言える.それに対して,当時の代表的な日本企業のほとんどは,かつての財閥型の編成とは異なる戦後独特の企業集団を構成しながら,そうした企業集団間の「競争」を鋭敏に意識し,そのことで日本経済の急激な拡大に寄与しつつあった.企業集団の研究には,戦前からの財閥研究の系譜に属するものと,ケインズ理論に近い寡占体制の研究の系譜があった.

前者の中には,旧来からの財閥論のほかに,国家独占資本主義論のアプローチや金融資本論などのアプローチがあった.新旧の理論を問わず,いずれも企業集団における金融部門の比重の大きさに注目し,それぞれの集団と国家との依存緊縛関係に注目する点では相似た見解をとっていた.そのなかで,安藤良雄らの研究は日本の代表的企業を中核金融機関別に分類しようとしていた[2].

近代経済学の流れのなかでは,企業集団への研究は決して多くなかった.寡占理論一般や独占理論の紹介はあっても,それを実態的に展開する動きが乏しかった.「経済学」ではなく「経済学・学」に過ぎないとする近接社会科学からの批判は,そのことを痛烈に衝いていた.そんななかにあって,宮崎義一の研究は,株式の相互持合に関する膨大なデータ集積をもとに,日本の企業集団の実態を定量的に明らかにしようとする意欲的な研究であった[3].

いずれのグループの研究によっても,当時の我国の代表的な企業のほとんどが,いくつかの企業集団に組織され,あたかもすべての重要産業部門にそれぞれの集団の企業が配置されているかのような外観を呈していることが強調された.そのことを指して,宮崎は「企業ワンセット主義」と呼んでいる[4].確かに,1960年代から1970年代の時期について,常識的な重要産業部門ごとに代表的

表1　企業グループ別部門別企業一覧

グループ名	三井グループ	三菱グループ	住友グループ	芙蓉グループ	三和グループ	第一グループ
都市銀行	三井銀行	三菱銀行	住友銀行	富士銀行	三和銀行	第一勧業銀行
信託銀行	三井信託銀行	三菱信託銀行	住友信託銀行	安田信託銀行	東洋信託銀行	—
生命保険	三井生命	明治生命	住友生命	安田生命	日本生命	朝日生命 富国生命
損害保険	三井海上火災	東京海上	住友海上火災	安田海上	—	日産海上火災 大正海上火災
総合商社	三井物産	三菱商事	住友商事	丸紅	日商岩井 ニチメン	伊藤忠 兼松
鉱業	三井鉱山	三菱金属鉱業	住友鉱山	—	—	—
建設	三井建設 三機工業	三菱建設	住友建設	大成建設	大林組 銭高組	清水建設
飲食品	日本製粉 サッポロ・ビール	麒麟麦酒	朝日ビール	日清製粉 日本冷蔵	伊藤ハム サントリー	—
繊維	東洋レーヨン 鐘紡	三菱レーヨン	—	日清紡 東邦レーヨン	日紡 帝人	—
製紙	王子製紙	三菱製紙	—	大日本製紙	—	—
化学	東洋高圧 三井化学	三菱ガス化学 三菱化成	住友化学 住友ベークライト	昭和電工 呉羽化学 日本油脂	徳山ソーダ 宇部興産	協和発酵 日本ゼオン
窯業	小野田セメント	旭硝子	日本板硝子 住友セメント	日本セメント	大阪セメント	秩父セメント
鉄鋼	日本製鋼所	三菱製鋼	住友金属	日本鋼管	神戸製鋼 中山製鋼 日立金属	川崎製鉄
非鉄金属	三井精錬	三菱鉱業 三菱アルミ 三菱伸銅	住友金属鉱山 住友軽金属 住友電工	—	日立電線	日本軽金属 古河鉱業
造船重機	日本製鋼所 三井造船 石川島播磨	三菱重工	住友重機	久保田鉄工	NTN 日本精工	新潟鉄工 川崎重工
電気機械	東芝	三菱電機	NEC	沖電気	岩崎電気 日東電工 シャープ	富士電機 安川電機
自動車	トヨタ自動車	三菱自動車	マツダ	日産自動車	ダイハツ工業	川崎重工
精密機械	—	ニコン	—	キャノン	保谷硝子	旭光学
流通	三越	—	—	—	高島屋	西武デパート
不動産	三井不動産	三菱地所	住友不動産	東京建物	—	—
輸送	三井船舶	日本郵船	—	東武鉄道 京浜急行	大阪商船	川崎汽船 日本通運
倉庫	三井倉庫	三菱物流	住友倉庫	—	—	渋沢倉庫

典拠：安藤良雄『日本資本地図』ならびに宮崎義一『戦後日本の企業集団』ほかによる．
注：マツダが住友系列に加わるのはオイルショック後であるが，ここには加えておいた．

な企業を六つの有力グループ別に整理してみるなら，表1のような結果が得られる．ここでは，産業部門ごとにグループの名称を冠した企業名が並んでいる印象すらもある．宮崎の指摘も宜なるかなである．なお，これらグループ以外にもいくつかの有力グループを指摘する研究はある．大和銀行，協和銀行，北海道拓殖銀行，日本興業銀行といった都市銀行や政府系金融機関を中心に企業集団を構想する研究もあれば，日立製作所や松下電器のようなメーカー中心の企業集団を考える研究もある．表1では，後段の展開の上から，多少とも必要な範囲の紹介に止めておきたい．

　この時代を代表する我国の企業集団における部門別構成には，「フルセット」とも「ワンセット」とも呼べないいくつかの構造的脆弱性が窺える．まず，国際政治の緊張局面でならまず問題とされる一次産業関連部門が脆弱である．エネルギーに関しては三井と三菱が石炭産業に有力企業を有してきた．しかし，その産業論的地位は急激に低落しつつあった．1960年以降，日本のエネルギー政策の根幹に位置づけられていた石油に関しては，三菱系の三菱石油，芙蓉系の東然などがあるが，精製と国内流通に特化していた．きわめて例外的な試みを別にして，我国企業が石油ビジネスの最上流域に迫ることはなかったし，国家機関にはそのことに関して宿命的な課題を背負おうとする熱意も意欲もなかった．一見すると華やかに見えた精製元売り部門も，グループ内の中核企業に上向することはなかった．途上国でしばしば認められるように，産業部門間リンケージのコアが欠落した二次部門に跼蹐するしかなかった．また，有力な多国籍企業が犇めく穀物や煙草の国際ビジネスに，日本企業の入り込む余地は乏しかった．国内市場での政府による統制の影響もあったが，企業側でも日本向けの買い付けを除いて，とりわけ新たな営業拡大意欲を示すこともなかった．米櫃さえ満たしておけば大丈夫といった戦国大名張りの発想のまま，日本人の食生活の構造が急激に変容することを平然と受け入れていた．こうして，欧米とは異なり，プライマリー・セクター（根幹部門）の盤石でない産業構造に不安感を持たない，奇妙な「先進国的」社会体質が出来上がりつつあった．もちろん，日本企業の参入以前に，そのような部門では排他的で超越的な国際的取引網が出来上がっていたことも影響していた．

　国際的に見た場合の構造的な脆弱性はともかく，国内ではいずれの企業集団も際立った存在であった．とりわけ，そのいずれもがきわめて有力と目される企業を揃えていた部門は，都市銀行として分類されていた各行を中心とする金

融部門と，総合商社と呼ばれてきた貿易部門である．ただ，三井，三菱，住友の各グループは，いずれの部門にも「直系企業」と呼ばれる企業を擁し，その強力な集団的提携力を誇っていた．「三大企業集団」と呼ばれる根拠の一つがここにある．それに対し，金融中心に取引関係を広げてきた芙蓉，三和，第一勧業は，総合商社や各部門のメーカーとイコール・パートナーシップの関係で結びついていたし，同一部門内に競合する複数の企業を抱えている場合もあった．独立系の多い証券を別にすれば，信託銀行，生命保険，損害保険といった広義の金融部門のうちで，第一勧業は信託部門を，三和は損害保険を欠いており，各部門での直系企業のなさと併せて，それが「四大企業集団」との分水嶺になっていた．

　三大企業集団の場合は，金融と貿易部門以外にいくつかの直系有力企業を有していた．三菱の場合，三菱自動車や三菱電機を生んだ三菱重工がそれに当たるし，創業以来の中軸企業である日本郵船は，東京海上と並んで我国海運業発展の両輪となってきた．また，急激に存在感の大きくなったグループ企業として，三菱地所が挙げられる．住友の場合，グループの起点となった鉱山業は弱体化を余儀なくされたが，住友金属に代表される金属部門と住友化学などの「重化学工業」領域の存在感が増し，日本板硝子や住友セメントも業界を代表する企業となっていた．重化学工業化こそが日本の経済再生の鍵だと考えられていた高度経済成長期の日本において，住友の企業集団としての経営戦略は，社会的にも大きな評価を得ることになる．住友化学や住友金属を中心に，この集団の財界における発言権の拡大が注目されたのは，何よりその重化学部門における実績に負っていた[5]．なお，それとは別に，住友不動産も三井不動産や三菱地所と並んで業界の代表的な企業となっていた．その成長は重化学工業化の次に来る時代を予感させるものであった．ただ，そのことについての綿密な検討がほとんどなされないままに，時代は次の局面に移ることになる．

　これら2グループに対して，三井グループは傍系企業の成長とともに，その求心力を失いはじめていた．最大の要因は「御三家」の一つとして中核を形成していた三井鉱山の凋落だった．同社は直系子会社だった東洋高圧などの成長にもかかわらず，次第に影を薄くしていた．東洋高圧も石炭化学から出発したこともあって，石油化学での圧倒的な支配力を持つことはないままに，グループ内での再編成の波に呑まれていく．そうした基幹部門の後退に加えて，この集団においては，傍系メーカーの離反が顕著であった．トヨタ自動車はもとも

と自立心が強かったし，豊田自動織機が中核企業であった時代とは違って，三井物産への依存度を少なくしていた．何よりこの時期には，自社独自の流通網の整備に集中していた．東芝や石川島播磨などの企業も，一応は「社長会」に加わっていたが，次第に形式的な付き合いの色彩を強めていた．そんななかで，戦後の中心的企業として注目されたのが三井不動産である．ただ，同社のグループ内での役割の大きさは，同社が業界での際立った成長企業だったこともあるが，江戸英雄という経営者の個人的な資質に多くを負っていた[6]．制度をシステムとして確立せず，個人的な資質で補って有効性を発揮させる機能主義に傾くことが日本社会の特性である．とはいえ，それに頼り過ぎると，キー・パーソンが失われることで被る影響が大きくなる．ひいては，組織それ自体の長期的かつ構造的脆弱性を露呈することになる．小野田セメント，日本製粉，東洋レーヨン，王子製紙といった各業界の代表的な企業を揃えながら，ついに戦後企業集団の先端を切ることのなかった三井グループの研究は，日本における企業集団の構造特性や組織原理のあり方を探る上でも，興味ある課題として遺されたままである．

　上記三大集団以外のどの企業集団についても，業界を代表する企業が目立っている．経済の重化学工業化の象徴とも言える銑鋼一貫メーカーは，三大集団では住友のみが辛うじて有していたに過ぎない．それに対して，芙蓉，三和，第一の3グループにはすべて銑鋼一貫メーカーが揃っていた．また，建設業は芙蓉グループの大成建設，三和グループの大林組，第一グループの清水建設が，シェアの上では三大集団の各企業をかなり上回っていた．芙蓉グループの日清製粉は三井グループの日本製粉とシェアを二分していたし，三和グループの帝人は化学繊維業界で独立系の旭化成や三井グループの東洋レーヨンと熾烈な競争を続けていた．

　個別の産業部門別企業間競争について立ち入ることは，ここでの課題ではない．注目すべきことは，企業集団の存在自体が相互の技術革新競争や設備投資競争を加速していたことである．そのことについて分析を試みたのが宮崎義一である．彼は金融機関の融資を梃子とした設備投資の推進に注目し，日本銀行による特別融資と併せて，日本経済の「オーバーローン体制」と呼んでいる[7]．確かに，自己資本金を大きく上回るような川崎製鉄の高炉建設や，東洋レーヨンによるナイロン技術の導入は，英米流の株式会社制度の常識を超えたものであり，系列銀行を中心とした銀行からの融資なしにはありえないことだった．

その場合に，集団の中核企業として主導権を取っていたように見える都市銀行が，いわゆる「メインバンク制」を強調する論者の指摘するような「モニタリング」機能を果たしていたかどうかについては，かなりに疑問である．

　欧米の株式会社制度の常識を超える大型投資を推進する上で，西山弥太郎や田代茂樹の経験した個人的苦労が尋常でなかったことは周知の事実だし[8]，系列金融機関を持たない出光石油や旭化成の大型投資に寄与した日本興業銀行にしても，制度的に確立した手法によるモニタリングによって融資の決定がなされたのではない．系列の金融機関を持つ場合でも，説得は容易ではなかったが，系列金融機関を欠く企業に対しては，興業銀行の頭取となった中山素平の個人的な見通しや決断と，十分過ぎるほどの執行意欲や社会的責任感，さらには彼や同年輩の革新的経営者の内面を衝き動かせていた日本資本主義への強烈な危機感に負うところが大きかった．やがてくる高度成長期の系列企業への融資行為を支えたものが，もしモニタリングだというのであれば，それは他集団がどのような産業でどの程度の規模の投資を計画しようとしているのかという点にばかり神経質となり，結果的に相似た規模の投資となった原子力事業については見事に当て嵌まっている．だがこれは，モニタリングというより横並び戦略であり，企業戦略というよりは追従路線でしかない．産業社会なり技術革新についての長期的な構想のないモニタリングというのも奇妙だが，モニタリング活動のなかから何ら新しい将来構想も経営者類型も生み出されなかったことを無視して，徒に「メインバンク制」を主張する見解はいささか狷介に過ぎよう．

　紙面の制約もあるので，オーバーローン体制への積極的な評価については別の機会に論じることにしよう．ここではむしろ，それが程なく協調融資を中心とする方式に移行し，幹事銀行による協力銀行への融資額の規定比率による割り当てに変容したことに注目しておきたい．なぜなら，その時点で，日本の有力銀行はモニタリングという危機管理業務をあらかた放棄して，融資のための単なる事務手続き行為に後退しつつあったからである．日本を代表する企業群が，経営戦略の自己革新をさておいて形式的な手続きの整備に狂奔したというのも奇妙だが，それでも日本経済が国際経済における存在感を増していけるだけの条件は残されていた．そのことについては，さしあたり，潜在成長性が大きかったとだけ指摘しておくしかない．

　ただ，日本経済と企業自身の成長に伴って，一部のメーカーでは次第に他人資本依存からの脱皮を模索していた．それらのうちには，国際金融の華やかな

表舞台との柵を必要最小限の範囲に押さえ，金融取引をコスト管理の対象としてのみ扱おうとする企業もあった．それらの企業が，バブル経済の大きな余波を受けなかったのは当然のことである．その一方で，規模の拡大に伴う融資の定量的拡大を当然のように考えていた金融機関の担当者や，そうした単純な量的拡大志向を無批判に受け入れた巨大経営の責任者たちは少なくなかった．彼らこそは，産業社会の将来に対する危機管理ではなく，眼前の秩序を永遠の調和の如く考え，自己の意思決定に批判的な人材への人事管理を何よりの経営責任と勘違いした，度し難い経営無資格者達であった．そして，1990年代以降の夥しいビジネス・スキャンダルを見るなら，経済成長と形式的モニタリング・システムは，そのような人材の大量生産システムとしては一応の機能を果たしていたと考えることができる．

そのような構造的脆弱性を孕みながら，都市銀行を中心とした企業集団があたかも横一線に勢揃いして，苛酷なほどの市場競争に明け暮れたのが日本の「高度経済成長」だった．その程度の仕掛であったにしても，それを創り出す歴史の皮肉と苦労が並大抵のものではなかったことについては，ここでは触れない．また，一つの構造が変質し解体していく過程での諸々の悲喜劇についても触れる余裕はない．ともかくも外見的には壮麗なまでに出来上がっていた企業集団のマトリックスが，国際競争上の危機感と，焦燥感溢れる「横並び意識」を梃子にして，見事なほどの競争原理を発揮せしめたことのみを指摘するに留め，以下ではそうした構造が，バブル崩壊後の日本でどうなっていったのかについて，簡単に触れておかなくてはならない．

3　バブル崩壊後の日本の有力企業

表2は2002年度について東洋経済で集計した日本の連結営業利益上位100社を掲げたものである．ここで表1に掲げられた有力企業を追跡してみると，総合商事部門の三井物産，三菱商事，住友商事の3社は，順位の移動はあっても，ここに掲げられている．不動産部門の三井不動産，三菱地所，住友不動産の3社についても確認できる．ただし，その順位は高くない．上位の三井不動産でもやっと36位である．注目されるのは，表1に掲げた銀行で，ここに登場しているものが1行も存在していない点であろう．そればかりか，かつて金融業界で

表2　連結営業利益上位100企業；2002/2003年度

単位：百万円

順位	企業名	営業利益	順位	企業名	営業利益
1	トヨタ自動車	1,123,470	51	キリンビール	75,065
2	NTTドコモ	1,002,852	52	積水ハウス	74,624
3	日本電信電話	947,315	53	シャープ	73,585
4	東京電力	658,933	54	オリックス*	73,309
5	ホンダ*	639,296	55	新日本製鐵	73,044
6	日産自動車	489,215	56	エーザイ	72,685
7	東海旅客鉄道	370,475	57	大日本印刷	72,242
8	中部電力	332,878	58	四国電力	70,307
9	関西電力	319,312	59	住友化学工業	68,836
10	東日本旅客鉄道	316,339	60	三菱商事*	68,189
11	キャノン*	281,839	61	北海道電力	67,266
12	武田薬品工業	281,243	62	ローム	66,458
13	武富士	212,212	63	日本郵船	65,658
14	東北電力	208,706	64	第一製薬	65,409
15	九州電力	197,758	65	凸版印刷	63,847
16	アコム	171,248	66	日本テレビ放送網	63,573
17	富士写真フィルム*	168,682	67	電通	61,168
18	JT	163,805	68	大正製薬	60,701
19	イトーヨーカ堂*	160,909	69	アイシン精機	60,664
20	セブン・イレブン・ジャパン	149,094	70	商船三井	59,772
21	ソニー*	134,631	71	クレディセゾン	59,672
22	デンソー	133,340	72	NTTデータ	59,446
23	リコー*	129,665	73	旭硝子	58,998
24	イオン	119,222	74	スズキ	58,460
25	任天堂	119,151	75	大成建設	55,525
26	中国電力	118,554	76	サミー	54,022
27	ブリヂストン	118,023	77	ヤマト運輸	53,189
28	西日本旅客鉄道	117,649	78	三洋電機*	53,074
29	信越化学工業	114,723	79	東燃ゼネラル石油	53,018
30	プロミス	114,517	80	東京急行鉄道	52,719
31	花王	117,727	81	ファナック	52,331
32	アイフル	111,329	82	清水建設	51,821
33	東京ガス	110,607	83	京セラ*	51,561
34	三井不動産	102,950	84	村田製作所*	51,001
35	KDDI	102,297	85	ファーストリテイリング	50,418
36	大阪ガス	96,676	86	小野薬品工業	50,332
37	伊藤忠商事*	96,517	87	松下電工	50,118
38	山之内製薬	94,291	88	日商岩井	49,460
39	日本テレコムホールデイングス	89,134	88	小田急鉄道	49,159
40	富士重工業	88,480	90	味の素	49,015
41	住友商事*	88,368	91	東武鉄道	47,862
42	北陸電力	81,463	92	藤沢薬品工業	46,852
43	三共	80,649	93	アラビア石油	46,463
44	住友不動産	80,370	94	豊田自動織機	46,330
45	三菱重工業	78,665	95	住友電気工業	46,165
46	アサヒビール	77,777	96	大和ハウス工業	46,031
47	三菱地所	76,920	97	フジテレビジョン	45,935
48	三井物産*	76,678	98	旭化成	45,664
49	オリックス	76,084	99	ユニー	45,193
50	新日本石油	75,231	100	ダイエー	44,289

典拠：東洋経済『日本の企業グループ　2003年版』による．
注：オリックスが49位と54位に掲げられているが，そのまま再録した．
　　＊はSEC基準によるものである．

第5章　日本の企業集団に見る連続と断絶　133

は問題にもならなかった消費者金融の武富士，アコム，プロミス，アイフルが上位に顔を出している．

　上位30位以内の企業で表1にも収録されている企業は，トヨタ自動車，日産自動車，キャノンの3社だけだが，いずれもかつての企業集団との関係はほとんどなくなっている．日産自動車はフランスのルノー系列に取り込まれている．トヨタ自動車は独自のグループ強化の成果を見せており，ここには系列のデンソー（22位），アイシン精機（69位），豊田自動織機（94位）と併せて4社が並び，この表での限りでは，かつての三大企業集団を圧する勢いである．

　なお，このデータではオリックスが2カ所に掲げられている．それ以外に大きな問題はないと思われるし，資料的に格段の違いはないように見受けられるが，同じようなことを『日経ビジネス』が紹介している野村総研のデータで確かめたものが表3である．時期は1期ほどずれているが，トヨタ，日産，キャノンについてはほぼ同様で，三菱商事が29位にランクされている．戦前からの金融グループとしては野村ホールディングズが12位に入っているが，それでも9位の武富士の後塵を拝しているし，13位にはアコム，26位と27位にプロミスとアイフルが付けている．こうした新興の消費者金融をグループ内に吸収することで，これまでの有力金融機関が「金貸し資本」としての歴史的普遍的存在形態に回帰するのか，それとも，そうした細かなリーテイル業務は無視して本格的な国際金融機関への脱皮を図るのか，現在のところでは判断が難しい．経営システムの革新性のないままに数字合わせのような合従連衡が続いている現在の状況では，単なる伝統回帰の可能性が強い．

　しかしながら，営業利益だけでは判断の材料に乏し過ぎる．そこで，連結資産と連結売上高について見たものが，表4と表5である．この時期はまだ不良債権の影が重かったためか，ここでも連結資産の上位企業のうちに有力都市銀行は顔を出していない．企業集団における中核企業の位置を占め，ここにもランクされているのは総合商社だけで，5社が入っている．営業施設の資産規模の大きい鉄道，通信，電力を除けば，製造業が中心になっている．ここには，日本の産業特性が示されている．総合商社の特徴を最も示したのが表5であろう．連結売上高上位10社のうちの5社が総合商社によって占められている．ただ，この決算期に不振だったソニーと大幅な営業損失を出した日立製作所を別にするなら，総合商社とその他企業との売上高利益率の格差が歴然としている．総合商社は押し並べて1%を切る利益率となっているが，とりわけ目新しいことで

表3　連結営業利益上位30企業；2001/2002年度

単位：百万円

順位	企業名	連結営業利益
1	トヨタ自動車	1,113,524
2	NTTドコモ	853,373
3	日本電信電話	718,252
4	ホンダ	551,342
5	日産自動車	414,714
6	武田薬品工業	359,213
7	東京電力	342,850
8	キヤノン	281,556
9	武富士	231,602
10	任天堂	186,618
11	中部電力	176,057
12	野村ホールディングズ	172,972
13	アコム	171,836
14	イトーヨーカ堂	171,783
15	関西電力	159,562
16	富士フィルム	159,549
17	日本たばこ	156,679
18	セブン・イレブン	148,507
19	デンソー	143,060
20	東日本旅客鉄道	135,786
21	信越化学	117,031
22	イーオン	114,759
23	東北電力	114,651
24	リコー	113,950
25	花王	113,581
26	プロミス	112,091
27	アイフル	105,067
28	山之内製薬	100,021
29	三菱商事	99,590
30	九州電力	99,464

典拠：『日経ビジネス』2002年8月26日号, 35頁.
注：原資料は野村総研による集計結果である.

はない．総合商社の売上高利益率の低さは高度経済成長期からも指摘されている．製造業企業の利益率についても，欧米のものに比較すると低くなっていることは従来から指摘されてきた．それでも，総合商社のそれと比較するなら常に一桁の違いがあった．日本企業が利益率志向型ではなく市場シェア志向型だという批判はしばしばなされてきた．それは，有力企業集団の中枢に位置し続けた総合商社の経営スタイルと，そうした企業に依拠しながら輸出志向型の工

表4　連結資産上位30企業

単位：10億円

順位	企業名	資産額	順位	企業名	資産額
1	日本電信電話	20,881	16	オリックス*	6,350
2	トヨタ自動車	19,889	17	NTTドコモ	5,193
3	東京電力	14,579	18	東海旅客鉄道	5,699
4	日立製作所*	9,916	19	日本信販	5,455
5	ソニー*	8,186	20	東芝*	5,408
6	三菱商事*	8,145	21	NEC*	5,011
7	松下電器産業*	7,627	22	住友商事*	4,853
8	関西電力	7,508	23	丸紅*	4,806
9	日産自動車	7,215	24	伊藤忠商事*	4,752
10	東日本旅客鉄道	7,022	25	オリエントコーポレーション	4,743
11	ホンダ*	6,941	26	富士通	4,596
12	日本証券金融	6,878	27	東北電力	4,300
13	三井物産*	6,668	28	九州電力	4,290
14	オリックス	6,593	29	三菱電機*	4,057
15	中部電力	6,435	30	新日本製鐵	4,031

典拠：前掲『日本の企業グループ　2003年版』による．
注：オリックスが14位と16位に掲げられているが，ここではそのまま収録した．
　　*はSEC基準による資産算定企業である．

表5　連結売上高上位10企業

単位：百万円

順位	企業名	売上高	営業損益
1	トヨタ自動車	15,106,297	1,123,470
2	三菱商事*	13,230,675	68,189
3	三井物産*	12,654,472	76,678
4	日本電信電話	11,681,574	947,315
5	伊藤忠商事*	11,400,471	96,517
6	住友商事*	9,645,379	88,368
7	丸紅*	8,972,245	776
8	日立製作所*	7,993,784	▲117,415
9	ソニー*	7,578,258	134,631
10	ホンダ*	7,362,438	639,296

典拠：前掲『日本の企業グループ　2003年版』による．
注：*はSEC基準によるもの．▲はマイナスを示す．

表6　日本の上位百社のランク別産業部門別構成

部門	ランク					巨大BG 関連企業数	外資関連 企業数
	1～20	21～40	41～60	61～80	81～100		
農林産加工	0	0	1	0	0	0	0
鉱業	0	0	1	0	0	0	0
食品・醸造	0	1+	0	2	2	0	1
化学	0	0	1	0	1	1	0
薬品	1	2	3	1	2+	0	1
石油	0	0	0	2	0	0	0
自動車	2	1	2	0	0	0	0
電気機器	0	1+	1	1	1	0	1
精密機械	1	1	1	0	0	0	0
造船重機	0	0	0	1	2*	1	0
その他製造業	1	1	1	1	2	0	0
建築土木	0	0	0	0	1	0	0
運輸	2	1	0	2	0	0	0
電気・ガス	3	3	1	1	2	0	0
情報・通信	2	4	1	5	1	0	0
銀行	1	2*	1	1	2+	1	1
証券	0	0	2+	0	0	0	1
保険	3**	1+	1	1*	1*	4	1
その他金融	2	1	2	0	1	0	0
貿易・流通	1	1	0	1*	1+	1	1
サービス・コンサルタント	0	0	1	1	0	0	0
その他	1+	0	0	0	1	0	1
計	20	20	20	20	20	10	8

典拠：『日経ビジネス』2002年8月26日号，85-86頁．
注：＋は外資系企業であることを指す．＊は巨大ビジネス・グループ系の企業であることを指す．記号が1つで1社の存在を示している．

業化戦略に拘り続けた日本経済の基本体質に，内在的に関わったものであったと言えよう．

　ところで『日経ビジネス』では，2002年7月31日時点の営業利益を基準に，日本の上位企業のランク付けを行っている．そこでは外資系の企業も網羅されている．そのうちの上位100社について部門別に整理し直したものが表6である．ここでは表1の企業集団に掲げられていた企業のうち中核的な企業の10社を確認できる．ただ，その中心であった金融部門のうち，ここに登場している企業群は，かつてのような都市銀行ではない．それらに替わって，保険業が4社を占め，最も大きなプレゼンスを示している．ここでは，総合商社も1社が入っているに過ぎない．またこのデータでは，外資系の進出が顕著に窺える．食品・醸

造のトップはネスレであり，電気機器のトップはIBMとなっている．それらにトヨタとホンダを除く自動車製造業企業を外資系と数えるなら，合計が11社となって，かつての有力企業集団の中核企業を上回っていることになる．

なお，かつての都市銀行の凋落が著しいとはいえ，証券や保険を加えた金融部門は全体として22社を数えることができる．うち3社は外資系であり，消費者金融が6社と，顔ぶれの大幅変動があるにせよ，金融部門の比重が全体として大幅に後退したとは言えない．金融制度の枠組みの問題を別にするなら，むしろ，経営環境の変化に都市銀行が対応しきれていなかったことの方が問われるべきなのかも知れない[9]．

産業構造のサービス化や「IT革命」が叫ばれているにせよ，製造業企業が39社ランクインしていることは注目されてよい．JTをアグロ関連部門に算入しておいたが，これを製造業に加えるなら，40％を占めていることになる．より詳細な検討が必要だが，日本の有力企業に占める製造業の比重は，工業国との比較でも，また急激に工業化を進めつつある発展途上国に比しても，きわめて高いものになっているように思われる[10]．

経済発展の過程では，産業構造や就業構造が急激に二次産業から三次産業に移行するとする著名な見解がある．しかしながら，製造業部門への依存度をそれほど落とさない高度化社会というものがあることを軽視すべきではない．日本や一部の西欧諸国を見るなら，アメリカ型の産業構造の変容が常に普遍的とは決して言えない．ここでは上位100社というきわめて限定的な話題に集中しているに過ぎない．しかし，これはサンプルを大幅に拡大しても言えることである．もっとも，日本の製造業企業の中には，企業成長と歩調を合わせるように借入資金の規模を拡大し，急激な成長と突発性の頓挫を余儀なくされた企業も少なくはなかった．だが，そうした事例は，比率の上で見る限りでは，建設業や不動産業あるいはサービス・流通部門で見られたほどには多くなかった．

だが，都市銀行を基幹とする企業集団への依存度が，借入金の減少とともに後退したとする理解だけで，高度経済成長期と現在の企業間関係の構造転換を説明できるだろうか．これには様々な要素の介在が考えられる．ただ，本節ではあくまで高度経済成長期そのものにも，企業集団の求心力後退の要因が孕まれていたことに注目しておきたい．ここではその一端を窺うに過ぎないが，その前に，1990年以降，我国の代表的な企業の間で，何が起きていたのかを見ておかねばならない．

90年代に入ると，企業集団を束ねる位置にいた都市銀行の地位低落が誰の目にも明らかとなり，それらの間での合併再編劇が続くことになる．そうした金融業界再編の嚆矢は，1973年の第一銀行と日本勧業銀行の合併に遡る．だがそれ以降，バブル経済が弾けるまで大きな動きはなかった．1990年になると，三井銀行が太陽神戸銀行と合併して，「さくら銀行」となった．企業集団の結束力が弱く，バブル期の経営方針の悪しき影響が深刻ないくつかの都市銀行が何らかの果敢な対応を迫られていることは大方の予想するところであった．しかし，三井銀行の経営状況から見て，この決定が十分なものであるとする見解は少なかった．また，1991年には都市銀行下位の協和銀行が地方銀行大手の埼玉銀行と合併し，あさひ銀行となった．企業集団を束ねる推進力が弱く，経営基盤も盤石でない協和銀行が地銀大手と組むことについては妥当な選択だとする見解が多かった．

　このような努力にもかかわらず，バブルで膨らんだ不良債権問題解決の見通しが立たないまま，都市銀行再編への関心は次第に大きくなっていった．激震が走ったのは1996年になってからである．都市銀行の中では最も経営の安定していると見られていた三菱銀行が，東京銀行と合併し，東京三菱銀行となった．国内で強い競争力を持つ三菱と，海外展開で抜群の実績のある東京銀行との合併は，経営不安を抱えた多くの都市銀行に一層の再編不可避の最後通牒を突きつけた形となった．加えて，1997年には，都市銀行下位の北海道拓殖銀行が破綻に追い込まれてしまった．こうして，かつて12行あった都市銀行と3行あった長期信用機関のうち，投資グループの特別恩典つき引き受けに身を委ねざるを得なかった2行を別にして，全体がわずか四つの金融グループへと再編されていくことになる．外見的には日本の金融業再編の「激動の時代」に突入したとも言える．マスコミや，突如として政治づいた新古典派経済学者の一部が，「ビッグ・バン」と騒いだのも，多少は肯ける．2000年には第一勧業銀行，富士銀行，日本興行銀行の3行が「みずほホールディングス」の下に統合されることが発表される．2001年には三和銀行と東海銀行が「UFJホールディングス」の下に統合することが決定した．それはまた，2004年には東京三菱への吸収合併劇への道を歩むことになる．2001年にはまた，さくら銀行が住友銀行と合併して三井住友銀行になることも決まった．都市銀行で最後まで去就の決まらなかった大和銀行は，あさひ銀行とりそなグループを結成することに決まった．だが，それはグループがそのまま国家管理を受けることになる事実上の崩壊局面への

突入という事態になってしまった．ただ，こうした再編成過程も，外見的な苛烈さとは裏腹に，経営の実相に関わる質的な改革と転換があったとは認めがたい．だから，そうした展開が経営史上の画期になりうるかどうかについては，結論を留保しておくしかない．また，そうした規模の膨張拡大と，帳簿上の「パーフォーマンス」の改善だけをもって，危機克服の処方箋としたがる多くの見解についても，疑問符を付しておくしかない．バブル期やアジア金融危機の渦中で，これら邦銀グループが，モルガン・スタンレーやサロモン・ブラザーズなどに鎧袖一触の扱いを受けたことを想起するなら，その実態に対抗する制度上の改善は基本的になされていないと言うしかない．中部地域にある某有力メーカー・グループの中心的人物の述懐を紹介しておかねばならない．彼は「図体がでかくなれば倒れるのには時間がかかる．しかし，倒れ始めれば誰も止められないし，倒れた後の衝撃は桁違いに大きくなる」と説明していた．

　企業集団の再編動向は都市銀行を中心としたものに止まらなかった．1990年代前半には三菱マテリアル，三菱化学，三井化学など，系列内部の統合再編が続いていた．ところが，中期以降になると系列を超えた統合合併が次第に増えている．1994年には小野田セメントと秩父セメントが統合して秩父小野田セメントとなる．それは98年には日本セメントを吸収して太平洋セメントとなっている．それに対抗して住友セメントは，大阪セメントと合併して大阪住友セメントとなっている．99年には日本石油と三菱石油が合併して新日本石油となり，神崎製紙を吸収して新王子製紙となっていた王子製紙は，この年にさらに本州製紙を併せて旧名の王子製紙に戻している．2000年にはゼネラル石油と東燃が合併して東燃ゼネラルとなり，携帯電話3社はKDDIに統合されている．2001年になると，十条製紙と山陽国策パルプが合併してできていた日本製紙と大昭和製紙が日本ユニパック・ホールディングスを組織し，大東京海上火災と千代田海上火災が「あいおい損害保険」に統合されている．2002年には製鉄や造船重機などに波及し，NKKと川崎製鉄はJFEホールディングスを，NKKの造船部門と日立造船のそれが合併してユニバーサル造船，IHIと住友重機によるIHIマリンユナイテッドの結成など，日本経済の基盤変動とも言える再編成が続いている．有力企業の一部部門を切り離して統合する動きも，NECと日立に三菱電機を加えたDRAM生産のためのエルピーダ・メモリーの設置や，新日鉄と住友金属によるステンレス生産の事業統合など，大型案件が矢継ぎ早に纏められている．こうなると，メーカーによる直接金融の進展と併せて，これ

表7 グループ別株式持ち合い比率の趨勢

年次	グループ名						
	三井	住友	三菱	芙蓉	一勧	三和	平均値
1990	26.2	32.5	27.3	25.9	21.5	21.1	26.2
1995	24.2	30.1	26.1	23.4	20.3	19.6	24.6
1996	24.9	27.6	26.8	20.5	19.0	18.5	23.8
1997	24.2	27.3	27.0	18.4	19.0	17.9	23.4
1998	20.8	26.5	24.9	19.7	17.1	17.4	21.8
1999	23.1	23.1	23.1	16.2	16.5	14.3	20.4
2000	18.8	19.1	19.4	14.9	17.3	11.8	16.7

典拠：東洋経済『日本の系列企業 2001年版』による．

までの企業集団を束ねていた金融機関の役割は低下し，企業間での株式持合の意味も薄れてくる．金融機関の不良債権処理の課題が重なっていたにせよ，グループ間の株式持ち合い比率の降下は90年代を通じて進行することになる．その状況は表7からも窺える．

　もちろん，こうした個別の動向が問題なのではない．かつて盤石に見えた企業集団のバイタル・パートが実にあっけなく液状化してしまった内実が問われなければならないからである．市場動向を示す指標だけが重要なので，企業集団の存在に拘泥することなど学問的に意味のあることではなかったとする見解もある．企業集団とは称していても，その意思決定上の明確な規定もなければ，それに相応しい機関も設置されず，人材育成の方針も確立していなかった以上，そこに注目する価値はないとする説明もある．しかし，ここでは「再編」の過程で新たな展開を示しつつあるいくつかの動向に注目するだけでなく，「再編後」の時点でも，状況のほとんど改善されていない経営に目配りはしておきたいと思う．現実の質的変容を無視してデータ上の一貫性だけを追及する姿勢や，現実的課題認識抜きに現状批判を繰り返す趣味は持ち合わせないが，ここでは，企業集団の空洞化を加速する要因が，すでにその最盛期に十分に準備されていたことを指摘し，それが現在の再編の内実にも影響を与えていることを明らかにして，本稿なりの課題を果たしておきたい．

4　再版企業集団制度

　高度経済成長期の企業集団の構成が，かなりに大規模なものであったことはすでに見た．ところが，そこに加わっていた多くの企業もまた，その内部で個別の系列企業集団の編成を進めていた．そのことについて，経済学や経営学の専門家の間で大きな注意は払われてこなかった．個々の企業が創設し編成してきた企業の数が尋常でないことは，表8から窺うことができる．かつての日本には，従業員に多様な熟練と経験を積ませ，彼らが自立して独自の経営を創業することを慫慂し，精神的にも支援することを惜しまない経営や組織があった．そこから新たな経営者類型が生まれたり，新たな産業部門の形成されてきた経験を持ち合わせてきた．だから，企業が周辺に新たな組織を創り出し，独自の人材配置を進めることが，企業と市場の発展にとって積極的な意味を持ちうることは十分に配慮しておいてよい．

　ただ，かつての場合，スピンオフした企業は，それまでの企業との取引関係を持つことがあったとしても，基本的には自立し，自己責任で運営されていた．それに対して，表8に算入されている各企業は，そのほとんどが言わば直系の系列機関として，経営の決定権も人事権も，事実上は親会社に握られていることが多くなっていった．そのようなものとして，高度経済成長期の代表的日本企業は既存の企業集団から乖離し，社長会が名目的御披露目と形式的トゥリンク・ウント・エッセンの場と化す一方で，各々は自前の組織肥大を格段に加速していった．

　しかしながら，組織のトップに限定して見た場合，組織の大規模化はそれに累乗的に比例した能力と責任感を要請することになる．それに対応できない場合，組織は権威主義的強権支配や官僚制的形式主義によって切り盛りされるしかなくなっていく．その意味で，現代社会の「発展」は，それに何乗かする人材育成上の新課題を背負い込んでいる．

　日本を代表するような有力企業が百社を超える連結対象企業を創り出してきたことについて，ここでその実質を評価する余裕は持ち合わせない．ただ，そうした経営方針に意味があったかどうかのポイントは，短期的にはどれだけの新市場や新技術を生み出し，どのような画期的な経営モデルを創り出せたかで評価でき，長期的にはどれだけの評価に耐える人材を生み出してきたかで判断

表 8　連結対象企業数上位 100 社

順位	企業名	連結対象企業数	順位	企業名	連結対象企業数
1	日立製作所	1,174	51	鹿島建設	175
2	ソニー	1,166	52	NTT	170
3	三井物産	857	53	クボタ	169
4	三菱商事	780	54	コマツ	163
5	住友商事	720	55	旭化成	160
6	ブリヂストン	690	55	京セラ	160
7	伊藤忠商事	671	57	JT	158
8	トヨタ自動車	614	58	川鉄商事	155
9	富士通	522	58	パイオニア	155
10	日商岩井	520	58	セコム	155
11	丸紅	515	61	積水化学工業	154
12	ホンダ	437	62	豊田通商	151
13	リコー	404	63	ダイエー	148
14	ソフトバンク	398	64	近畿日本鉄道	148
15	トーメン	377	65	スズキ	146
16	東芝	364	65	いすゞ自動車	146
17	日本郵船	361	65	オムロン	146
18	松下電器産業	349	68	全日本空輸	145
19	日産自動車	346	69	住友化学工業	144
20	新日本製鐵	341	70	アマダ	144
21	太平洋セメント	326	71	兼松	142
22	商船三井	323	72	イオン	141
23	ニチメン	316	73	三菱マテリアル	138
24	富士写真フイルム	294	74	宇部興産	137
25	大日本インキ化学工業	294	75	東武鉄道	136
26	東京急行鉄道	285	76	凸版印刷	134
27	三菱化学	281	77	川崎汽船	131
28	麒麟麦酒	277	78	豊田自動織機	130
29	岩谷産業	267	79	日本ハム	128
30	日本通運	264	80	住友ゴム工業	128
31	名古屋鉄道	258	81	住友金属工業	126
32	オリックス	249	81	ヤマハ発動機	126
33	旭硝子	246	83	日本軽金属	125
34	住友電気工業	245	84	住友重機械工業	124
35	三菱地所	244	85	川崎重工業	122
36	オリックス	239	86	日本板硝子	121
37	キャノン	224	87	東ソー	120
38	三菱自動車工業	214	88	味の素	119
39	横浜ゴム	210	89	アイシン精機	117
40	神戸製鋼所	207	90	横河電機	114
41	三井不動産	203	91	古河電気工業	109
42	帝人	200	92	積水ハウス	106
43	東レ	199	93	ニチレイ	106
44	松下電工	196	94	三井造船	105
45	三菱電機	195	94	日東電工	105
46	NEC	182	96	資生堂	104
47	三菱重工業	181	97	東日本旅客鉄道	103
48	三井化学	176	97	ポプラ	103
49	デンソー	175	99	西日本鉄道	101
50	三洋電機	175	100	ダイキン工業	100

典拠：『日本の企業グループ　2003 年版』東洋経済, 2003 年による。
注：オリックスが 32 位と 36 位にランクされているが、そのまま収録した。

できることである．評価は慎重になされなくてはならない．しかし，これだけの企業が創造されながら，系列出身の際立った経営能力者が育ち，そのことで新たな事業活動の余地が広がってきているという情報は，これまでのところ，ほとんど聞くことがない．そのネガティブな典型を，有力重工メーカーと系列の自動車メーカーの関係から窺うことができよう．

ところで，かつて著名企業集団の社長会の「お開き」の光景に何度か接したことがある．会場を退出する順序までが決まっていて，中核企業のトップから引き上げていくのだが，見送る側の企業トップは何度も頭を下げながら，ひたすら自社の順番を待つことになる．その序列意識に驚かされたが，それが暗黙の前提になっていることにも呆れさせられた．また，どこのグループも似たような有様であったという．とはいえ，不快な面持ちで遅くなって引き上げる企業トップが，自社と子会社の間で，全く異質の企業間関係を創造しえたという革新的な情報に接したことはない．むしろ，序列意識を逞しくして，全く類似の権威的関係を下部に構築していった企業が圧倒的に多くなってきた．ほとんど身分制的差別感覚とも言える時代錯誤に陥り，その内面に自己満足して止まない傲慢横暴の事例に接したこともある．現代の企業経営の本質に関わるにせよ，経営学者たちは，こうした領域に関する本格的な研究は等閑に付し，ひたすら口を噤んできた．そのため，このような問題は，経済小説の独壇場になっている観がある．科学性を持たせることに困難が多いにせよ，この種の課題については，多様な分析手法の開発が望まれている．それが難しいなら，事例研究で情報を丁寧に積み重ねていくほかはない．ここでは，組織の肥大化に対応できるだけの余裕のある人材育成や，革新的な人間関係の創造がなされなかったことを指摘しておくしかない．経営組織の発展がそのまま権威化と序列化の過程であったとするなら，それは後発国型の経営組織や企業間関係と，ことさら異なったものとは言えない．

さしあたり大局的な判断は控えるしかないが，個別企業による大量の系列企業作りは，実は国内だけではなかった．日本経済の規模が拡大し，中小企業でも国際的な展開を抜きに経営維持が難しくなっている現状では，このことは当然だと言えよう．政府統計がまるで整備されていない状況で，補捉率がどの程度であるのかについては異説が多いが，有力企業の海外展開の実績については，さしあたり東洋経済の『対外進出企業総覧』に頼るしかない．それによって，我国の代表的家電メーカーである松下電器産業とソニーの場合について見

表9 進出時期別現地法人数

地域＼時期	1993年以前	1994～96年	1997～99年	2000～02年	総　計
全世界	10,450	3,826	2,451	2,164	19,433
アジア	4,762	2,790	1,351	1,435	10,465
（うち中国）	659	1,216	404	670	2,959
中近東	50	10	12	16	89
欧州	2,153	390	399	375	3,405
北米	2,499	423	457	428	3,855
（うち米国）	2,280	405	432	411	3,600
中南米	491	128	143	64	865
アフリカ	58	20	23	12	116
オセアニア	437	65	66	34	608

典拠：東洋経済『対外企業進出総覧　国別編　2003年版』1554－1556頁による．
原注：日本企業による出資比率（現地法人経由も含む）の合計が10％未満の現地法人は除く．合計には進出年次不明分，2003年以降の進出分を含むため，内容と一致しない．

ておこう．補捉率については無視して，この2003年版のデータのみに頼っても，松下では265社，ソニーでは122社の海外法人を持っている．それらのほとんどが日本からの直接投資によるものである．海外への展開は松下の方が1960年代からと経験に富むが，いずれの場合も1990年代以降の創業事例が多くなっている．この傾向はすべての部門についても言える．第二次世界大戦以前から海外展開の実績のある総合商社や一部の金融機関を別にして，ほとんどの日本企業の現地法人は1960年代から増え始める．とりわけ，製造業では東南アジアから展開を始めた企業が多い．詳細なデータは省略するが，一端は表9からも見て取ることができる．現地法人の過半数はアジア地域であり，1990年代以降になると，中国への展開が急になる．ただ，国別で見ると，最大の進出先は米国である．売上高や資本金額さらには資産規模でも見ておく必要があるが，大きな違いはないので，ここでは省略する．同じ企業について地域別，部門別に見たのが表10である．それによれば，現地法人の中で最も目立つのが，アジア地域における製造業であることがわかる．商業についてもアジアが最も多く，次いで欧州，北米となっている．なお，こうした現地法人以外に，海外支店や海外事務所の設置件数についても見ておく必要がある．それについて示したのが表11である．金融や貿易部門の比重が高くなっていることと重なって，北米よりも欧州の比重が高くなっている．ここでも最も目立つのがアジアだが，1990年代になってからの拡充傾向がとりわけ顕著であることがわかる．

表10　地域別部門別現地法人数

部門＼地域	農林・水産業	鉱業	建設業	製造業	商業	金融・保険	証券・投資	不動産	運輸業	サービス	株式保有・その他	合計
アジア	44	14	325	5,716	2,672	177	112	97	484	629	195	10,465
中近東	-	3	5	19	47	3	1	-	5	4	2	89
欧州	7	10	22	759	1,737	187	69	29	167	224	194	3,405
北米	12	23	40	1,298	1,272	179	128	110	146	388	289	3,885
中南米	12	11	18	292	274	65	20	9	105	30	29	865
アフリカ	3	4	9	28	41	4	-	-	17	5	5	116
オセアニア	26	34	10	98	245	16	18	29	39	69	24	608
合計	104	99	429	8,210	6,288	631	348	274	963	1,349	738	19,433

典拠：東洋経済『海外進出企業総覧　国別編　2003年版』1558-1563頁による．
原注：進出後に撤退した現法，吸収合併された現法，確実に存在するか不明な現法は含まれていない．
注：「掲載ベース」のものに関する集計値である．

表11　地域別時期別海外支店・事務所数

時期＼地域	1993年以前	1994～96年	1997～99年	2000～03年	合計
アジア	1,119	474	420	418	2,603
中近東	95	11	10	5	169
欧州	372	38	66	63	670
北米	272	30	41	41	480
中南米	64	3	12	8	121
アフリカ	84	7	8	1	142
オセアニア	57	5	6	8	92
合計	2,063	568	563	561	4,276

典拠：東洋経済『海外進出企業総覧　国別編　2003年版』1626-1627頁による．
原注：合計には開設年次の不明分，2003年以降の開設を含むため，内容と一致しない．
注：上記文献への掲載分の集計値である．

　このように見てくると，日本企業は1990年代になっても実に活発な事業展開を続けていることがわかる．否むしろ，アジアにおける製造業の動きを中心に，90年代以降になってより積極的な攻勢に出ている．彼らにとっては「失われた十年」どころか，「攻勢の十年」とでも呼ぶべき状況になっている．新たな多国籍化，さらには無国籍化の戦略が，企業のネットワークを広げ，そのことが日本の親企業の再編強化に繋がっていくのか，それとも相似た権威化と序列化の内に跼蹐して果てるのかについては，今のところ予断できない．ただ，一部に興味ある経営が生まれつつあること，さらにこれまでの日本人には見られなかったタイプの経営感覚の人材が育ちつつあることは，それらにさらにいくつ

かの複雑な亜類型が生じていることを含めて，注目しておいてよい．だが一方で，そのような積極攻勢に出ている企業とは裏腹に，海外展開とは全く関係のない世界で，逃れようのないジリ貧状態に陥っている企業が増えていることも事実である．また，海外にまで行動半径を広げても，それに相応しい人材が欠如して，逆に組織全般の停滞を惹起している企業も決して少なくはない．ここでも，企業組織の拡大が，企業経営にとってプラスとなるかマイナスとなるのかは，経営戦略の長期的内容と，それに相応した人材育成や人材確保の水準に関わっている[11]．

5 おわりに

　再編や解体を免れない制度というものは存在しない．制度が存続する限り，その再編や自己革新は不可避的に求められることとなる．問題は，それをいかに最短距離で最小の痛みで突破していくかにある．しかしながら，凡百の歴史は，他愛のない失敗が安易に繰り返されうることを教えている．企業が大規模化する以上，それに伴う管理運営の難しさは累乗的に拡大する．これからの日本における企業集団がどのような形態を取るのか，予断はできない．それでも，企業ワンセット型のものよりは業種別の連携に近くなる可能性が高い．また，それらが固有の多国籍戦略をとるのか，それとも海外からの言いなりになる経営に成り果てるのかの選択肢を問われることも予測はできる．また，海外展開によって見事に空洞化する企業も出てくることになろうし，逆に特異な人材形成に活かしきる企業も出てこようとしている．それにも増して，内外を問わず，企業間関係や企業内部の人材育成について，各企業がどのような体制創りを進めつつあるのかが問われている．グループの中核的人材がどのように形成されてくるのか．コア企業が，個別の企業成長にどのように寄与できるのか，それとも権威的お荷物となって組織全体の疲弊を齎すのか．系列の小企業が親企業を超える巨大経営に成長するような，グループ内のダイナミックな業態転換が見られるのかどうか．再編期にかかった日本の企業集団が突きつけられている課題は多い．財閥の再編によって形成された企業集団は一時期その強固な結束によって設備投資主導型の高度経済成長を実現した．その成果と激烈な競争にもかかわらず，それは帰属意識と序列意識に媒介された，奇妙な経営エネル

ギーの発現形態となっていった．それ故に，個人的な資質に依拠する領域が多く，またそれが実に効果的な成果を齎していた．

　経済成長期の企業集団にあって発揮された金融部門の主導性が復活するのか，それとも日本経済の競争優位の働く領域における先進性が固有の制度的な基礎を確保しえるのか，結論はほどなく出ることになろう．ただ，経営とは不断の自己革新の過程であるなら，戦後の企業集団の肥大化過程で散見しえた類の，粗野な失敗，野卑な横暴だけは繰り返していただきたくないものである．その克服可能性がかつての企業集団関係者の戦後経営に関わる総括如何に懸かっているといえば，これは言い過ぎになるであろうか．

注

1）戦前期からの財閥研究については，マルクス経済学の系譜に繋がる支配資本の分析と，ジャーナリズムの伝統から生じた実態分析の系譜があった．前者に属するものとしては美濃部亮吉らの研究があり，後者に属するものとしては山路愛山，白柳秀湖，高橋亀吉らの分析を指摘できよう．戦後の研究で前者の伝統を受け継ぐものとしては，安藤良雄，柴垣和夫らの支配的資本研究がある．戦後の新たな流れとして，経営史の領域が形成されてきた．そこに属するものとして，森川英正，宮本又郎，米倉誠一郎らが多くの成果を発表してきた．彼らと支配的資本分析グループの中間に位置するものとして，山崎広明，下谷政弘，橘川武郎らを指摘することができよう．

2）安藤良雄（1968）『日本資本地図』講談社．

3）宮崎義一（1976）『戦後日本の企業集団：企業集団表による分析：1960年-70年』日本経済新聞社．

4）宮崎義一（1974）『現代の日本企業を考える』岩波新書．

5）発言権といっても，それが日本社会の長期課題をめぐる抜本的な構想や提言をめぐってなされたのではなく，財界団体の役員選挙を巡る集票合戦で発揮されただけの印象が強い．しかも，そうした未熟ぶりが次第に大きな病巣になっていったように思われる．ただ，ここでそのことに立ち入る余裕はない．

6）江戸英雄に関しては，彼自身による回想記が，江戸英雄（2004）『私の履歴書　経済人』第18巻，日本経済新聞社）に収録されているほか，安藤良雄編（1979）『昭和経済史への証言』2, 毎日新聞社が参考になる．

7）宮崎義一（1966）『戦後日本の経済構造』新評論，前掲『現代の日本企業を考える』などを参照されたい．

8）鉄鋼新聞社編（1971）『鉄鋼巨人伝　西山弥太郎』鉄鋼新聞社, 会田雄二（1984）『歴史を変えた決断の瞬間』角川書店，ロバーツ／J. G.（1973）『三井：日本企業の三百年』第27項ダイヤモンド社などを参照のこと．

9）日本の金融エコノミスト達は，都市銀行のモニタリング機能を積極的に評価したほどには，巨大銀行の企画力や危機管理能力の衰退に関して，熱心な研究をしていない．むし

ろ，箭内昇らの内部告発的な文献のほか，高杉良らの一連の作品が参考になる．
10) 途上国の有力企業の構成が，早くから金融部門やサービス部門に傾く傾向があることについては，さしあたり下記の拙稿を参照されたい．

　　Takeuchi, J.（1999）"Some features of Japanese foreign direct investment in Thailand", in *Political Economic Weekly*, No. 98, Munbai
11) こうした動向に関しては，さしあたり下記の拙稿を参照されたい．

　　竹内常善（2001.11）「現代オランダ型からみた日本企業の海外展開」，『インダストリアル・エンジニアリング』第45号．

第6章
市場変動とドイツの企業構造

ヘルベルト・ハックス
（石井　聡・竹内常善・黒澤隆文　共訳）

1　変貌を遂げた世界的な市場条件：原因と結果

　最近数十年間の経済発展は，ドイツ企業に重大な影響を及ぼし，企業の構造はそれ以前の数十年間におけるよりもはるかに大きな変容を経験した．これは多くの外的兆候から確認できるが，とりわけ，上場企業が経験した変化はそれを最も明瞭に示している．伝統あるドイツ大企業の名は，上場企業リストから消えてしまった．例えばヘキスト社（化学）は，フランスのローヌ・プーランク・グループとの合併によりアベンティス株式会社へと吸収された［2004年にはサノフィ・サンテラボに買収され「サノフィ・アベンティス」となった］．ドレスナー銀行は今ではアリアンツ社の子会社でしかなく，マンネスマン（通信・機械）は敵対的買収によって英ボーダフォン・コンツェルンに編入されてしまった．より過酷な事例もあり，ホルツマン（建設）やバブコック・ボルジヒ（機械・プラント）は，破産手続きを申請しなければならなかった．それに代わって，株式市場のトップ・グループを網羅するDAX30には，SAP（ソフトウェア）やインフィネオン（半導体），エプコス（電子部品）といったまったく新しい企業が加わった．またこれとともに，TUI（旅行）やアディダス・サロモン（スポーツ用品）など既存の企業でも最近になって上場した企業があり，またとりわけ，公営企業の民営化によって生まれたドイツ・テレコムが名を連ねている．ドイツの証券市場での上場企業数はこの数十年間，550社から600社の間を推移して

いたが，これが今や900社と著しく増加しているのである[1]．とりわけ，これまで証券取引所から排除されていた多数の中小企業が，今日ここで資金調達を行っている．こうした動きは，とりわけ，革新的でリスクの高い企業のための特別の市場部門として1997年に設立された「ノイア・マルクト（新市場）」によって促進された．ここには，一時300社以上が上場されていたのである．このノイア・マルクトは近年危機に陥り，存続が困難となった．しかしそこに上場されていた企業のほとんどは市場での安定した地位を獲得しており，他の部門であれ，株式市場には留まり続けるであろう[2]．

　大企業と違い，中小企業の場合には直接の観察は難しいが，それでも，上場企業について言えることは，多かれ少なかれ全企業に当てはまる．新しい企業が常時生まれている一方で，決定的な構造変化に対応して新機軸を採用し，また変転する環境に適応するといったことができない古い企業は，消滅してゆくのである．

　こうした状況の原因は多様である．特に次のような相互に関連する二つの要因を挙げうるであろう．一つは，市場の開放や拡張が，世界経済における分業を大きく変えていることである．もう一つは，情報・通信分野の技術の発展がまったく新たな市場を生み出し，製品の革新や生産技術における数多くの技術革新を可能にしたことである．

　ドイツ企業が，市場の開放の進展に伴う国際競争の激化に直面したのは，今に始まったことではない．それは，ヨーロッパ経済共同体（EEC），すなわち今日のヨーロッパ連合（EU）の設立によって，すでに始まっていた．欧州統合の流れのなかで，1980年代には域内共同市場が実現されていたからである．その後の中・東欧における社会主義経済体制の崩壊と，その結果実現した東西ドイツの統一は，新たな挑戦を意味した．それにより新しい販売市場が開かれたが，同時に，旧西ドイツとのライバル関係をも有する新たな生産拠点が出現した．旧東ドイツは，1990年以来欧州域内市場に編入されている．今後数年でまずは10カ国が，最終的には12カ国がこれに続くと見込まれている[3]．控えめに見てもこれらの変化と同程度の重要性と影響力を持つのは，とりわけアジア，また一部ラテン・アメリカの，多数の新興工業国の経済的な発展である．これらの国の技術進歩と経済発展の結果，これらの地域には工業製品の大量生産拠点，それも高度な技術を持つものが出現しており，古くからの工業国にとって手強い競争相手となっている．

情報・通信分野での技術進歩は，こうした発展に対して二通りの影響を及ぼしている．第一に，新技術はさまざまな応用可能性を持つ．これは新製品の開発や販売に限られない．新たな生産技術は，多くの場合，以前からある製品のコスト構造や生産可能性をも変化させ，そこにおいても市場環境に本質的な変化をもたらすのである．第二に，技術発展によって，国際的な分業の可能性が拡大した．遠く離れた諸国への生産の移転は，従来は，通信に費用がかかりしかも時間を要したために，不可能ではないにせよ困難であったが，これが新技術によって非常に容易になったのである．今日では，生産の制御の細部に至るまで，遠隔地からでも難なく行えるようになっている．この傾向は，航路や航空路での輸送技術の進歩が，輸送費を低減し輸送時間を短縮したためにますます強まっている．その上，通信技術の発展は，重要なサービスをずっと遠くから提供することを可能にしたのである．

　世界経済における分業は，また資本の自由化によってもかなりの程度促進された．資本移動の制限が撤廃されたことによって，資本の乏しい国でも資本集約的な生産が可能となった．資本はその移動性をますます高めており，一カ所に縛られない生産要素となっている．それにより，世界経済に新しいかたちの競争が生まれてきた．製品市場における競争に加えて，立地をめぐる競争が現れたのである．より正確に言えば，労働の要素をはじめ特定の場所に結びついた生産要素が，移動可能な生産要素である資本をめぐって互いに競うような競争が，生じてきているのである．立地競争は，国家の経済政策に甚大な影響を及ぼす．競争圧力のもとにある政府は，経済活動の促進のための各種の基盤整備と租税負担の間に最適の均衡を見出さねばならないので，国家の行動の余地は狭まらざるをえないからである．

　資本の移動性と結びついた世界経済上の分業の進展や技術進歩は，これに参加するすべての国で生産性を大幅に向上させ，ひいては人々をより豊かにする．この事実は，この方法によって先進工業国に対する遅れを縮小することに成功した途上国や新興工業国に，特に顕著に現れている．すべての国が適切な条件作りに成功したわけではないが，かなりの数の諸国，特に南アジアと東アジアの諸国がこれに成功しており，その数は夥しい．しかし，そうした国々にのみ豊かになる可能性が開かれているわけではない．先進工業国もまた国際分業の変化によって，生産性を高め，実質所得を増加させうるのである．そのためにはもちろん，分業のネットワークのなかで自らが比較優位を持ち，かつ，

不可欠の適応を実行できるような分野を見出すことが前提となる．とはいえ，この適応が競争のもとでなされねばならず，またその競争がどこに行き着くのか誰にもわからないのであるから，これは容易なことではない．むしろ企業にとっては，競争に持ちこたえられるような位置を市場のなかで見つけ出すことが，不断の課題となる．こうした模索のなかでは認識や決断を誤って損失を出したり，そればかりか破綻して社員を失業させたりすることも希ではない．適応の結果，ある特定の資本や実物資本，さらに人的資本が無価値化してしまうということも起こりうるのであり，そのためこの適応過程には，敗者も存在する．一般に，こうした境遇にある人々には，敗者の側に立ってしまうというリスクの方が，社会全体の富の増加とそれによるチャンスよりも露骨に見えるものである．今日，先進工業国においても，市場開放やグローバル化が抵抗に遭遇しているのは，もっぱらこうした理由による．

　ここでは次のことを確認しておかねばならない．世界規模での市場開放や資本の自由化，技術進歩によって引き起こされた変化のために，世界貿易に参加しているすべての国が根底的な適応を迫られている．その適応とは，個々の国の企業が市場環境の変化に順応することによってのみ達成されうる．企業は，製品を開発し，競争力を持ちその地位を維持しうるような市場領域を見つけ出さなければならない．また同時に，生産の立地についても決定を下さなければならない．企業の努力は，価格と賃金が市場環境の変化に柔軟に反応するなら，あるいは必要資金の調達で資本市場が利用できるなら，さらには新たな条件に対応しうるような人的資本が養成されているなら，実を結ぶであろう．以下では，ドイツ企業が世界経済の環境変化にどのように適応しようとしているのか（2節），企業の内部構造がいかに変容したのか（3節），国家の政策が適応という課題をいかに支援しているのか（4節）について検討していくこととする．

2　企業における適応プロセス

　市場環境の変化への企業の適応は，二つのかたちでなされる．一つは，既存の企業による製品構成や市場での方向性の変更であり，これには，合併や個別部門の分離といった企業構造の大幅な変更も含まれる．もう一つは，新しい企業が設立され，古い企業が淘汰されることによる．

(1) 既存企業での構造の再編

　技術の変化や，市場および競争条件の変化によって特徴づけられる環境においては，企業は，潜在的な競争相手よりも優れているか，少なくとも同等の競争力を持つような活動に集中することによってのみ，生き延びうる．それは以下のことを意味する．

　①企業は，製品開発を続けることで，市場での既存の地位を保持し強化せねばならない．しかしそれが保持されえないのならば，その市場セグメントを断念することも必要である．将来性のある市場では新製品によって足場を固めることを，絶えず心がけねばならない．

　②企業は，未来志向の製品開発や市場開拓を進めなければならず，そのための基盤を，市場を指向した研究開発活動によって築かねばならない．

　③企業は，その生産技術において常に技術進歩の最先端にいなければならない．また可能であれば，これが自前の研究開発に基づくことが望ましい．

　④企業は，最小の費用で生産しうる生産拠点を選択せねばならない．これにより，自社の拠点を外国に設けるにせよ，現地の独立系の製造業者へ委託するにせよ，他国への生産移管が不可避となるかもしれない．

　こうした要求のために，ドイツに立地する企業は，製品構成を大幅に拡大する一方で，もはや適合的でないような製品の生産を一掃するために，生産拠点を国外に設立したり，また他社からの調達や前工程の分離を進めて自社生産の割合を大幅に削減するといったことを余儀なくされている．

　そこで顕著な役割を果たすのは一つには企業買収であり，いま一つは既存の企業グループからの個別企業の分離である．企業グループ，すなわち法的には独立した企業の集合体は，ドイツでは重要な存在である．2001年には，総計約330万社の企業のうち，45万社近くが，複数以上の企業から成る13万7000の企業グループに属していた（Monopolkommission 2002, 項目番号232）．企業グループの構造は静態的ではなく，むしろ常に変化している．ドイツの100大企業が，2000/2001年に連邦カルテル庁に報告を行った企業間結合関係は総計1261件に上る（Monopolkommission 2002, 項目番号371）．グループ企業への出資の解消や売却も同時にみられるため，平均では，各企業グループの規模は，必ずしも拡大しつつあるわけではない．2000年の100大企業のリストを1998年のそれに比較するならば，こうした動きに起因する構造変化の規模は明らかである

(Monopolkommission 2002, 項目番号268〜272および表III.1).この短い期間のうちに18の新しい企業がリスト入りしており,そのうち少なくとも8例は合併によるものである.逆に同じ期間にリストから外れた18例でも,そのいくつかの事例は企業の分離によるものである.

企業合併は,競争政策上のもっともな理由のために不信の目でみられており,常に当局の監視のもとにある.とはいえ見逃してはならないのは,競争制限を目的に合併がなされることはめったにないということである.企業の合併と分離はむしろ,そのほとんどが,企業構造を変化する市場条件に合致させようとしてなされる.そのためこれらは,根底的な変化が起こる時期にこそ,新しい条件への適応の手段として大きな意味を持つのである.これは,近年において化学工業でみられた大きな変化の例に見ることができる.

化学工業は一般に,技術的な発展が,しばしば特定の生産部門の統合や他の部門の分離に帰結するという特徴を持っている.ドイツ化学工業でも,その成立以来,一方で買収や合併によって新たなグループが形成され,他方で分割や新設によって新たな独立企業や企業グループが生まれるということが観察されてきた.技術水準と市場の要請に合致した新しい構造を作り出す柔軟性に,ドイツ化学工業の伝統的な強さの一因を見出すことさえ可能である(Roevekamp 1998, 34頁).一連の事例が示すように,こうした柔軟性は近年になって再び示されており,その構造の再編はドイツ国内に留まらず,他の欧州諸国をも巻き込んだものとなっている(Klumb 2002, 298頁以下).

近年のヨーロッパの化学工業で最も重要な合併は,ドイツのヘキスト社とフランスのローヌ・プーランクが合併してアベンティス社となった例である[4].新企業のコンセプトは,薬品と農業化学分野をコア部門として保有する「生命科学」コンツェルンである.すでに合併前から,両企業はこのコンセプトに合致しない部門,例えば繊維,染料,塗料,合成樹脂,基礎化学といった分野を切り離してきた.一部は当該部門の売却というかたちをとり,また一部は,ヘキストが基礎化学と合成樹脂部門からセラニーズ株式会社を設立したように,独立した新企業への分離(分社化)によった.

共通の中核部門への集中とその他の部門の切り離しという同様のシェーマは,スイスの化学企業チバ・ガイギーとサンドが,新企業ノバルティスへと合併した際にも用いられた.その他の合併例においては,目標設定はそこまで明確ではなかった.デグサとヒュルスによるデグサ・ヒュルスへの合併や,オラ

ンダのアクゾとスウェーデンのノーベルの合併がそれにあたる．両社ともドイツ国内に大きな生産拠点を持つ．これらのケースでは，特定の分野への集中戦略はみられず，多様な製品構成を維持した高度に多角化した事業分野が維持された．またドイツに拠点をおく他の大きな化学企業，特にバイエルと BASF も，これまで非常に多角的な事業分野を維持している．しかしここでも分割や合併を伴う構造の変化という事態にならないかどうか，その推移が見守られている段階である[5]．

　新たな製品を開発し新市場へ進出せねばならないということは，旧来の分野を断念することと同義ではない．そのため化学工業に限らず多くの企業では，どの程度まで多角化することが最適なのかという問題に直面している．1970～80年代には多角化に積極的なコングロマリットが高い評価を得た．その後，近年では再び，中核事業への集中の重要性が非常に強調されている．コングロマリット化に否定的な見方は，もっぱら理論的な議論に基づく．資本市場理論においては，リスク分散は企業の任務ではなく，個別投資家や投資ファンドがポートフォリオの選択として行うべき問題である．コングロマリットは，その能力に余る広く分散した業務にまで手を伸ばしたがる．相乗作用もまったく働かず，企業規模が拡大するに伴い管理費用が増大し，鈍重になるばかりの組織が何の利益ももたらさないという事態が生じる．事実アメリカでは，1980 年代以来，敵対的買収やコングロマリットの個別部門への解体によって，かなりの利益を引き出しうることが示されてきた．だが，この論争はまだ決着がついていない．異種の分野への多角化の利点を強調する有力な見解が，今日なお存在するからである（例えば，Funk 1999）．

　時間の経過を考慮に入れると，多くの企業が多分野にわたる製品構成を持つことも，納得がゆくかたちで説明しうる．ある企業が長期的利益を志向する戦略を持つ場合には，たとえ従来の製品への需要が残存していたとしても，旧い市場がわずかの利益しか生み出さなくなると予測できる場合には，むしろ新市場への進出に向けた戦略がとられるであろう．旧来の業務分野を維持しながら新たな事業領域を開拓する結果，その企業はコングロマリット化するが，それは一時的なものである．なぜなら，長い目で見れば，旧い分野は閉鎖されたり売却されることになるので，結局その企業は，再び新たな中核部門へ集中することになるからである．

　この意味で，最近の化学工業の再編は，未来志向の新製品開発と市場開拓と

によって拡大していた製品構成の不均質性を修正する動きとして，理解することができる．こうした状況は化学工業に留まらない．非常に特徴的な事例がマンネスマン・コンツェルンである．マンネスマンは，戦後当初は石炭・鉄鋼企業であり，特に鋼管の生産で強さを発揮していた．60年代半ば以来，この企業は，買収による多角化をはっきりした戦略目標とするようになり，機械製造への進出を手始めに，自動車部品製造，さらに80年代には通信部門へと進出した．1998年には，マンネスマンは，「鋼管」(総売上げのわずか12％)，「エンジニアリング」(同35％)，「自動車関連」(同29％)，「通信」(同24％) の4大部門を有するコングロマリット・コンツェルンであった (Funk 1998)．1999年になってもなお，当時の監査役会代表は，多角化経営の利点を強調していた (Funk 1999)．しかしすでにこの時点で，同社の経営陣は，将来の中核部門である通信部門へ集中し，他の部門は売却するか，あるいは独立した企業として分社化する計画を策定していた．これは実現されたが，しかし計画とは異なる方法によってであった．ボーダフォン (英) が，マンネスマンに敵対的買収をかけたのである．ボーダフォンは通信分野にのみ関心を持っていたので，他の部門は売却された．全体としては，マンネスマンは企業経営において成功していたといえよう．同社が結局，敵対的買収によって最後を迎えたのは，競争力が弱体化したり業績が悪化したからでなく，通信事業での実力が買収側にとって魅力的であったためである．もちろん，仮にマンネスマンがもっと早い時期にコングロマリットであることを止めていたら，敵対的買収を逃れられたかもしれないと考えることもできる．というのもその場合には，市場は，個別事業分野，とりわけ通信分野をより高く評価し，買収が困難となったかもしれないからである．とはいえこれは，もっともらしい根拠には基づいているものの，あくまで仮説というに過ぎない．

大企業の構造再編を観察するのは容易であるが，中小企業で起こっていることについては，わずかな情報しか得られない．ドイツにおいては中小企業はかなりの数にのぼり，また経済全体に占める割合も大きいのであるが．(1999年の売上税統計によれば，企業数の95％を占めるのは，売上高500万マルク未満の企業であった．もっとも全売上高に占めるこれら企業の割合は20％のみである．加工業，すなわち狭義の製造業部門においては[6]，売上高500万マルク未満の企業は全体の88％，売上高に占める比率は8％である)．中小企業は，往々にして能力を欠く，あるいはすぐに資金調達上の限界にぶつかってしまうため，大企業と同じ歩調で

新しい事業分野に進出することはできない．また中小企業の大部分は，大企業と同じようには，企業それ自体やその一部門を売買する市場で買い手や売り手となることもできない．それにもかかわらずドイツにおいては，中小企業はしばしば，近代化の注目すべき推進力となっている．もちろんそうした推進力は，ほとんどが新たに設立された企業から生まれるものであり，技術開発や市場の変化に遅れを取ってしまうような古い企業は，ながくは持ちこたえられず，整理されてしまうことになる．

(2) 企業動態

　上記のような企業の整理は，市場環境の変化への適応の第二の形態，すなわち，新しい企業が設立され，古い企業が淘汰されるという，企業セクターの動態の一部をなす．この変動は，かなりの規模に達している．ドイツでは，毎年約50万社弱の企業が設立されている．2001年には，45万5000の企業が設立されたのに対して，38万6000の企業が清算されている（Institut für Mittelstandsforschung Bonn，および，Kay/ May-Strobl/ Maass 2001, Clemens/ Kayser 2001）．おおよそ300万社から350万社の企業が現存しているので，毎年，約7分の1の企業が入れ替わっていることになる．参入と退出とは，当然，小さな価値しか生み出せない小企業において激しい．だが，新設企業のうちからは，成功を収めて，当初は小さくとも急速に成長して有力となる企業が次から次へと現れている．構造の革新に大きな貢献をしているのは，特にこうした企業である．

　企業の新設や淘汰の状況を個別産業ごとに示したデータは，残念ながら存在しない．そこで，各産業の企業数の統計を利用し，その推移を時系列的に追うことで，経済構造の再編に対する企業動向の影響を間接的に把握してみよう．1995年から1999年の時期，総企業数は3.7％増加した（Umsatzsteuerstatistik 1999）．工業や商業といった重要部門では，企業数は減少さえした．大幅に増加したのは製造業向けのサービス業であり，特に顕著なのがデータ処理やデータバンクといった分野である．この数値は，企業活動の重心が新しい分野に移動していることを示している（Backes-Gellner/Wallau/Kayser 2001, 49頁以下）．

　新設企業の資金調達を容易にするために，1997年，ドイツ証券取引所に「ノイア・マルクト（新市場）」が開設された．これは，先端技術志向で革新的な企業を対象とする，アメリカでいえばナスダックに相当する市場であった

(Sachverständigenrat 2000, 項目番号 216；Sachverständigenrat 2002, 項目番号 142). 成功の見込みが大きいものの, リスクもまた高いような株式がそこで取引されることになっていた. ノイア・マルクトは, 当初, 大成功を収め, すぐに 300 以上の企業の株式が上場された. これは, 約 5000 社近くを抱えるナスダックよりはずっと少ないが, 証券取引所上場企業数が長い間 500 社を超えることのなかったドイツにおいては, 非常に多い数である. ノイア・マルクトは当初, 投資家に異常に大きな値上り益をもたらしたが, 成功は長続きせず, 2000 年 3 月にドイツ証券取引所が最高値をつけた後は下落に転じた. ほとんどの株で株価上昇による利益は吹き飛び, 企業の破産で株が紙くずとなる事例も少なくなく, 投資家の失望を誘った. この手ひどい経験のために, ドイツ証券取引所はこの特殊な市場部門を閉鎖し, 取引は他のセグメントに振り替えられた.

　ノイア・マルクトはドイツでは評判を落としたが, しかしこれが, 革新的な企業の発展に大きく貢献したことを見落としてはならない. 少なからぬ企業が期待を裏切ったことは確かであるが, 過半数の企業は, 市場開設初年度の市況の上昇に見合うほどではないにしても, 成功を収めていたのである. 最初の年の度を過ぎた相場上昇とその後の相場下落の責任は, これら企業にではなく, 過剰な反応をした投資家たちが負うべきであろう. その点からするならば, 今後, 新規企業の上場に対してより厳しい基準が適用されるとすれば, それは誤りというものである. 証券取引所への上場によって, 多数の革新的な企業が成長のための資金を手にする. これは経済構造の革新への道でもある. 革新には高いリスクがつきものであること, また新設企業の場合, 既存企業に比べて失敗や破産が多いということは, 投資家には自明のはずである. 投資家は, ポートフォリオの多様化によって, リスクを分散できるはずである.

3　企業の内部構造の変容

　市場条件の変化への適応の必要性は, 企業の内部構造にも影響を及ぼしている. このことは, 国際金融市場の要求を満たそうと努力している企業に特に該当する. とりわけ大企業は, 資金調達での有利な立場を自社の成長につなげようとしている. 実際いくつかの大企業は, 外国の証券取引所, 特にニューヨークでの株式取引の認可を得ることに成功している. しかしドイツ国内の取引所

にのみ上場する企業もまた，国際的な投資家の利害を重視している．これが意味するのは，企業は，これまでドイツで一般的であったよりもずっと，株主の利益を重視しこれに配慮しなければならないということである．企業の市場価値，すなわち「シェアホルダー・バリュー」を重視した戦略をとるべきだという考え方は，20年ほど前には，ほとんどのドイツ企業で理解されず拒絶された．今日では，留保はつくにしても，この考え方は一般に認められている．ここ数年，ますます多くの企業が，経営陣の報酬が企業の市場価値に応じて決まる制度に移行している．通常これは，ストック・オプションのかたちをとる．

　これは，ドイツの企業経営の伝統からは外れている．伝統的にドイツの企業経営では，経営陣は，すべての関係集団の利害の均衡に配慮すべきとされてきた．その意味するところは，シェアホルダーだけでなく，すべての「ステイクホルダー（利害関係者）」の利害を斟酌するということであった（Waldenberger 2000, 116頁以下）．ドイツの法律では，株式会社の経営陣は「企業の福祉のために」ビジネスを行うことを義務づけられている．これは経済学的にはまったく無内容な文言であるが，しかしこの条文は，すべてのステイクホルダーの利害調整を経営者に義務づけたものとして解釈されてきた．法律で定められた労働者の共同決定権によって，またとりわけ株式会社では監査役会メンバーの過半数を選出する権利が労働者側に認められていることによって，ドイツの企業には，特殊なステイクホルダー指向が義務づけられてきたのである．

　金融市場の圧力によって企業経営の原則が変わり，シェアホルダーの利益ばかりが一面的に追求され，他のすべてのステイクホルダーの利益が顧慮されなくなるのではないかという懸念がある．新たな社会的な均衡をどうやって作り出すのかが不明な状態で，社会平和の維持に役立ってきた利益の均衡が失われることも危惧されている．しかしそうした憂慮に対しては，法律で保証された被用者の共同決定権は，新しい動向のなかにおいても何ら否定されているわけではないと反論すべきであろう．しかしとりわけ見落とすことができないのは，株式会社経営陣に課せられた「企業の福祉」の責務は内容が非常に曖昧であり，その結果，株主以外のステイクホルダーに対する具体的な義務を経営陣に課すわけでもなく，ただ単に株主に対する経営陣の義務を緩める条文となりかねない点である．シェアホルダーの利益への配慮を強めるならば，それは第一に企業経営の評価に関して自由裁量の余地を制限することになる．まさにそれだからこそ，株式会社の経営陣はこれまで，「企業の福祉」への奉仕が彼らの

任務であるという公式に，よりどころを求めてきたのである．

　原則的なことを言えば，シェアホルダーの利益の一面的な優先が，企業の過ちと結びついているというのは，誤解である．シェアホルダーの利益が優先されねばならないという根拠は，まず第一に次の点にある．ステイクホルダーは法的には，契約が定めた範囲で企業に対する請求権を持ち，その利益を第一義的には，この契約の締結と遂行によって実現するのである．しかしシェアホルダーに対してだけは，これは該当しない．シェアホルダーの特殊な立場は，これらがただ，他のすべてのステイクホルダーによる契約上の要求がすべて満たされた後，それでもなお残る部分に対してのみ請求権を持つのだという点に規定されている．だからこそ，企業経営に対してシェアホルダーが大きな影響力を持つことは正当といえよう．むろんこれは事実をごく単純化して述べたものである．ステイクホルダーと結ばれる契約は，起こることのすべてを前もって規定しているかを問題にするならば，完全なものではない．むしろ，契約は常に不完全であると言ってよい．そこから生じる義務は大部分は暗黙のものであり，そのままで訴訟の根拠となるようなものではない．これによって，長期的に関係を持つ，例えば債権者のような契約相手，あるいは特に契約関係に伴って特別な投資を行うような労働者や納入業者といった契約相手は，「搾取の危険」にさらされることになる．シェアホルダーの利益を容赦なく追求する企業経営陣は，契約が不完全であるのに乗じて，ステイクホルダーの犠牲のもとで企業の市場価値やシェアホルダーの取り分を増やすような状況に飛びつくかもしれない．こうした状況では，ステイクホルダーは，企業と長期的な関係を結んだり，またそのために特別な投資を行ったりすることに対して及び腰になってしまうだろう（Schmidt/Spindler 1997, Schmidt 2001）．そうなればまた，経済全体の成長も阻害されかねないのである．

　より厳密に考えるならば，シェアホルダー・バリューを指向する企業経営が，こうした状況を必然的にもたらすとはいえない．確かに短期的には，不完全な契約で守られているに過ぎないステイクホルダーに犠牲を強いることでシェアホルダーの利益を引き上げることは可能である．しかし長期的には，そうした方法は企業の評判を落とし，ステイクホルダーとの欠くことができない協力の基盤を破壊してしまう．そうなれば納入業者は，不完全な契約のためにリスクを冒して投資を行おうとはもはやしないであろう．また労働者も，この特定の企業のために熟練を磨こうとはしなくなるだろう．もしも，企業の将来

における成果が市場でのその企業の現在価値に反映されるならば，ステイクホルダーから著しく不評を買うような企業経営は，シェアホルダー・バリューにも不利な影響を及ぼすであろう．正しく理解されたシェアホルダー指向とは，容赦なくステイクホルダーを搾取することと両立しうるものではない．

　それにもかかわらず，シェアホルダー指向を従来より重視する場合には，企業経営の性格は変化せざるをえないだろう．これがとりわけ該当するのは，例えば大株主の影響や敵対的買収の脅威など，企業経営への外的な圧力によってシェアホルダーの地位が強まるような場合である．ステイクホルダーとの不完全な契約が命じる暗黙の義務をどのように扱うかは，常に裁量の余地を伴う難しい課題である．一方では，この不完全な契約を新たに結ぶためにも，信用や評判を獲得することが重要である．他方，「シェアホルダー」による統制をほとんど免れたような企業経営においても，一般的に紛争を避けようとする意図のため，またあるいは他の個人的な利益のために，例えば労働者や債権者たる銀行など特定のステイクホルダーへ配慮し過ぎるということもありうるだろう．これは非効率と競争力低下の原因となりうる．ステイクホルダーが，自らに有利な特定の取り決めを暗黙の義務の結果と見なすことにいったん馴染んでしまうと，そこから抜け出すことは難しくなる．暗黙の義務と誤って考えられた関係の網の目から抜け出すためには，往々にして，企業の売却や破産手続きによる清算といった危機的な切迫状況が必要である．いずれにせよ，企業経営にとっては，企業の評判の維持のために，ひいてはまたシェアホルダー・バリューの確保のために，明確な契約上の義務を越えてどの程度まで「ステイクホルダー」の利害に配慮すべきかということは，判断の難しい問題である．

　最近のドイツ企業においては，一般にシェアホルダー指向が以前より強調されている．そのために，不完全な契約に基づく暗黙の義務の認知やこれへの配慮が次第に少なくなり，直接的利益の獲得の努力が，ますます重要になりつつある．これは，経済全体の効率性にプラスの影響を及ぼすであろう．他の工業国と比較してのドイツ経済の弱点は，一つには，株式市場やリスク・ヘッジのための資本市場が発展していないということであった．これら市場が，とりわけ外国の投資家に，またドイツの投資家にとってすら魅力的に思われなかった一因は，株式会社の経営陣がシェアホルダーの利害を非常に限定的にしか配慮しないという，ドイツの伝統にあった．実際，とりわけ大企業がシェアホルダー指向を強調するようになった背景には，国際資本市場で足場を固めたいと

いう希望があったのである.

　シェアホルダー指向の強まりを憂慮しなければならないとすれば,それは,これが行き過ぎた結果,長期的な視点がおろそかにされたり,特にまた,ステイクホルダーとの間の不完全な契約に関して信用や評判がないがしろにされるような場合である.こうした観点から,今日では,株式の市場価値に従って経営陣の報酬を決める方法に対しては,次第に批判が高まっている.こうした報酬方式,特にストック・オプション制度は,このところ非常に普及してきているが,これに対する批判の矛先は,これが,短期思考の経営戦略やステイクホルダーとの関係の軽視の誘因となるのではないかとの点に向けられている.理論上は想定されるように,企業経営のすべての長期的な結果が現在価値に割引かれて市場価値に反映されているならば,こうした憂慮には根拠はない.しかしこれを疑う理由もある.株式市場の短期的な反応は,部外者にはその意味がなかなかわからないような,長期的利益を志向した経営上の判断よりも,直接目に見える利益や損失にずっと影響を受けているとみられるからである.短時間で売却できるオプションや株式と関連づけた報酬制度は,もっぱら短期的で目につきやすい成果ばかりを追求する企業戦略の誘因になりかねない.加えて,たとえ短期的な効果しかないにしても会計上の操作で企業の実態を粉飾しようとの誘因さえもが生じることになる.数年前のアメリカやドイツでの経験は,そのような操作が可能であり,実際にも行われていることを示している.

　今日,シェアホルダー指向はますます一般化しているが,これが実際にドイツの企業経営を根底的に変化させているか否かについては,未だ判断がつかない.これは一時の流行語に過ぎないとの見方も一部にはある.しかし多くの者は,市場環境の変化という圧力のもと,後々まで残るような変化の過程が始まったと考えている.この過程が何をもたらすのかは,なお予測できない.もしリスク選好資金のための効率のよい市場の発展が促進されるならば,肯定的な評価を下してもよいであろう.しかしながら,過度の短期指向や,ステイクホルダーとの不完全な契約上の義務の軽視に帰結する危険性は,過小評価することができない.

4 環境条件：国家の経済政策の役割

(1) 金融市場の振興

　企業が直面している市場環境の根底的な変化は，もっぱら，ヨーロッパに統一的で競争的な市場が形成されたことによるものである．企業活動の基本的な条件，とりわけ競争政策は，今日，EU 当局によって定められている．しかしここではこの問題は取り上げず，一国単位の経済政策に着目しよう．その意義は，各国において，新たな市場環境への企業の適応を左右するような環境条件を創出することにある．

　1990 年以降，ドイツでは金融市場の自由化とその振興のための一連の法律が制定されてきた．これらの法改正のうち最も重要な変更点は，有価証券取引の自由化，新しい金融商品の導入に対する障害の除去，インサイダー取引の禁止，監査役会や会計監査の義務，株式会社の会計規則や経営情報の公開の義務といった点に関わるものである．これら法改正は，一般に，投資家の保護を強化し，透明性を高め，時代遅れの形式要件を廃止してリスク選好資金向け市場を拡大し，それにより企業の資金調達の可能性を改善することを目指したものである．これによって，当初小規模であっても高い成長可能性を持つ革新的な新設企業が，リスク選好資金向けの市場から資金を調達することが容易になった．今日，10 年前よりもずっと多くの企業の株が株式市場で扱われていることからすると，これらの政策は成功したといえる．革新的な新設企業も，これにより生まれた機会をうまく利用できている．ノイア・マルクトの相場下落に対して失望感が広まったとしても，この種の市場部門が多くの新設企業に対して成長のための資金調達源となったことを忘れてはならない．

(2) 敵対的買収

　企業買収，特に敵対的な買収は，今日，いくつかの点でドイツ連邦政府と EU 委員会の間の争点となっている．敵対的買収に関するヨーロッパ共通ルールについての EU 委員会の草案は，国内の買い手の場合であれ国外の買い手の場合であれ，資本市場は原則として敵対的買収を容認すべきとしている．ドイツ連

邦政府もこの点では基本的に EU 委員会草案を支持している．しかし EU 委員会案では，買収の標的となった企業の経営陣は，株主の明示的な承認によってのみ，敵対的買収に対する防衛措置をとりうるとされている．それに対してドイツ連邦政府は，こうした防衛措置の発動にそれほど制限をかけるべきではないと考えており，その場合，敵対的買収はより困難になるであろう．ドイツ連邦政府は，ヨーロッパの他の国においても敵対的買収に対する防衛措置は認められており，もしその発動に制限をかけるならば，ドイツ企業がヨーロッパの［EU 非加盟国の］企業に比して不利な立場におかれると主張している．企業の敵対的買収は構造変化を大幅に促進しうるが，しかし，敵対的買収の可能性があるというだけでも，企業は一層強い適応圧力のもとに置かれる．もしも企業経営陣が株主の明示的な同意を得ることなくして防衛措置を発動しうるのであれば，この適応圧力は減退してしまうであろう[7]．

(3) 破産法

　1999 年に施行された破産法も，重要な法改正である．経済的な観点から言えば，破産法は，破産した企業の資産を新たな運用者に引き渡すという重要な機能を持っている．採算性のある企業やその一部分の活動を継続させるためには，採算のとれない企業は解体されねばならない．構造再編の過程においては，競争下で変化についてゆけず成長できなくなった企業の資産を，効率的に再配置することが重要となる．新破産法は，すべての関係者間の協力を促進する柔軟な手続を武器に，この課題を担うとされていた．しかしながらごく最近では，ドイツの有力な政治家は，自分達自身が近年改正したばかりのこの破産法の機能に，たびたび疑念を表明している．大企業が破産しそうになると，倒産に脅かされている雇用を維持するとの理由で，連邦政府や州政府による介入が再三にわたってなされてきた．最もよく知られた例は，［シュレーダー前］連邦首相が自ら指揮をとって破産回避に努めたホルツマン社の件であるが，これがほんのわずかの成果しか生まなかったことが，後に明らかとなった．政治のジレンマがここにある．危機や紛争の解決のための，秩序政策的な理由に基づいた一般的ルールがある一方で，政治家は，秩序政策的なルールから逸脱して個々の事例に介入するよう求める圧力にさらされている．そのような介入はいつも，効率的な構造再編のためにではなく，既存のものを維持するために行われるの

で，市場の変化への適応を促進するどころか反対にこれを妨げる．脅かされた雇用を救うという介入のそもそもの目的も，市場の要求と両立できるものでなければ，結局は達成されえないであろう．

(4) 税　　法

　2000年の税制改革によって企業の税負担は大幅に軽減され，これにより，企業の新設ばかりでなく，既存企業による投資もが促進されるはずであった．ドイツの企業の租税負担は国際的に見て高いので，これは緊急に必要とされる改革であった．しかし，この税改革に合わせて国の支出を削減することを怠り，また税軽減によって景気が回復するのではないかとの楽観的な期待もすぐには実現せず，そのため，2002年9月の総選挙以降，企業の税負担を再び増加させるような計画が，相互に調整されることも熟慮されることもなく打ち出されている[8]．

　2000年の税制改革は，強い異論もあったが，他の資本会社への出資分を売却して得られる資本会社の利益を，非課税とした．これにより，子会社の売却や譲渡に関わる限りでは，企業の構造再編は容易になった．

(5) 創業支援

　企業の新設を支援することは，ドイツの経済政策にとっては優先的な課題である．構造の再編や市場環境の変化への適応を，補助金なしでは延命されえないような旧式の企業の維持によってではなく，市場の要求に適合的な新たな企業によって成し遂げようとすることは，基本的に正しい方法である．ドイツには設立間もない企業に対する支援策が数多くあるが，そのうち最も重要なものは，優遇条件での信用の供与である．だが見落としてはならないのは，そうした支援策は，企業が補助金など必要としないほど強固な存在となっていなければ，そもそも成功しないということである．特に重要なのは，企業家的な活動にとっての一般的な環境条件を改善することである．税負担の軽減と並んで，官僚主義的な障害の除去や労働市場の規制の見直しといったことがそれに該当する（Sachverständigenrat 2002, 項目番号 362）．こうした種々の条件の欠落は，新設企業への補助金によって補えるものではない．

(6) 労働市場の規制緩和

　企業家的な活動にとっては，労働市場における規制は重要な環境条件である．これはドイツではかなり議論の分かれるテーマである．一方には労働市場の規制を激しく批判する勢力があり，主に学者，国際組織，経営者と経営者団体などから成っている．これらの批判は，賃金決定に際しての労働組合の支配的な地位，労働契約法での過剰な労働者保護，法に規定された労働者の共同決定権が及ぼすいくつかの特定の効果などに向けられている．多くの批判者たちは，労働市場の規制が強過ぎることが，ドイツの失業の高止まりの主因であると考えている（Sachverständigenrat 2002, 項目番号 423 以下；OECD 2002, 171 頁以下）．これに対立する勢力の側では，とりわけ労働組合関係者が，社会国家の成果として見なされるこれらの規制の変更や制限に対して強く抵抗している．

　連邦政府は，多くの専門家の進言にもかかわらず，1998 年以降，労働市場の規制をゆるめず，それどころか反対に規制を強めてきた．労働契約法における解雇制限や被用者の経営への共同決定権に関して，とりわけ中小企業の負担を増すような措置がとられたばかりか，労働協約に一般的な拘束力を持たせる可能性も拡大された．労働市場の過剰な規制のために企業の柔軟性が大幅に損なわれ，市場環境の変化への適応が困難になっている．構造の再編は，時間ばかりを喰う各種の手続きや高コストのために妨げられており，また，より規制が少ない他の場所への企業の流出も進んでいる．過剰な規制は，企業の新設にも水を差しているのである．よほどのことがない限り解雇されないという制度が，それにもかかわらず失業してしまった場合にはもはや新たな働き口は見つからないという事態を生んでいるとすれば，労働者の優遇を意図している規制であっても，その利益は疑わしいものといわねばならない．

結論　経済政策の役割

　経済政策がどの程度，企業セクターの構造再編を後押ししてきたのかは，ドイツの場合，十把一絡げに判断できない．金融市場における改革は，例外なく肯定的に評価されうるだろう．これにより資金調達の可能性が拡大し，企業は革新を進めることが可能となった．金融市場改革は同時に，企業間の競争圧力を高め，企業の適応を促進した．こうした競争圧力は，敵対的買収を含め企業

の買収に対する障害が現在よりも少なくなれば，一層強まるであろう．こうした見方が，単にドイツのみならず，ヨーロッパ全体に浸透することが望まれる．また企業の設立に対する支援も，これが補助金と結びついていない限り，基本的に肯定的に評価しえよう．2000年の税制改革で実現した企業の税負担の軽減も大きな進歩ではある．しかしこの改革の効果は，その後に連邦の巨額の財政赤字を削減するために熟考することもなく打ち出された増税策によって損なわれるであろう．労働市場の規制緩和を進めるという切迫した課題においては，これまでまったく成果がみられない．ここ数年，労働市場の規制は強化さえされているのである．これは，市場条件の変化への適応を促す経済政策に，まったく逆行するものである．

5　結　　語

　市場の拡大と資本移動の自由化は，技術進歩と結びついて，世界経済の分業に重大な変化をもたらしている．この変化は，この動きに加わるすべての国に，富の増大の可能性を開いた．しかし，この過程ではまた敗者も存在する．敗者となる危険性は，必要な構造再編を行い市場における比較優位を有効に働かせることに成功しなかった国の場合には，とりわけ大きい．そうした構造の再編が起こるか否かは，何よりも，変化した市場で機会をうまく捉えることができる企業が十分に存在するかどうかにかかっている．

　ドイツは現在，新たな環境への適応の過程にある．一方では既存の企業が製品構成を変更し，また企業構造を大幅に転換している．同時に他方では，創業や，旧態依然とした企業の排除によって，企業の顔ぶれが新しくなっている．こうした過程は，かなりの程度まで経済政策によって支えられている．だが，企業の柔軟性の向上に大きく寄与するはずの労働市場の改革には，手がつけられていない．市場指向の企業構造再編を妨げている障害を除くためには，一層の政治的な努力が必要である．

訳注

　[1] その後上場企業数は再び減少に転じ，2005年11月現在，ドイツ証券市場（Deutsche Börse）での上場企業数は，国際的な情報開示基準による「プライム・スタンダード」部門

360社, その他の企業から成る「ジェネラル・スタンダード」部門408社であり, 合計768社となっている. http://deutsche-boerse.com/dbag/dispatch/de/kir/gdb_navigation/listing

[2] 2003年6月4日,「ノイア・マルクト」に上場されていた最後の企業が上場を廃止し, これにより, ドイツ証券市場株式会社（Deutsche Börse AG）が前年に予告していた年末を待たずして同市場は閉鎖され, ドイツ証券市場に吸収された.「ノイア・マルクト」の不振とその廃止に至る経緯については, 林宏美「ノイア・マルクトの廃止を決めたドイツ証券取引所」(『資本市場クォータリー』野村資本市場研究所, 2002年秋号を参照). http://www.nicmr.com/nicmr/report/repo/2002/2002aut03.pdf

[3] 2004年5月, 新たに10カ国（ポーランド, ハンガリー, チェコ, エストニア, ラトビア, リトアニア, スロバキア, スロベニア, マルタ, キプロス）がEUに加わり, EUは25カ国体制となった. 詳細については第11章, とりわけその訳註を参照.

[4] その後の2004年8月, サノフィ・サンテラボがアベンティスの買収を企てた. ノバルティス（スイス）も買収側として名乗りを上げたが, 結局, サノフィ・サンテラボが株式公開買い付け（TOB）によってアベンティスを買収し, 売上高で米国ファイザー, 英国グラクソスミスクライン（GSK）に次ぐ世界第3位の製薬企業「サノフィ・アベンティス」が誕生した. 買収側のサノフィ・サンテラボは1999年にフランスの石油会社エルフの子会社であるサノフィと, 化粧品会社であるロレアル社の子会社であったサンテラボ社が合併して成立した企業である. http://en.sanofi-aventis.com/group/p_group.asp

買収合戦が独仏多国籍企業とフランス企業の合併に帰着した背景には, フランス政府の介入があったとされる.

[5] バイエルは, 2004年7月, ロシュの子会社であるロシュ・コンシューマーヘルスの買収を発表した. これにより同社は, 処方箋の不要な市販薬事業分野で世界第三の企業となった. また同年3月, 化学品, ゴム, 樹脂等の分野をランクセス社として分社化することを発表, 同社は翌2005年1月に上場された. http://www.bayer.co.jp/bgj/newsfile/index.html

[6] ドイツの産業分類は, 全産業をAからPの大項目に分類しているが, そのうち,「C鉱山業, 土石採掘業」,「D加工業（Verarbeitendes Gewerbe）」「Eエネルギー・水道」「F建設業」は, しばしば一括されて製造業（Produzierendes Gewerbe）と称される. 就業統計やGDP統計など経済全体に関わる統計においては,「加工業」ではなく「製造業」やこれから「建設業」を除いた部門が項目として用いられる例が多い. http://www.destatis.de/allg/d/klassif/wz2003.htm

それに対して「日本標準産業分類」においては,「F製造業」はそれ自体で19の大分類の一つをなしており,「D鉱業」「E建設業」「G電気・ガス・熱供給・水道業」を含まず, これらと並列的な関係にある.「製造業」の国際比較に際してはこれらのずれに注意する必要がある. http://www.stat.go.jp/index/seido/sangyo/

[7] 2004年4月, 敵対的買収に関するEU指令が定められた（Directive 2004/25/EC）. この指令は, 防衛策の全面的禁止に反対したドイツ等の主張を大幅にとりいれており, 防衛策の発動に対して株主総会での承認を課したものの, 国際的買収について相互主義の原則を定め, また防衛策に関する各国の立法裁量権を一部に残している. http://europa.eu.int/eur-lex/lex/LexUriServ/LexUriServ.do?uri=CELEX:32004L0025:EN:HTML

[8] 2003年12月, ドイツでは, シュレーダー政権が提出した経済構造改革プログラム「ア

ジェンダ 2010」の関連法案が，与野党の妥協の結果，成立した．これは税制に関しては所得税率の引き下げや基礎控除額の引き上げを主たる内容とするが，同時に労働市場に関しても，解雇制限の緩和や失業保険給付金の給付制限などの内容が盛り込まれ，また社会保障制度にも財政支出の抑制の観点で手をつける内容となっていた．これらドイツにおける税制改正の近年の動向については，例えば，西野健「欧米主要国における最近の税制改正の動向」(『財政金融統計月報』第 636 号，1-15 頁). http://www.mof.go.jp/kankou/hyou/g636/636a.pdf および，田中信世「ドイツの経済構造改革」(『季刊国際貿易と投資』2004 年春号，Nr. 55, 49-66 頁) を参照．http://www.iti.or.jp/kikan55/55tanakan.pdf

参考文献

Backes-Gellner, Uschi / Wallau, Frank / Kayser, Gunter (2001), Das industrielle Familienunternehmen. Kontinuitaet im Wandel, BDI-Drucksache Nr. 331.

Clemens, Reinhard/ Kayser, Gunter (2001), Existenzgründungsstatistik, Institut fuer Mittelstandsforschung Bonn, Materialien.

Funk, Joachim (1998), Mannesmann im Trend globaler Märkte und internationaler Arbeitsteilung, in: Zeitschrift fuer betriebswirtschaftliche Forschung, 50. Jg, 183-196 頁.

Funk, Joachim (1999), Wie schaffen diversifizierte Unternehmen Wert, in: Zeitschrift fuer betriebswirtschaftliche Forschung, 51. Jg, 759-772 頁.

Kay, Rosemarie/ May-Strobl, Eva/ Maass, Frank (2001): Neue Ergebnisse der Existenzgruendungsforschung, Gabler, Wiesbaden.

Klumb, Morten Jesko (2002): Organisationale Flexibilitaet und Marktstrukturen, Gabler, Wiesbaden.

Monopolkommission (2002), Netzwettbewerb durch Regulierung, 14. Hauptgutachten, Nomos-Verlagsgesellschaft, Baden-Baden.

OECD (2002), OECD Economic Outlook, Volume 2002/1, No. 71, June.

Roevekamp, Frank (1998): Die Struktur der Chemieindustrie in Japan, Peter Lang, Frankfurt a.M.

Sachverstaendigenrat zur Begutachtung der gesamtwirtschaftlichen Entwicklung (2000), Chancen auf einen hoeheren Wachstumspfad, Jahresgutachten 2000/01, Metzler-Poeschel, Stuttgart.

Sachverstaendigenrat zur Begutachtung der gesamtwirtschaftlichen Entwicklung (2002), Zwanzig Punkte für Beschaeftigung und Wachstum, Jahresgutachten 2002/03, Metzler-Poeschel, Stuttgart.

Schmidt, Reinhard (2001): Kontinuitaet und Wandel bei der Corporate Governance in Deutschland, in: Zeitschrift fuer betriebswirtschaftliche Forschung, Sonderheft 47/2001, 61-87 頁.

Schmidt, Reinhard/ Spindler, Gerald (1997) Shareholder Value zwischen Oekonomie und Recht, in: Assmann, H.-D. et al., Wirtschafts- und Medienrecht in der offenen Demokratie, Freundesgabe für Friedrich Kuebler, C. F. Mueller, Heidelberg, 515-555 頁.

Waldenberger, Franz (2000): Die Marktkontrolle im deutschen und japanischen System der Unternehmensverfassung, in: Zeitschrift fuer betriebswirtschaftliche Forschung, Sonderheft 44/2000, 97-132 頁.

第3部

対外経済関係のかたち

はじめに

　第3部は，第7章，第8章，第9章の3章と補論から成る．第7章と第8章は日独経済関係をそれぞれ日本からとドイツから検討し，第9章と補論は日独の対外経済関係を，ドイツについては主にEUとの関係に，日本については日米経済関係にそれぞれ即して論じている．これらを相互に比較すれば，日独の対外経済関係のかたちが，地域統合や世界経済における両国の位置を軸として，かなりの程度浮き彫りにされるであろう．

　まず第7章で八林は，主に過去20年における日独の貿易に関する多様な図表を駆使して，一方における，ドイツの貿易から見たEU統合の進展やこれと並行した中東欧加盟候補国（現新規加盟国）とのドイツの貿易関係の一層の発展，および東・東南アジア地域における経済関係の深化と，日本のこの地域との投資面，金融市場統合をも伴う貿易関係の急速な発展，さらに欧州と東・東南アジアの地域統合で独日がそれぞれ中心的役割を果たしてきたこと，他方における，以上と対照的な90年代以降の日独の貿易関係，経済関係の停滞ないし衰退を確認する．彼は，特に最近における両国貿易関係の停滞ないし衰退の裏には世界貿易における中国の躍進があるとしつつ，これによる日本・NIEs―中国・ASEAN―ドイツ（欧米）の間の三角貿易構造の進展に注意を促している．その上で彼は，独日の貿易関係，経済関係の一層の発展を，地域統合と多角的貿易体制との並行的発展のいわば一つの鍵をなすものと期待している．両国間関係の発展を，2国間のみならず，日本を東・東南アジア地域のなかに，ドイツをEUを軸とした欧州のなかに，さらに両地域の関連に媒介された多角的貿易体制のなかに位置づけて捉える彼の見方は，それ自体，開かれた経済連携志向の意味での視野の広さを持つ．同時に，この見方は，多角的貿易体制を掲げながら事実上米州地域をはじめ東アジアや中東等における2国間連携や地域統合への積極的関与を優先して推進しつつあるかに見える近年の米国の動向に対して，日独両国が多角的貿易体制の維持・発展の立場から，共同でかつ率先して一種の対錘を置こうとする提案の意味を持つと解釈しても，あながち深読みに過ぎるとは言えまい．

次に第8章でハイドゥック／シャッベルは，近年の独日経済関係に関する貿易，直接投資，提携等の諸指標を手がかりに，両国がその世界経済やアジアと欧州で占める規模と重要性からすれば量的にわずかな関係しか持たず，また2国間貿易や直接投資でも深化の兆しがなく，むしろその逆であるとの，基本的には八林と共通の現状認識を示している．しかし，その要因に関する把握は八林と対照的である．すなわち，彼らはその要因として，景気循環，競争力，為替相場といった短期的変化を挙げるとともに，とりわけ両国の「システミックな側面」を重視する．すなわち，何よりもドイツが開かれた国民経済であるのに対して日本が今なお相対的に閉ざされた国民経済であることが，独日の経済関係の妨げとなっていることを強調する．またEU東方拡大はドイツ企業にとって将来の新投資・販売機会となり，独日貿易にも負の影響を及ぼさず，日本企業もEU拡大への参加機会がある一方，日本はアジアでの地域協力にも関心を示しつつあるが，NIEsの世界経済への結びつきと中国のWTO加盟は日本における新たな保護主義の契機ともなりえ，独日の経済関連にも影響が生じると予想する．さらに以上を踏まえて，独日経済関係の長期発展のためには日本の国際化の強化が不可欠であるとし，日本がこれに成功しなければドイツは他のアジア市場へ集中し，ドイツのアジアでの立地は次第に中国へ移る可能性があるとする．

　この捉え方は，日独経済関係の把握の枠組に関する八林との相違とも結びついている．上述のように，八林が両国経済関係の推移を地域統合を媒介とした多角的貿易体制の進展の見地から把握し，この関係のいわば双方向的な進展を観ようとするのに対して，ハイドゥックらは，日独経済関係における2国間不均衡をきわめて重視し，両国経済関係の発展を，この不均衡の解消と不均衡の原因でもある日本経済の閉鎖性の打破とに依存せしめている．なお，彼らにあっては，この閉鎖性は日本経済の競争優位の低下とも関連づけられている．閉鎖性に関する以上の彼らの見解は，80年代の米国における「日本異質論」の延長線上のものと言ってよい．したがってまた，この見解は，日本経済の「閉鎖的」枠組の持つ独自な経済（ないし市場経済）合理性に関するこの間の研究蓄積との突き合わせの課題を残していると言えよう．

　彼らは，日本側の対独関与の低下と日本企業の欧州への拡がりについては，

その要因としての産業立地ドイツの魅力の減少を指摘している．その内容について彼らは立ち入っていないが，この問題はボル（第2章）と次に触れるティーメ（第9章）によって扱われている．

　第9章では，ティーメが，ドイツの対外経済関係の展開を跡づけつつ，ドイツ経済が直面する問題を指摘している．彼は，貿易や国際収支，資本移動，外国為替収支・外貨準備の動向を図表によって検討し，次のように指摘する．ドイツは，米国に次ぐ世界第2の貿易大国であり，依然として「［世界］市場で優越的な地位を持つ小規模な開放的貿易国」である．また，1990年代にEU向け輸出が増大してEU向け輸出は輸出全体の過半に及び，EUからの輸入も全体の半ばを占め，ことに中東欧向け輸出が急増して2001年には10％を占めるに至った．この点は，EUの中核国としてのドイツの立場が強化され，またドイツがEU東方拡大に先がけて中東欧をその経済圏に包摂しつつあることを示唆するものである．さらに彼によれば，EU共同市場の創設に伴う資本市場での規制撤廃や欧州通貨同盟は，域内資本取引の大幅な増加をもたらした．他方，彼は，1970年代半ばから今日まで国内の経済構造の悪化と立地の魅力の減少が続いており，これは対外経済関係の成功では埋められないとする．またこれとの関連で，近年における伝統的な輸出市場での市場占拠率の低下とこれによる経常収支の悪化を確認しつつ，その主因を欧州内での競争激化とドイツの改革の相対的遅れに求め，かつ，この点とともに，アジアやアメリカ経済圏からの競争圧力が，ドイツに体系的な秩序政策的改革による経済的能力改善を迫っていると観ている．

　ここで彼が，一国における構造的ゆがみが，もはや為替相場の調整によって緩和されず，財・要素価格の調整と要素の移動によるべきとした上で，「カルテル化されたドイツの労働市場」に言及しているのは，ボルやケスタースらの観点（第2章と第11章）との一面での共通性を窺わせる．他方しかし，渡辺が指摘したように，ボルにとっては秩序政策からの逸脱が危機の主因であったが，ティーメにとっては秩序政策の市場環境変動への不適合が危機の主因であり，両者の因果関係の把握は相反するという違いがある．さらに，ボルやティーメがともかくも秩序政策的改革を重視するのに対して，対外経済関係上の基本枠組の変化を伴うEU東方拡大へのドイツの対応を論じたケスタースらは，秩序政策の枠に収まらぬ，EU規模の政治経済的リアリズムの観点からの調整を重

視するという違いがある．これらの共通性や相違は互いにどのように調整されうるかが，あらためて議論を呼ぶところであろう．

　最後に補論で，中村が対米経済関係を中心に日本の対外経済関係を回顧する．その際，検討対象は主に戦後復興期とそれに次ぐ高度経済成長期に限定され，一部1980年代初頭にまで言及されてはいるが，1985年の「プラザ合意」からバブル景気を経てその後の長期停滞に至る過程には触れられていない．その限りで，世紀の節目における日独の現状と展望を比較検討する本書の時期設定とずれをみせている．中村の主旨を推測すれば，戦後の日米経済関係に根本的な変化はないとの立場に立ち，その上で1980年代後半以降を把握する鍵をその前史に見出すということであろう．

　中村は，戦後の日本の対外経済関係の変化を何よりも貿易収支の赤字から黒字転換，黒字幅拡大によって特徴づけ，その主因を産業構造の変化と産業技術の変化による国際競争力の強化に求めつつ，これを米国との貿易関係に即して確認する．その上で，彼は，日米両国の貿易収支の変容を背景とした日米貿易摩擦の展開を，対米輸出面で繊維，鉄鋼，自動車について，対日輸入面で昭和35年の商品貿易自由化計画と関わらしめた電電公社交渉（1979年開始）について，それぞれ事例に則して検討する．最後に，1970年代以降日本の国際収支黒字が安定し，日本がその資金を，経常収支赤字を恒常化させた米国に投資した事実に触れつつ，米国がかつての抜群の経済力を保持しなくなったにもかかわらず，日本が米国のパートナーとしての役割に甘んじていると指摘する．

　中村がその抑えた筆致で物語るのは，戦後の日米経済関係は，日本が産業の国際競争力では米国に逆転するに至ったにもかかわらず，米国は，貿易摩擦を主な強圧手段とする実質的な国内輸入市場規制と対内直接投資誘導，日本市場の開放強制，（米財務省証券の日本による引き受け等による）日本の経常収支黒字のいわば直接的吸収等によって，日本の国際競争力が得た経済余剰を徹底的に自国に吸い上げ，日本政府や日本企業はこれに基本的に甘んじてきたとの，非対称な経済関係であったということであろう．ここから，対外経済政策における日本政府の介入が，自律的ではなく，むしろ米国政府の政策下請けの遂行であったことがあらためて確認される一方，そうした日本の政策をも日本経済の「閉鎖性」の一環として執拗に追及するアメリカの政策が，いわば互恵性ないし

実質的公正の観点から見ていかに不合理であるかが知られるところである.

なお,日本の今日の対外経済関係は,大きくは対東アジア貿易の急速な拡大と対米貿易の比率の顕著な低下で特徴づけられる(第7章).だが,それにもかかわらず日本の対外経済政策は,今久保(第10章)が明らかにしたように,依然,米国のパートナーとしての役割,すなわち実質的な対米従属の基調を変えていない.このような経済関係の実態と政策との乖離の問題を,実態に政策を適合させるべく,米国との間でどのように調整しつつ,決着させるかが問われていると言えよう.上述の八林の把握から導かれた提案——これは中村の現状認識を受けたかたちにもなっている——や今久保の日米経済関係に関する提言は,この問いに対するそれぞれの解答になっている.

ここからすれば,ハイドゥクやティーメによるドイツの対外経済関係に関する議論では,ドイツにとっても重要な米独経済関係について,中村の対米経済関係把握や八林提案の持つ含意に対応するような認識は示されていない.ドイツ側が,米独経済関係の現状をどのように把握し,かつその展開にどのような構想をもって臨むのか.その際,この構想に独日経済関係をどう位置づけるのかについて,なお検討の余地が残されていると言える.

第 7 章
対独関係から見た日本の貿易構造

八 林 秀 一

1

　1970年代の金とドルの交換停止，二度の石油ショックといった激動を経た，1980年代以降のここ20年間の，日独の貿易関係の検討が本章の主題である．この20年間に，日本とドイツの両国はそれぞれ，世界貿易において大きな役割を果たしてきた．ここでまず，世界の貿易に占める両国の位置を確認しておこう[1]．まずドイツ[2]について見ると，世界の輸入額全体に占めるドイツの輸入額の割合はこの20年間に7％と11％の間で，アメリカ合衆国に続いて一貫して世界第2位の輸入大国である．輸出では，この時期に世界全体の輸出額のほぼ9％と12％の間を占めて，輸入と同じくアメリカ合衆国に続く第二の輸出大国であり，1986～88年と1990年には世界全体の輸出額の11％を超えて最大の輸出国にもなっている．他方で日本は，この時期の多くの年には，輸入においても（世界全体の輸入額の5～7％）また輸出においても（世界全体の輸出額の6～10％）世界第3位を占める，貿易の大国であった．
　ここで，両国において外国貿易が占める地位を，アメリカ合衆国も参考のために加えて，人口一人当たり輸出入額と輸出入額の対GDP比で確認しておこう[3]．まずドイツにおいて一人当たり輸出入額は，日本あるいはアメリカ合衆国におけるそれのほぼ二倍のレベルであり（一人当たり輸出額は日本とアメリカのそれぞれ3300ないし2300米ドルに対してドイツは6400米ドル，一人当たり輸入額は

2800ないし3100米ドルに対して5600米ドル),輸出入額の対GDP比でもドイツの輸入額の対GDP比19.5％,輸出額の対GDP比22.4％は,日本のそれぞれ7.6％と8.9％,アメリカ合衆国のそれぞれ10.8％と8.2％,のほぼ二倍強のレベルにある.このようにドイツでは,日本,そしてアメリカ合衆国と比較して,早くから大陸内と大陸間の広範な交易関係の展開していたヨーロッパの中心にあったという歴史的・地理的理由から,そして近年ではさらにEU統合の進展によっても,外国貿易が一層大きな役割を果たしている.

さて,ドイツと日本の外国貿易のこの20年間の推移を景気循環的な側面も入れて簡略に見てみると,次のようになろう.まずドイツの外国貿易は,「第二次石油危機」の影響を受けた1980年代前半の停滞の後,ドイツ統一までは目覚しい発展を示した.ドイツ統一によって,ドイツの外国貿易は絶対額で見ても若干の減少を示すことになったが,1990年代後半には,EUの経済的統合がさらに進展するにつれて再び増加を見せている.日本は,1980年代前半には,輸入が停滞するなかで輸出増加によって良好な経済的パフォーマンスを示した.「バブル経済」においても,輸入が増加に転ずる一方で輸出はさらに増加し続けた.しかしその終焉後,とりわけ1990年代半ば以降には,日本経済とともに日本の外国貿易も,輸出入ともに比較的長期の停滞の局面に入っているといえよう[4].ただ注目しておくべきは,1990年代後半以降の日本の輸出入,特に輸出の停滞は,上に述べたような循環的な減少ないし停滞と同時に,何らかの構造的な変化がこれにあわせて登場しているのではないか,と推測される点である.これについては後に立ち返って検討しよう.

2

以上ドイツと日本において外国貿易が占める地位についての概観をえた次に,両国の貿易の商品別構成のここ20年間の推移を見てみよう[5].まず日本の輸入の相対的商品別構成の推移を見ると,この20年間に非常に大きな構成比の変化が生じている.まず,「鉱物性燃料・潤滑油」+「動植物性油脂」(これらの大部分を占めるのは「石油」[6])の割合は50％弱から約20％へと大幅に低下し,「原材料」の割合は15％弱から約7％へとかなりの低下を見せるのに対し,「機械類および輸送用機器類」は7％から30％弱へと大幅な増加を示している.石

油の割合低下については，まず石油の価格低下を考慮に入れなければならないし，さらにはこの割合低下は相対的な意味しか持っておらず，絶対的な輸入額，さらには輸入数量の低下を必ずしも意味するものではない点にも注意すべきであろう．実際に，1983年から2000年にかけては，「燃料」＋「油脂」の輸入額は31％増加しているのである．それだけ一層，この時期の「機械類および輸送用機器類」の輸入の割合増加は目覚しいことになる．この「機械類および輸送用機器類」の輸入増加のなかをさらに細かい区分（項目 division）で見てみると，「電気機器」「事務用機器・コンピュータ」と「通信機器・音響機器」の輸入が，特に1990年代にその割合を大幅に増加させたことがわかる．この点は後に国別の輸入構成推移の考察とあわせて再び立ち返ることになる．

さて，日本の輸出の相対的商品別構成の推移を見ると，まず「機械類および輸送用機器類」が1980年代に輸出全体の64％から71％に増加した後，その後もほぼ70％前後という高い割合を占め続けていることがわかる．「原料別製品」（そのなかで大きい割合を占めて重要なのは「鉄鋼」）は，1980年代初頭の20％から2000年には約10％へと輸出額全体に占める割合はほぼ半減している．「機械類および輸送用機器類」のなかでより細かい項目で見てみると，「自動車」がこの時期全体を通じて最大の割合を占めているものの，その割合は90年代に入ると低下して20％を切っている．これに対して，「電気機器」の占める割合は特に1985年から1995年に8％強から約17％へと大幅な増加を示し，90年代後半からは，「自動車」とほぼ同じ総輸出額に占める割合を持つに至っている点が印象的である．

日本の輸出入の相対的商品別構成のここ20年間の推移をまとめてみると，一方では，日本は「食料」「原料」「燃料」をかなりコンスタントに輸入し続け，この三者の輸入額の構成比の合計は，2000年で40％弱に上っている．他方で，日本の輸出では「機械類および輸送用機器類」がこの時期に一貫して高い構成比を示すが，なかでも「電気機器」の輸出の構成比増加が目覚しく，この「電気機器」は同時に輸入額の増加も著しい点が眼を惹く．つまり，この輸出と輸入の双方での急激な増加に典型的に示されるように，産業内貿易が広範に展開し，特に1990年代以降の日本の外国貿易において意義を増大させている．これは後の地域別の発展とあわせて考察しよう．

さて次に，ドイツの輸出入額の相対的商品別構成の推移を以上の日本の輸出入額の商品別構成の推移と比較すると，まず最初に眼を引くのはドイツと日本

表1 日本の輸出入額の商品別構成比の推移

商品の部門・項目		輸 入					輸 出				
		1983年	1985年	1990年	1995年	2000年	1983年	1985年	1990年	1995年	2000年
0+1	食料品＋飲料・タバコ	11.9%	12.2%	13.6%	15.1%	12.1%	0.9%	0.7%	0.6%	0.5%	0.4%
2	原料（鉱物性燃料を除く）	14.8%	14.4%	12.8%	10.3%	6.8%	0.9%	0.8%	0.7%	0.7%	0.7%
3+4	鉱物性燃料・潤滑油＋動植物性油脂	47.5%	44.1%	25.0%	16.3%	20.6%	0.4%	0.4%	0.5%	0.6%	0.3%
5	化学製品	5.6%	6.2%	6.6%	7.2%	6.9%	4.7%	4.3%	5.5%	6.8%	7.3%
6	原料別製品	7.6%	8.0%	12.8%	11.6%	9.1%	19.7%	16.4%	12.0%	11.1%	9.7%
7	機械類および輸送用機器類	7.1%	8.3%	15.6%	22.6%	27.9%	63.8%	67.9%	70.8%	70.3%	68.8%
71	原動機	0.6%	0.8%	0.9%	1.1%	1.4%	2.8%	2.8%	3.4%	4.3%	3.8%
72	産業用機器	0.6%	0.7%	1.3%	1.0%	1.0%	4.0%	4.2%	5.0%	5.4%	5.4%
73	金属加工機械	0.2%	0.2%	0.4%	0.3%	0.4%	1.2%	1.7%	1.8%	2.1%	2.0%
74	一般機械・部品	0.8%	0.9%	1.5%	1.6%	1.6%	5.1%	4.4%	5.7%	6.6%	5.3%
75	事務用機器・コンピュータ	0.9%	1.2%	2.3%	4.8%	7.3%	4.8%	6.0%	8.7%	8.5%	7.4%
76	通信機器・音響機器	0.4%	0.4%	1.1%	2.7%	3.5%	11.1%	12.2%	10.1%	6.4%	6.4%
77	電気機器	1.6%	1.9%	3.2%	6.4%	9.2%	8.0%	8.4%	11.0%	16.8%	17.6%
78	自動車	0.5%	0.6%	3.2%	3.7%	2.7%	22.3%	24.4%	22.9%	17.6%	18.4%
79	その他の輸送用機器	1.5%	1.4%	1.6%	0.9%	0.9%	4.3%	3.6%	2.2%	2.7%	2.5%
8	雑製品	4.6%	5.5%	12.6%	14.9%	15.0%	8.6%	8.5%	8.5%	7.9%	9.0%
9	その他	0.8%	1.3%	1.1%	2.1%		1.0%	1.0%	1.5%	2.1%	3.6%

資料：OECD, *Foreign Trade by Commodities 1988*, vol. 4, Japan の部分；*ibid.*, vol. 3, Japan の部分；OECD, *International Trade by Commodities Statistics 1995/2000*, vol. 2, Japan の部分より算出・整理。

表2 ドイツの輸出入額の商品別構成比の推移

	商品の部門・項目	輸入						輸出					
		1980年	1985年	1990年	1991年	1995年	1999年	1980年	1985年	1990年	1991年	1995年	1999年
0+1	食料品＋飲料・タバコ	10.7%	10.5%	9.4%	9.3%	9.2%	7.2%	4.8%	4.7%	4.5%	5.0%	4.7%	4.1%
2	原料（鉱物性燃料を除く）	7.8%	6.9%	5.4%	4.4%	4.5%	3.3%	2.0%	2.0%	1.8%	1.9%	1.9%	1.4%
3+4	鉱物性燃料・潤滑油＋動植物性油脂	22.8%	20.5%	8.5%	8.6%	6.7%	5.9%	4.2%	3.4%	1.5%	1.5%	1.2%	1.3%
5	化学製品	7.1%	8.9%	9.0%	8.4%	9.4%	8.9%	12.6%	13.2%	12.7%	12.7%	13.5%	13.0%
6	原料別製品	17.9%	16.2%	17.8%	16.6%	17.1%	13.3%	20.3%	18.7%	17.7%	17.0%	16.6%	14.0%
7	機械類および輸送用機器類	18.7%	22.8%	32.3%	35.1%	34.4%	37.9%	44.3%	45.9%	49.4%	49.0%	49.6%	51.3%
71	原動機	1.0%	1.5%	2.0%	1.9%	2.2%	3.2%	2.7%	2.8%	3.4%	3.7%	2.8%	3.9%
72	産業用機器	1.7%	1.6%	2.2%	2.3%	1.8%	1.7%	6.4%	6.2%	6.7%	6.2%	6.0%	5.1%
73	金属加工機械	0.6%	0.6%	1.0%	0.9%	0.6%	0.7%	2.1%	1.5%	1.8%	1.8%	1.4%	1.2%
74	一般機械・部品	2.3%	2.4%	3.3%	3.4%	3.3%	3.4%	6.7%	6.1%	7.0%	6.9%	7.1%	6.6%
75	事務用機器・コンピュータ	1.9%	3.5%	4.3%	4.4%	4.9%	5.7%	1.8%	2.6%	2.5%	2.4%	2.4%	2.6%
76	通信機器・音響機器	1.6%	1.8%	2.8%	2.8%	2.7%	2.8%	2.0%	1.9%	1.8%	1.9%	2.2%	2.6%
77	電気機器	3.3%	4.2%	5.2%	5.3%	7.3%	7.2%	5.6%	5.7%	6.8%	7.1%	8.2%	7.9%
78	自動車	4.4%	4.7%	8.4%	10.2%	9.9%	9.9%	14.2%	16.1%	16.8%	15.4%	16.2%	18.0%
79	その他の輸送用機器	1.8%	2.6%	3.0%	3.9%	1.9%	3.3%	2.0%	2.4%	2.6%	3.5%	2.3%	3.4%
8	雑製品	11.6%	11.4%	15.1%	15.9%	14.9%	13.4%	9.3%	10.0%	11.2%	11.2%	10.0%	9.8%
9	その他	3.6%	2.8%	2.4%	1.7%	3.9%	10.0%	2.4%	2.1%	1.3%	1.7%	2.6%	5.1%

資料：Statistisches Bundesamt, *Statistisches Jahrbuch* 当該年の Ein- und Ausfuhr … nach Teilen und Abschnitten des Internationalen Warenverzeichnisses für den Außenhandel より算出・整理.

の両者の類似性である．ドイツの輸入の商品別構成の推移を見ると，日本の輸入の場合と同様に，ここ20年間で「燃料」+「油脂」の割合は大幅に低下し，これに対して「機械類および輸送用機器類」の割合が増加している．特に80年代にその増加の割合が大きく，また日本の輸入のこの部門の割合（2000年に27.9％）よりも基本的に高い割合（1999年に37.9％）を占める．この分類のなかをさらに細かい項目で見ると，「自動車」「電気機器」「事務用機器・コンピュータ」がこの時期に5％弱から6～10％へと，その割合を増加させつつ大きな割合を占めているが，いずれも1995年までは日本のそれらの割合よりも大きく，2000年になって初めて「電気機器」と「事務用機器・コンピュータ」で，日本の割合がドイツの割合を上回った．しかし一般的にドイツでは，「機械」分野あるいは「化学製品」分野での産業内貿易は，最近まで日本以上に進展していたことが窺える．

　ドイツの輸出の相対的商品構成の推移を見ると，ここでも「機械類および輸送用機器類」が他を引き離して大きな割合を占め，またその割合は増加傾向にあり，1999年には50％を超えた．しかし日本の輸出でのこの部門が占める割合の70％前後よりは，やや少ない．また「化学製品」は，この20年間に一貫して13％前後を占めてドイツの重要な輸出品であり続けている．「機械類および輸送用機器類」の分類をさらに細かい項目で見てみると，日本と同様に「自動車」の割合がトップであるが，これがこの分野の他の項目を引き離して大きく，他の項目，例えば「電気機器」の割合は「一般機械・部品」などと並んで10％に満たない．東アジア・東南アジアと比較して，ヨーロッパでは諸国の経済発展水準の平準化が進んでいて製造業部門内の分業が進展しており，ヨーロッパの国したがってその中心国の一つドイツでも，比較優位を持つ産業に特化する傾向が一層進んでいると思われる．

3

　次に，ドイツと日本の外国貿易の国，国グループないし地域別の構成の変化を見てみよう．まず最初に両国の輸出入額の国別ランク（2001年）を一瞥してみると[7]，一つの共通点が浮かび上がってくる．つまり，アメリカ合衆国をいったん度外視すれば（アメリカが占める割合は，ドイツの場合輸入で8.3％，輸出で

10.6％，日本の場合輸入で18.1％，輸出で30.0％），両国の輸出入の双方で上位に来るのは，それぞれの隣国，つまりドイツの場合はヨーロッパ諸国，日本の場合は東・東南アジア諸国なのである．これら以外で最高位の国とその構成比は，ドイツの輸入では第7位日本4.1％，輸出では第12位日本2.1％で，日本の輸入では第5位オーストラリア4.1％，輸出では第6位ドイツ3.9％である．すでに先に見たように，日本とドイツはともに世界で有数の貿易大国であるにもかかわらず，そしてそれぞれの隣国以外ではそれなりにほぼアメリカに次ぐ上位に来るとはいえ，日本はドイツの輸入で第7位，輸出で第12位を占め，逆にドイツは日本の輸入で第9位，輸出では第6位を占めるに過ぎないのである．つまり，ドイツにとってはヨーロッパ諸国との貿易関係，日本にとっては東・東南アジア諸国との貿易関係が，まずもってきわめて重要な役割を果たしていることになる．

　ひとまず，ドイツと日本の輸出入額の国・地域別構成がこの20年間にどのように推移したかを追ってみよう．日本の輸入額の国・地域別推移では，まずアメリカ合衆国が最も重要な地位を占め続けているが，その相対的割合は1990年代に入ると停滞し，さらに後半には低下しつつある（2000年で総輸入額の19％の構成比）．これに対して，中国が特に1990年代に入ってから急速な躍進を遂げ（2000年には，1980年の約6倍の輸入額，総輸入額の14.5％の構成比），2000年には，それぞれそれなりの躍進を続けているASEAN4（東南アジア諸国連合のうちのインドネシア，マレーシア，フィリピン，タイ）およびNIEs（新興工業経済地域，ここでは香港，韓国，シンガポール，台湾）をも凌駕するに至っている点が着目される．しかしここで同時に，NIEsからの輸入もこの20年間に目覚しい増加を遂げていること（2000年には，1980年の約3倍の輸入額，総輸入額の12.2％の構成比），そしてASEAN4からの輸入額も1990年代後半には再び急速な増加を見せている（2000年には，1980年から17％増，総輸入額の12.2％の構成比）点にも注目すべきである．以上の東・東南アジア諸国・地域の躍進に比して，日本のドイツからの輸入額は1980年代にかなりの増加を見たものの，1990年代に入ってからは停滞ないし減少の傾向である（2000年に総輸入額の3.4％の構成比）．

　日本の輸出の国・地域別推移も，輸入のそれと類似の傾向が観察される．アメリカ合衆国はこの20年間を通じて日本の最大の輸出仕向け先であり，2000年には総輸出額の約30％を占め，これは日本の総輸入額に占める同国の構成比19％を大幅に上回っている．この時期に日本の輸出先として大幅な躍進を遂げ

表3 日本の輸出入額の国・地域別構成の推移

		輸 入					輸 出				
		1980年	1985年	1990年	1995年	2000年	1980年	1985年	1990年	1995年	2000年
構成比	ASEAN4	14.1%	12.9%	10.3%	11.4%	12.8%	7.0%	4.2%	7.7%	12.1%	9.5%
	NIEs	5.2%	7.6%	11.1%	12.3%	12.2%	14.8%	12.8%	19.7%	25.0%	23.9%
	中国	3.1%	5.0%	5.1%	10.7%	14.5%	3.9%	7.1%	2.1%	5.0%	6.3%
	USA	17.4%	20.0%	22.4%	22.4%	19.0%	24.2%	37.1%	31.5%	27.3%	29.7%
	ドイツ	1.8%	2.3%	4.9%	4.1%	3.4%	4.4%	4.0%	6.2%	4.6%	4.2%
	世界計	100%	100%	100%	100%	100%	100%	100%	100%	100%	100%
指数	ASEAN4	100	89	78	80	117	100	85	155	244	237
	NIEs	100	140	223	231	299	100	124	188	239	284
	中国	100	159	177	346	608	100	262	77	181	287
	USA	100	112	136	127	140	100	219	183	159	216
	ドイツ	100	123	291	226	241	100	128	197	147	166
	世界計	100	97	106	99	128	100	143	141	141	176

資料:総務省統計局・統計研修所編『日本の統計』当該年「主要国,地域別輸出入額」表より集計・整理.
注記:ASEAN4は,インドネシア,マレーシア,フィリピン,タイ.NIEsは,香港,韓国,シンガポール,台湾.

たのはNIEs諸国で,1980年から2000年までに日本からの輸出額は3倍弱増加し,2000年には日本の総輸出額の23.9%を占めるに至っている.中国向け輸出はこの20年間でやはり3倍弱増加しているが,2000年で総輸出額のまだ6.3%を占めるに過ぎない.ここで東・東南アジア地域の国・地域としてNIEs,ASEAN4,中国を一括して見ると,とりわけ1990年代にこの地域への日本の輸出の伸びは大きく,1980年に日本の総輸出額の約22%の構成比であったのが,2000年には約40%を占めるに至っている.これに対して,日本のドイツへの輸出は,1980年代には10年間で絶対額でほぼ2倍とかなり拡大したものの,1990年代に入ると相対的にもまた絶対額でも減少の傾向にあり,2000年に日本の総輸出額に占めるドイツ向け輸出の割合は4.2%と1980年の4.4%をやや下回ることになった.

以上のような日本の輸出入の国・地域別構成の変化を,日本と各々の国・地域との貿易結合度を用いて表現してみよう.貿易結合度は,1を基準として,これを超えていれば日本とある地域・国との間の貿易は緊密で,これを下回っていれば緩やかである(経済産業省編2002,11以下).表には1990年の値と2000年の値とを示してある.まず中国について,1990年の値を2000年の値と比較すると,日本と中国との間では,日本からの輸出についても中国からの輸入についても,日本と中国の双方ですべて2000年の値が上回っている.1900年の値も1

表4　日本と主要国・地域の間の貿易結合度, 1990年と2000年

1990年					2000年				
日本	1.40	→	1.67	中国	日本	1.86	→	2.46	中国
日本	2.76	←	2.19	中国	日本	3.71	←	2.91	中国
日本	3.95	→	2.68	NIEs	日本	4.1	→	2.48	NIEs
日本	2.84	←	2.14	NIEs	日本	2.42	←	1.73	NIEs
日本	2.79	→	2.75	ASEAN4	日本	3.07	→	2.49	ASEAN4
日本	4.07	←	3.64	ASEAN4	日本	3.1	←	2.84	ASEAN4
日本	2.06	→	2.63	USA	日本	1.48	→	1.55	USA
日本	1.53	←	1.99	USA	日本	1.32	←	1.48	USA
日本	0.61	→	0.71	ドイツ	日本	0.52	→	0.61	ドイツ
日本	0.42	←	0.39	ドイツ	日本	0.37	←	0.35	ドイツ

資料：経済産業省編『通商白書　2002』11ページ以下；OECD, *Foreign Trade by Commodities 1994*, United States, Germany, Japan の部分；OECD, *International Trade by Commodities Statistics 1995/2000*, United States, Germany, Japan の部分より算出。
注記：この表では, NIEs は香港を含んでいない。

を上回っているが, 両国の貿易を通じる結合は, この10年で一層緊密さの度合いが増加している. 日本とNIEsとの間では, 1990年と2000年とでは日本からの輸出の日本にとっての意義だけがわずかに増加し, 後は若干低下しているが, それでも2000年でNIEs諸国から日本への輸出のNIEsにとっての値（それでも1.73とかなりの結合度だが）を除いて, 2を超えるかなり高い値である. 日本とASEAN4との間では1990年から2000年にかけて結合度はほぼ低下しているが, それでも2000年で日本からの輸出入で日本にとってのASEAN4の値は3を超えており, 貿易結合度は非常に高いといえる[8]. これに対してアメリカ合衆国は, 先に見たように輸出入で重要な貿易相手といえるが, 1900年から2000年にかけては輸出入のそれぞれで, 貿易結合度は日米双方にとって2前後から1.5前後へと低下している. さらにアメリカ以上にこの10年のパフォーマンスがよくないのが日本とドイツとの貿易である. 日本からドイツへの輸出は日本にとって0.61から0.52, ドイツにとって0.71から0.61とほぼ0.1ポイント低下し, 日本のドイツからの輸入は日本にとって0.42から0.37, ドイツにとって0.39から0.35とほぼ0.05ポイントの低下を見ている. 全体としての輸出入額の推移からすると, 1990年代は独日の貿易関係は停滞あるいはそれどころか衰退といえる厳しい状況である.

以上, ひとまず日本の輸出入の国・地域別構成の推移を見てきたが, その意味することの分析に入る前に, ドイツの外国貿易の国・地域別構成の推移につ

表5　ドイツの輸出入額の国・地域別構成の推移

	輸　入						輸　出					
	1980年	1985年	1990年	1991年	1995年	1999年	1980年	1985年	1990年	1991年	1995年	1999年
ヨーロッパ	66.0%	70.4%	72.0%	72.1%	72.5%	71.5%	74.3%	71.4%	76.9%	77.5%	73.8%	73.4%
うち：EU15	54.4%	57.4%	59.8%	59.5%	56.5%	53.4%	60.5%	58.6%	63.9%	63.1%	58.3%	56.9%
スイス	3.6%	3.7%	4.2%	3.9%	4.2%	3.9%	5.7%	5.4%	6.0%	5.7%	5.3%	4.5%
国家貿易国	4.6%	5.1%	4.0%				4.9%	4.0%	3.6%			
EU加盟候補国				2.6%	5.8%	8.1%				2.7%	5.3%	7.5%
USA	7.5%	7.0%	6.7%	6.6%	6.8%	8.3%	6.1%	10.3%	7.3%	6.3%	7.3%	10.2%
日本	3.1%	4.5%	6.0%	6.2%	5.3%	4.9%	1.1%	1.5%	2.7%	2.5%	2.5%	2.1%
世界	100%	100%	100%	100%	100%	100%	100%	100%	100%	100%	100%	100%
同指数	100	136	161	189	195	250	100	153	183	190	214	281

資料：Statistisches Bundesamt, *Statistisches Jahrbuch* 当該年の Ein- und Ausfuhr nach Erdteilen und Laendern より算出・整理.
注記：国家貿易国とは，アルバニア，ブルガリア，ポーランド，ルーマニア，ソ連，チェコスロヴァキア，ハンガリー．EU加盟候補国とは，エストニア，ラトヴィア，リトアニア，マルタ，ポーランド，スロヴァキア，スロヴェニア，チェコ，キプロス．

いても見ておこう．ドイツの輸出入においては，ヨーロッパ諸国，なかでもEU15カ国が圧倒的に重要な地位を占めている．しかし，細かく考察すると，EU15の地位は，ドイツの輸出と輸入の双方で1990年代にはわずかとはいえ相対的な低下を示している（輸入額に占める構成比で1991年59.5％から1999年53.4％，輸出額に占める構成比で1991年63.1％から1999年56.9％）点が注目される．これに対して輸入と輸出の双方で絶対的にも相対的にも著しい増加を示しているのが，EU加盟候補の9カ国（エストニア，ラトヴィア，リトアニア，ポーランド，スロヴァキア，スロヴェニア，チェコ，マルタ，キプロス）である．これらの主として中・東欧の諸国は，構成比では1999年にまだドイツの輸入額の8.1％，輸出額の7.5％を占めているに過ぎないが，1991年から1999年に輸出入ともに絶対額では4倍強に増加している点に見て取れるように，これら地域とドイツとの間の外国貿易は目覚しい発展を示しているのである．

　以上から言えるのは，一方では，少なくともドイツの外国貿易の点から見てEUの統合は進展していること（絶対額で見て1991年から1999年に，ドイツのEU諸国からの輸入額は18.9％，輸出額は33.1％増加している），他方では，このEU統合の進展と平行して，そしてそれ以上にドイツと中・東欧のEU加盟候補国との間の貿易関係が一層発展している点である．その一方で，ドイツと日本との貿易関係は，すでに日本の項で日本の側から見たのと同様に，ドイツの貿易に占める日本の位置で見ても，特に90年代は停滞，ないし相対的には低下している．1991年から1999年にかけて，ドイツの総輸入額に占める日本からの輸入額

は6.2％から4.9％へ，総輸出額に占める日本への輸出額は2.5％から2.1％へと，停滞ないし低下が確認されるのである．

4

　さて，以上の日本とドイツの両国の全般的な商品別と国・地域別構成比の推移の考察を前提した上で，両国の貿易関係の特質を検討してみよう．すでに見たように，ドイツと日本との間の二国間の貿易関係は，とりわけ1990年代に入ってから停滞ないし相対的な低下を示しているが，この点を立ち入って検討するために，日本とドイツとの二国間貿易の商品別構成の推移を見てみよう．まず，日本のドイツからの輸入の商品別構成については，1980年代と1990年代とで大きな変化が生じている．つまり，以前は「化学製品」が30％以上という相当の構成比で第1位であったのに対し，1990年代になるとこれに取って代わって「自動車」が第1位となる（構成比は35％前後）．とはいえ「化学製品」は1990年以降も，20％以上の安定的な高い割合を占め続けている．それ以外のドイツからの輸入の商品別構成については，重要なのはほぼ10～12％を占める「雑製品」（そのなかで大きな割合を占めるのは「科学光学機器」）と，それ以外は大半がさまざまな「機械類および輸送用機器類」のなかの諸項目から成るが，これらの品目はほぼ数％から10％強の間で安定的に推移している．つまり全体的に見て，ドイツの対日輸出は比較的安定した工業製品の商品構成で推移してきているということができる．

　日本からドイツへの輸出の商品別構成の推移について，以上のドイツの対日輸出と比較して目立つのは，この時期（ここでは1983年から2000年）にほぼ10％以上の構成比を持つ大きな輸出項目である，「自動車」「電気機器」「事務用機器・コンピュータ」「通信機器および音響機器」と「雑製品」部門に見られる激しいアップダウンである．まず「電気機器」は1990年代に急速な増加を示して，2000年には22％弱の構成比で第1位を占めるようになる．これに対して「自動車」は，1991年には26.6％の構成比で圧倒的な日本からドイツへの輸出品のトップの座にあったが，2000年には15％弱の構成比にまで低下している．「通信機器および音響機器」と「雑製品」部門（そのなかでは「計測機器類」「写真機

表 6　日独二国間貿易員額の商品別構成比の推移（日本から見ての輸出入）

商品の部門・項目		輸　入						輸　出					
		1983 年	1985 年	1990 年	1991 年	1995 年	2000 年	1983 年	1985 年	1990 年	1991 年	1995 年	2000 年
0+1	食料品＋飲料・タバコ	4.1%	3.3%	2.4%	2.2%	3.0%	2.8%	0.3%	0.1%	0.1%	0.1%	0.1%	0.1%
2	原料（鉱物性燃料を除く）	1.0%	0.7%	0.5%	0.5%	0.8%	0.6%	0.7%	0.6%	0.4%	0.4%	0.3%	0.5%
3+4	鉱物性燃料・潤滑油＋動植物性油脂	0.1%	0.1%	0.2%	0.3%	0.2%	0.2%	0.2%	0.2%	0.0%	0.0%	0.1%	0.0%
5	化学製品	31.3%	30.6%	18.4%	20.5%	22.2%	22.1%	3.8%	4.0%	4.5%	4.1%	5.4%	4.5%
6	原料別製品	9.9%	9.3%	7.5%	7.4%	6.5%	6.9%	6.4%	5.6%	5.1%	4.8%	5.1%	5.1%
7	機械類および輸送用機器類	39.7%	41.5%	60.5%	57.6%	54.9%	55.1%	69.9%	72.0%	75.3%	76.8%	76.3%	72.7%
71	原動機	1.0%	0.7%	0.7%	0.6%	1.1%	1.7%	1.0%	1.0%	0.9%	0.9%	1.4%	1.9%
72	産業用機器	8.8%	7.9%	8.0%	7.7%	5.6%	5.0%	1.8%	2.5%	2.6%	2.7%	2.7%	3.4%
73	金属加工機械	2.8%	2.6%	2.3%	2.0%	1.1%	1.0%	1.2%	2.2%	2.4%	1.9%	1.6%	2.1%
74	一般機械・部品	5.0%	5.1%	4.9%	4.8%	4.7%	4.4%	2.9%	2.9%	3.4%	3.2%	4.8%	5.4%
75	事務用機器・コンピュータ	0.9%	1.1%	1.0%	0.9%	0.8%	1.2%	12.0%	15.0%	16.2%	15.2%	17.6%	13.1%
76	通信機器・音響機器	0.2%	0.2%	0.2%	0.1%	0.3%	0.5%	23.3%	18.3%	14.6%	15.6%	8.5%	10.5%
77	電気機器	5.0%	5.5%	5.0%	5.5%	6.1%	8.1%	8.4%	12.3%	11.2%	10.5%	18.4%	21.8%
78	自動車	15.7%	17.9%	38.2%	35.6%	34.9%	32.8%	18.4%	17.8%	23.9%	26.6%	21.3%	14.3%
79	その他の輸送用機器	0.3%	0.4%	0.3%	0.2%	0.2%	0.5%	1.0%	0.0%	0.1%	0.1%	0.0%	0.1%
8	雑製品	11.6%	12.0%	9.7%	10.3%	11.3%	10.9%	18.2%	16.9%	13.6%	12.9%	11.6%	12.3%
9	その他	2.1%	2.5%	0.9%	1.2%	1.1%	1.5%	0.6%	0.6%	0.8%	0.8%	1.2%	4.9%

資料：OECD, *Foreign Trade by Commodities 1988*, vol. 4, Japan の部分；*ibid.*, vol. 3, Japan の部分；OECD, *International Trade by Commodities Statistics 1995/2000*, vol. 2, Japan の部分 より算出・整理。

が大きな割合を占める）は，1980年代初頭の構成比20％前後の重要な地位から低下を続けたが，2000年にはやや持ち直してそれぞれほぼ10％強の構成比である．さらに「事務用機器・コンピュータ」は，ほぼ15％前後の変動で，日本からドイツへの重要な輸出商品項目であり続けている．日本からドイツへの輸出は，ドイツから日本への輸出に比べれば，工業製品が中心という点は変わらないが，そのなかで変化が激しく，製品の多様性は大きいといえよう．

5

　こうした，日独の貿易関係の特質をさらに明らかにするために，これを日本と他のいくつかの比較の意味を持つと思われる国・地域との間の貿易関係と比較してみよう．
　まず目に付くのは，日本の輸入においては，重要な輸入相手国の場合ではしばしば「食料」と「飲料」，「原料」と「動植物性油脂」が少なからず重要な割合を占めている点である．例えば，先進工業国と考えられるアメリカとフランスからの輸入では，「食料」＋「飲料」の構成比はともにほぼ19％で，これは日本の輸入全体に占める「食料」＋「飲料」の割合の12％を大幅に上回っている．以上よりもやや細かい日本の分類[9]での日本の相手先・商品別輸出入上位5品目で見ても，アメリカ合衆国からの輸入では「肉類」が第3位に，フランスからの輸入では「アルコール飲料」が第1位になっているのである．これに対してドイツからの輸入品はもっぱら工業製品に限られており，2000年の「食料」＋「飲料」，「原料」，「燃料」＋「油脂」の輸入の構成比は，これらを合計しても3.6％に過ぎない．つまり，少なくとも日本のドイツからの輸入品で判断すれば，日独の貿易関係は日米や日仏の貿易関係とはやや異なって，典型的な工業製品同士の水平的な貿易関係である．ドイツからの輸入のもう一つの特色は，「自動車」が，ここで掲げた他の国と比較して33％と圧倒的に高い構成比を示している点である．2000年には，この項目「自動車」の日本の総輸入の40％以上をドイツからの輸入が占めるに至っている[10]．つまり，日本においてはVW，メルセデスやBMWは，GMやルノーに比してはるかにポピュラーなのである．同様に，ドイツの重要な輸出品である「化学製品」も，もっぱらドイツからの日本の最重要の輸入品の一つである．もっとも「化学製品」の場合は，フランスからの輸入で

表 7 日本の各国・地域との輸出入額の商品別構成, 2000 年（総額欄の単位は 10 億 US$）

	商品の部門・項目	輸 入						輸 出					
		世界	USA	フランス	ドイツ	ASEAN4	NIEs	中国	世界	USA	フランス	ドイツ	ASEAN4	NIEs	中国
0+1	食料品＋飲料・タバコ	12.1%	19.1%	18.9%	2.8%	8.6%	6.6%	10.6%	0.4%	0.3%	0.1%	0.1%	0.3%	0.9%	0.5%
2	原料（鉱物性燃料を除く）	6.8%	6.4%	1.3%	0.6%	7.1%	1.7%	3.1%	0.7%	0.2%	0.4%	0.5%	1.0%	0.9%	2.7%
3+4	鉱物性燃料・潤滑油＋動植物性油脂	20.6%	1.6%	0.1%	0.2%	24.8%	8.5%	4.0%	0.3%	0.3%	0.1%	0.0%	0.3%	0.5%	0.7%
5	化学製品	6.9%	10.3%	23.9%	22.1%	2.8%	5.5%	2.9%	7.3%	4.9%	8.0%	4.5%	8.3%	11.1%	13.1%
6	原料別製品	9.1%	5.2%	7.2%	6.9%	9.4%	9.8%	11.0%	9.7%	5.3%	6.1%	5.1%	14.8%	12.3%	22.8%
7	機械類および輸送用機器類	27.9%	40.9%	22.3%	55.1%	37.0%	52.6%	23.6%	68.8%	76.3%	70.5%	72.7%	65.4%	57.2%	50.5%
71	原動機	1.4%	4.2%	1.3%	1.7%	0.9%	0.6%	1.3%	3.8%	5.1%	2.6%	1.9%	4.2%	1.7%	2.9%
72	産業用機器	1.0%	1.8%	2.1%	5.0%	0.3%	0.9%	0.4%	5.4%	4.0%	5.7%	3.4%	6.6%	7.9%	7.4%
73	金属加工機械	0.4%	1.1%	0.2%	1.0%	0.1%	0.4%	0.2%	2.0%	2.3%	1.7%	2.1%	1.9%	2.2%	2.1%
74	一般機械・部品	1.6%	2.5%	2.4%	4.4%	1.5%	1.8%	1.4%	5.3%	4.1%	7.5%	5.4%	6.9%	5.3%	5.5%
75	事務用機器・コンピュータ	7.3%	7.1%	1.9%	1.2%	11.7%	22.5%	5.5%	7.4%	9.3%	10.9%	13.1%	4.5%	5.8%	4.2%
76	通信機器・音響機器	3.5%	4.7%	0.6%	0.5%	7.5%	4.2%	5.1%	6.4%	8.6%	11.9%	10.5%	3.1%	3.7%	5.1%
77	電気機器	9.2%	13.4%	5.2%	8.1%	14.3%	20.9%	8.7%	17.6%	12.1%	13.6%	21.8%	29.2%	26.3%	19.3%
78	自動車	2.7%	2.6%	3.0%	32.8%	0.7%	1.3%	0.9%	18.4%	29.8%	16.3%	14.3%	8.6%	3.3%	3.8%
79	その他の輸送用機器	0.9%	3.5%	5.7%	0.5%	0.0%	0.1%	0.1%	2.5%	1.0%	0.1%	0.1%	0.3%	1.1%	0.1%
8	雑製品	15.0%	14.3%	25.2%	10.9%	7.7%	12.3%	44.2%	9.0%	8.9%	9.8%	12.3%	6.4%	12.6%	7.1%
9	その他	1.6%	2.1%	1.2%	1.5%	2.5%	3.0%	0.8%	3.6%	3.7%	5.0%	4.9%	3.6%	4.4%	2.6%
	総 額	379.7	72.5	6.4	12.7	48.7	46.4	55.1	479.2	144.0	7.5	20.0	45.4	114.6	30.4

資料：OECD, *International Trade by Commodities Statistics 1995/2000*, vol. 2, Japan の部分より算出・整理。

表8 日本の相手先・商品別輸出入額, 2000年(5位まで, 単位:10億円)

USA 輸出		輸入		ドイツ 輸出		輸入	
総額	15356	総額	7779	総額	2155	総額	1372
自動車	3516	半導体等電子部品	605	半導体等電子部品	224	自動車	424
事務用機器	1102	事務用機器	546	事務用機器	221	有機化合物	99
科学光学機器	870	肉類	373	自動車	212	医薬品	91
自動車の部品等	815	科学光学機器	368	科学光学機器	174	科学光学機器	47
半導体等電子部品	804	原動機	315	映像機器	114	電気計測器	37

フランス 輸出		輸入		マレーシア 輸出		輸入	
総額	803	総額	691	総額	1497	総額	1563
自動車	77	アルコール飲料	81	半導体等電子部品	386	液化天然ガス	271
事務用機器	64	旅行用具・ハンドバッグ類	53	鉄鋼	80	事務用機器	249
科学光学機器	56	有機化合物	42	自動車	67	半導体等電子部品	221
映像機器	53	航空機	38	音響映像機器部品	47	音響映像機器	191
二輪自動車	43	衣料・同付属品	27	プラスチック	43	木製品	79

韓国 輸出		輸入		中国 輸出		輸入	
総額	3309	総額	2205	総額	3274	総額	5941
半導体等電子部品	460	石油製品	353	半導体等電子部品	260	衣料・同付属品	1580
鉄鋼	270	半導体等電子部品	310	鉄鋼	230	事務用機器	291
科学光学機器	210	事務用機器	265	有機化合物	182	音響映像機器	272
有機化合物	153	鉄鋼	137	プラスチック	155	魚介類	257
プラスチック	102	魚介類	115	科学光学機器	125	野菜	163

資料:総務省統計局・統計研修所編『日本の統計 2002』,「相手先・商品別輸出入額」より.

も同様に高い構成比を示しているが,その絶対額は,それぞれの輸入総額からわかるように,当然ドイツの方がかなり大きい.

　日本の輸入でさらに注目すべき点は,「機械類および輸送用機器類」のなかの「事務用機器・コンピュータ」「通信機器・音響機器」「電気機器」を見てみると,これらの　三項目の輸入のそれぞれの国・地域の構成比では,ASEAN4,NIEs,そして中国も,ドイツの値を大幅に,そしてかなりの場合にアメリカをも上回っている点である.細かい日本の分類で見ても,マレーシア(ASEAN4の一つ)からの輸入では,「液化天然ガス」が第1位であるが,第2位から第4位までは「事務用機器」「半導体等電子部品」「音響映像機器」であり,韓国(NIEsの一つ)からの輸入では,「半導体等電子部品」が第2位で「事務用機器」が第3位,中国からの輸入では「事務用機器」が第2位で「音響映像機器」が第3位を

占めるのである．これについては，後に触れる．

　以上のように商品別構成で見ると，日本のドイツからの輸入は，アジアの諸国・地域と異なるだけでなく，アメリカやフランスとも異なっていたのに対して，日本からドイツへの輸出は，フランスないしアメリカへの輸出とそれほど大きく異なっているようには思われない．そしてこの商品別構成は，日本の輸出総額の商品別構成ともかなり類似しているといえるだろう．つまり，「機械類および輸送用機器類」が圧倒的に大きな構成比で，そのなかでは「事務用機器・コンピュータ」「通信機器・音響機器」「電気機器」「自動車」がかなりの割合を占め，さらに「原料別製品」と「雑製品」がほぼ10％前後の構成比となっている．

　日本からの輸出の商品別構成で輸出総額とは異なった特徴を示すのは，ASEAN4, NIEs, そして中国の，東・東南アジアの諸国・地域である．日本からこれらの国・地域への輸出では，「機械類および輸送用機器類」のなかでは，特に「電気機器」の構成比が高く，他方で「自動車」の構成比はそれほど大きくはない．さらに，これらの「機械類および輸送用機器類」の項目以外では，これら3地域，特に中国への輸出では，「原料別製品」（なかでは「鉄鋼」が大きな割合を占める）が大きな構成比を占めている．細かい日本の分類で見てみても，マレーシア，韓国，中国への輸出では，いずれの場合でも2000年では，「半導体等電子部品」が第1位で「鉄鋼」が第2位なのである．

　すでに，貿易結合度を用いて日本の各国・各地域との貿易関係の強度の変化を考察した際に，日本とASEAN, NIEs, 中国との貿易関係が，特に1990年代以降に全体として強まってきたことを確認した．さらに日本とこれらの国との輸出入の推移を見てみると，「電気機器」で最も典型的に見られるように，この項目が輸出と輸入の双方で大きな役割を占めるようになってきているのがわかる．この東・東南アジア地域では，とりわけここ10年間に域内直接投資が拡大しており，「半導体電子部品」のような中間財貿易の拡大も著しい．つまり，一般機械や電気機械を中心にこの地域内での分業関係が深化しているのである[11]．そしてこうした動きを支える一環として，日本企業のこの地域への進出も拡大してきている．1990年代における日本企業の海外への進出は，海外現地法人数で見てみると，アメリカ・ヨーロッパへの進出が停滞しているのに対して，ASEANとNIEsは高水準で推移し，中国への進出は，1990年の150社から2000年の1712社へと大幅に増加している．しかも中国への進出の場合には，そ

の産業部門を見てみると「繊維」から「機械産業」への重点のシフトが見られるのである．（経済産業省 2003, 75-6 頁）その結果として，特に日本からこの地域への資本財輸出や部品の輸出が拡大し，逆にこの地域から日本への製品，部品の輸入が増加しているのである[12]．こうした動きは，貿易面から投資面，さらには金融市場の統合も伴いつつ，「アジア危機」後に急速に加速しながら進展している．

6

以上の日本と東・東南アジア地域との間の経済関係の深化を念頭に置きながら，ドイツの EU および EU 加盟候補国との間の貿易関係の推移を考察しよう．ドイツの外国貿易においては，EU は圧倒的に重要な位置を占めていること，そして EU 加盟候補国の中・東欧の諸国は 1990 年代にドイツとの貿易関係をかなり拡大したことは，すでに見てきた．ドイツの各国・地域との輸出入の商品別構成からわかるのは，第一に輸入について，特に日本と比較すると，「先進国」アメリカとフランスからの「食料・飲料」「原料」「燃料」輸入の割合はかなり低く，したがってドイツはアメリカあるいはフランスからは，項目ごとに若干の相違は当然あるものの，工業製品の輸入がそれだけ多いことである．またEU 加盟候補国のチェコとポーランドからの輸入でも，工業製品がかなりの割合を占めている．チェコからの輸入では「機械類および輸送用機器類」が 50％弱を占めるとともに，かなりの割合を占める「原料別製品」のなかで最大のものは「金属製品」であり，同じくポーランドからの輸入で重要な「原料別製品」のなかでは「金属製品」と「木製品（家具を除く）」が大きく，「雑製品」のなかでは「家具」が大きい[13]．いずれにせよ，さまざまな工業製品がこれらの国からのドイツの輸入の主力である．

第二にドイツからの輸出については，アメリカ，フランス，日本に対しては，「化学製品」と「機械類および輸送用機器類」が中心であって，ドイツの総輸出の商品別構成ともそれほど大きな乖離があるわけではない．注目されるのは，チェコとポーランドへの輸出では，同じく「化学製品」と「機械類および輸送用機器類」と並んで「原料別製品」が双方の国でかなりの割合を占め，そのなかでは「金属製品」と「鉄鋼」が重要である点である[14]．これは，日本の NIEs,

表9 ドイツの各国・地域との輸出入額の商品別構成、2000年（総額欄の単位は10億 US$）

	商品の部門・項目	輸入						輸出					
		世界	フランス	USA	日本	チェコ	ポーランド	世界	フランス	USA	日本	チェコ	ポーランド
0+1	食料品＋飲料・タバコ	6.1%	7.6%	2.3%	0.1%	1.6%	5.8%	4.0%	4.4%	1.3%	2.1%	2.9%	3.5%
2	原料（鉱物性燃料を除く）	3.3%	1.7%	3.2%	0.4%	3.7%	3.5%	1.5%	1.2%	0.4%	0.6%	1.7%	1.6%
3+4	鉱物性燃料・潤滑油＋動植物性油脂	8.9%	1.5%	0.4%	0.1%	1.9%	4.0%	1.6%	1.2%	0.7%	0.1%	2.3%	2.3%
5	化学製品	8.9%	10.7%	12.3%	4.8%	4.3%	3.8%	12.7%	11.9%	11.4%	20.3%	10.3%	14.6%
6	原料別製品	12.7%	12.5%	5.7%	5.0%	23.9%	26.6%	14.0%	13.4%	9.8%	7.1%	22.3%	24.9%
7	機械類および輸送用機器類	37.0%	42.5%	64.2%	76.7%	49.7%	30.9%	51.2%	51.5%	67.9%	58.7%	49.5%	43.7%
71	原動機	3.3%	1.8%	12.9%	1.5%	3.1%	7.4%	3.6%	2.3%	7.7%	1.4%	3.7%	3.3%
72	産業用機器	1.6%	1.2%	2.7%	2.8%	4.2%	1.5%	5.0%	3.6%	6.8%	4.4%	5.3%	5.1%
73	金属加工機械	0.6%	0.2%	1.1%	1.8%	1.5%	0.4%	1.2%	0.9%	2.0%	1.0%	2.2%	1.2%
74	一般機械・部品	3.2%	3.7%	4.2%	6.3%	7.3%	2.6%	6.4%	5.8%	6.7%	4.9%	7.4%	8.7%
75	事務用機器・コンピュータ	5.5%	1.8%	11.7%	16.8%	0.6%	0.2%	3.0%	3.0%	2.0%	1.8%	1.7%	2.7%
76	通信機器・音響機器	3.1%	2.4%	4.3%	8.3%	1.3%	1.1%	3.0%	1.4%	1.2%	0.5%	2.8%	4.0%
77	電気機器	7.9%	4.0%	13.0%	22.4%	13.4%	6.6%	8.4%	8.4%	8.3%	9.6%	14.1%	6.7%
78	自動車	8.3%	11.3%	4.4%	16.6%	17.4%	9.2%	17.4%	12.9%	27.5%	33.6%	11.9%	11.1%
79	その他の輸送用機器	3.3%	15.9%	10.0%	0.2%	0.8%	1.8%	3.3%	13.1%	5.6%	1.5%	0.4%	0.8%
8	雑製品	12.1%	5.7%	11.9%	12.9%	14.8%	25.2%	9.4%	8.2%	8.5%	11.1%	10.9%	9.4%
9	その他	11.0%	17.8%	0.0%	0.0%	0.1%	0.0%	5.7%	8.4%	0.0%	0.0%	0.1%	0.0%
	総額	500.8	47.6	40.9	24.3	11.6	10.8	549.6	61.5	55.4	11.9	11.4	13.2

資料：OECD, *International Trade by Commodities Statistics 1995/2000*, vol. 1, Germany の部分より算出・整理。

ASEAN4, 中国への輸出で「機械類および輸送用機器類」と並んで「鉄鋼」を主とする「原料別製品」がやはり重要な役割を担っていた点を想起させる．つまりドイツから中・東欧地域への輸出では，先に見た日本から東・東南アジア地域への輸出と同様に，製品と並んで資本財および中間財の輸出が重要な役割を果たしており，統合が進みつつあるアジアとヨーロッパの二つの地域で果たしている日本とドイツの役割の相似性が示唆されていると思われる．

こうしたドイツと，チェコやポーランドをはじめとするEU加盟候補国との経済的関連は，これら諸国がEUに加盟し，さらにユーロを採用するならば（未採用の間と，もし不採用の場合でもいえるだろうが），間違いなく一層の深化を遂げることになるだろう．

7

以上，ほぼ貿易関係のみに限定した視点からではあるが，東・東南アジアではさまざまなレベルでの経済関係の深化が進展していること，そしてヨーロッパではEUを中心としてさらにEU加盟候補国をも含めて，経済統合が進展している点が確認できた．

EUは，経済的な面だけに限っても，中心をなすドイツとフランスでの財政赤字拡大で基本的な問題的局面を迎え，またスウェーデンは国民投票で通貨ユーロの採用を否決した．また，すでに予定されている中・東欧諸国のEU加盟が実現すれば，異質の程度がやや高いメンバーを迎えることとなり，この点からも，EU統合の将来は必ずしも万全というわけではない．しかし，ユーロ未採用のイギリス・デンマーク・スウェーデンもEUの経済関係のなかには深く組み込まれており，この点ではEUに加盟していないスイスも同様である．いずれにせよ，社会主義体制崩壊後のヨーロッパでは，細かな点ではさまざまな相違や時期的なずれが生まれるであろうが，ユーロランドそしてEUを中心として経済統合がさらに進展すると思われる．そしてそのなかでドイツが，おそらく一つの中心的な役割を担うことになるであろう．

東・東南アジア世界でも，以上に述べてきたさまざまなレベルでの経済関係の深化は，一層進展するであろう．この地域は，これまではEUほどの経済的・文化的同質性を持ってはいない．したがって例えばユーロに比肩しうるような

共通通貨の導入は，現在のところはまったくイメージできない．また，人的交流についても，あるいはその前提となる言語的・文化的な相互理解の状況についても，EUと同等のレベルの統合は，現在の時点ではまず考えられない．にもかかわらず，この地域での経済関係の深化は，「アジア危機」という中間休止があったものの着実に進行しているとしてよいであろう．そしてそのなかで，とりわけ近年には中国の躍進が脚光を浴びている[15]．しかし，中国を含めて東・東南アジア地域の躍進に日本が大きな役割を果たしてきたことは，これまた確認できるであろう．

　以上のようなヨーロッパとアジアにおける二つの地域での経済統合の進展のなかで，それぞれの中心国の一つであるドイツと日本との間の経済関係は，少なくとも貿易の面から見ると，特に1990年代以降は，両地域の経済的統合の進展と反比例するかのように絶対額で見ても，停滞ないし衰退している．それぞれの地域での経済統合は，現在のWTOを中心とする多角的な貿易体制を補完し支えるのが望ましいであろう．「要塞ヨーロッパ」は，もし事実である，ないし事実となるようなことがあれば，決して望ましいことではない．アジアの統合はヨーロッパほどには進んではいないが，当然開かれた統合を目指すべきだろう．その意味で，アジアとヨーロッパでの経済統合でそれぞれ中心的な役割を果たしているドイツと日本との間の貿易関係，広くは経済関係の推移は，それぞれの地域での経済統合が多角的な貿易体制の形成とどれだけ平行して進展しているかを知る一つのバロメータともいえよう．その意味で，日独の二国間貿易の一層の発展が望まれる[16]．

追　記

　本論を脱稿後に，特に今世紀に入ってから数年の新たなデータがいくつか利用可能となったので，以下に本論で使用したデータにつけ加えた表を提示し，若干のコメントを加えておきたい．

　最近の世界の貿易全体のなかで特筆すべきは，中国の躍進であろう．2003年には，世界の輸出額と輸入額とに占める割合は，ドイツが10.0％（第1位）と7.7％（第2位）とほぼ現状維持，日本が6.3％（第3位）と4.9％（第6位）と若干の低下に対して，中国はすでに5.8％（第4位）と5.3％（第3位）と貿易額を増大させ，輸入額では日本を凌駕した[17]．これが日独双方の貿易に対して持った意味について，以下で検討していこう．

補表1　日本の輸出入額の国・地域別構成の推移

		輸　入			輸　出		
		2000年	2002年	2003年	2000年	2002年	2003年
構成比	ASEAN4	12.8%	12.6%	12.5%	9.5%	9.3%	9.2%
	NIEs	12.2%	10.5%	10.2%	23.9%	22.7%	23.5%
	中国	14.5%	18.3%	19.7%	6.3%	9.6%	12.2%
	USA	19.0%	17.1%	15.4%	29.7%	28.5%	24.6%
	ドイツ	3.4%	3.7%	3.7%	4.2%	3.4%	3.5%
	世界計	100.0%	100.0%	100.0%	100.0%	100.0%	100.0%
指数	ASEAN4	100	101	106	100	99	103
	NIEs	100	89	90	100	96	104
	中国	100	130	147	100	152	203
	USA	100	93	88	100	97	87
	ドイツ	100	113	120	100	82	88
	世界計	100	103	108	100	101	106

資料：総務省統計局・統計研修所編『日本の統計』当該年，「主要国，地域別輸出入額」表より集計・整理．

　両国の貿易の国・地域別構成の推移を見てみると，まず日本については（補表1），2000年から2003年にかけて，ASEAN4とNIEsが輸出と輸入の双方でほぼ不変ないし若干減少したシェアーであり，USAは輸出入の双方で相対的のみならず絶対的にも減少しているのに対して，中国のみが双方で躍進している．ドイツは日本の輸入元としては若干増加し，輸出先としては減少を示している．同時期にドイツについては（補表2），EU15は，輸入で50％弱，輸出で50％強を占めてほぼ安定的な推移を示すのに対して，「2004年EU加盟国」が輸出入の双方でシェアーを増加させ，絶対額ではこの3年間で輸出入ともに1.6倍強と顕著な増加を示している点が注意を惹く．このように輸出入額の国・地域別構成の推移で見てみると，EUの2004年の拡大は，ドイツにとってこれら新規加盟国との貿易の拡大をもたらしており，この意味でEU統合の進展をも読み取ることができるだろう．しかし，これ以上に躍進が目立つのが中国であり，この3年間でドイツの輸入元としては1.7倍，輸出先としては2.4倍となった．その分日本が，輸出入双方でシェアーを大幅に減少させている．ドイツの貿易相手国として輸出入の双方で，中国は日本を2002年に凌駕し，以後ドイツの貿易相手としての日中の差は拡大しているのである．

　以上の拡大EUの統合の進展に対して，日本の貿易相手国としての中国の躍進は，東・東南アジア地域の統合の進展とは即座にはいえないだろう．中国全

補表2　ドイツの輸出入額の国・地域別構成の推移

		輸　入				輸　出			
		2000年	2001年	2002年	2003年	2000年	2001年	2002年	2003年
構成比	ヨーロッパ	67.1%	68.1%	69.0%	69.3%	71.6%	70.7%	70.8%	72.3%
	うちEU15	49.9%	49.9%	49.5%	49.3%	55.1%	53.8%	53.2%	54.2%
	スイス	3.4%	3.6%	3.7%	3.5%	4.2%	4.2%	4.0%	3.8%
	2004年EU加盟国	7.8%	8.8%	9.9%	10.6%	5.6%	5.9%	6.1%	6.6%
	USA	8.4%	8.2%	7.4%	7.0%	10.2%	10.4%	10.3%	9.2%
	日　本	5.0%	4.2%	3.8%	3.6%	2.2%	2.0%	1.9%	1.8%
	中　国	3.4%	3.6%	4.1%	4.7%	1.6%	1.9%	2.2%	2.7%
	世　界	100.0%	100.0%	100.0%	100.0%	100.0%	100.0%	100.0%	100.0%
指数	ヨーロッパ	100	100	102	125	100	103	111	137
	うちEU15	100	98	98	120	100	101	108	134
	スイス	100	102	106	124	100	103	106	124
	2004年EU加盟国	100	110	125	164	100	109	123	161
	USA	100	96	88	102	100	107	113	123
	日　本	100	83	76	87	100	96	98	111
	中　国	100	105	118	167	100	125	159	237
	世　界	100	98	99	121	100	104	112	136

資料：OECD, *International Trade by Commodities Statistics 1999/2004*, Issue1, Germany の部分より算出・整理.
注記：ここで2004年EU加盟候補国とは，エストニア，ハンガリー，ラトヴィア，リトアニア，ポーランド，スロヴァキア，スロヴェニア，チェコで，資料の関係上マルタとキプロスは除いてある．

体の貿易額が，したがって対ドイツ貿易に端的に見られるように東・東南アジア地域以外の地域・国との貿易も，飛躍的に拡大し続けているからである．

　そこで，両国の貿易の各国・地域別の商品別構成を，特に対中国貿易に着目しながら見てみよう．まず日本について2003年では（補表3），中国は輸入元としては，「雑製品」が38％を占めるが，2000年におけるその構成比44％（前出表8）からは低下している．そして「機械類」はすでに34％とASEAN4のレヴェルを若干上回っている．そして輸出先としての中国では「機械類」が56％を占め，そのなかでは「電気機器」がほぼ20％にも上っている．そしてこの点に関して，細かい日本の分類で見ると（補表4），「半導体電子部品」が圧倒的にトップであり，2000年の時（前出表8）と基本的構図は変わらないが，規模が圧倒的に拡大している点が読み取れる．つまり，日本から中国への輸出拡大を牽引しているのは何よりも「半導体電子部品」に端的に見られるような中間財といえる．そしてドイツ貿易の2003年の各国・地域別の商品別構成を，特に中国に着目しながら見てみると（補表5），中国はドイツの輸入元として「雑製品」が35.1％とかなり多いものの，「機械類」もすでに50％弱に達しており，そのなかで「自動

補表 3　日本の各国・地域との輸出入額の商品別構成，2003 年（総額欄の単位は 10 億 US$）

商品の部門・項目		輸　入						輸　出					
		世界	USA	フランス	ドイツ	ASEAN4	NIEs	中国	世界	USA	フランス	ドイツ	ASEAN4	NIEs	中国
0+1	食料品＋飲料・タバコ	11.5%	22.0%	17.7%	2.7%	8.6%	6.5%	8.0%	0.5%	0.4%	0.2%	0.1%	0.4%	1.0%	0.3%
2	原料（鉱物性燃料を除く）	6.3%	5.8%	1.4%	0.7%	7.6%	1.9%	2.1%	0.9%	0.2%	0.4%	0.6%	1.1%	1.2%	2.6%
3+4	鉱物性燃料・潤滑油＋動植物性油脂	21.4%	1.5%	0.2%	0.2%	26.1%	8.0%	3.4%	0.3%	0.2%	0.1%	0.1%	0.3%	0.6%	0.7%
5	化学製品	7.7%	13.1%	26.3%	21.7%	3.3%	7.2%	2.9%	8.3%	6.3%	7.8%	6.4%	8.5%	11.9%	11.5%
6	原料別製品	8.7%	4.8%	6.2%	7.2%	9.8%	10.1%	10.9%	10.4%	5.5%	6.2%	5.9%	15.9%	13.0%	16.5%
7	機械類および輸送用機器類	27.6%	37.4%	22.4%	53.6%	33.8%	51.9%	34.0%	66.8%	75.2%	70.6%	69.9%	62.3%	54.4%	56.0%
71	原動機	1.6%	5.5%	2.4%	2.2%	1.0%	0.8%	1.0%	3.8%	5.5%	4.7%	2.0%	4.9%	1.6%	2.6%
72	産業用機器	1.1%	1.8%	2.5%	5.6%	0.3%	1.1%	0.6%	5.3%	3.7%	3.9%	2.0%	4.7%	7.2%	9.0%
73	金属加工機械	0.3%	0.6%	0.2%	1.0%	0.1%	0.5%	0.1%	1.8%	1.7%	0.8%	1.7%	2.7%	2.0%	2.2%
74	一般機械・部品	2.0%	2.8%	2.8%	5.7%	1.6%	2.7%	2.4%	5.4%	4.7%	8.5%	5.7%	6.9%	4.9%	5.6%
75	事務用機器・コンピュータ	6.3%	5.1%	1.0%	1.4%	8.0%	16.1%	12.2%	5.1%	6.7%	4.4%	7.4%	4.2%	4.1%	4.3%
76	通信機器・音響機器	3.4%	2.1%	0.9%	0.6%	7.3%	5.0%	6.9%	6.5%	7.4%	11.8%	13.6%	3.1%	5.0%	5.8%
77	電気機器	8.7%	10.3%	4.5%	10.1%	14.0%	24.3%	9.4%	14.6%	7.2%	8.2%	15.9%	24.0%	24.2%	19.9%
78	自動車	3.0%	2.7%	4.4%	26.5%	1.3%	1.6%	1.3%	21.8%	37.1%	26.4%	21.2%	11.1%	3.9%	6.6%
79	その他の輸送用機器	1.2%	6.5%	3.8%	0.5%	1.3%	0.0%	0.0%	2.5%	1.2%	1.8%	0.5%	0.7%	1.6%	0.1%
8	雑製品	15.3%	13.4%	24.8%	12.7%	8.2%	9.6%	38.0%	8.5%	8.1%	8.6%	12.7%	6.6%	12.2%	8.1%
9	その他	1.7%	2.1%	1.0%	1.2%	2.6%	4.9%	0.8%	4.3%	4.2%	6.2%	4.4%	5.0%	5.7%	4.1%
	総　額	383.5	60.0	7.2	14.2	48.0	39.0	75.5	472.0	117.5	7.2	16.4	43.5	110.8	57.4

資料：OECD, *International Trade by Commodities Statistics 1999/2004*, Issue2 の Japan の部分より算出整理．

補表4　日本の相手先・商品別輸出入額，2003年　（5位まで，単位：10億円）

USA 輸出		USA 輸入		ドイツ 輸出		ドイツ 輸入	
総額	13,412	総額	6,825	総額	1,898	総額	1,644
自動車	3,814	半導体電子部品	456	自動車	296	自動車	385
自動車の部分品	910	航空機	440	半導体電子部品	142	有機化合物	137
事務用機器	868	原動機	364	映像機器	129	医薬品	91
映像機器	685	肉類	357	事務用機器	128	科学光学機器	63
原動機	651	事務用機器	347	科学光学機器	108	半導体電子部品	63

フランス 輸出		フランス 輸入		マレーシア 輸出		マレーシア 輸入	
総額	818	総額	837	総額	1,302	総額	1,458
自動車	137	アルコール飲料	88	半導体電子部品	271	液化天然ガス	347
映像機器	64	旅行用具・ハンドバッグ類	77	鉄鋼	109	半導体電子部品	176
二輪自動車	46	有機化合物	56	自動車	88	音響映像機器	163
事務用機器	35	医薬品	42	自動車の部分品	59	事務用機器	134
ポンプ遠心分離器	35	航空機	31	プラスチック	39	木製品	83

韓国 輸出		韓国 輸入		中国 輸出		中国 輸入	
総額	4,022	総額	2,071	総額	6,635	総額	8,731
半導体電子部品	512	半導体電子部品	385	半導体電子部品	715	衣類・同付属品	1,792
鉄鋼	420	石油製品	273	鉄鋼	430	事務用機器	1,032
科学光学機器	278	事務用機器	182	有機化合物	336	音響映像機器	507
有機化合物	181	音響映像機器	115	科学光学機器	312	魚介類	275
プラスチック	149	鉄鋼	111	事務用機器	267	科学光学機器	250

資料：総務省統計局・統計研修所編『日本の統計　2002』，「相手先・商品別輸出入額」より．

車」が1％ときわめてマイナーな点を考慮するとかなり多いと評価でき，特に「事務用機器」「通信機器」の構成比は日本のそれを上回っているのである．以上には，『通商白書2005』に指摘されている，日本（とNIEs）から中国（とASEAN）への中間財輸出，中国（とASEAN）で中間財の組立てにより最終財を生産してドイツ（一般には欧米）へ輸出という「三角貿易構造[18]」の進展を見て取ることができよう．

　さて，日独の貿易関係の推移について，国・地域別構成の推移で見たように2000年から2003年に日本の輸入元としてのドイツ（ドイツから日本への輸出）の地位はほとんど変化がないものの，日本の輸出先としてのドイツあるいはドイツの輸入元としての日本の地位は低下している．この両国間貿易の停滞は，貿易結合度の1をかなり下回る低い数値での推移にも見て取れる（補表4）．この

補表5 ドイツの各国・地域との輸出入額の商品別構成, 2003年（総額欄の単位は10億US$）

	商品の部門・項目	輸 入							輸 出						
		世界	フランス	USA	日本	中国	チェコ	ポーランド	世界	フランス	USA	日本	中国	チェコ	ポーランド
0+1	食料品＋飲料・タバコ	6.8%	8.7%	2.5%	0.1%	1.9%	1.4%	7.5%	4.1%	4.7%	1.3%	2.2%	0.2%	2.9%	2.5%
2	原料（鉱物性燃料を除く）	2.9%	1.9%	3.3%	0.6%	1.0%	2.4%	3.3%	1.4%	1.1%	0.6%	0.6%	1.9%	1.4%	1.7%
3+4	鉱物性燃料・潤滑油＋動植物性油脂	8.9%	1.1%	0.4%	0.1%	0.5%	1.0%	3.7%	1.7%	1.1%	0.9%	0.1%	0.1%	2.0%	2.1%
5	化学製品	10.5%	11.7%	16.5%	6.9%	3.5%	3.8%	3.5%	12.9%	11.5%	12.9%	20.1%	6.5%	10.0%	15.6%
6	原料別製品	12.6%	12.9%	5.4%	5.4%	9.2%	20.4%	24.7%	13.3%	13.3%	8.5%	7.2%	10.2%	21.3%	25.5%
7	機械類および輸送用機器類	37.8%	45.1%	60.9%	74.0%	48.6%	55.0%	35.9%	51.5%	50.4%	67.5%	56.3%	74.7%	49.3%	44.3%
71	原動機	3.5%	3.0%	10.8%	1.7%	1.1%	3.3%	7.7%	3.9%	3.0%	6.7%	2.0%	8.9%	3.6%	3.9%
72	産業用機器	1.6%	1.4%	2.0%	2.1%	0.6%	4.1%	1.8%	4.6%	3.2%	5.4%	5.2%	15.1%	4.3%	4.6%
73	金属加工機械	0.5%	0.2%	0.7%	1.5%	0.2%	1.2%	0.4%	1.1%	0.6%	1.4%	1.0%	3.8%	1.7%	1.4%
74	一般機械・部品	3.5%	4.4%	4.0%	6.3%	2.0%	9.5%	3.0%	6.4%	5.8%	6.4%	6.2%	11.4%	7.8%	8.4%
75	事務用機器・コンピュータ	5.1%	1.5%	8.8%	13.5%	15.6%	6.0%	0.1%	2.6%	2.8%	1.4%	1.7%	0.8%	2.3%	2.2%
76	通信機器・音響機器	3.4%	1.6%	2.4%	10.7%	15.3%	3.4%	3.0%	2.8%	1.8%	1.5%	0.7%	2.9%	2.2%	2.8%
77	電気機器	7.4%	3.5%	12.6%	19.0%	12.6%	12.0%	7.1%	7.8%	5.9%	8.5%	9.5%	11.1%	12.8%	7.1%
78	自動車	10.1%	17.2%	9.9%	19.1%	1.0%	14.8%	11.1%	19.1%	14.7%	33.0%	29.5%	18.2%	14.3%	13.4%
79	その他の輸送用機器	2.8%	12.5%	9.7%	0.3%	0.3%	0.6%	1.6%	3.1%	12.6%	3.1%	0.7%	2.6%	0.4%	0.6%
8	雑製品	12.2%	5.6%	10.9%	12.8%	35.1%	15.6%	21.5%	9.6%	9.5%	8.3%	13.3%	6.2%	13.1%	8.4%
9	その他	8.2%	12.9%	0.3%	0.2%	0.1%	0.3%	0.0%	5.5%	8.2%	0.0%	0.1%	0.1%	0.0%	0.0%
	総 額	601.8	54.9	42.2	21.5	28.2	19.6	17.6	748.5	78.0	68.7	13.1	20.4	18.4	18.2

資料：OECD, *International Trade by Commodities Statistics 1999/2004, Issue1* の Germany の部分より算出整理.

補表6　日本とドイツの間の貿易結合度，2000年と2003年

	2000年				2003年			
日本	0.52	⇒	0.61	ドイツ	日本	0.45	⇒	0.57	ドイツ
日本	0.37	⇐	0.35	ドイツ	日本	0.38	⇐	0.38	ドイツ

資料：OECD, *International Trade by Commodities Statistics 1999/2004* の Germany と Japan の部分より算出整理．

時期の日独間貿易の商品別構成の推移は補表5のようであるが，減少している日本の対独輸出に着目してみると，構成比を大きく減少させているのは「事務用機器」と「電気機器」であり，これは，ドイツの中国からの輸入で大きな割合を占めていた．日独貿易の停滞ないし衰退の裏には中国の躍進があるといえる．しかし，先の「三角貿易構造」を考慮すると，これは日独の二国間だけでなく，一方で東・東南アジア地域のなかでの日本，他方でEUのなかでのドイツ，そして両地域の関連のなかであらためて考察すべき問題であろう．

注

1) 以下の総括的な世界の貿易データについては，United Nations, *Statistical Yearbook* の各年版による．
2) 以下において，「ドイツ」で1991年前は以前のドイツ連邦共和国を，1991年後は統一後のドイツ連邦共和国を指し，データ整理もそうしてある．
3) 1996年のデータで算出．データは，United Nations, *Statistical Yearbook*, 44th issue, 2000 に依拠している．
4) さしあたり，田中（2002）を参照．
5) 日本における貿易の商品分類はドイツにおけるそれとは異なっている．したがって以下では，ドイツと日本をはじめさまざまな国の商品別貿易構造の比較を可能にするために，できる限り「国際標準貿易分類」を用いる．この分類については，OECD, *International Trade by Commodities Statistics*（1998年までのタイトルは *Foreign Trade by Commodities*）の各巻巻頭の説明を参照．以下の商品別構成のデータは，この統計の日本とドイツを含む巻の当該年より算出・整理している．
6) OECD（2001b）の Japan の当該部分より．以下で「機械類および輸送用機器類」以外でより細かい区分の「項目」に言及する場合は，この OECD 統計を参照している．
7) ドイツについては，Statistisches Bundesamt, *Statistisches Jahrbuch 2002*，日本については，経済産業省編（2002）を参照．
8) 中国，NIEs，ASEAN4については2001年の値が得られたので（経済産業省編 2003, 68），以下に示す．

　　　　日本 2.02 ⇒ 2.68 中国，日本 2.46 ⇒ 2.46 NIEs，日本 2.91 ⇒ 3.07 ASEAN4
　　　　日本 3.82 ⇐ 3.10 中国，日本 1.15 ⇐ 1.57 NIEs，日本 3.13 ⇐ 2.96

ASEAN4

つまり，2000年と2001年の値を比較すると，日本と中国との間の貿易結合度は高まり，日本とNIEsとの間は若干低下し，日本とASEAN4との間はほとんど変わらず，といえよう．しかし，日本とASEAN4, NIEs, 中国との輸出入の場合には，これらの双方の側で結合度の値はいずれも1を超えており，平均よりも強い結びつきであることに変わりはない．2000年までの傾向がさらに継続している，といえる．

9) この分類は，『外国貿易概況』に基づく，総務省統計局・統計研修所編（2002）「12-7 相手先，商品別輸出入額（平成12年）」による．
10) OECD (2001b) の Japan の当該部分より算出．
11) 以下についてさしあたり，経済産業省編（2000）第3章「地域統合の拡大と進化〜相互依存の強まるアジア経済と日本」；同（2001）第1章「東アジアを舞台とした大競争時代」；同（2002）第1章「グローバリゼーションの中での東アジア経済の変容とこれからの日本」；同（2003）第2章「東アジアにおける経済関係の深化とわが国企業の活動」を参照．
12) 一般に，日本企業の海外活動の活発化は，日本の貿易に対して，一方では資本財・中間財輸出誘発効果を持つとともに，他方で輸出代替・逆輸入効果も持つ．最初に述べた日本の輸出の停滞ないし減少は，景気循環要因もあろうが，このとりわけ1990年代からの日本企業の海外活動の活発化の輸出を減少させる効果が要因となっている可能性がある．日本貿易振興会（2002），91以下を参照．
13) OECD (2001a) の Germany の当該部分より．
14) *Ibid.*
15) さしあたり，以上見てきた白書類に加えて，木村ほか（2002）を参照．
16) 第8章のハイドゥクらの論調に見られるように，ドイツにおいては，日独の二国間貿易で一貫して日本側が大幅な貿易収支黒字を出し続けている点を問題視し，その主因として日本の関税障壁・非関税障壁の存在を推測する見解が少なくない．筆者は，二国間で比較的長期間傾向的に黒字であることはそれほど問題ではないし，また，ドイツの輸出の主力が工業製品であることを考えると，事実として日本の関税障壁・非関税障壁はまったく問題とならないと思う．これについては，日米貿易摩擦を念頭に置いているが，小宮（1994）をまず参照．
17) 経済産業省編（2005）『通商白書2005』，11頁．
18) 同書，第3節「東アジアの成長を支える貿易構造〜高度化する三角貿易〜」を参照．

参照文献

経済産業省編（2000）『通商白書2000』
―――（2001）『通商白書2001』
―――（2002）『通商白書2002』
―――（2003）『通商白書2003』
―――（2005）『通商白書2005』
木村福成・丸屋豊二郎・石川幸一編著（2002）『東アジア国際分業と中国』，ジェトロ（日本貿易振興会）

小宮隆太郎 (1994)『貿易黒字・赤字の経済学　日米摩擦の愚かさ』, 東洋経済新報社
日本貿易振興会 (2002)『ジェトロ貿易投資白書 2002 年版』
OECD (1988a) *Foreign Trade by Commodities*, vol. 2.
─── (1988b) *Foreign Trade by Commodities*, vol. 4.
─── (1994a) *Foreign Trade by Commodities*, vol. 2.
─── (1994b) *Foreign Trade by Commodities*, vol. 3.
─── (2001a) *International Trade by Commodities Statistics 1995/2000*, vol. 1.
─── (2001b) *International Trade by Commodities Statistics 1995/2000*, vol. 2.
─── (2005a) *International Trade by Commodities Statistics 1999/2004*, issue 1.
─── (2005b) *International Trade by Commodities Statistics 1999/2004*, issue 2.
総務省統計局・統計研修所編 (2002)『日本の統計 2002』
─── (2004)『日本の統計 2004』
─── (2005)『日本の統計 2005』
Statistisches Bundesamt, *Statistisches Jahrbuch* (verschiedene Jahrgänge).
末廣昭 (2003)『進化する多国籍企業　いまアジアでなにが起きているのか？』, 岩波書店
田中隆之 (2002)『現代日本経済　バブルとポスト・バブルの軌跡』, 日本評論社
United Nations, *Statistical Yearbook* (various issues).

第8章
ドイツから見た独日経済関係の展望

ギュンター・ハイドゥク

クリスティアン・シャッベル

（八林秀一 訳）

1　現状の概観

(1) 貿　易

ドイツの対日貿易赤字

　ドイツの対日貿易収支は，数年来赤字である．ただし赤字幅の変動が相対的に大きく（図1），1991年には118億ユーロに上ったが，1996年には68億ユーロへと大幅に減少し，その後再び増加した後，近年まで増減を見せている（2001年98億ユーロ，2002年73億ユーロ，2003年78億ユーロ，2004年90億ユーロ）（Zahlungsbilanzstatistik der Deutschen Bundesbank）．1991年から1996年の推移は，日本からドイツへの輸入の減少とドイツから日本への輸出の増加の双方によっている．2000年までのドイツの対日貿易赤字幅の拡大は，とりわけ日本からの輸入の度を越した増加（1996年176億ユーロ，2000年268億ユーロ）の結果である．1990年代，ドイツの対日輸出は1996年に至るまで増加し（84億ユーロから108億ユーロへ），アジア危機の後（1998〜99年）にわずかに減少したが，その後急増し，今日に至るまで高い水準を保っている（2001年131億ユーロ，2002年122億ユーロ，2003年115億ユーロ，2004年124億ユーロ）．

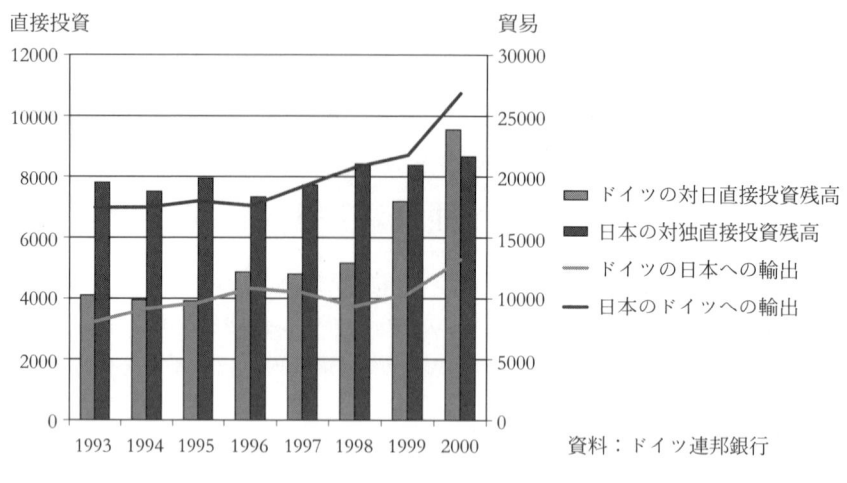

図1 日本とドイツとの間の二国間貿易と直接投資残高 (Mio. ユーロ)

凡例：
- ドイツの対日直接投資残高
- 日本の対独直接投資残高
- ドイツの日本への輸出
- 日本のドイツへの輸出

資料：ドイツ連邦銀行

規模から見た独日貿易の意義

　日本にとってドイツはヨーロッパ第一の，またドイツにとって日本はアジアで第二の貿易相手国である．とはいえ対日貿易はドイツの外国貿易総額のわずかに約2.5％（2004年）を占めるに過ぎず，日本にとっても対独貿易の割合は約3.5％（2003年）に留まる．しかしそれにもかかわらず，ドイツ連邦政府の対アジア戦略において，日本は枢要な位置を占めている．これは，グローバルな安全保障・軍縮・通商問題における両国の大きな責任の反映でもある．

　このように，アジアとヨーロッパで互いに重要な貿易相手国ではあるが，独日貿易にも日本の長期にわたる不況の影響が表れている．1990年代，ドイツの対日貿易の増加率は貿易総額の増加率を下回った．ドイツの総輸出は2001年には1991年の水準を87.5％上回ったが，対日輸出ではこれは55.4％に過ぎない（http://www.bundesbank.de/statistik/statistik_zeitreihen.php）．輸入ではこの傾向はより顕著であり，ドイツの総輸入額は64.9％増加したのに対して，日本からの輸入はわずか13％の増加に留まった．この傾向は2000年代に入っても続いた．2002年から2004年にかけて，ドイツの総輸出額と総輸入額はいずれも12％増加したのに対し，対日輸出は2％弱の増加，輸入は10％弱の増加に過ぎなかった．

　2001年に至るまで，日本はドイツにとってアジア最大の貿易相手国であったが，1990年代に対中貿易が急速に拡大し，2002年にはついに対日貿易を凌駕し

た．日本からの輸入がドイツの総輸入に占める割合は，1993年から2004年の間に6％から3.7％（214億ユーロ）へと低下した．同じ時期，中国からの輸入は2.4％から5.3％（309億ユーロ）へと増加している．同様に輸出先としても，2002年は中国が日本を追い越した年であった．2004年には，ドイツの総輸出額に占める対日輸出の割合はわずか1.7％（124億ユーロ）に過ぎず，それに対して対中輸出の比率は，2.8％（208億ユーロ）に達している（Deutsche Bundesbank）．とはいえ，日本と中国とでは商品構成がまったく異なっているので，量の変化を日本から中国への貿易の代替と等値することはできない．

部門・企業から見た独日貿易

ドイツの対日輸出を部門ごとに見ると，全体の4分の3を三つの部門で占めている．ドイツの対日輸出の34.9％を占める最大の部門は機械製造業であり，これに次ぐのは自動車部門で，全輸出の4分の1を超えている（27.4％）．化学（15.2％）および医薬品（6.4％）も重要な輸出品である．消費財を含むその他の製品は，全体で全輸出のわずか16.1％を占めるに過ぎない．

自動車メーカーにとって，外国市場はますます重要になっている．ドイツのメーカーでは例えば，外国での売上げが総売上げに占める比率は，1991年から2001年の間に42.7％から59.9％へと増加した．2004年には輸出比率（台数ベース）は70.5％に達している（以下のデータはVDA〔ドイツ自動車連盟〕による）．とりわけドイツの高級車メーカーにとって日本市場は重要である．同年，日本の輸入車新規登録台数（逆輸入を除く）は25万4500台であったが，ドイツのメーカー（フォルクスワーゲン，ダイムラークライスラー，BMW）はこのうち18万1500台を占めて首位に立っている．ドイツのメーカーの日本での市場シェアは4.2％に増加した．これに対して，ドイツにおける日本からの輸入車の市場シェアは2001年には1.1％低下して9.7％となった．（VDA 2002）これは，日本からの輸入が，ヨーロッパの日系現地生産工場からの輸入に取って代わられた結果かもしれない．

日本のメーカーのドイツへの輸出は，機械部門，特に事務機器と通信機器に集中している．東芝，キャノン，富士通等のメーカーに代表されるこの部門は，2000年には，日本からドイツへの全輸出額の34％（前年比3％増）を占めていた．この分野がドイツの対日輸出に占める割合は，わずか6％に過ぎない（WTO International Trade Statistics 2001）．

各種の貿易統計の比較から，次のように結論できるだろう．ドイツにとって，日本との貿易は全体としてはそれほど重要ではない．しかし個々のドイツ輸出企業にとっては，対日貿易は戦略的に高度の意義を有している．これに対して日本の場合は，ドイツへ輸出を行う企業は広い分野に分散している．

(2) 直接投資

日本とドイツにおける外国直接投資

アメリカやヨーロッパに比すると，日本は，外国資本による直接投資が少ないという点で際だっている．とはいえ日本における外国直接投資は，2000年を例外として，増加する傾向にある．UNCTADによればこれは，例えば銀行，通信といったいくつかの部門が，新たな直接投資を惹きつけているという構造的な変化によるものである（World Investment Report 2001, 19頁）．商業，サービス，ソフトウェアといった部門での純然たる新規投資も，同様に増加している．

ドイツ企業による対日直接投資と日本企業による対独直接投資

ドイツの対日直接投資残高は，1993年から2000年の間に，41億ユーロから96億ユーロへと二倍以上に増えた．それに対して，日本による対独直接投資残高は78億ユーロから約87億ユーロへとわずかな増加に留まり，しかもこの間の増減が大きい（図1）．（以下についてはDeutsche Bundesbank Statistiken）こうした増減は，企業の合併や買収（M&A）が直接投資の大部分を占めることに起因する．日本の対独直接投資残高の伸び悩みの一因は，日本の金融機関同士の合併にあるとみられるが，しかし製造業においても，日本の多国籍企業の財務問題は，対独直接投資にマイナスの影響を与えた．ドイツにおける日本企業の支店数（従属的な持株会社を除く）は，90年代に減少さえした．またドイツとは異なってオランダ，フランス，イギリスでは日本からの直接投資残高が増えていることからするならば，ドイツへの立地が，ヨーロッパの他地域との比較で魅力的でなくなった結果とも解釈できる（Gesellschaft für Wirtschaftsförderung Nordrhein-Westfalen mbH 2000, 7頁）．

これとは対照的に，ますます多くのドイツ企業が日本に進出している．それにはいくつか重要な理由がある．日本の株価が低迷を続けたため，外国企業は有利な条件で合併や出資を行うことができるようになった．対日直接投資残高

の倍増は，同時にドイツ政府の直接投資支援策が成功したことも示唆している．特に，ドイツ経済アジア太平洋委員会（APA）日本イニシアティブ，ドイツ工業連盟，在日ドイツ商工会議所の活動は言及に値する．

国境を越える M&A

この十数年，企業の国際的な結びつきが増加してきた．特に M&A は近年ますます重要になっている．ただし個々の大型買収案件が外国直接投資額を大きく左右することがあるため，トレンドはますます見えにくくなっている．日本経済の若干の特殊性（例えば商社・銀行・産業企業の間の密接な結びつき，ならびに敵対的買収を妨げる株の持ち合い体制）が，過去においては外国投資家の対日投資を困難にしていた．外国の多国籍企業にとって，企業の全面的な買収は不可能同然であった．1990年代初頭，日本の株価や不動産価格が非常に高かったことも，買収を妨げた．バブルがはじけた後，90年代半ばには，日本の銀行の不良債権の深刻さが次第に明らかとなった．デフレーションによって不良債権は一層膨らみ，償却負担はさらに増大した．株価と不動産価格が下落したとはいえ，不良債権の実態はまったく不明であり，そのためもあって外国企業は，日本企業への出資や日本企業の買収を控えた．さらに銀行セクターにおいては，外国企業の手を借りずに問題を解決するという国民的合意があり，しかもこの考えは規制当局の支持を得ていたのである．とはいえ最近では，新生銀行の例にみられるように，外国企業による出資や買収の事例がある．2000年，日本政府は2年前に一時国有化していた日本長期信用銀行（LTDC）を，アメリカの投資グループのリップルウッド・ホールディングス（ABNアムロ，ドイツ銀行，GEキャピタル等から成る）へ売却し，これにより同行は新生銀行と名称を変えている．1999年の非銀行セクターでの重要な M&A に属するのは，GE による日本リースコーポレーションの購入（66億ドル）およびルノーの日産への37％の参加（54億ドル）である．

日本企業に対するドイツからの資本参加はこれまで，一部の例外を除き，とるに足りないものばかりであった．デュースブルク・エッセン大学の太平洋圏経済発展研究所（FIP）によるアンケート調査によれば，M&A が資本参加に代わりうるものとして認知されてきたことは確かである（Bromann/Pascha/Philipsenburg 2000, 27頁）．しかし実際に日本で M&A を行うか，あるいはこれを検討した企業は，アンケートの対象である中企業・中堅大企業の25％に過ぎな

かった.

　ドイツ企業の日本における活動を（2000年から2002年の時期については表1を参照[1]）集計すると，産業部門や機能による違いが読み取れる．1990年から2002年の時期，データが得られる範囲では63のドイツ企業が総計138の分野で活動していたが，その内訳は以下のようである．

- すべての分野（34例）
- 販売（40例）
- 生産（32例）
- 研究開発（12例）
- サービス（8例）
- 融資（3例）
- 調達（2例）
- その他・不明（7例）

　新規に販売組織を構築した企業は，多様な産業部門にわたっている．これに対して生産拠点への投資は，主として化学・製薬企業（BASF，フレゼニウス，メルク，デグッサ，バイエル）ならびに工作機械工業の企業（ボッシュ，ジーメンス，マンネスマン）による．研究開発で日本に拠点を置いているのは，ほとんどもっぱら化学・製薬企業である[2]．

　合弁企業の設立は，とりわけ日本での生産を目的として行われる．販売のための合弁企業はそれほど重要ではない．例えば研究開発など他の機能に関しては，合弁企業，事業提携，資本参加がおよそ同じ割合でみられる．サービス分野では，多くの企業は新規設立（例えばポルシェ社による1998年のポルシェファイナンシャルサービスジャパンの設立や，2002年のドイツポストによる物流センターの新設など）を，あるいはまた拡大投資（1998年アイクストロン社によるサービスセンターの拡大）を優先している．

　買収を除くと，日本でのドイツ企業のその他の活動形態は，どれも似たような割合となる．

- 資本参加／資本参加比率の引き上げ：約21％
- 投資／新規設立：約26％
- 合弁企業：約22％
- 事業提携：約22％
- 買収：約9％

表1　日本におけるドイツ企業の活動, 2000-2002

企　業	年	活動形態	機　能	日本側パートナー
ダイムラー・クライスラー	2000	参加	全活動を担当	三菱自動車
ヘンケル	2000	参加	販売	ライオン
デグッサ・コンツェルン	2000	参加割合増加	生産	日本アエロジル
エオン	2000	参加割合増加	全活動を担当	日本アエロジル
ヘンケル	2000	投資/新設	R&D	近畿大学リサーチセンター
テコトランス	2000	投資/新設	販売	販売会社新設
ヴェラ・コンツェルン	2000	投資/新設	販売	販売会社新設
BASF・コンツェルン	2000	ジョイントベンチャー	生産	日本油脂
ドレスナー銀行	2000	ジョイントベンチャー	全活動を担当	明治生命
ヘラ合資ヒュック & Co	2000	ジョイントベンチャー	生産	スタンレー電気
ローベルト・ボッシュ・コンツェルン	2000	ジョイントベンチャー	全活動を担当	ヴァレオ
ジーメンス・コンツェルン	2000	ジョイントベンチャー	生産	ケーヒン
アルタナ株式会社	2000	協力	R&D	帝人
ダイムラー・クライスラー	2000	協力	R&D	いすゞ
リンデ	2000	協力	全活動を担当	小松フォークリフト
プーマ	2000	協力	生産	ヒットユニオン +Cosa Liebermann にライセンス
ジーメンス・コンツェルン	2000	協力	全活動を担当	東芝
ヘンケル	2000	買収	生産	山発産業
クノール・ブレムゼ	2000	買収	全活動を担当	自動車トラック機器ブレーキシステム
ローベルト・ボッシュ・コンツェルン	2000	買収	全活動を担当	ゼクセル
シェリング	2000	買収	全活動を担当	ミツミ製薬
アイクストロン	2001	投資/新設	販売	サービス会社新設
ローデンシュトック	2001	投資/新設	販売	新設 : Rodenstock Japan Inc.
SZ テストシステム	2001	投資/新設	販売	新設 : SZ Japan Ltd.
ブローゼ自動車部品 GmbH & Co. KG	2001	協力	不明	シロキ工業
エドシャ	2001	協力	全活動を担当	大井製作所
FAG クーゲルフィッシャー	2001	協力	全活動を担当	NTN
ドイツ・ポスト	2002	投資/新設	サービス	新設 : 物流センター
ドイツ・ポスト	2002	ジョイントベンチャー	全活動を担当	ダンザス丸全
ティッセン・クルップ	2002	協力	生産	NKK + 川崎製鉄

資料 : Rheinisch-Westfälisches Institut für Wirtschaftsforschung (RWI).

新規の資本参加（9％）よりも，資本参加比率の引き上げ（13％）の割合が大きいことは，注目に値する．これは，日本市場では様子見の姿勢が強いことを示した数字と考えられよう．
　今のところ個別の資本参加案件としての最大のものは，ダイムラー・クライスラーによる三菱自動車への資本参加である．ダイムラー・クライスラーは2000年に三菱自動車株の34％を取得し，翌年にはボルボが所有していた株を買い取って，出資比率を37.3％へと引き上げた[1]．
　以上の概観からは，1999年が外国資本受け入れの転換点であったことが窺われる．M&Aによる日本での売却・買収がこれ以降，目立って増加した．株価と不動産価格の下落によって，日本企業の買収は以前よりだいぶ容易になったが，しかしこれは，国際的な大企業による少数の「衝動買い」を生んだに留まっている．以下の分析では，合併・完全買収と，日本企業への少数株主としての出資とを明確に区別する必要がある．外国企業が日本企業を買収して100％の株主となることは，今でもきわめて難しい．これに対して，少数株主としての出資に対する雰囲気は，近年では好意的になったようである．その背景には，外国企業との協力が，近代化と環境適応への国際的な圧力を和らげるのでないかという日本企業の認識があるのかもしれない．また日本の企業構造は，独立性と開放性を高めつつあるようにも見える．買収が一般的に悪いことであるとは，もはや見なされなくなっているようである[3]．いくつかの日本のコンツェルンは，とりわけ銀行部門の合併の動きにも促されて，株の持ち合い原則を緩和して株を一般にまとめて売却し，次第に互いの系列関係を解消しつつあるように思われる．これが活発なM&Aを引き起こしたのである．それどころか少数の事例では，伝統的な日本の企業構造を克服するのがずっと容易なヨーロッパやアメリカの経営者に，日本のコンツェルンの経営や再建が任されたのである（日産のカルロス・ゴーン，三菱のロルフ・エクロート，マツダのマーク・フィールズ）．

合弁企業

　ドイツ企業の行動様式は，日本との合弁企業に関しては，国際的に一般化した標準的なモデルと異なっている．その原因は，ヨーロッパと日本の組織的対立である．ローランド・バーガー戦略コンサルタンツのヘッフィンガーとファウベルの判断では，「日本の合弁相手の構造と組織は，決定的な影響を持つ．

［……］合弁企業はしばしば，企業の多数株を入手する前の中間段階であり，次の段階では，この合弁企業は日本の企業グループへと完全に統合される」．(Höffinger／Vaubel 2002, 15頁) 例えばジーメンスと富士通は，合弁企業を中間段階とするこの方法の一例である．両社は1999年10月にそれぞれの子会社であるジーメンス・コンピューター・システムズと富士通コンピューターズ（ヨーロッパ）を，富士通ジーメンス・コンピューターズに合併した．技術と販売網を互いに融通し合うことで，両企業は市場での地位を強化しようとしている．ボッシュも，それまでライセンス協定による提携関係に過ぎなかったものを少数株主としての資本参加に転換し，さらに，段階的に出資比率を上げてこれを完全子会社化した．

ドイツの自動車メーカーは，最近合弁企業への資本参加を強めている．例えば2002年春，ダイムラー・クライスラーと三菱は共同で2億5000万ユーロ弱を投じ，テューリンゲンに自動車工場を建設した．2002年5月には，ダイムラー・クライスラー，ヒュンダイ，三菱自動車の3社は，直列四気筒ガソリンエンジンの開発と生産を目的として，グローバル・エンジン・アライアンス社を設立した．新たに開発されるエンジンは，この3社の自動車モデルに投入され，大幅なコスト削減を実現するという．

ドイツの自動車部品サプライヤーも同様に，数年来，アジアでの拡張を試みている．この部門でとりわけ特徴的なのは，合併が絶えず起こっていること，また「垂直的企業間協定と強調行動に関するEC指令（GVO）」改正が構造的変化を引き起こしている点である[2]．日本の自動車市場へのアクセスの戦略的意義は大きい．コンチネンタル［タイヤ・自動車部品］による日清紡および横浜ゴムとの二つの合弁企業（出資比率50％および51％）の設立，デュル［自動車塗装機器］による日本子会社設立と日本企業に対する排他的ライセンスの供与，エドシャ［ドア部品］による，2003年の大井製作所との折半出資合弁企業の設立，および，トヨタ，ホンダへのドアヒンジ・システム供給，ベーア［ラジエター］による2000年のサンデンと東洋ラジエターとの各折半出資合弁会社の設立，キーカート［鍵・ドア部品］による東京への開発・販売拠点の設立など，ドイツの自動車関連メーカーの日本での動きが活発である．多くの合弁企業が日本市場そのものを市場とするのに対して，例えばエドシャと大井製作所によって新たに設立されたエドシャ・オオイ株式会社の場合は，むしろアジア全域での事業に重点を置いている．

銀行と保険の部門は合弁事業について非常に消極的である．アリアンツが1992年に大阪のニチイと，また2000年に丸紅と合弁企業を設立した例，ドレスナー銀行が，明治生命と1998年および2000年に二つの合弁企業を設立した例がみられるのみである．

ドイツと日本の外国直接投資の部門別構造

ドイツ企業による対日直接投資残高は，1993年から2000年の間にかなり構成を変えている．1993年には，全体の71.9％（30億ユーロ）が製造業によるもので，そのうち化学工業が17億ユーロ，自動車製造が8億ユーロを占めた（数字はドイツ連邦銀行による）．この割合は2000年には60％へと低下し，化学と自動車製造は22億ユーロと21億ユーロで拮抗するに至った．他方，持株会社の割合は12.4％から27.8％へと倍以上に増えた．銀行部門の割合も，6.6％から7.5％へとわずかながら高まった．

日本企業による対独直接投資残高はこれとは大きく異なる．自動車・耐久消費財の整備・修理も含めた商業分野の割合は，59.5％（1993年）から64％（2000年）へと高まった．また製造業でも，その割合は12.5％から17.3％へと高まった．これに対して，金融機関の割合は21.9％から13.5％へと低下した．

直接投資は国際貿易を代替することもあるし，これを補完することもある[4]．近年では補足的な関係が強まっているようである（Fontagné 1999）．独日二国間の直接投資と貿易を1993年から2000年の期間について比較してみると，少なくとも統計的に見るならば，日本からドイツへの輸出は，ドイツへの直接投資と補完的な関係にあるようである．1980年代終わりには，まず資本財と生産設備を外国に移転し，その後，生産拠点の移転先に必要な原材料や部品・半製品を日本から輸出するというのが，日本の多国籍企業の一つの戦略であった（Ishida 1994）．しかし間もなく日本の下請企業がこれら移転先に進出し，日本からの輸出は減少に転じてしまった．ドイツからの輸出とドイツからの直接投資の場合には，1993年から1998年までは代替的関係が，それ以降は逆に補完性がみられる．とはいえこの点についてより確実な結論を下すためには，計量経済学的なモデルを用いたより深い分析が必要である．

(3) ライセンス，協力，提携

技術サービス

　日本もドイツも，技術サービスの収支は大きな赤字である．両国とも，アメリカ合衆国への純支払額が巨額に上るのがその理由である．ドイツは1995年以来，EU諸国に対しても大きな赤字を計上している．

　技術サービスの分野でのドイツの収支が，この10年，日本に対しては一貫して大きな黒字となっていることは（図2），驚きかもしれない．ただし1990年代には，一部でかなりの変動があった．黒字が大きく減少したすべての年（1994年，1997年，2000年）で，その原因はドイツから日本への支払の急増であった．

　独日間の技術サービス貿易は，国際比較でも二国間比較でも相対的にわずかである．2001年には，この分野でのドイツの受取のうち，日本からの受取の割合は4.9％に過ぎなかった（2000年3.8％）．日本への支払の比率は2.7％（2001年），2.8％（2000年）であった（ドイツ連邦銀行のデータ）．それ以前においてもこの割合は3％から4％に留まっている．商品貿易や直接投資同様，技術サービスの場合でも二国間の関係はそれほど重要とは言えないのである．もっとも，ヨーロッパ統合の進展の結果，日本のライセンス供与者にとっては相手先の選択肢は拡大しており，その結果，ドイツが他のEU諸国から輸入する財にも日本の技術が含まれる可能性もあるだろう．

　技術サービスを，研究開発（学術的助言への報酬およびEU資金によるプロジェクトを含む），特許とライセンス，コンピュータ・サービス，エンジニア・サービスに分けてみると，それぞれの分野による趨勢の相違が顕著である．研究開発の収支と特許・発明の収支は逆の動きを示している．研究開発では，ドイツ側から見た収支は1990年代半ばに赤字から黒字に転じた．それに対して特許・発明では，1990年代の前半のかなりの黒字（例えば1993年には約1億ユーロ）から，2001年の5200万ユーロの赤字へと転じているのである．ドイツから日本への直接投資の増加が，この転換の背景として考えられる．

　ドイツ連邦銀行の調査は，貿易収支と特許・ライセンス収支の関係を示している（Deutsche Bundesbank 1996, 72頁）．国内総生産に対する貿易黒字の割合を百分率で示し，これを，国内生産に対する特許収支赤字の割合（千分率）に対比させると，ドイツと日本の双方で，1986年から1994年の間，両者はほぼ同じ動きを見せた．これに対してアメリカ合衆国の場合は，貿易赤字と特許収支の黒字

資料：ドイツ連邦銀行

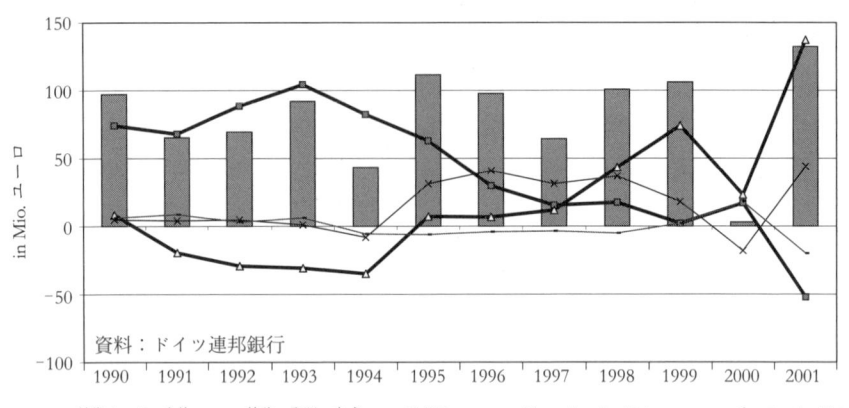

図2　ドイツの日本とのテクノロジー・サービス分野での個別項目別残高

の組合せとなる．そこで以下の連関を想定しうる．若干の国は特許収支で黒字を計上する．すなわちこれらの国々は，差し引きでは，外国に対して直接，また場合によっては在外子会社を通じて，特許の使用権を販売する．こうした国は外国に生産を移転することで，結果的に輸出の可能性を減少させている．これに対して，ドイツや日本といった国は，自前でもっている特許の範囲を超えて，技術使用権の超過需要を抱えている．この需要は各種の技術輸入でまかなわれるが，これにより，国際市場で自国の競争上の地位は強まるであろう．いずれにせよこのドイツ連邦銀行の調査は，個々の収支残高の間の関連がいかに複雑かをも示している．

協力と提携

所有関係を伴わない戦略的提携やその他の協力形態は，往々にしてより緊密な経済関係の糸口となる．研究集約的な産業の研究開発においては特に，こうした提携によって費用・競争上の優位を確保しようとの動きがみられる．しかし他国と比較すると，独日企業間の協力はそれほど多くない．特に銀行・保険部門では，戦略提携はほとんどみられない．ミュンヘン再保険（購入協力，1998年）とドイツ銀行（1998年と1999年の間に三つの販売協力）の例がみられるのみである．

提携関係は，最近では特に自動車と製薬で目立つ（ダイムラー・クライスラーといすゞの研究開発での協力〔2000年〕，VWとトヨタ〔1999年〕），およびそのサプ

ライヤー（FAG クーゲルフィッシャー〔2001 年〕，エドシャ〔2001 年〕，ブローゼ〔2001 年〕，ZF フリードリッヒスハーフェン〔1999 年〕）．自動車産業では，外部調達比率を高めるという製造企業一般の注目すべき傾向が持続している．サプライヤーに対して付加価値での取り分を増やすよう配慮をしつつ，より一層の技術革新を求めている．国際的な研究開発協力は，この革新のための手段である．とはいえ，1998 年と 1999 年の急増の後，提携事例は再び少なくなっている．

2002 年 4 月，川崎製鉄，NKK とティッセン・クルップ・スチールは，自動車用鋼板とそれに関連した研究開発に関して包括提携契約を締結した．川崎製鉄と NKK の経営統合による JFE の設立の後にもこの関係は継続している[3]．もう一つの例は，国際協力銀行とドイツ復興金融公庫の間の契約で[4]，これは融資プロジェクトについての情報交換と企業への共同の融資を目的としている（日本経済新聞 2002.10.16）．

（4）まとめ

総じて，独日両国が世界経済に占める割合からするならば，両国間の経済関係はむしろ希薄であるといってよい．二国間貿易においても直接投資の流れでも，関係は深まるどころか相対的に比重を下げてさえいる．二国間貿易の成長率は貿易総額の伸びを下回っており，直接投資でも，今のところドイツから日本企業への少数の巨額出資の事例が目立つに過ぎない．しかしながら，独日企業間の資本参加・事業提携・合弁企業の設立の意義は，高まりつつあるように思われる．

ドイツの多国籍企業にとって，日本市場は微妙な存在である．ヘッフィンガーとファウベルの見方では，日本は「キー・カントリー」であり，（Höffinger／Vaubel 2002, 3 頁）日本での利益水準は比較的良好である．しかし，主要な三つの輸出部門でも，日本市場への参入状況はそれぞれ大きく異なる．まずドイツの自動車メーカーにとっては，あくまでも輸出が基本であり，仮に日本での投資を強化して現地生産を行うならば，「メイド・イン・ジャーマニー」の自動車が持つ高いイメージが損なわれかねない．そのため自動車メーカーの直接投資は，基本的に販売強化のための事業に限られているのである．これに対し，技術的協力関係の強化のため戦略的提携が結ばれている．自動車部品サプライヤーは，この数年間，主として合弁企業の設立と研究協力を軸に日本での事業を進めてき

た．他方，ドイツ化学工業の場合，日本での事業が成功しているのは，技術的優位が大きく，また日本の化学工業が弱体であるからである．直接投資は生産活動と研究開発協定を中心にしている．

　日本企業にとってドイツ市場は，長い間ヨーロッパ市場の入り口というべき存在であった．(Gesellschaft für Wirtschaftsförderung Nordrhein-Westfalen mbH 2000, 53頁) しかし今日では，日本企業の拠点はヨーロッパ全体に分散するようになっている．ノルトラインウェストファーレン州の経済振興協会のアンケートによれば，日本企業によるヨーロッパ本部の設立先としては，ドイツはイギリスに続いて2位となっている．これに，かなり離れてオランダ，ベルギー，フランスが続く．ドイツ内での分布を見ると，日本企業が拠点を置くのは，特にライン・ルール地域 (重点はデュッセルドルフ)，ミュンヘン，ハンブルク，ベルリン，ライン・マインの大都市地域である．日本企業のドイツでの事業の将来に関する回答は，あまり積極的なものではない．在ドイツ451日本企業の1999年のアンケートでは，ドイツでの事業拡大を計画しているのは，対象企業の約3分の1 (34.8％) に過ぎなかった．62％はドイツへの投資を強化しようと思っておらず，3.2％は事業の縮小を計画している．(Gesellschaft für Wirtschaftsförderung Nordrhein-Westfalen mbH 2000, 49頁) 平均以上に投資強化を考えている州としては，南ドイツのバイエルン州 (41.7％)，バーデン・ビュルテンベルク州 (60.0％) が挙げられている．部門ごとに見ると，追加的に投資をしたいと回答したのは金融機関ではわずか9.1％のみであった．平均以上の投資性向を示すのは，電子部品・ソフトウェア産業で44.2％，電機／精密機械機器／光学で40.3％，機械・車輌製造で38.8％であった．全体としてこれらの結果は，日本企業の投資先としてのドイツの意義が，ヨーロッパの他地域に比して低下していることを示している．

2　独日経済関係の推移とその背景

　独日経済関係の発展史の分析では，個々の原因を相互に区別するのが困難なことや，因果関係を数量的に確定するためには包括的かつ多量のデータが必要であることなどが問題となる．景気循環ですべてを説明するような議論は，構造的な理由や競争上の理由ばかり取り上げるのと同様，誤りであろう．とはい

え次のように想定することは許されよう．すなわち，独日経済関係における短期の変化は，景気循環・競争力・為替相場によって影響を受ける．それに対してその趨勢と水準は，国内の構造上の条件（秩序システム・組織システム・社会－文化的行動システム）および外の世界とのシステム的な結びつき（例えば地域統合，歴史的・空間的な条件）に依存していると．したがって以下では，景気循環要因とともに構造的・システム的な要因をも検討し，地域統合が独日経済関係に及ぼす影響を考察しよう．

(1) 景気循環

景気の後退の結果国内需要が縮小すれば，生産者は外国市場に埋め合わせを求めるだろう．同時に，外国製品に対する需要も減少するだろう．外国でも景気が同様に後退しているなら，輸出入の水準は全体として低下するに違いない．国と国との関係がその他の面でも密接であるならば，貿易収支もまた影響を受けるに違いない．理論的に予測されるこうした連関は，独日貿易関係には部分的にしか当てはまらない．ここ10年における日本の対独貿易収支黒字は，両国が景気後退と戦わねばならなかったにもかかわらず，ほとんど減少しなかったのである．

日本の実質経済成長は，1990年代初頭以来，わずかである．GDP成長率は，1980年代の平均値では4.1％であったのに対し，1990年代には1.4％に低下した（United Nations 2002a）．1997年，1998年，2001年に経済の実質的な後退を示した後に，2002年には再び日本経済は－0.8％のマイナス成長を示した（IMF 2002）．不動産・株式市場の大暴落に最も顕著に表れた「バブル経済」の崩壊の後は，日本経済は，景気循環的・構造的・外生的な諸問題（「アジア危機」）の複合状況に陥った．危機の明確な兆候は，失業増大と国家債務の増加にも表れている．

ドイツの景気動向も同様に脆弱であった．1990年代の実質GDP成長率の平均は1.8％であった．その後の成長率は，2001年0.6％，2002年0.2％，2003年－0.1％とゼロ成長に近い数字を続けた後，2004年にようやく1.6％と回復している（http://www.destatis.de）．

HWWA研究所の回帰分析は，ドイツの全輸出は大きなタイムラグを伴うことなく外国の景気に依存していることを示している．（Krakowski et al. 1993, 37頁）外国需要の推移を示す変数としては，主要貿易相手国の工業生産の加重平均を

表す生産指数が用いられた．HWWA 研究所は，外国景気の変化と輸出の増減を示すベータ係数の値を算出した．それによると，外国の景気が 1％改善すれば，ドイツの輸出は 0.75％増加する．

外国景気の影響は部門によって異なる．ドイツの機械工業と電機工業は，外国での需要の増減に大きく左右される．ベータ係数は，実質で 0.79（電機）と 1.51（機械）である．これに対して，自動車製造では外国の景気への依存はわずか（0.39）で，同様に消費財工業でも小さい（0.46）．

ルッケの最近の研究（Lucke 1998）は，外国経済と受注量の間の長期の弾性値を算出している．ここでも部門による違いが大きい．ドイツの機械製造企業の場合，その弾性値は 0.89 で，外国の景気への反応が最もわずかであった．それに対して，自動車および自動車部品（1.37），化学（1.61），電機（1.39），事務機器（2.20）といった部門では，受注は外国の景気に大きく左右される．機械製造業の受注が外国の景気に左右されないのは，一つには，この部門の生産期間が非常に長く，特殊加工を特徴としていることにも起因していよう．

ドイツと日本の国民経済について，二国間の景気的影響関係を示した数量データは存在しない．推測に過ぎないが，弾性値を尺度とするならば，日本の景気へのドイツ企業の依存度は，ドイツの景気への日本企業の依存度よりも小さいだろう．ドイツの機械メーカーや自動車メーカーは，日本の事務情報機器メーカーよりも，景気に対する抵抗力があると考えられる．例えば輸出比率といった単純な指標からは，ほとんどわずかのことしかわからない．より正確な結論を出すためには，包括的な計量経済学的モデルが必要である．国際分業の進展と高付加価値化のために，今や製品の相当部分が，外国で生産された中間財や部品から成るようになっている．そのため，景気への依存性がはっきりとは現れなくなっているのである．

(2) 競争力

国の競争力

ローザンヌの IMD による世界競争力レポートの国別競争力ランキングでは，日本は第 1 位（1989 〜 93 年）から第 27 位（2002 年）に後退し，その後は，2003 年 25 位，2004 年 23 位，2005 年 21 位と少しずつ改善している．それに対してドイツは，2001 年にはそれ以前よりも順位を上げて 13 位にまで改善したが，その

後，2002年17位，2003年20位，2004年21位，2005年23位と再び順位を下げてきている（http://www02.imd.ch/wcc/ranking/）．世界第2位，第3位の国民経済にとって，これは決して満足すべき結果ではない．とはいえこれは，他の順位づけと同様に問題がある．特定の外国市場でのいくつかの部門の競争力は，これとはまったく異なりうるのである．

部門別の競争力

部門ごとの競争優位を測定するためにしばしば用いられるのは，バラッサが開発した顕示比較優位指数（RCA）である[5]．パシャは（Pascha 2002, 13頁）ドイツ輸出産業の日本市場でのRCA値を分析し，1990年代半ば以降，消費財は比較優位を持っているという，驚くべき結果に達している．そのRCA値は1を超えている．自動車工業（2000年，1.94）と化学工業（2000年，1.42）も，同様に，比較優位を示唆するRCA値を示している．これに対して機械製造ではRCA値は1を大きく下回る．パシャはこれを，ドイツの中小企業にとって外国市場への参入は構造的に困難であるという，よくいわれる事実の反映と見ている（Pascha 2002, 13頁）．製薬部門のドイツ企業は，近年になっていく分の比較劣位（1991年，0.84）から，比較優位（2000年，1.2）部門へと改善した．その背景は，この部門のメーカーの高い研究開発支出であり，これが，高齢化する日本市場での優位の支えとなっている．

日本のRCA値には，特に目をひく点はない．いく分の比較優位を示す機械産業の数値（2000年，1.16）も，化学部門での劣位（2000年，0.59）と同様，驚くには値しない．自動車部門では，優位（1991年，1.19）は劣位（2000年，0.78）に転じた．同じく劣位へと推移したのが日本の製薬部門である（1994年1.51から2000年0.83へ）．消費財部門での比較優位は1991年の1.51から2000年の1.35へと若干低下した（Pascha 2002, 15頁）．

日本企業は，DVDプレーヤーやカメラといった製品で，技術優位を武器に優位に立っているが，これは何もドイツ市場に限られない．とはいえ価格競争が激しいので，こうした製品分野では高い利潤を実現するのは難しい．明確な技術的優位にもかかわらず今のところほとんどチャンスがないのが，日本の携帯電話メーカーである．この市場はヨーロッパのメーカーの支配下にある[6]．日本の携帯電話メーカーはここ数年，ヨーロッパ市場の獲得に努めており，また新技術では1年ほど先行しているが（Krosta 2002）日本の携帯電話はヨーロッパ

ではほとんど売れていない．とはいえ，日本メーカーのこの一年のリードが，第3世代移動体通信システム（UMTS）市場や携帯電話によるデータサービスにおける競争優位に繋がるかどうかは，今のところわからない．2002年時点では，NTTドコモから「iモード」の供給を受けている企業は，ドイツではE-プルス1社に留まっていた．なおこの市場に関しては，日本企業は高価なUMTS特許を競り落とす必要がなく，価格上の競争優位を作り出すことができるということを過小評価すべきでない[5]．

日本の自動車輸出とエレクトロニクス輸出の競争力は，顕著に低下しているように見える．この競争力は日本がブームの時期には「人為的に」高くされていた．というのは，この競争力は日本の消費者の負担によってのみ達成されたのであり，それ以降は大幅に低下しているからである．しかしながら各産業の内部には，常に例外となる部門が存在する．日本のコンピュータ娯楽産業（ビデオゲーム，ゲーム端末，オンラインゲーム，例えばソニーのプレイステーションや任天堂のゲームキューブ）は，部品生産をタイや中国といったコスト上有利な国へ移転することで，国際競争力を維持することができた．

三大輸出部門でドイツ企業の競争力が高い二つの要因は，企業の組織構造と日本でのプラスのイメージである．ローランド・バーガー戦略コンサルタンツは，2002年4月，日本におけるヨーロッパ企業の行動様式と組織構造に関する研究を公表した．「ヨーロッパ企業は，日本で大きな利益を上げ成功することができる．ヨーロッパ企業のより近代的な組織形態こそが，往々にして日本の競争者に対する競争上の比較優位の源泉となっているのである」（Höffinger/Vaubel 2002, S.3頁）と彼は断言している．プラスのイメージは，ドイツの製品の高い品質に負っている．この品質は，若干の部門では，何よりもドイツ企業の高い研究開発支出の結果である．例えば，ドイツの自動車メーカーの日本での高い競争力は，まさしくその高水準の研究開発支出（最近5年間で600億ユーロ）によるのである．戦略的に在外生産拠点を拡張することで，ドイツの自動車メーカーは世界生産の規模を大幅に拡大し，その結果，世界の自動車生産に占めるドイツのシェアは18.1％へと高まった．これはドイツの自動車メーカーの国際競争力の高さを示すものである．それに対して日本メーカーのシェアは，国内生産分のみでは17.6％へと低下したが，これは特に，アメリカ合衆国およびヨーロッパへの工場移転によるものである．ドイツと日本の自動車メーカーの収益性（課税前売上高利益率で表される）を比較してみると，特に小規模の四

つの日本のメーカー，マツダ，富士重工，スズキ，ダイハツは，国内的・国際的な提携によって一定の規模を達成する必要に迫られているといえよう．それゆえ，日本の自動車部門での戦略的連合と協力による再編の動きは，まだまだ続くと見なければならないだろう．

(3) 為替相場

為替相場と貿易収支

　理論的には，独日貿易の増減は為替相場の変動と緊密な関連を持っている．円とユーロ（1999年以前については円とドイツマルク）の為替相場は，1992年から2005年の時期，1ユーロ170円から92円の間を変動した．1992年末と1998年末（アジア危機）に，短い期間であるが，円安局面がみられた．2000年10月，円はユーロに対して最高値（92円）をつけた．その後2003年6月（138円）まで対ユーロ円相場の下落が続き，その後は127円から139円の間を推移している．それに対してドル・ユーロ（ないしドル・ドイツマルク）相場では，2000年10月までユーロ安局面が続き，その後，2004年12月にかけてユーロが相場を大幅に回復するトレンドの大きな転換がみられた．理論的には，円の価値が上昇すれば日本からの輸出は高価となり，外国から日本への輸入は安価となる．輸入がどれだけ変化するかは，周知のように貿易財の価格弾力性に依存するが，現実には，こうしたモデルが妥当する範囲は限られる．例えば1999年初頭から2000年末までの円高局面では，日本への輸入は実際にも増加したが，それに対して日本からの輸出は期待された通りには減少せず，むしろ増加したのである．この増加の一因は，日本企業の価格政策である．輸出量を減らす代わりに，日本の輸出業者は円相場の上昇に際して輸出価格を下げた（パススルー）のである．ユーロに対する円の価値はアジア危機後半分近くになったのに，同じ時期，日本の対独貿易収支黒字はわずか19.4％増加したに過ぎなかった．シュナーブルは，円の為替相場の推移に関する研究で，為替相場の推移と輸出価格の緊密な相関関係を立証した（Schnabl 1999a, 13頁）．彼はまた，80年代以来，国内通貨立てで見た日本の輸出価格の推移が，ドイツやアメリカ合衆国のそれといかに異なっていたかをも示している．「円の切り上げにもかかわらず日本の貿易黒字がなくならなかったのがいかなる理由によるのかは，〔為替相場変動の〕転嫁が不完全であったことで説明できる．つまり，価格低下によって，輸出先市場で

の需要の価格弾力性が通常であったとしても,期待される数量調整が起こらないのである[7]」

為替相場と貿易にはさまざまなものが影響を及ぼしているので,この両方の集計量の変化の原因と影響について,一つの理論で説明しつくすことはできない[8]. また,輸出が為替相場の変化に反応するまでには一定の時間がかかるという点も考慮されるべきである.(Döhrn 1993, 108 頁)

円がユーロに対して過大評価なのか過小評価なのかは,一義的には答えられない. 円は日本における購買力がわずかな点を考慮すると過大評価であるが,その対外価値で見るならば,数年来の経常収支の黒字からしてむしろ過小評価に見える,との議論もある(Nakane 2001). その場合,生産性の高い輸出セクターと生産性の低い国内セクターの間の生産性格差がこの内外格差の原因ということになる. この構造的な問題が,為替相場によって明らかにされ,かつ強められているのである. その結果,外国,特にアジアの国々への生産移転の拡大が考えられる(Schnabl 1999b, 9 頁および Nakane 2001).

ドイツの大きな輸出企業は,先物市場の高度かつ複雑な金融商品を用いることで,輸出先市場での為替変動を完全にヘッジしようとする動きをますます強めている. 例えばポルシェは,2006 年までの為替予約を済ませて,ユーロの対ドル相場の上昇に備えている(Kirchner 2003). 輸出業者は,ドルと等価以下のユーロ相場は長期的には非現実的であると予想(あるいは投機的に推測)し,2001 年のユーロ安相場を利用した防御策をとったのである. ユーロの対円相場の先行きは,より不確実であり,したがって,輸出に際しては為替リスクの回避が一層必要である. しかし日本の金融セクターは,このように幅広い防御の手段を提供してはいないように思われる. そのため日本の企業は,為替相場変動の影響をより深刻に被っていると推測できる.

為替相場と部門ごとの影響

為替相場の変動は,産業部門によって異なった影響を及ぼしうる. デールンは(Döhrn 1993, 105 頁),ドイツの四大輸出部門(機械,自動車,化学,電機)を例に,産業部門ごとの実勢為替相場が,経済全体の実勢為替相場から乖離することを示している. 自動車と自動車部品の輸出に関してルッケは(Lucke 1998),ドイツマルクの対外価値の 1% の上昇は,平均では,外国からの自動車および自動車部品受注の 1% の減少をもたらすと結論している. ドイツの輸出志向企業

は，実質為替相場の変動に対して輸出価格調整で反応し，国内通貨切り上げの半分を埋め合わせる．このことは総じて，メーカーが価格を自由に決める余地を持つことを，また間接的には，国際的な競争力が高いことをも示唆している．

　為替変動への感度はまた，その製品の代替性や市場の透明性にも依存している．「競争する製品が互いに同質的になればなるほど，価格比較やサービス比較はそれだけ容易になる．その場合は，価格変動あるいは為替相場変動に対する需要の弾力性は，相対的に高い」(Lucke 1998)．この仮説を独日の二国間貿易に関して実証的に検証した研究はまだない．とはいえ，特定の市場に特化したり，また特殊加工を施したりしたドイツの機械製造業は，例えば相当程度標準化された製品をドイツに輸出している日本の事務通信機器部門よりも，円の対ユーロ実質為替相場変動から影響を受けにくいと推測できる．自動車セクターの製品はなるほど全体としてはむしろ同質的な財であり，したがって為替相場変動に弾力的と見なせるが，ブランドで差別化が可能であり，ドイツの高級車（BMW，メルセデス，ポルシェ）は，実質的な為替相場変動からそれほど影響を受けないと結論できるだろう．また日本においては，需要の価格弾力性が総体的に低いことも，この傾向を強めている．これに対して日本の自動車メーカーのブランドの大半は，競争の激しい市場セグメントでしのぎを削っている．価格に対する感応度が高ければ，為替相場の変動を市場に転嫁することはできない．

　ドイツの化学工業は，為替相場に対する感応度に関しては特例である．化学工業は，その同質的な生産構造のために，為替相場の変動に弾力的に反応する必要がある．しかし化学工業の生産立地はグローバルで国外生産比率が高く，為替相場の変動を，企業内の再編成と外国での売り上げの増加で埋め合わせることができるのである．

　これまでの考察から，円・ユーロ為替相場の変動が輸出に及ぼす影響がより大きいのは，ドイツ企業より日本企業の場合であると結論できるだろう．その限りでは，従来の研究（例えば Parsley und Popper 2002）の結論が確認されたことになる．日本とドイツ（ないし他のユーロ諸国）の間の貿易と為替相場の関係が，ユーロの導入でどの程度変化したかについては，今後の研究を待つ必要がある．

(4) 国内における構造的な要因

　ドイツにおいても日本においても，19世紀後半の工業化以来，独自の形態の資本主義が発展してきた．アングロアメリカ的な資本主義とは対照的に，この資本主義では自由の程度は少なく，社会的・政治的な規制が強い．改革，民主化，制度的適応の形態は，これに特徴づけられている（Streeck/Yamamura 2001）．シュトレークとヤマムラにとっては，80年代以降，アメリカに比較して日本の経済的な発展が脆弱であったのは，資本主義の形態のこの相違に起因している（Streeck/Yamamura 2001）．経済政策，輸出競争力の高さ，年金保険・健康保険・社会保険制度で課題となっている改革の遅滞といった日本とドイツの類似性にもかかわらず，この両国は，外への開放性という点では非常に異なっている．ドイツは開かれた国民経済と見なすことができる．これに対して日本は，平均関税水準の低さにもかかわらず，外国の投資家や輸出業者には，今日でも明らかに参入が困難な市場に見える．

　「ドイツの開かれた国民経済」と「外に対して相対的に閉ざされた日本の国民経済」の対立は，これまで独日の経済関係を妨げてきた．欧米の企業家にとっては，日本の当局や諸機関による規制の多さは，依然として，日本市場の一層の開拓を妨げる非常に大きな阻害要因と見なされている．産業立地日本では，企業家の創意工夫は官僚制的な障害のために麻痺している．ドイツの経営者は，日本には平均以下の企業家的思考しかないと見ている（Höffinger/Vaubel 2002, 17頁）．企業－政治－官僚制の権力の三角形が徐々に弱まっているのは事実であるが，しかしこれは，日本の経済システムにおいてなお見逃せない要素である．外からの圧力に対する抵抗と硬化した内部構造が，再三再四，言及されているが，これらは，心理的・歴史的・文化的な要因によるものである．「数世紀にわたって，日本は大部分の西欧諸国とは異なるかたちで変化に対処してきた．単純化し過ぎる危険を冒していえば，日本の歴史は，完全な静止とは言わなくとも長期の安定性の時期によって特徴づけられ，これに――通常は上から指導される――急激な変化が引き続く」（Pilling 2002）．まさにこの上からの指導，経済産業省（以前は通商産業省）による指令が，企業家的思考を妨げているのであって，欧米の企業家はその欠如を嘆いているのである．労働・教育市場，銀行セクター，租税システムに関する経済政策の改革，経済産業省の戦略的再編成，日本企業のナビゲーターというその新しいモデルが，外国企業家

の投資意欲を中期・長期的に改善できるかどうかは，まだ不明である．2002年10月初頭に，改革に熱心とされる竹中平蔵が，金融庁の金融担当大臣に任命された．竹中は，公的資金で民間銀行を金融的に支援し，日本の銀行の預金保護を打ち切る計画にあらためて着手する，との声明を出した．しかしこれが必要な銀行相互の合併を促進するか，あるいは竹中に改革の実行力があるかについては，なお疑問が残る．

　上述の諸要因は，日本が次第に二重経済になっていることを示唆している．少数のグローバルプレーヤー（例としてはいつもトヨタとソニーが言及される）が，国際競争で非常に成功している．この成功は，これらの企業が，日本の経済システムから次第に離脱しつつあるからである．こうしたグローバルプレーヤーは，次第に産業立地日本を離れ，外国に移転し，旧来の系列関係・メインバンク関係を弱め，かくして日本政府および日本の銀行からの独立性を高めているのである．彼らは日本に一種の「胴体経済」を残してゆく．国際的には政府ないしメインバンク信用による援助で生き延びているに過ぎない多くの「ローカルな敗者」が，後に取り残されるのである．

　日本に欠けているのは，国際的に競争力のある銀行セクターである．1998年の規制緩和措置で，外国の銀行が現金清算システムと円サービスを提供できるようになったにもかかわらず，多くの外国の銀行にとって，日本の金融セクターへの参入は以前と同様に困難である．シティバンクは数少ない例外の一つであり，日本のリテールバンキングで重要な地位を獲得するのに成功した．他の市場セグメントでは，例えば，HSBC，バンクオブアメリカ，JPモルガンといった外国の銀行が地歩を固めている．日本における外国銀行のランキングを見ると，シティバンクがすべての分野（資産管理，オプション証券取引，手数料，M&Aコンサルティング）で1位を占め，他の九つの外国銀行の合計に等しいポイントを挙げている[9]．日本の内国為替決済システムである全銀システムは，1700を超える日本の金融機関をメンバーとしているが，これには，外国銀行としては上に挙げた銀行が加わっているに過ぎない[6]．ドイツの銀行は早くも1960年代から70年代に，東京に最初の出張所，後には支店を開設したが，その後その事業はほとんど拡大していない．ドイツ銀行がチェース・マンハッタン信託銀行（日本法人）を1997年に買収したのを除けば，金融部門では，ドイツ企業による大きなM&Aはみられない．ドイツの銀行，その最右翼たるドイツ銀行も，日本では，わずかの支店以外は拠点を持たず，その活動はNTTの電子取引システ

ム ANSER への参加に限定されている．それどころか，例えばコメルツバンク
は，2002 年 12 月，ドイツでの中核分野に集中したいという理由で，日本での金
融活動を縮小してしまった（VWD vom 4. Dezember 2002）．

　日本の銀行業が国際的な姿から程遠いことの本質的な理由は，今日なお支配
的なメインバンク・システムにある．ドイツ，アメリカ，日本の投資銀行を比
較研究したポールは，日本のメインバンク・システムによって，外国銀行の参
入が不可能になっていることを示した（Pohl 2002）．外国の銀行の将来の日本で
の役割は，もっぱら日本の経済的状況，金融市場の制度的条件，政治情勢次第
である．もっとも見込みがありそうなのは，長い伝統と特別の専門的ノウハウ
に基づき，日本での投資銀行業務で特定の市場分野を支配しているアメリカの
投資銀行である（Pohl 2002, S. 45ff.）．

　外国の銀行が日本の市場に参入するのが困難なもう一つの理由は，コスト要
因である．日本の銀行の多くはそのサービスに対して手数料を要求せず，また
顧客は非常に価格に敏感であるため，日本で成功するためには，極度に多い取
引量とかなりの程度の企業規模が必要である．また，「フルサービス・プロバイ
ダー」という重要なコンセプトを，顧客がわかるように，また利潤に繋がるよ
うに実現するには，インフラストラクチャー，翻訳ソフト，営業ネットワーク，
そして金融テクノロジーへの巨大な投資が必要である．外国の銀行にとって，
コストが低いアジアの他の立地拠点，例えばシンガポール，香港，そして最近
では上海は，より魅力的である．国際的な金融センターとしての東京の将来に
とっては，これは大きなリスクであろう．

　現在のところ，資本参加を通じた市場参入はまだ困難と思われるので，日本
でのユーロ・円取引で最大の為替銀行であるドイツ銀行は，ニッチ市場に集中
してきた．2000 年 3 月に初めて導入されたオンライン自動為替取引システムを
武器に，多額の取引を獲得しようとしている（Cognotec Pressenotiz vom 17. März
2000）．ドイツ銀行はさらに，1999 年のバンカーズトラスト買収によって，公
的・私的年金基金に関する専門的能力を獲得し，日本生命と共同でミューチュ
アル・ファンドを販売している．同様にオンライン決済（電子手形提示・決済）
ならびにマネジメントと支払勘定の集中（キャッシュ・プーリング）で優位に立
とうとしている．

　日本の金融セクターの閉鎖性は，外国の銀行にとって不利益であるばかりで
なく，日本の銀行の国際競争力も損なっている．そのため日本のいくつかの大

企業は，国内のメインバンクのみならず外国の銀行とも協働しようとしている．例えばソニーや日産の在外子会社は，JPモルガンと協働している（Marriott 2002）．この場合にはヨーロッパの銀行はユーロ勘定向けに，アメリカの銀行はドル勘定向けに選ばれている．

　他の国の企業と同様にドイツの企業も，ことあるごとに，市場参入がうまくいかない言い訳として，日本市場の閉鎖性を引き合いに出してきた．同様に日本企業も，特に90年代には，ヨーロッパ市場への参入の問題に「要塞ヨーロッパ」の議論を織り交ぜた．どちらの側でもこうした十把一絡げの議論は，構造的な障壁を明確にし，息の長い改革に着手する際には，役には立たなかった．

(5) 外的環境における構造的な要因

ドイツとEU

　ヨーロッパの経済空間での協力が深まり，ヨーロッパ連合の加盟15カ国のうち12カ国が共通通貨を持つに至るなかで，貿易構造・投資構造も変化してきた．2004年のEU東方拡大の後に一層参入が容易となった中欧・東欧の市場は，ドイツ企業にとっては新たな投資機会・販売機会を意味した．しかしこの変化は，独日の経済関係にはほとんど影響を及ぼさないだろう．東欧と日本とでは，発展段階と消費パターンが大きく異なるからである．東欧諸国ではドイツブランドの消費財と家庭用品が需要されるのに対し，日本は奢侈品の販売市場である．したがって，EU拡大が日本とドイツの貿易にマイナスに作用することはないだろう．むしろ日本の企業には，中東欧への輸出拡大で自らEU拡大に参加するチャンスが開かれたのである．

日本の外的環境

　ヨーロッパが半世紀に及ぶ地域統合の経験を持つのに対して，日本にとって「地域統合」は，1989年のAPEC設立で初めて重要になった．しかし日本は，これまで地域統合の「リーダー」の役割を担ってこなかった．むしろその逆である．2002年に締結された日本・シンガポール新時代経済連携協定は，今日アメリカ合衆国やEUが熱心に進めている「二国間協定戦略」に即したものである．「二国間経済提携協定から始まり，次に階梯を一つ上がって地域的経済統合，最終的にWTOを含むグローバルな多角的システムというように，同時に多数の

レベルの経済的統合をターゲットにしているので，我々はこれを多層的アプローチと称する」(Tanaka 2002, S.4 頁)．とはいえ日本政府は，アジア地域での地域的な協力形態にも関心があるようである．その原因は特に，日本と他のアジア諸国との発展段階の差が小さくなった点であろう．有名な「雁行モデル」は，「曲芸飛行モデル」(Chen 2001) へと発展した．東アジア・東南アジアの諸国は，以前は文字通り技術の純然たる受け取り手であり，日本の工場の出先に過ぎなかった．それが今や，彼ら自身が技術の供与者，そして部分的には日本製品の魅力的な販売市場となったのである．これにより，日本にとっての地域的協力の魅力が増したのである．世界経済へのNIEsの結びつきと中国のWTO加盟とに直面し，日本は国際競争力の強化を迫られている．これはしかし新しい保護主義のきっかけとなるかもしれず，そうなれば独日の経済関連にも影響を及ぼすだろう．

3 独日経済関連の展望

　ドイツと日本の経済関係が長期的に見て拡大するか否かは，日本が内外の構造的な要因を変革しうるかに大きく依存している．日本を一層国際化することは，その場合に欠くべからざる条件である．一段の国際化に成功して初めて，独日両政府が両国経済関連にかけた期待が現実のものとなる（政治的行動計画「21世紀におけるドイツと日本――協力の7つの柱」(Auswärtiges Amt 2000)．過剰な規制を撤廃し，外国企業とりわけ銀行に対する参入障壁を緩和して，わずかのグローバルプレーヤーと多数のローカルな敗者から成る二重経済に陥る危険を回避しうるならば，日本とドイツの経済関係も拡大するであろう．日本がこうした転換に失敗するならば，ドイツ企業は次第に他のアジア市場へと傾斜し，アジアにおける拠点は次第に中国に移されるであろう．

　ドイツ企業の日本における将来展望は，部門によって異なる．ドイツ自動車産業のM&Aへの関心はそれほど大きくない．ドイツの自動車メーカーは，日本の国内需要が再び拡大に転じればすぐにでも輸出攻勢を強めるだろう．アジアで最も高い購買力を持つ日本は，ドイツの高級車ブランドにとってはアジアで最も重要な市場であり続けるだろう．販売市場の開拓は，もっぱら販売協力と合弁企業によってなされる．実際観察されることであるが，日本での現地生産

よりも，他のアジア諸国，特に中国やタイに新工場を建設する方が，生産コストの低減に繋がる．ドイツの機械メーカーや自動車部品サプライヤーは，日本企業への資本参加を少なくとも国際化戦略の一要素と見ている．しかしこの動きは，出資割合を段階的に高めるというような緩慢なペースでしか進んでいない．この分野では，日本における投資環境が改善するならば，ドイツ企業の活動はずっと活発となるであろう．日本での事業拡大の可能性が最も高いのは，ずっと以前から日本で活動しているドイツの化学企業である．この分野では日本での現地生産や研究開発，日本企業への資本参加が活発である．製薬・化学工業の技術水準を一層高める上で，日本がアジアのなかで最も適した立地であり続けることは疑いない．高齢化が進んだ日本は，魅力的な販売市場でもある．それとは対照的に，ドイツの銀行は，日本ではこれまでニッチ市場に焦点を合わせてきている．ドイツの銀行や保険会社は競争力を持つが，規制だらけの日本の金融市場では，これら企業の大幅な事業の拡大は，今後もほとんど期待できないだろう．

これに対して日本企業から見るならば，ドイツ市場はもはやEU全体のためのテスト市場ではなく，単にその一部に過ぎない．そのため投資も，もっぱらドイツに向けられるということはなく，特にオランダとイギリスなど，ヨーロッパの他地域にも分散するようになってきている．この点は，日本企業のドイツへの直接投資の停滞と，産業立地ドイツの魅力が減少しつつある点に示されている．独日両国間の直接投資の均衡化は，もちろん，これまで何年も続いてきた不均衡を解消する動きとしても解釈できる．将来，二国間の経常収支もこれによって均衡するかもしれない．不均衡が解消するならば，不均衡が続く場合よりも両国間の経済関係がいろいろな面で改善するだろうことは，疑いない．

日本市場への進出は，とりわけドイツの中小企業にとっては，今後も複雑で費用がかかる課題である．そのためドイツ側としても，貿易会議所による支援と助言の量的・質的な改善が望まれる．連邦政府は，将来においても，経済的プロジェクトを政治的に支援することで，東アジア市場へのドイツ経済の進出を支えるだろう．日本市場の「特殊な構造のために，今後も国による強力な貿易支援策が必要であり，しかもそれは首都東京に限られない」(Auswärtiges Amt 2002b, 8頁)と，ドイツ政府は強調している．また貿易制限的な関税障壁および非関税障壁に対しては，ドイツ連邦政府は，「二国間の交渉で，あるいはEU通

商政策によって，さらには WTO と OECD を舞台に戦おうと」している (Auswärtiges Amt 2002b, 8 頁)．それゆえ例えば，WTO の新ラウンドが独日経済関連に有益であるなら，これを歓迎すべきである．また農業セクターの保護システムの解体（例えば輸出補助を所得補償に変えるなど）は，一層開かれた独日貿易をもたらすだろう．とはいえ，日本への市場参入が容易になれば，ドイツ企業にとっては他の外国企業との競争もまた激化することを忘れてはならない．

訳注

[1] ダイムラーの出資後も，三菱重工・三菱商事が第二・第三位の株主に留まり，三菱グループとの関係は維持された．2002 年 6 月には，ダイムラー・クライスラーから派遣されたロルフ・エクロートが社長兼 CEO に就任し，翌 2003 年には，ダイムラー・クライスラーは三菱自動車から分社化された「三菱ふそうトラック・バス株式会社」を連結子会社とした．しかし，2000 年に発覚したリコール隠し問題以降も欠陥・隠蔽問題が続き，2004 年には三菱自動車は巨額の営業赤字を出した．2004 年 4 月，ダイムラー・クライスラーは三菱グループと合同の支援計画を撤回して三菱自動車への追加支援の打ち切りを決め，その後の再建は三菱グループの負担で進められることとなった．2005 年 11 月，三菱自動車へのダイムラー・クライスラーの出資は解消された（ゴールドマンに売却）．

[2] GVO (Gruppenfreistellungsverordnung)［EC Treaty to categories of vertical agreements and concerted practices］は，ヨーロッパ共同体設立条約第 249 条に基づく指令であり，ヨーロッパ競争法の一部をなす．この指令は，企業間協定や企業合同，協調的企業行動による競争制限の一部について，特定の厳密な条件のもとで，ヨーロッパ共同体条約第 81 条のカルテル禁止原則を免除することを規定している．http://de.wikipedia.org/wiki/Gruppenfreistellungsverordnung

[3] 2005 年 6 月には，JFE とティッセン・クルップ・スチールは折半出資の合弁会社を日本に設立した　http://www.jfe-steel.co.jp/release/2005/06/050616-2.html

[4] http://www.kfw.de/DE/KfW_law_japanese_final.pdf

[5] 2002 年 10 月，英ボーダフォン社は，携帯電話によるインターネット接続サービスとして，欧州各国で「Vodafone Live!」を開始した．対する i モード陣営でも，ヨーロッパ 5 カ国に台湾を加えた国外の i モード利用者数は，2003 年 10 月に 100 万人を突破した．

[6] 全銀システムの母体となる全国銀行協会は，132 の正会員を持つが（2005 年 8 月現在），これにはシティバンクと JP モルガン・チェースバンクが正会員として加盟している．このほか，外国銀行を中心に 53 の銀行が準会員資格で加盟しているが，ソニー銀行，ジャパンネット銀行も正会員ではなく準会員に留まっている．http://www.zenginkyo.or.jp/abstract/index.html

注

1) このデータを提供してくれたライン-ウェストファーレン経済研究所（RWI）に謝意を

表する．このデータは，大部分，企業の業務報告書に基づく．
2）1990年と2002年の間に，ドイツの化学工業・製薬業の多くの企業（BASF，バイエル，VEBA，デグッサ，メルク，シェリング，アルタナ）そしてダイムラー・クライスラーとヘンケルも研究開発協定を締結した．
3）なお買収を否定的に捉える見解の背景には，日本の企業を金融資本の集積ではなく人的資本の集積と見る理解がある．この立場に立つと，企業の売却は倫理的に非難の対象となる．World Investment Report（2000）120頁を参照せよ．
4）最新の理論と実証分析に関する概観としては，McCorriston（2000）が優れる．
5）Balassa（1965）を参照せよ．顕示比較優位値は，二国間で一定の輸出財への特化が輸出全体の特化とどの程度類似しているかを示す．
6）例えば，ドイツにおけるNECの市場シェアは1％に満たない．
7）Schnabl（1999a）14頁を参照せよ．日本の輸出価格低下の決定的な要因として，シュナーブルは，賃金上昇の緩慢さ，生産性上昇，為替相場変化による輸入品価格の下落を挙げている．
8）この点についてはSchnabl（1999a）23頁も参照せよ．
9）全国銀行協会は，銀行が日本の多国籍企業に対して，国内の（オンショアー）円勘定も国外の（オフショアー）外国通貨勘定も提供することを認めている．全銀のシステムは日本語でのみ利用可能なので，互換性を実現するには翻訳技術への巨大な投資が必要である．

参考文献

Auswärtiges Amt（2000）*Die Agenda 'Japan und Deutschland im 21. Jahrhundert - Sieben Säulen der Kooperation'*, Berlin.

Auswärtiges Amt（2002a）*Deutsch-japanische Beziehungen*, Berlin.

Auswärtiges Amt（2002b）*Ostasien am Beginn des 21. Jahrhunderts - Aufgaben der deutschen Außenpolitik*, Berlin.

Balassa, B.（1965）*Trade Liberalization and 'Revealed Comparative Advantage'*, in: The Manchester School of Economics and Social Studies, 33（2）, S. 99-133頁

Bromann, S./Pascha, W./Philipsenburg, G.（2000）*Marktzugang für deutsche Unternehmen in Japan: Neue Chancen und Risiken*, Duisburger Arbeitspapiere zur Ostasienwirtschaft, No. 53, Duisburg.

Chen, E. K. Y.（2001）*The IT revolution and the Asian economies,* Keynote address, 12th Asia Forum, 25. Mai 2001, Nagoya.

Cognotec（2000）*Deutsche Bank First to Offer Fully Automated Internet Foreign Exchange Trading in Japan with Launch by FOREXBANK of the Cognotec AutoDeal LITE Service*, Pressenotiz vom 17. März 2000, Tokyo.

Deutsche Bundesbank（1996）*Technologische Dienstleistungen in der Zahlungsbilanz im längerfristigen Vergleich*, in: Deutsche Bundesbank Monatsbericht, Mai 1996, Frankfurt a. Main.

Deutsche Bundesbank（verschiedene Jahrgänge）, *Zahlungsbilanzstatistik*, Frankfurt a. Main.

Deutsche Bundesbank（各年）, *Technologische Dienstleistungen in der Zahlungsbilanz,* Statistische Sonderveröffentlichung 12, Frankfurt a. Main.

Döhrn, R. (1993) *Zur Wechselkursempfindlichkeit bedeutender Exportsektoren der deutschen Wirtschaft*, in: RWI-Mitteilungen, Rheinisch-Westfälisches Institut für Wirtschaftsforschung Essen, 44(2), 103-116頁.

Fontagné, L. (1999) *Foreign Direct Investment and International Trade: Complements or Substitutes?*, STI Working Paper, No. 1999/3, OECD, Paris.

Gesellschaft für Wirtschaftsförderung Nordrhein-Westfalen mbH (2000) *Japanische Unternehmen in der Bundesrepublik Deutschland*, Düsseldorf.

Höffinger, S./ Vaubel, D. (2002) *Was in Japan tatsächlich (noch) anders ist*, Deltastudie von Roland Berger Strategy Consultants.

IMF (2002) *World Economic Outlook*, Washington D.C.

International Institute für Management Development (2002) *World Competitiveness Report 2002*, Lausanne.

Ishida, K. (1994) *Japan's Foreign Direct Investment in East Asia: It's Influence on Recipient Countries and Japan's Trade Structure*, Diskussionsbeitrag zur Conference on International Integration of the Australian Economy, Reserve Bank of Australia, July 1994.

Kirchner, C. (2003) *Vollkasko am Devisenmarkt*, in: DIE ZEIT (2003) Nr. 3.

Krakowski et al. (1993) *Strukturelle und konjunkturelle Einflüsse auf die Entwicklung der deutschen Ausfuhr*, HWWA Report Nr. 133, HWWA-Institut für Wirtschaftsforschung, Hamburg.

Krosta, A. (2002) *Japanische Handybauer streben nach Europa*, in: Financial Times Deutschland, 4. März 2002.

Lucke, D. (1998) *Abhängigkeit der deutschen Exporte vom realen Außenwert der D-Mark*, in: DIW-Wochenbericht, Nr. 4/98.

Marriott, C. (2002) *Foreign Banks take market share in Japan*, in: FinanciaAsia.com, 5. März 2002.

McCorriston, S. (2000) *Recent Developments on the Links between Foreign Direct Investment and Trade*, University of Exeter Discussion Papers in Economics, Nr. 00/05, Exeter.

Nakane (2001) Vortrag vor der Wirtschaftswissenschaftlichen Fakultät in Ingolstadt, 24. Januar 2001, Ingolstadt.

日本経済新聞 (2002) 10 月 16 日

o. Verf. (2002) *The Takenaka Challenge*, in: The Economist, 5. Oktober 2002.

o.Verf. (2003) *Citibank Beats Rest of Foreign Financial Institutions in Japan*, in: Nikkei Net Interactive, 16. Januar 2003.

Parsley, D./ Popper, H. (2002) *Exchange Rate Pegs and Foreign Exchange Exposure in East Asia*, Working Paper, October 2002, Ohen Graduate School of Management, Vanderbilt University.

Pascha, W. (2002) *Economic Relations Between Germany and Japan - An Analysis of Recent Data*, Duisburger Arbeitspapiere zur Ostasienwirtschaft, No. 61, Duisburg.

Pilling, D. (2002) *Paralysis hits as Japan struggles against change*, in: Financial Times, 27. September 2002.

Pohl, N. (2002) *Foreign Penetration of Japan's Investment-Banking Market: Will Japan Experience the 'Wimbledon-Effect'?*, Discussion Paper, July 2002, Asia/Pacific Research Center (Institute for International Studies), Stanford.

Schnabl, G. (1999a) *Die Kaufkraftparitätentheorie als Erklärungsansatz zur Wechselkursentwicklung des*

Yen, Tübinger Diskussionsbeitrag Nr. 161, Februar 1999, Tübingen.

Schnabl, G. (1999b) *Internationale Übertragungswege und Übertragungsmechanismen von Konjunkturentwicklungen - das Beispiel Japan und Ostasien 1980-1999*, Tübinger Diskussionsbeitrag Nr. 174, Oktober 1999, Tübingen.

Streeck, W./Yamamura, K. (2001) (Eds.), *The Origins of Nonliberal Capitalism. Germany and Japan in Comparison*, Cornell University Press, Ithaca.

Tanaka, N. (2002) *Economic Restructuring and Trade Policy in Japan: Is the New WTO Round a Threat or Opportunity?*, Beitrag zur Konferenz *From the Doha to Kananakis Conference*, März 2002, Toronto.

ThyssenKrupp Steel (2002) *ThyssenKrupp Steel, Kawasaki Steel und NKK unterzeichnen umfassenden Kooperationsvertrag*, Presseinformation vom 8. April 2002.

United Nations (2002a) *Economic Survey of Europe 2002, No. 1*, New York und Genf.

United Nations (2002b) *Economic Survey of Europe 2002, No. 2*, New York und Genf.

VDA (2002) *Jahresbericht 2002*, Verband der Automobilindustrie.

VWD (2002) *Commerzbank reduziert Kreditgeschäft in Japan*, Vereinigte Wirtschaftsdienste, Mitteilung vom 4. Dezember 2002.

World Investment Report (2000) UNCTAD, New York.

World Investment Report (2001) UNCTAD, New York.

WTO (2001), International Trade Statistics, Genf.

第 9 章

ドイツの対外経済関係と EU

イェルク・ティーメ

（黒澤隆文 訳）

1 貿易大国ドイツ　その背景と帰結

　二次大戦後，経済的協力関係と通商関係の拡大は，世界の各地で，経済的にも政治的にも優先される目標になった．世界大戦の終結に先立つ1944年のブレトン・ウッズの会議では，その後の国際通商政策上の協力関係のための制度的基礎が築かれた．しかし，政治的意志のみならず，交通・通信技術の進歩もまた，諸地域・諸経済圏間の関係の緊密化に寄与した．

　こうした状況のなかで，ドイツ連邦共和国は，国際通貨基金とブレトン・ウッズ体制への1948年の参加の後，非常に迅速に，国際分業に基づきつつ世界経済へ統合されていった．商品市場・資本市場が比較的に早く開かれたために，ドイツは，相対的に小さな国であるにもかかわらず世界貿易の重要な担い手の一つとなった．

　ドイツは近年，アメリカ合衆国を凌駕して世界最大の輸出国となった．2003年の全世界の総輸出額7兆5030億ドルの1割，すなわち7483億ドルの商品を輸出している．これは合衆国の輸出額の7238億ドルを上回り，また日本（4718億ドル），中国（4379億ドル），フランス（3867億ドル），イギリス（3046億ドル）の輸出額を大幅に上回る．他方，ドイツの商品輸入は6017億ドルであり，こちらはアメリカ合衆国に次いで世界第二位である．なお1兆3031億ドルの商品を輸入するアメリカ合衆国は，世界市場のなかでは2位以下に大きく差をつけてお

り，世界最大の買い手である．

一つの小国がこうしたかたちで世界経済へと強く統合された結果は，以下のようなものであった．

① 「グローバル化の傾向」のメリットやデメリットは，ドイツにおいてはずっと以前から現実であった．国内生産で供給可能な水準よりも低い価格水準で，外国からの財とサービスの供給が拡大したことは，市場統合の進展のプラスの結果であり，とりわけドイツの消費者にとっては利益が大きい．またドイツの企業も，特に自動車，機械，設備製造業では，世界規模での機会の拡大から利益を得た．

② 世界的な市場の統合は，他方，経済要素の立地を巡っての地域間競争を激しくする．移動可能な資本，それに柔軟で能力の高い企業家や被雇用者は，利益を上げるチャンスが大きな地域にさっさと移動してしまう．他国に比して高い賃金，きわめて高い賃金関連諸費用，官僚主義に起因するコスト，ならびに税とその他の公的な諸負担の重さのために，ドイツは，立地をめぐる競争でますます不利になっている．

③ ドイツ経済の国外経済への依存は際だっている．国際経済上のショック，例えば外国での景気後退や，原料価格の変動などの衝撃は，国内経済にとりわけ深刻な影響を及ぼし，国内経済は，これに適応するための抜本的な対応を強いられることになる．

④ 動きの激しい世界経済のなかでは，市場シェアは安泰ではない．輸出能力，すなわち国内経済の国際的な競争力が低下した場合でも，価格（為替相場）変動の結果，輸出が増大するということがありうる．

⑤ 世界経済への一国の深い統合はまたとりわけ，政治的な依存をも意味する．例えば，原料の対外依存に関しては，経済的利害と政治的利害は相互に補完的である．この政治的な対外依存性は，1990年の再統一と，それによる両ドイツの国家主権の再統一以来，とりわけ明瞭になってきている．

ドイツ経済が，世界経済に緊密に統合された国民経済へと発展したことは，さまざまな要因に基づいている．まず第一に，原材料輸入の必要性がある．原材料輸入なくしては，ドイツの経済的な発展はありえなかったであろう．輸入の不可欠の前提である製品輸出は，早くも1960年代から劇的に増加していた．

世界経済への統合の第二の要因は，1973年3月の固定相場（ブレトン・ウッズ）体制の崩壊まで続いたドイツマルクの過小評価である．アメリカドルとドイツ

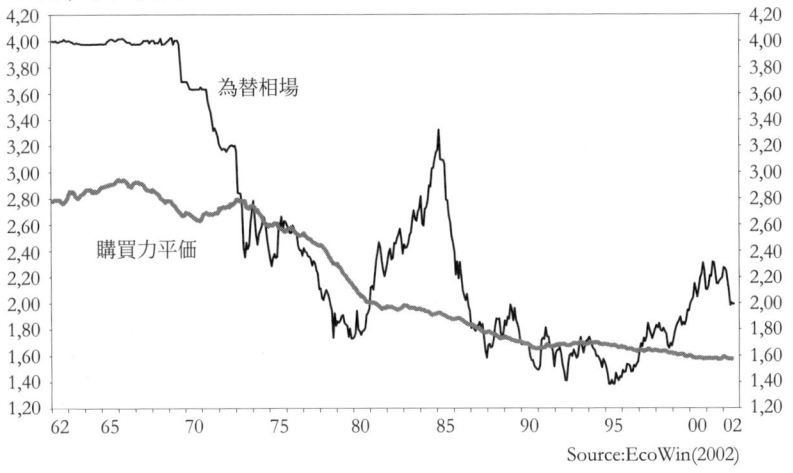

図1 ドイツマルクとアメリカドル　名目為替相場と1973年基準での購買力平価の推移

マルクの関係を購買力平価で見るとドイツマルクの過小評価は明らかで, ドルの持ち手にとってはドイツからの商品輸入が有利であって, これはドイツの輸出国化を加速した. 同様に, 1981年から1986年のドイツマルクの過小評価, ならびに1999年以降のユーロの過小評価は, ドイツの貿易黒字を顕著に拡大させることになった.

　ドイツ企業が外国の販売市場を獲得しなければならなくなった第三の理由は, 製造業における最適経営規模の拡大である. 国内市場は, 費用逓減の効果を余すところなく生かすには狭過ぎたのである.「メイド・イン・ジャーマニー」の語でイメージされる高い品質基準, 納期の正確さ, 製品の信頼性などが, 外国市場における市場シェアの戦略的な獲得・拡大を助けた. しかし1990年代半ば以降になると, ドイツ企業は, ネーデルラント, ベルギー, イギリス, イタリアなど, 伝統的にドイツの供給者を好んできた諸国で, 次第に市場シェアを落としてきた. その理由は, 外国の競合企業が大幅に品質を改善させ, また革新的な製品を開発し, 輸出競争力を改善したことにある. 例えば, ネーデルラント, オーストリア, スウェーデン, フィンランド, スペインの企業などがこれにあたる. ドイツでは, 市場でのドイツ企業の地位が, 模倣品製造業者や後発企業との競争によって深刻に脅かされることはないとの見方が長い間支配的であった. しかしこうした見方は, 上の事例を見る限りは訂正されねばならな

いだろう．

2　経常収支の動向と財・要素市場の統合

　戦後においては，ドイツの経常収支は，基本的には黒字の増加傾向に特徴づけられている．ただし1970年代末から1980年代はじめにかけては，例外的に経常収支赤字が生じた．これは一つには第二次石油危機やアジアの新興工業国との競争のためでもあったが，しかしむしろ，国内の政策に起因する市場の硬直化によって引き起こされたものであった．改革の実施後，経済は再び活発さを取り戻した．これ以降，経常収支黒字を計上することが可能となり，1989年には，GDPの4.8％という記録的な水準に達した（Deutsche Bundesbank 2001a, 52頁）．

　1990年のドイツの再統一の結果，それまでの趨勢からの明白な乖離が生じた．1990年には経常収支黒字はまだGDPの3.3％に達していたが，翌1991年になるとこれは赤字に転じ，しかも赤字幅はGDPの1％に達した．ドイツの再統一への適応の過程で，経常収支はその後5年間にわたって赤字を続けたのである（Deutsche Bundesbank 2001, 52頁）．

　ドイツの外国貿易の長期の動きを観察すると，典型的な変動パターンがあることがわかる．経常収支の大幅な増減は，しばしば価格関係の変化に伴って生じている．以下はその例である．

①　1979年，原油価格の高騰が，交易条件の悪化に帰結し，これが経常収支赤字をもたらした．

②　1985年に原油価格が大幅に下落すると，ドイツマルク相場の上昇にもかかわらず経常収支黒字は拡大した．

③　2002年半ばまでのユーロ相場の低迷と原油価格の高騰のために，交易条件は2001年頃にはそれまでの10年間で最も悪くなった．為替相場の下落のために一方では商品輸出が拡大し，他方では，輸入価格の上昇によって商品輸入は価格ベースでは増加した．全体としては，経常収支黒字縮小要因の方が優勢となって，結局，貿易黒字は小幅ながら縮小した．外国での好景気に起因する正の景気刺激効果は，相殺されてしまったのである（Deutsche Bundesbank 2001a, 54頁）．

東西統一以前のドイツ連邦共和国は，伝統的に比較的多額の経常収支黒字を計上してきた．非常に大きな貿易黒字が，同様に伝統的であるサービス収支と経常移転収支の赤字を相殺して余りあったからである．

　サービス貿易でのドイツの赤字は，1990年代に顕著に増加した．これに対して世界全体のサービス輸出は，この期間には年率6.5％で拡大した．このサービス貿易の増加は商品貿易の拡大に起因するが，しかしまた，技術的発展，例えば，情報・データ処理，情報伝達分野における技術革新の影響も大きかったとみられる．さらに，1980年代になされた資本移動の自由化と資本市場での規制の撤廃は，国境を越えた金融サービスの提供を可能とした．もっとも，この分野の影響は限定的である．G7諸国のサービス貿易の売上高のうち，金融保険業に属するのは6％に過ぎない．金融サービス分野と同様，外国旅行収支の項目もまた増加を記録した．この分野では，とりわけ航空部門での規制緩和と，それに起因する価格の下落が原因となっているといえよう．それに対して，「交通運輸」の項目では，売上高の成長率は平均以下であった．これは，輸送・運送費価格の低下が要因である（Deutsche Bundesbank 2000, 47-48頁）．

　ドイツが経常収支全体の収支とは逆にサービス貿易で赤字を出しているのは，もっぱら，ドイツ人が外国への観光旅行を好むことによる．ドイツを旅行する外国人旅行者の支出はこれを相殺しきれず，ドイツの旅行収支は2001年には323億ユーロの赤字であった．旅行支出の総額では，ドイツは工業国のなかでもアメリカ合衆国に次ぐ規模を持つ．ドイツの地理的な位置と気候条件が，ドイツ人の外国旅行好きの背景にある．ドイツ人の［国外］旅行支出額は2000年には1人当たりで600ドルであり，これは，アメリカ人や日本人の数字の2倍以上である（Deutsche Bundesbank 2000, 52頁）．

　「その他」のサービス貿易，例えば，特許，ライセンス，エンジニアリングサービス，データ処理サービス，研究開発支出なども，サービス貿易での赤字の増大に寄与している（Deutsche Bundesbank 2002, 42頁）．

　外国に対する経常移転収支の項目も，同じく恒常的に赤字である．2001年の266億ユーロの赤字のうち，170億ユーロが国際機関への支払いであり，35億ユーロが，外国人労働者による国外の家族への送金によるものであった．政府および民間の外国送金額は現在50億ユーロに縮小しているが，これはとりわけ，EU財政への純粋な持ち出し，すなわち公的な所得移転額の減少によるものである．民間の資金移転では逆の動きがあるが，その一部は，かつて強制労

億ドイツマルク

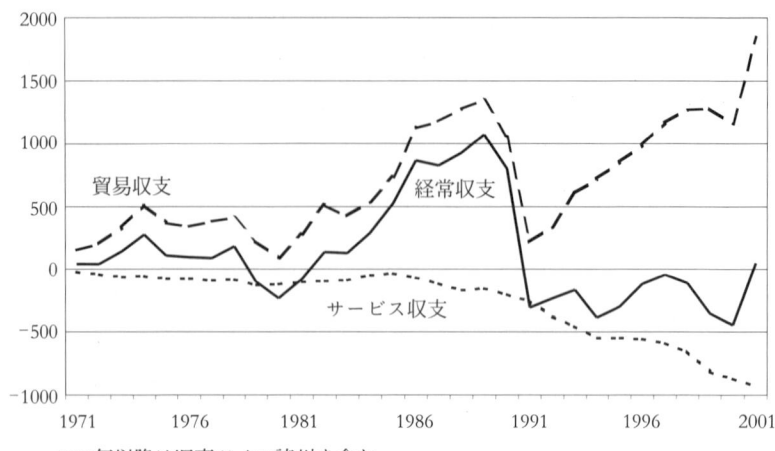

1990年以降は旧東ドイツ諸州を含む
出典：Deutsche Bundesbank Statistiken（2002）

図2　ドイツの経常収支

働を強いられた人々に対する補償金の支払いに帰せられる．2001年の移転収支の赤字額は，こうした状況のために，総じて約10億ユーロの規模となる．

すでに指摘した通り，ドイツの経常収支構造の断絶は，1990年の旧東ドイツ諸州の統合によって生じたものである．1991年から2000年の間，経常収支は赤字であった．2001年に，貿易黒字が1000億ユーロを超す記録的な額に達して，経常収支はようやく黒字に復したのである．

商品グループ，地域，そして相手国の経済発展水準別に見た輸出入構造は，言及に値する．図3は，輸出に占める完成品の比率の大きさとともに，「加工度の高い半製品」（Vorerzeugnisse），「加工度の低い半製品」（Halbwaren）が完成品に続くことを示している[1]．

輸出の優に半ばを超える部分が，EU各国向けである．とりわけ，1990年代という為替相場の変化がほとんどなかった時期に，EU各国向け輸出が増大していることが注目される．ドイツから発展途上国への輸出の総額は，アメリカ合衆国への輸出額に肩を並べる．

こうしたなかで急増が目立つのは，中・東欧の体制転換を進めつつある諸国向けの輸出である．とりわけ早くも2001年にこれがドイツの全輸出の約10％を占めるに至ったことは重要である．

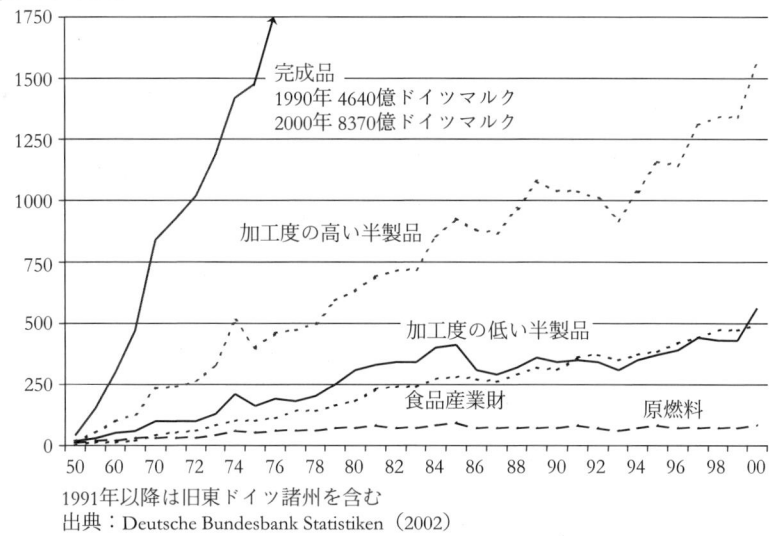

億ドイツマルク

図3 ドイツの輸出額 商品グループ別

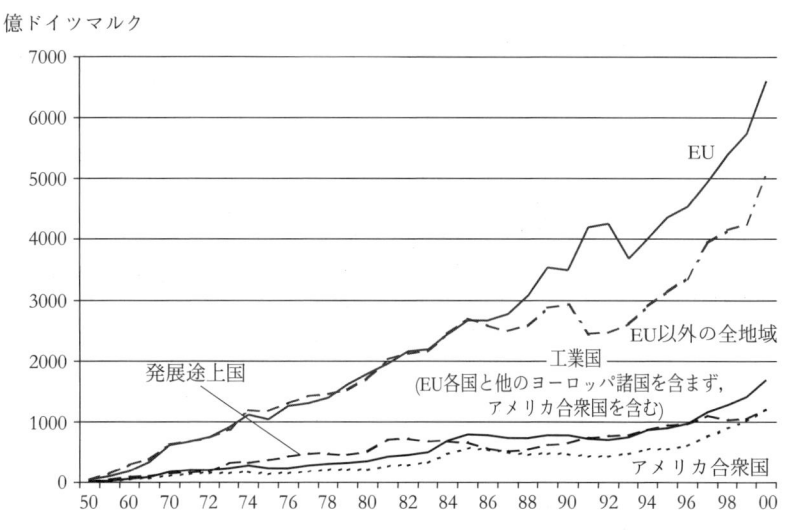

完成品
1990年 4640億ドイツマルク
2000年 8370億ドイツマルク

加工度の高い半製品
加工度の低い半製品
食品産業財
原燃料

1991年以降は旧東ドイツ諸州を含む
出典：Deutsche Bundesbank Statistiken（2002）

億ドイツマルク

EU
EU以外の全地域
発展途上国
工業国
（EU各国と他のヨーロッパ諸国を含まず，アメリカ合衆国を含む）
アメリカ合衆国

1991年以降は旧東ドイツ諸州を含む
出典：Sechverstandigenrat（2002）

図4 ドイツの輸出額 輸出先別

第9章 ドイツの対外経済関係とEU | 247

図5 ドイツの輸入額　商品グループ別

1991年以降は旧東ドイツ諸州を含む
出典：Sechverstandigenrat（2002）

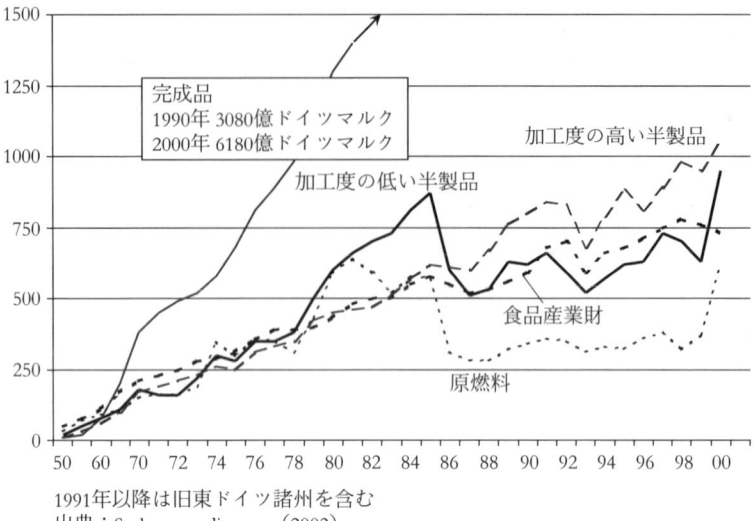

　輸入においても，完成品と「加工度の低い半製品」，「加工度の高い半製品」の輸入が圧倒的である．1980年代以来，食品産業財[2]の輸入は原燃料輸入よりもずっと多くなっている．原燃料の輸入は1999年になってようやく増加に転じた．

　EU諸国からの輸入額は，世界のその他の地域からの輸入総額に匹敵する．先進工業国（EU諸国・その他のヨーロッパ諸国を除く）からの輸入額は，発展途上国からの輸入額を上回っている．また発展途上国からの輸入額は，伝統的にアメリカ合衆国からの輸入額よりも多い．

　以上の点から結論される限りでは，ドイツは依然として，市場で優越的な地位を持つ小規模開放的貿易国として位置づけられる．1980年代初めの試練，例えばアジア諸国との激しい競争を契機に，ドイツでは，一連の革新が起こった．その結果，高い労働要素費用にもかかわらず，産業部門内の水平的な商品貿易関係においても，市場シェアを維持しさらには拡大することさえできたのである．しかしドイツが将来，例えば中国製品などのアジアからの新たな輸出攻勢に直面した場合にも，その対応に同じく成功することができるのか，あるいは成功するとしてもそれがどの程度のものとなるかについては，今後の推移

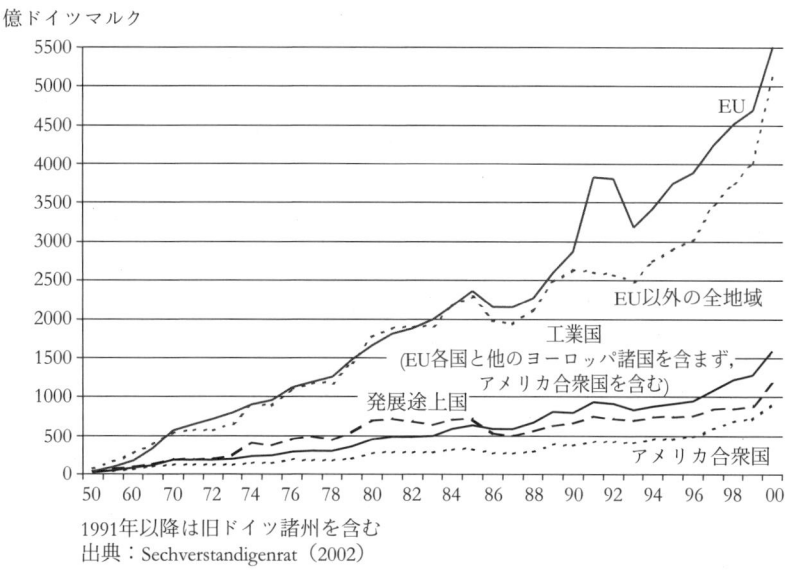

図6 ドイツの輸入額 輸入先別

1991年以降は旧ドイツ諸州を含む
出典：Sechverstandigenrat（2002）

を見守るほかはない．

3　資本移動と金融市場の統合

　世界規模での資本市場での規制撤廃，とりわけ，1993年初の共同市場の創設に伴うEUにおける規制の撤廃は，国際的な資本取引を大幅に増大させた（Ayuso, Blanco 2000, 175-195頁）．

　金融市場の統合とは，それまで分離されていた通貨・信用市場の間の結びつきが次第に強まって，複数の金融市場による統合体が形成されることを意味する（Thieme, Vollmer 1990, 50頁）．各地の国際的資本市場でなされた多数のプロダクト・イノベーションやプロセス・イノベーションによって，国境を越える資本移動が増加した．例えば，デリバティブのような金融上の革新は投資機会を拡大したし，また同時に，情報通信技術の進歩によって，とりわけ世界規模での金融取引では，大幅な費用削減が可能となった．強い影響力を持つ情報があることと，またそれが安価に入手できるということに，金融市場での外国人投

資家の活動は顕著な影響を受ける．これは実証的研究によっても裏づけられている（Kim 1999, Portes/Rey 1999）．

このもっぱら技術革新に規定された発展は，政治面では，例えば資本移動規制の撤廃などといった，非常に広範な規制撤廃措置を伴っていた．EU 諸国では，資本取引は 1980 年代半ばから自由化されてはいたが，しかし当初においては，すべての EU 加盟国が同じ程度にこの動きに加わっていたとはいえなかった．1980 年代末まで，いくつかの諸国では，かなりの程度の資本移動規制が残されていた．とりわけ，ベルギー，フランス，イタリアではそうであった．残るこれらの制約は，1990 年 7 月，資本市場自由化のための EU 指令（Directive）によってようやく取り払われた．これにより，ヨーロッパ域内市場の統合に，金融市場もまた含まれるに至った．また同時にこれによって，ヨーロッパ通貨同盟への非常に重要な一歩が踏み出された．このように，ヨーロッパ統合における二つの巨大プロジェクト，すなわち EU 共同市場とヨーロッパ通貨同盟は[1]，資本市場の制限撤廃に大きく貢献したのである（Buch 2001）．

ドイツの在外資産は，2001 年末には 3 兆ユーロに達した．これに対して，外国の在ドイツ資産は，2 兆 9000 億ユーロである．資産所有者構成では，96％近くが個人，企業，ならびに金融機関となっており，政府財政部門やドイツ連邦銀行の所有下にあるものは合わせても 5％以下に過ぎない．また資産の種類では，有価証券と，貸付・信用とが，合わせて全体の 4 分の 3 弱を占めており，それに対して直接投資の比率は 19％となっている．直接投資は，ここ数年になってようやく，ヨーロッパ各国間の資本参加や企業買収で増加してきている．

ドイツと外国の間の資本取引は，貸付・信用，有価証券，直接投資で見ると，1980 年代半ば以降，大きなぶれを示している．なお 2000 年の数字で，直接投資と有価証券投資の二つの項目が驚くほど多額となっているのは，ボーダフォン社によるマンネスマン社の買収によるものである．

しかし大規模な国際資本移動は，金融市場間の統合そのものを意味するわけではない．例えば，一次大戦以前の純資本移動額は，経済規模に対する比率では，1990 年代よりもずっと高い水準にあった．しかしだからといって，一次大戦以前に，統合された金融市場があったとはとてもいえない．というのも，当時はなお情報の障壁が存在しており，国際的な取引は，もっぱら政府に対する貸付か，鉄道債や公共サービス企業に対する投資に限られていたからである．これらの投資対象の場合には，設備資本の「把握可能性」のために，比較的によ

図7 ドイツの資本収支

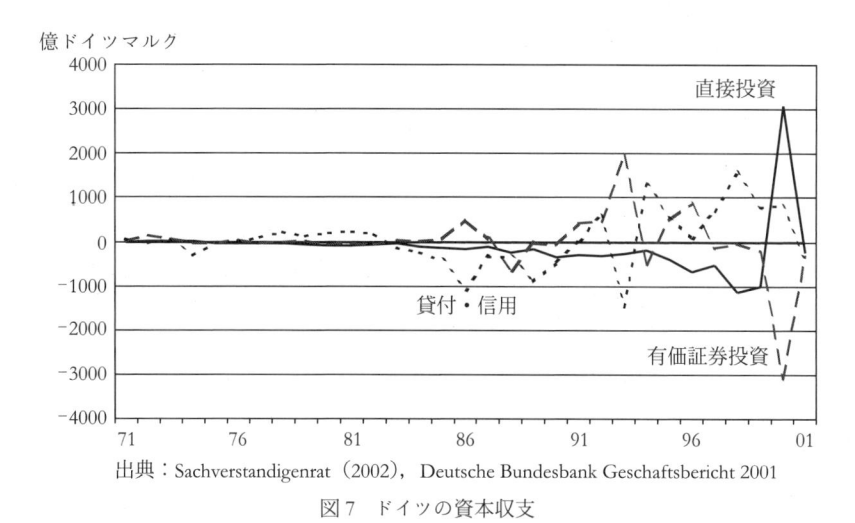

出典：Sachverstandigenrat（2002），Deutsche Bundesbank Geschaftsbericht 2001

く監視することができたのである（Bordo, Eichengreen, Kim 1998）．その後，多数の有価証券，すなわち株式やその派生商品が，国際的な資本移動に含まれるようになった．しかしそこで重要であったのは，資本の移動それ自体よりも，むしろリスクの管理であった．これは，差し引きの純資本移動額よりも粗資本移動額が何倍も大きかったことから推論できる（Deutsche Bundesbank 2001b，16頁）．

日本との資本取引は今日に至るまでほぼ収支均衡しているが，ヨーロッパ連合の内部では，各国にまたがった活動のために，収支のいずれかに傾く傾向にある．アメリカ合衆国への資本輸出超過は，2000年に劇的に増加したが，しかし一年後には，500億マルク以下に減少し，早くも1999年の水準におおよそ戻った．

1990年代半ば以降の資本輸出超過は，ドイツとアメリカ合衆国の間の金利差を反映していた．長期金利（1996年以降）も短期金利（1995年以降）も，アメリカ合衆国の金利の方が高くなったからである．短期の名目金利では，2001年にドイツの方が高金利となったが，これは資本輸出超過額の減少要因となったと考えられる．ごく最近では，長期金利でも同様の状況がみられる．為替相場の将来予測が変化したこともあり，アメリカ合衆国に対する資本輸出超過は減少するであろう．

資本の流れの逆転と，サウジアラビアや中国の中央銀行などによる外貨資産

第9章　ドイツの対外経済関係とEU　251

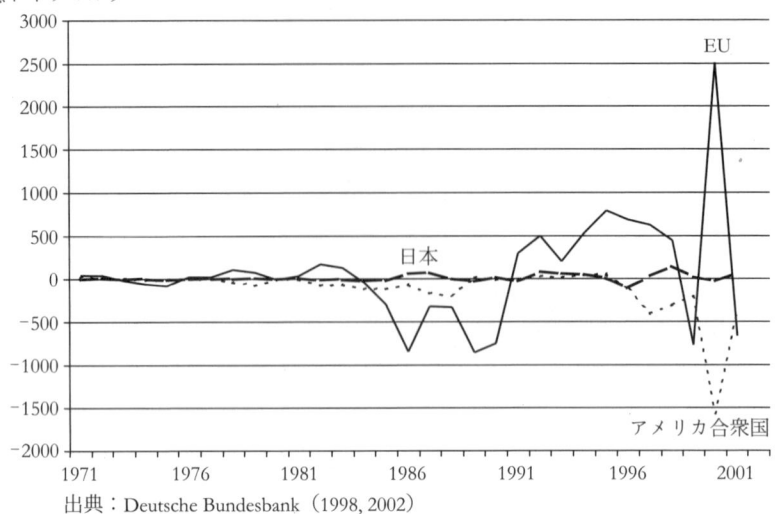

出典：Deutsche Bundesbank（1998, 2002）
図8　ドイツの資本収支　相手国別

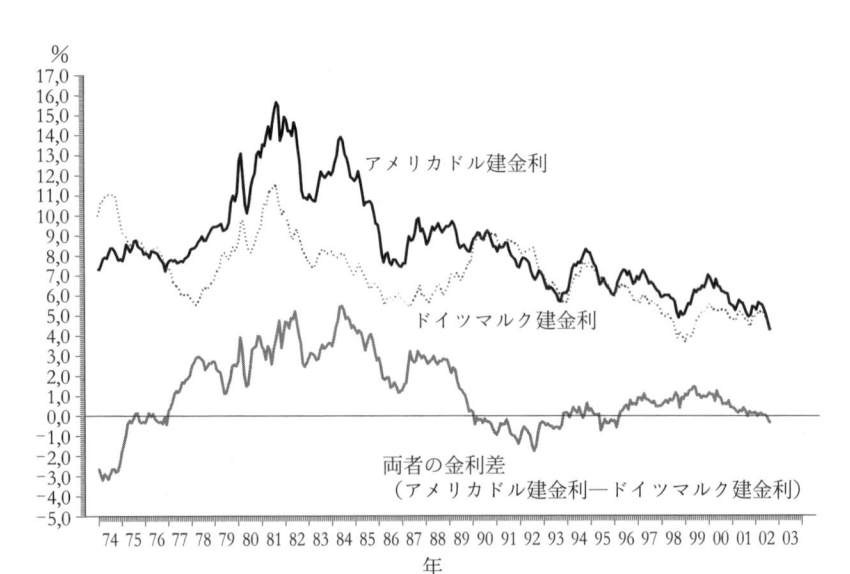

出典：EcoWin（c）2002.
図9　長期名目金利の推移　アメリカ合衆国とドイツ
国債（残存期間120カ月）の金利

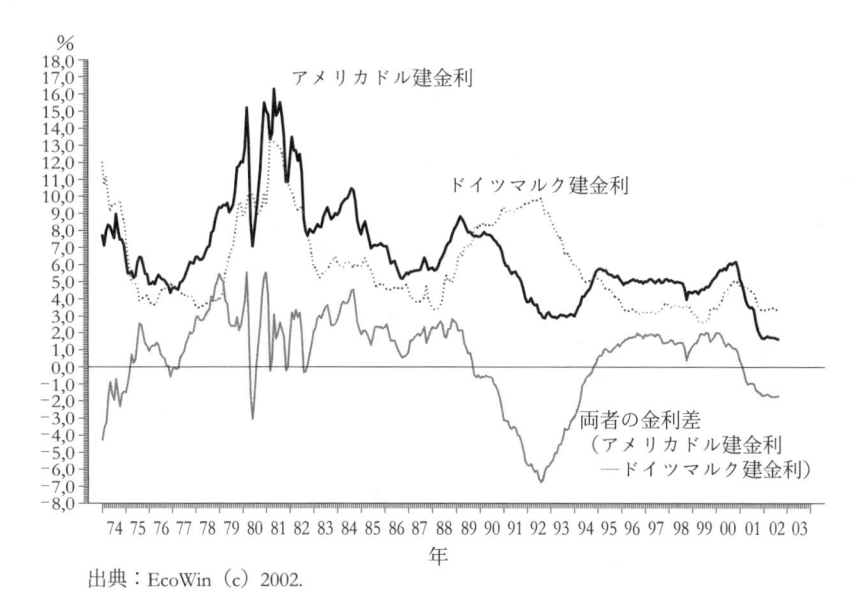

図10 短期名目金利の推移　アメリカ合衆国とドイツ
通貨市場での3カ月もの金利

出典：EcoWin (c) 2002.

構成の組み替えにより，ユーロは，この間に1ユーロ＝1ドルの相場を超えて騰貴した．もっぱら資本要因によるこの相場の変化が，1986年と翌年のドイツマルクの騰貴と同様に持続的なものとなるか，またその場合どの程度続くのかは，ヨーロッパ，とりわけドイツの秩序政策面での改革の能力にかかっている．シュレーダー政権の政策には不安がつきまとったが，アメリカ合衆国経済の減速やイラク戦争等を背景に，ヨーロッパの環境条件がたいして改善しなかったにもかかわらず，ユーロ相場は一段と上昇し，この傾向は持続している．

4　外国為替収支と外貨準備の増減の状況

一国の対外経済関係を判断する上では，とりわけ外国為替収支の評価が重要な意味を持つ．その収支がプラスとなるかマイナスとなるかは，自国の中央銀行の外貨準備の変化を示唆し，したがってまた，中央銀行による外国為替市場での介入をも示す．また同時にこれは，当該の中央銀行の通貨政策が，国際経

済的要因からどの程度自由であるかの指標にもなる．

　こうした観点から，ドイツの外国為替収支の状況を三つの局面に分けることができる．最初の時期（1948年から1973年3月）には，ブレトン・ウッズ体制の固定相場制のもとで，実際の為替相場においても，固定的な平価の上下にきわめてわずかな変動幅しか存在しなかった．ドイツ連邦銀行は，冒頭で言及したように，ドルの恒常的な供給過剰を補うために，経済学的には不合理な為替相場を受け入れる他はなかった．また一度だけなされた為替相場の見直し（「再調整」）[3] によってもまた，外国為替市場での不均衡を長期にわたって除去することはできず，ドイツ連邦銀行の外貨資産残高はこの時期1000億ドイツマルクに達した．ドイツの通貨準備資産に占める外貨の割合は次第に大きくなり，通貨政策は対外経済関係の影響を強く受けるようになったのである．時に急速に増加した通貨供給を自国通貨の調整のみで相殺することはできず，数度にわたりインフレーションの引き金となった（輸入インフレーション）．通貨供給量の伸び，景気，利子率，ならびに物価上昇率にみられたこの時期のはっきりとした循環的変動には，ドイツ連邦銀行の責任によるものはほとんどない．というのも，為替相場の体制全体に責任を負っていたのは，連邦銀行ではなく政府であったからである（Holtfrerich 1998, 428-433頁；von Hagen 1998, 447-450頁）．

　1973年3月のブレトン・ウッズ体制の崩壊により，外国為替市場で為替相場がはるかに自由に変動する第二の時期に入った．ドイツ連邦銀行は通貨政策での自律性を回復し，それと同時に，その後も循環的であり続けた通貨政策に責任を負うことになった．ヨーロッパ各国間の為替相場に関する取り決め（欧州通貨制度［EMS］，いわゆる「トンネルを出たスネーク」）も，参加国の数が少なく，かなりの程度まで，相似的な通貨・財政政策がとられたために（例えばネーデルラントや，1980年代の初めからはフランスの例），ドイツ連邦銀行の自律性を脅かすことはなかった．時おり，例えばイギリスやスペインといった国が一次的に介入システムから離脱したが，EMS参加国の外国為替市場では，深刻な不均衡が起こることはなかったのである．そのため，1973年から1992年の間，ドイツ連邦銀行の外貨資産残高は，ほぼ一定の水準に保たれた．外国為替収支上の短期的な売り越しや買い越しはすぐに解消され，通貨準備の外貨建て項目は変化しなかったのである．

　ドイツ連邦銀行の外貨資産残高の1992年から翌年にかけての激しい変動は，イギリス・ポンドとイタリア・リラに生じた通貨危機に起因している．ドイツ

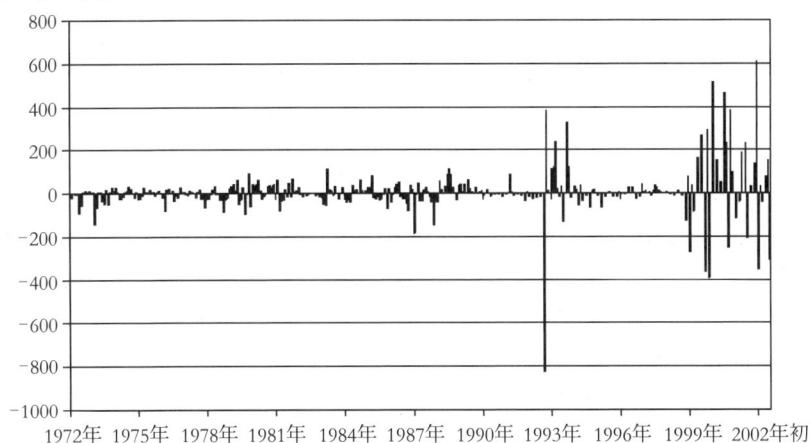

億ドイツマルク

1990年7月以降は旧東ドイツ諸州を含む
出典：Deutsche Bundesbank Statistiken(2002)

図11　ドイツ連邦銀行の外貨資産残高の増減額（取引価格）

　連邦銀行による外国為替の短期的な売却は，時間的な遅れを伴いつつもその後の買い戻しによって相殺されており，通貨準備の構成を長期にわたって変化させるものではなかった（Baltensperger 1998, 519-521）．
　第三の局面は，1999年初に発足したユーロによる通貨同盟によって始まる．各国の中央銀行は，ヨーロッパ経済通貨同盟（EMU）の三つの段階の最初の時点で，400億ユーロ弱の通貨準備を欧州中央銀行（ECB）に委譲した．ドイツ連邦銀行からの委譲分は122億ユーロに達したが，その15％が金，85％が外貨からなっていた．この通貨準備の管理は，その後も各国の発券銀行により続けられた．各国の発券銀行がその後も保持した通貨準備に関する残余の業務は，特定の額以上については欧州中央銀行の同意を得なければならないことになっている．それにより，共同してなされる通貨・為替政策の一体性と，通貨準備に対する欧州中央銀行による統制が保障されるのである．
　ユーロ・システムのもとでの通貨準備（1999年末3730億ユーロ，2000年末3780億ユーロ，2001年末3920億ユーロ，2002年8月3730億ユーロ）も，また欧州中央銀行の通貨準備（1999年末490億ユーロ，2000年末450億ユーロ，2001年末490億ユーロ，2002年夏460億ユーロ）も，1999年以降，ほとんど変化がない（Europäische

Zentralbank 2002, 65 頁）．しかしこの数字は，潜在的な保有高の変化を覆い隠している．というのも，外貨資産残高は市場価格で評価されており，したがって，純然たる保有高の変化とともに，為替レートおよび金価格の変動の影響をも受けるからである．

外貨資産の保有高は，通常は，欧州中央銀行が国際的な外国為替市場で時たま行う介入の後を追うかたちで変動する．2000 年 8 月 31 日の欧州中央銀行理事会の決定に基づき，欧州中央銀行は，9 月 14 日，国際的な外国為替市場にて初めて行動を起こし，欧州中央銀行の資産とリスクの構成を 1999 年初の状況に保つと称して，外貨準備資産の運用益でユーロ買いを実施した（Junius 2002, Europäische Zentralbank 2001, 78 頁）[2]．また早くもその直後の 2000 年 9 月 22 日，欧州中央銀行は，アメリカ合衆国，日本，カナダ，イギリスの通貨当局と協調しつつ，ユーロを買い支えるための市場介入を初めて実施したと表明した．またその後の 11 月前半には，欧州中央銀行の主導でドル市場においてさらに三回の介入がなされた（Deutsche Bundesbank 2001c, 24-26 頁；Europäische Zentralbank 2001, 78 頁）．

2001 年 9 月 12 日，アメリカ連邦準備銀行と欧州中央銀行は，アメリカ合衆国での同時多発テロを受けて，スワップ取引協定を結んだ．この協定は，同日，および翌日・翌々日にかけて実際に発動された．この措置は，ユーロ圏の諸銀行がアメリカドルの突然の不足に直面するという事態に備えたものである．この取り決めでは，欧州中央銀行は，連邦準備銀行ニューヨーク支店のドル預金口座から 500 億ドルを上限にドルを引き出すことができ，またこれとの交換のかたちで，アメリカ連邦準備銀行は，同額のユーロ資産を欧州中央銀行に持つことになった．この協定は 2001 年 10 月 13 日に失効した．

外国為替市場では，同時多発テロ事件によるアメリカドル相場の急落のために，日本円に対して強い上げ圧力がかかった．そのため欧州中央銀行と他のいくつかの中央銀行は，2001 年 9 月末に，日本銀行の申し入れと代理介入の取り決めに基づいて，外国為替市場でユーロ買い・円売り介入を行った（Europäische Zentralbank 2002b, 80 頁）．

以上総括すると，欧州中央銀行は，個々の状況に対応するかたちでドル売りによる介入を行ったに過ぎず，ユーロ相場の約 30％の下落（1999 年 1 月の 1 ユーロ＝1.18 ドルから，2000 年 10 月の 1 ユーロ＝0.83 ドルに下落）に対抗しての買い支えは行わなかった．しかしドル・ユーロ相場の当時の状況のもとでは，こうし

た介入の成功は短期的なものに限られたはずである．2001年6月にも，また2002年1月にも，一時的な上昇の後，ユーロはアメリカドルに対して価値を下げた（最安値は2001年6月の1ユーロ＝0.84ドルであり，2002年1月には1ユーロ＝0.86ドルである）．

またドイツ連邦銀行の外貨準備残高も，この期間ほとんど変動がなかった（1993年末の残高は930億ユーロ，そのうち520億ユーロが外貨，320億ユーロが金であった．2002年には900億ユーロであり，内訳は440億ユーロが外貨，360億ユーロが金であった）．しかしこうした数字は，ユーロ体制や欧州中央銀行に関する上の叙述と同様，市場価格の変動をも反映しており，その保有高を直接反映するわけではない．むしろここでは，外貨準備の各通貨建ての数量での増減を辿るべきで，この場合，かなり異なった様相を呈する．金保有高とIMFの特別引出権（SDR）の減少がわずかに留まるのに対して（1999年1億1200万オンス，61億400万SDR，2001年には1億1100万オンス，61億2200万SDR），外国通貨のなかでは突出した保有高となっているアメリカドルの保有高は，大幅に減少している（1999年末530億ドル，2001年末430億ドル）．しかしユーロ換算では準備通貨の保有額の縮小は非常にわずかに留まっている．その理由は，重要な順に並べると，以下の通りである．まずドル高・ユーロ安（1999年末には1ユーロ＝1.005ドル，2001年末には1ユーロ＝0.881ドル），金価格の高騰（1999年には1オンス＝289.518ユーロ，2001年には1オンス314.990ユーロ），そして，SDRの高騰（1999年には1SDR＝1.364976ユーロ，2001年には1SDR=1.4245108ユーロ）となる[3]．2002年半ば以降のドルの顕著な下落（2003年2月時点で1ユーロ＝1.08ドル）により，その後の情勢はさらに変化している[4]．

5　問題の所在と今後の展望

ドイツの対外通商関係は，戦後ドイツの経済的発展にとって決定的に重要な要因であった．市場の開放と，資本市場においても急速に進められた自由化によって，ドイツ経済の世界経済への統合が促進され，1970年代初に至るまで，経済成長を加速したのである．この成功には，ドイツ連邦銀行の抑制的な金融政策が大いに貢献した．インフレーションの周期的な発生こそ防ぐことはできなかったが，しかし国際的な比較ではインフレーションを限定的な規模に押さえ

込むことに成功したといえる．名目賃金と賃金関連経費は，1970年代に比較的大きな幅で上昇したが，これは，生産性向上に繋がる各種の革新によって常に相殺されえたのである．それにもかかわらず，国内の経済情勢は遅くとも1970年代半ばからは構造的に悪化しており，経済活動の場としての魅力の減少は今日に至るまで続いている．対外経済関係での成功ではもはや，こうした情勢の悪化を埋め合わせることはできない．公式統計上の失業者が400万人以上に達する構造的失業のもとで[5]，公式統計で把握されない部門での雇用が劇的に拡大しつつあり，これは2002年時点ではGDPのおよそ17％にまで成長していた．また一般政府部門の対GDP比率はほぼ50％に達している[6]．労働市場における効率性の欠如と，社会保障（老齢年金・健康保険制度）財政での構造的な赤字は，中・長期的には対外経済関係にも影響を及ぼさざるをえない経済的な問題を生み出している．

　ユーロ圏において，ドイツは，ユーロの導入後においてもなお強い経済的位置を占めている．このことは，ドイツが，ユーロ参加国のすべての国で，第1位あるいは第2位の供給者となっていることに示される．例外は，第3位に留まっているアイルランドのみである．しかしこれらの「常連客」の50％以上の市場において，ドイツは，過去5年の間に市場シェアを低下させた．とりわけベルギー，ルクセンブルク，ギリシャでこれが顕著であり，イタリアでもある程度のシェア低下がみられる．いくつかの部門や市場においては，ヨーロッパ内での競争の激化により，盤石であったドイツの供給者の地位が脅かされている．ネーデルラント，オーストリア，フィンランド，スペインといった競争相手が，このところ，高品質製品や，卓越した技術的サービスを提供しているからである．

　また，一国における構造的な歪みが，もはや為替相場の調整によっては緩和されえなくなったということも留意されねばならない．財・要素価格の調整と，要素の移動が，この重要な伝動経路の消滅を補わねばならないのである．カルテル化されたドイツの労働市場の状況が示すように，ユーロ圏の経済環境のこうした変化は，未だ十分に意識されているとは言いがたい．

　新しい共通通貨の導入の際に予測された通り，ユーロ圏内での経済体制相互の競争は顕著に激化した．ネーデルラント，アイルランドなどのいくつかの小国は，迅速に秩序政策的な改革を行い，経済活動の場としての魅力を高めた．これは同時に，ドイツでの改革が相対的に遅れていることを浮き彫りにした．

ドイツの政治家や労働組合は，ドイツの経済政策・社会政策の正しさを他国に納得させようとしたが，これは失敗に終わった．そのためドイツにおいても，競争圧力に強いられるかたちで制度的な改革が進められるという希望は残されている．

ユーロ圏においては，その構成国ごとの目標に合わせて為替相場政策や金融政策を行うことはもはや不可能であり，そのため各国にとって，経済政策，財政政策，社会政策は新たに特別の価値を持つようになった．これらの政策分野において，重要な政策手段が経済実態に基づきつつ精妙に調整される場合にのみ，生産要素の望ましからぬ流出が阻止され，労働や資本の望ましいかたちでの流入が促進されるのである．

しかし同時に，ヨーロッパ内部における競争圧力の高まりのみならず，一時的に弱まっているに過ぎないアジアからの競争圧力や，アメリカの経済圏からの競争圧力によっても，ドイツは，21世紀の最初の10年間に，旧態依然たる構造を早急に解体し，経済的な能力改善のための体系的な秩序政策的改革を実行することを迫られるであろう．

訳注

[1]「加工度の低い半製品」Halbwarenとは，ドイツ連邦統計局（Statistisches Bundesamt Deutschland）の定義によれば，「工業的加工過程を経ているが，なお比較的わずかの加工しか受けていない製品」であり，具体的には以下の商品例が列挙されている．「糸／木片／材木・セルロース品／軟質ゴム／ガラス管／セメント・石膏製品・レンガ・コンクリート製品／その他の土石半製品／鉄鉱石・未圧延鉄鋼半製品／高炉・鉄鋼圧延設備の副産物／鉄合金／熱間加工品／合金，加工原料形態のものを含む未加工卑金属／アルミニウム・銅・ニッケル・鉛・錫・亜鉛／その他の卑金属／脂肪酸／その他の人工油脂／石炭コークス／原油加工品・天然ガス／非有機物性の地下資源・化学品から成る半製品／肥料／セルロース・合成フィラメント／その他化学半製品／金・銀・プラチナ・その他貴金属／その他半製品（電流を含む）」．

同様に，「加工度の高い半製品」Vorerzeugnisseは，「工業的な生産過程によってかなりの程度加工されているものの，最終的な使用目的に供しうる状態にはなっていない製品（Erzeugnisse）」と定義される．その具体例は以下である．「織物，編物，その他，絹・レーヨン，合成糸，レーヨンステープル，合成繊維，羊毛その他の動物の毛，綿，亜麻，大麻，ジュート，硬質繊維などから成るこれとの類似物／皮革／毛皮用の加工済み獣皮／紙・ボール紙／合板類／炻器・陶器・磁器製品／ガラス・化学製品／タール染料／その他染料・顔料・ラッカー類／デキストリン／膠／爆発物・火薬／その他の化学製品／鋳鉄パイプ／鉄パイプ・鉄棒／鉄薄板／鉄ワイヤー／鉄道建設資材／鋳鉄・鋳造物／銅・銅合金・アルミニウム・アルミニウム合金，その他の卑金属・貴金属製の棒・薄板・ワイ

ヤー等／土石・宝石・加工済み真珠／その他」(http://www-zr.destatis.de を参照)
[2] 食品産業財 (Güter der Ernährungsindustrie) は，植物性食品・動物性食品・嗜好品を含み，農産物 (landwirtschaftliche Produkte) とは一致しない．「食品産業財」には，例えば当然ながら羊毛は含まれないが，「農産物」と異なりドイツでは栽培されていない農産物や農業生産物以外の食品を含む．
[3] 1969 年 10 月 27 日，ドイツマルクはドルに対して 9.29 ％の切り上げを行った．
[4] 2006 年 2 月時点ではさらにドル安ユーロ高が進んでおり，1 ユーロ ＝ 1.20 ドル前後の値をつけている．
[5] http://www.destatis.de/indicators/d/tkarb820.htm によれば，失業者数は 2005 年の 2 月に統一後最悪の 521 万人に達した．2006 年 1 月の失業者数は 501 万人である．
[6] 2005 年の数値は 47.2 ％である．http://de.wikipedia.org/wiki/Staatsquote

注

1) ヨーロッパ通貨同盟の，ヨーロッパ資本市場の統合に対する影響については次の文献を参照．Fratzscher, Marcel (2001) *Financial Market Integration in Europe: On the Effects of EMU on Stock Markets*, ECB Working Paper, No. 48, Frankfurt a. M.
2) 欧州中央銀行は，2000 年 9 月 14 日，通貨同盟の開始以来累積していた利子収入 (25 億ユーロ相当) を用いて，数日間の間にユーロ買いを行うこと，また将来においても同様の操作をする予定であることを明らかにした．実際には，この取引は一週間後に終了した．欧州中欧銀行はこの取引を介入とは呼ばなかったが，同時に，そのタイミングが単なる偶然ではなかったことについては認めた．
3) 貢献度の額は，アメリカドルでは 61 億ユーロ，金では 28 億ユーロ，SDR では 4 億ユーロである．

参考文献

Ayuso, Juan; Roberto Blanco (2000) *Has financial market integration increased during the 1990s?*, in: Bank for International Settlements (Hg.), *International financial markets and the implications for monetary and financial stability*, BIS Conference Papers, No. 8, Basel.

Baltensperger, Ernst (1998) *Geldpolitik bei wachsender Integration*, in: Deutsche Bundesbank (Hg.), *Fünfzig Jahre Deutsche Mark. Notenbank und Währung in Deutschland seit 1948*, München, 475–560 頁

Bordo, Michael D.; Barry Eichengreen; Jong W. Kim (1998) *Was there really an Earlier Period of International Financial Integration Comparable to Today?* NBER Working Paper, No. 6738, Cambridge MA.

Buch, Claudia (2001) *Financial Market Integration in a Monetary Union*, Kiel Institute for World Economics Working Paper, No. 1062, Kiel.

Deutsche Bundesbank, *Geschäftsbericht*, diverse Jahrgänge.

Deutsche Bundesbank (2000) *Monatsbericht Juli*. Frankfurt a. M.

Deutsche Bundesbank (2001a) *Monatsbericht Januar*. Frankfurt a. M.

Deutsche Bundesbank (2001b) *Monatsbericht Dezember*. Frankfurt a. M.

Deutsche Bundesbank (2001c) *Geschäftsbericht*, Frankfurt a. M.

Deutsche Bundesbank (2002) *Monatsbericht März*, Frankfurt a. M.
Europäische Zentralbank (2002a) *Monatsbericht Oktober*, Frankfurt a. M.
Europäische Zentralbank (2001b) *Jahresbericht*, Frankfurt a. M.
Fratscher, Marcel (2001) *Financial Market Integration in Europe: On the Effects of EMU on Stock Markets*, ECB Working Paper, No. 48, Frankfurt a. M.
Holtfrerich, Carl-Ludwig (1998) *Geldpolitik bei festen Wechselkursen (1948 ~ 70)*, in: Deutsche Bundesbank (Hg.), *Fünfzig Jahre Deutsche Mark. Notenbank und Währung in Deutschland seit 1948*, München, 347–438 頁
Junius, Karsten u. a. (2002) *Handbuch Europäische Zentralbank. Beobachtung, Analyse, Prognose*, Bad Soden.
Kim, Hak-Min (1999) *Globalization of International Financial Markets*, Aldershot.
Portes, Richard; Hélène Rey (1999) *The Determinants of Cross-Border Equity Flows*, CEPR Discussion Paper, No. 2225, London.
Sachverständigenrat zur Begutachtung der gesamtwirtschaftlichen Entwicklung, *Jahresgutachten*, Wiesbaden, 各年
Thieme, H. Jörg; Uwe Vollmer (1990) *Internationale Integration der Finanzmärkte: Wirtschaftspolitische Herausforderungen durch liberalisierten Kapitalverkehr*, in: Cassel, Dieter (Hg.), *Wirtschaftssysteme im Umbruch*, München, 47–71 頁
von Hagen, Jürgen (1998), *Geldpolitik auf neuen Wegen (1971–1978)*, in: Deutsche Bundesbank (Hg.), *Fünfzig Jahre Deutsche Mark. Notenbank und Währung in Deutschland seit 1948*, München, 439–474 頁

補論

日本の対外経済関係
―― 対米関係を中心に

中 村 隆 英

1 はじめに

　日本は明治以来，海外との貿易がなければ経済の再生産が成り立たない国であった．明治期の前半には，生糸をはじめ，石炭，銅などの非鉄金属等，国産資源が輸出されていたし，また後半になると第二の輸出品として綿糸，綿織物が抬頭するけれども，その原料となる綿花は輸入品だったのである．原料を輸入して製品を輸出する加工貿易が日本のお家芸になったのである．

　戦前の最大の輸出市場は中国とアメリカであった．中国とアジア諸国は綿製品と雑貨の市場，アメリカは生糸と陶磁器など雑貨類の市場である．一方，輸入原料では，アメリカとインドからの綿花のほかに，鉄鋼，羊毛，ゴム，石油，粘結炭等々が工業化の進展に伴って増加した．日中戦争以後，対米関係が悪化してアメリカからの輸入が難しくなり，石油の輸入が途絶しそうになった時に対米戦争の決意がなされたことは，周知のところであろう．

　貿易だけでなく，20世紀に入るころから，ロンドンやニューヨークの金融市場での資金調達によって外貨の不足を補ないつつ，経済の発展が支えられてきたことも，忘れてはなるまい．日露戦争は主としてロンドン市場の資金によって，また関東大震災後の復興はニューヨークとロンドンの金融市場に依存して，達成されたのであった．

　以上を念頭におきながら，戦後50余年の対外経済関係の変遷を辿ってみよう．

2　戦後復興——経済自立への途

　太平洋戦争の後，アメリカを中心とする連合軍の占領下で，経済の復興が始まったのは，昭和22〜23年頃からであるが，復興が急に進みだしたのは，昭和25年に朝鮮戦争が始まってからのことである．朝鮮戦争に出動したアメリカ軍は，戦場での装備を日本で調達し，その代金をドルで支払った．連合軍の占領費は日本政府の負担であったが，朝鮮戦争の戦費は，占領費ではないからである．このアメリカ軍の調達は特需 (special procurement) と呼ばれ，貴重なドル収入として日本経済をうるおすことになった．昭和25〜26年の日本の輸出は8〜13億ドルだったから，このほかに6億ドルの特需収入が加わったことによって，26年には20億ドルの輸入が可能になった．食糧や原油のほかに綿花をはじめとする工業原料が輸入できるようになったのである．この結果，まず戦前の主力産業であった綿業，人造絹糸，織物業などが，輸出産業として復活したので，昭和10年頃の，戦前日本の産業構造が，まずよみがえってきたのである．

　しかし戦後経済の特色は，戦時中に拡大した重化学工業が平和産業として再建され，経済成長の柱に育っていったことであろう．かつての兵器の部品工場が，カメラや双眼鏡の生産を始めたり，工作機械や産業機械に転換したり，自動車メーカーの下請を始めたのなどはいい例である．昭和20年代末からかつての生糸王国長野県などは，精密機械の生産基地として知られるようになっていった．繊維産業にしても，天然繊維に代わって，ナイロン，テトロンなど，合成繊維が輸出品としての地位をたかめ始めた．もちろん，戦前以来の雑貨類も，この頃には盛りかえしてきている．昭和20年代は，とりあえず戦前戦時からの生産設備が稼動し始め，繊維産業が新たな設備で復活した時期であったといえよう．

　以上は，朝鮮戦争以後の復興過程であるが，それ以前の昭和26〜28年当時は，アメリカ軍の戦時需要—特需が年間6〜8億ドル存在したことによって，日本の産業は原綿，羊毛，ゴム，原油，粘結炭，鉄鉱石などを輸入して，まずは戦前以来の産業が再建され，それとともに，戦時中に発展した機械工業が，輸出産業や下請工場として息を吹き返したのである．

　この時期の産業の復興と発展にとって忘れてはならないのは，主としてアメリカからの技術導入であった．日本の産業は，昭和10年代から20年代央ばに至

るまで，海外の技術進歩から遮断されていた．しかも，第2次世界大戦の戦時戦後の10年間は，戦争に伴う新技術が一斉に開発された時代であった．そのために，昭和20年代後半から30年代にかけて，どの産業もブランクを埋めるべく新技術の導入に全力を尽した．二，三の例を挙げてみよう．鉄鋼業においては，各社がきそって連続圧延装置を導入し，鋼塊が何段階にもわたって圧延され，最後はメッキされてブリキ版になり巻き取られる工程が設置された．化学工業においては，原油を分解して得られるナフサを原料として，それから抽出される水素，エチレン，プロピレン等を加工して各種の化学製品を生産する石油化学工業が導入された．かつての化学工業が一，二種類の原料を反応させて，一，二種類の製品を作り出していたのとは異なって，ナフサを主原料として多様な製品が生み出される技術が主力になったのである．大型機械工業の分野で，はじめに活気を取り戻したのは造船業であった．戦時中に拡張され，戦後その大部分が遊休していた船台が忙しく稼動するようになったのは，戦時中に喪失した船舶を補充するための計画造船と，朝鮮戦争以後増加した世界的な船舶需要のためである．しかもこの時には電気溶接技術とブロック建造技術が採用されて，生産工程は合理化され，1950年代半ばには，日本は世界一の船舶輸出国になった．このような技術導入に当っては，東芝とゼネラルエレクトリックス，日本石油とカルテックス，三菱石油とタイドウォーター，東燃とスタンダードのように，戦前以来の資本提携関係を復活させた事例も多くみられた．

なお自動車製造業の成立発展について触れておこう．戦前，トヨタと日産は乗用車の生産を開始したが，戦争のために挫折のやむなきに至った．戦後において両社をはじめ，マツダ，プリンス，ホンダ等がこの分野に参入したのである．例えばトヨタの場合は，昭和25年に幹部2名がそれぞれ3カ月フォード社を訪れて市場と生産工程を見学しただけで，国産技術による乗用車生産に乗りだし，クラウン，コロナ等を世に出した．その途中でフォード社との提携の話はあったがまとまらなかった．また日産はオースチン社と提携して，部品を輸入して組立てを行って技術を習得し，やがてダットサンの生産を行うに至った．同じころに，日野ヂーゼル（のち日野自動車）社はフランスのルノーと，いすゞ自動車はイギリスのルーツと技術提携を結んだのである．

以上に見たように，昭和20年代から始まった新技術導入の動きは，重化学工業ばかりでなく，中小企業や農業にまで普及した．日本の小農向きの小型トラクターやコンバインが開発され，折から若年労働力が離農して人手不足になっ

た農家の戦力になったのである．

　終りに，戦後のアメリカの対日援助についてつけ加えておこう．占領軍は旧敵国日本の処分を任務として来日したのであったが，国民が飢餓に迫られているのを放置することはできず，手持ちの食糧を放出した．以後，昭和23年頃まで，米本国その他から食糧その他生活必需品を輸入して放出し，生活危機に対処した．そのような措置はドイツにおいても行われており，東西の占領軍はその地域の復興の速さを競うかたちになった．この時の援助費用の弁済は，昭和30年代まで持ち越されたが，やがて20億ドルと算定されて返済されたのである．昭和24年までに緊急の援助の必要がなくなったあと，25年から朝鮮戦争が始まってアメリカ軍の特需が発注され復興を助けたことは，すでに見た通りである．以上のような政策的，軍事的な援助を別とすれば，戦後，昭和30年頃までは，海外からの対日投資は，石油産業，電気機械工業などにおいて戦前以来の投資が復活して合弁会社が再建されただけで，新規のものはほとんどみられなかった．日本の政府や財界は海外からの投資を待望していたけれども，日本の経済力への信用は乏しかったのである．

3　高度成長期の貿易

　昭和30年頃を画期として，日本経済は復興の時代を終り，高度成長の時代を迎えて，世界のビッグスリーの一角を占めるに至るまでに20年とはかからなかった．まず簡単に高度成長の過程を要約することにしよう．

　昭和30年代に入ると，日本経済は特需がなくても国際収支の均衡がほぼとれるようになってきた．ほぼ，というのは，3～4年に一度貿易が赤字化して国際収支の均衡がとれなくなり，金融引締政策によって内需を圧縮して均衡の回復を図らなくてはならなかったからである．内需を圧縮するためには，日本銀行による金融引締政策が避けられなかったが，ひとたび引締政策が発動されると，その効果は速やかに現れて，内需は圧縮され国際収支の均衡は間もなく回復したので，引締政策の実施期間は1年足らずで済むのが通例であった．引締解除後，半年から1年のうちに成長が再開されるのである．したがって引締政策に伴う成長率の低下は短期間であって，20年ほどの間，平均年率10％の高度成長が達成されたのであった．

表 1　日本の地域別貿易　　（5 年間平均百万ドル）

	世界計		アジア州		北アメリカ州		アメリカ合衆国	
	輸出	輸入	輸出	輸入	輸出	輸入	輸出	輸入
昭和 26-30 年	1,509	2,267	730	732	334	1,021	279	769
31-35 年	3,119	3,727	1,165	1,151	971	1,637	799	1,283
36-40 年	5,946	16,858	2,010	2,066	1,989	2,734	1,659	2,137
41-45 年	13,670	13,617	4,540	4,174	4,990	4,841	4,193	3,809
46-50 年	40,166	40,294	13,072	17,244	12,634	11,428	9,948	8,878
51-55 年	95,620	93,230	35,046	49,800	28,762	21,289	23,618	16,767
56-60 年	156,708	133,531	55,280	71,240	57,681	32,395	48,597	26,156
昭和 61-平成 2 年	253,082	181,785	71,754	65,745	96,421	43,045	84,557	34,185
3-7 年	370,725	264,253						
8-12 年	423,673	331,860						

　この時期の対外経済関係について考えよう．まず貿易動向．表 1 に示すように，日本の輸出入には時期によって明らかな傾向がみられた．昭和 20 年代は大幅な輸入超過，30 年代は収支差は縮小したがなお輸入超過，40 年代から 50 年代前半にかけては収支均衡，50 年代以後は輸出超過，それも時期があとになるほど黒字幅が拡大している．それは産業構造の変化と産業技術の進歩によって，国際競争力が強化されたことを物語っていた．その一例として，アメリカ合衆国との貿易を考えてみよう．日本のアメリカへの主要輸出品は，昭和 20～30 年代には，びん詰かん詰の魚介類，生鮮ないし加工された魚介類，生糸，綿織物，陶磁器，光学機器，玩具などであった．輸入品は，米，小麦，綿花，屑鉄，石炭等であって，輸出入ともに戦前の昭和 10 年前後とあまり変化していない．ただ原油・粗油だけは戦前にはアメリカからの輸入が多かったが，この時期になると，中東のサウジ・アラビア，クウェート，イラン，それにインドネシア，ボルネオに代わり，アメリカからの輸入がみられなくなっているのが大きな変化である．ところが，昭和 40～50 年代の輸出には，魚介類，織物類，陶磁器とともに，自動車，家庭電器，プラスチック，機械類が加わり，輸入には，米，小麦，肉，木材，石炭，非鉄金属が主となった．アメリカは，ベトナム戦争を経験したあと，停滞の時代におちいった．アメリカが新たな発展への道を歩み始めるのは 1980 年代半ばからのちのことである．

　日米間の貿易が，20 世紀後半の 50 年間に当初のアメリカの輸出超過から，ほぼ均衡に変り，昭和 40 年代からはアメリカの輸入超過に転じたことはすでに見た．日本の産業がこの間に急激な構造変化と技術進歩を遂げたことがその主

因であった．一方，アメリカにおいては，ソ連との軍備拡張競争と宇宙開発競争が展開された．また，一般産業においては賃金水準と生活水準の向上の結果，生産費の上昇が著しくなり，日常の生活物資までを輸入に依存する傾向が強まっていた．大戦後，アメリカの貿易は1950, 60年頃までは圧倒的な輸出超過であったが，1970年代以後，輸入超過が多くなり，80年代には大幅な入超が続くようになった．日本とアメリカとの貿易摩擦は，両国の全体としての貿易収支の変容を背景として展開された．

(1) 繊維と鉄鋼の貿易摩擦

　日米間の貿易摩擦は，20世紀後半に限ってみても回を数える．そのうち，日本側がクレイムをつけたのはオレンジ交渉の一回だけで，あとはアメリカ側からの問題提起であった．その経緯をふり返ってみよう．

　昭和31年には，日本からの1ドルブラウス輸出をダンピングであるとしてアメリカの業界が抗議する事件が発生した．昭和20年代末から，日本の綿織物輸出に対する非難が，織物業界から発生して，日本の業界は，昭和31年からは輸出総量を1億5千万平方ヤードに規制し，翌32年にも1億9650平方メートルと定め，続いた．31年5月には，アメリカ，カナダ向けの絹スカーフ，ハンカチーフの輸出規制が行われた．地方の雑貨輸出が，アメリカでの地域産業からクレイムをつけられたのである．日本の労働者の低賃金によるダンピングを理由にする小さな摩擦は，この頃から絶え間なく繰り返されることになった．

　しかし，経済摩擦が外交問題として，重要問題になっていったのは，昭和40年代半ばからのことである．アメリカにおいては，アイゼンハウアー，ニクソンら共和党の大統領は，南部の実業界の支持を得ることに熱心であった．昭和40年代の日米繊維交渉は，昭和44年2月6日，ニクソン大統領が日本の化学繊維の対米輸出規制を要求する旨を表明し，同8日，アメリカ政府が日本政府に対米輸出自主規制の交渉を申し入れたことから始まった．もちろん，南部繊維業者の要請を受けてのことである．ちょうどこの時期は，沖縄返還交渉の詰めの段階に達しており，アメリカ側は沖縄とからませるとは言わないけれども，昭和45年1月には強硬な対米輸出自主規制案を提示して，日本側の譲歩を要求した．45年6月には，宮沢通産大臣とスタンズ商務長官の交渉が決裂し，11月に再開された交渉も12月に中断された．46年6月，沖縄返還協定が調印され，

7月, 通産大臣が田中角栄に交代してから, 交渉は動き始め, 10月15日, 田中とケネディ大統領特使との間で仮調印が行われ, 翌年1月の本調印で繊維交渉はようやく決着に至った. この交渉が3年を超える難問題になったのは, アメリカ側が品目ごとに輸出量をきめて厳しい規制を行おうと主張し, 日本側は細目に触れずに総量を規制しようとしたからである. 結局はアメリカ側の主張の通り, 品目別規制が行われることでまとまったが, それまでに, 通産省は各業界の説得に努め, 相当額の補助金を支給することを余儀なくされたのである.

昭和40年代後半から, アメリカとの貿易摩擦は次々に発生した. 一つ片付けばまた一つ. その背後には, 1970年代に日米貿易の様相が急転して, かつてのアメリカ側の輸出超過から日本側の大幅な輸出超過に変ったという事実があった. アメリカの政界はこのことを重大視し, しばしば上院で取り上げた. しかし, 繊維問題についていえば, 日本からの輸出量はアメリカの繊維消費の1％, 日本の繊維生産の4％に過ぎなかった. 事柄は, アメリカの繊維産業の興廃に関わるような問題ではなかったが, 日米間の政治問題として重大だったのである. 日米間の貿易収支は, 1970年代を通じて日本の黒字幅の拡大が続き, しかも日本からの輸出品は, 自動車をはじめ高度の工業製品であった. それがアメリカの貿易関係者や政治家の癪にさわったのである.

貿易摩擦の第二は, 鉄鋼問題である. 鉄鋼の貿易に関しては, 1969年から75年まで, アメリカ, 日本, ECの自主規制協定によって, 輸出数量規制が行われていた. ところが76 (昭和51) 年, アメリカ鉄鋼協会は, 日本メーカーは出荷先をヨーロッパからアメリカに振替えているというので, 1974年の通商法により「不当で不合理な貿易慣行」であるとして訴訟を起した. 次いでギルモア・スチールという小企業が, 日本の大手メーカー5社に対してダンピング容疑で提訴した. 日本の鉄鋼業界は, 訴訟に対応する一方, アメリカ側の本心は日本の輸出自主規制を要求していることを承知していたし, 日本鉄鋼輸出連盟会長 (新日鉄社長) 稲山嘉寛は輸出自主規制の必要を主張していた. しかしアメリカ政府は, すでに日本のカラーテレビ, 韓国, 台湾の靴などについて自主規制を求める交渉を行ったばかりであって, これ以上この種の交渉を行うことを好まなかった. それで, アメリカの業界は議会に働きかけ, 鉄鋼生産州の議員から成る鉄鋼議員協議会が結成され, カーター大統領はダンピング防止法の制定を考えるようになった. しかしこの方法は一件ごとの訴訟を処理しなければならず, たいへんな手間がかかる. この難問を解決するために採用されたのがトリ

ガー価格制度であった．

　トリガー価格制度とは，当時世界一コストが低いとされていた日本の鉄鋼メーカーの製造コストに基いて計算された指標価格（トリガー価格）の95％以上の価格であれば，海外のメーカーはペナルティなしでアメリカ市場での販売を認められる，というものである．アメリカには多くの国から鉄鋼が輸入されるが，トリガー価格制度によって，不公正な価格による輸入を最小限に抑え，国内価格の上昇も抑えられるというのである．この案を取りまとめたソロモン財務次官は誇らしげに語った．「我々は業界を輸入品から守ろうとしたのではなく，ダンピングから守ろうとしたのだ」と．

(2) 自動車貿易摩擦

　日本の自動車輸出は昭和45（1970）年には79万台，バス・トラックが25万台であったが，46年に143万台，37万台に増え，50年には186万台，46万台，55年には435万台，120万台と，10年間で5.3倍に伸び，世界の主要輸出国に数えられるようになった．その後，80（55）年には435万台，120万台に増加している．このうち，合衆国向けは，上記の各年に3.4万台，42万台，92万台，240万台となっていて，乗用車に限ってみれば，輸出の半分を占めている．アメリカ向け輸出が1970年以後飛躍的に増加しているのは，73年に発生した石油危機の影響が大きかった．ガソリン価格の騰貴のために燃費のよい欧州車や日本車への需要が増加したためであるが，なかでも日本車が燃費がよく，性能もすぐれていたためであった．この時以後，日本車のアメリカにおける普及が進んだのである．アメリカのメーカーも，小型車生産を開始したが，依然利益の高い大型車の生産を事業の中心にしていたため，小型輸入車に市場を奪われたのである．

　このような危機に際し，全米自動車労働組合（UAW）は10万余の組合員がレイオフされる苦境に当面して，UAW会長ダグラス・フレーザーは，トヨタと日産の両社に対米進出を要請した．フレーザーは問題を政治化する方針をとり，アメリカで20万台以上の自動車を販売したメーカーは，アメリカ国内に組立工場を設立しなければならないという法案を準備中だと談話した．マンスフィールド駐日大使は，トヨタと日産が早急に対米進出を決意しない限り，アメリカ政府はきわめて保護主義的な政策を取るかもしれないと講演したりした．フレーザーが日本を訪問したのは1980年2月であったが，記者団に「日本政府と

メーカーとに，対米自動車輸出の制限と，アメリカ国内に組立工場を設置するよう要請する」と言明した．それ以後，日米双方のマスコミは，自動車問題を大きく取り上げるようになり，アメリカ上下両院も，ようやく自動車問題に関心を示すようになった．折から，クライスラー社は経営危機に陥り，アメリカ政府はクライスラー社が独自に20億ドルを調達するならば，連邦保証資金15億ドルを融通するという法案を成立させた．

　このような状況下で，両国政府は自動車問題に取り組むようになった．日産は1980年4月，アメリカ小型トラック工場を建設することを決定し，主要部品はできるだけアメリカのメーカーから調達するというのである．しかし，問題はなお残っていた．自由貿易を建て前とする以上，アメリカは日本製自動車とその部品の輸入制限を行うことはできないし，日本に自主的な輸出規制を要求することもできないからである．その一応の決着は，日本が一方的に対米自動車輸出自主規制を行うことでつけられた．1981（昭和56）年5月，通産省は日本のメーカー各社が対米輸出を7.7％削減する旨をアメリカ通商代表ウィリアム・ブロックに言明した．翌週に迫った鈴木―レーガン会談を成功させるためにはこの方法しかなかったのである．アメリカは日本の自動車の洪水をせき止めたかったが，日本の一方的措置というかたちで決着をつけたかったのである．その後も，このかたちによる規制が続くことで，自動車問題は小康を保っている．

(3) 貿易自由化と電電公社交渉

　日本の輸入制限に対するアメリカ側の攻勢も激しくなってきた．戦後の日本は外貨不足を理由として，輸入については，小麦，綿花，羊毛等の原料，食糧を別として，原則輸入禁止の建て前をとってきた．外貨が不足だから，個別審査して許可制とするというのである．それは事実上，国内産品の保護を意味していた．制度上は輸入品ごとに四半期ごとに輸入許可金額を決め，輸入業者に割当てて外貨予算と称していたが，これも既存輸入業者に対する特権的保護制度であったといってよい．当然ながらこの制度に対しては海外からはもちろん，国内の輸入割当てを受けられない業者からも非難が常に発生したが，政府と業界は昭和34年まで，この輸入制限制度を維持してきたのである．

　日本の輸出増加が目立つようになり，外貨不足を理由とする輸入制限をいつ

までも続けることはできないと判断されたのは，岸内閣時代の昭和35年1月であって，同年6月には3年間に現在輸入額の40％の自由化率を80％に高めようという商品別自由化計画（石油を自由化すれば90％）が表3のように策定された．ただし，この表に含まれていない大型乗用車，コンピュータ，機械類などは，通産省としても戦略産業として育成する方針であったから，自由化計画の枠外におかれていたと見るべきであろう．また米，麦，でん粉類，豆類，果汁，かんきつ類，なたね，酪農製品，食肉および加工品，沿岸水産物などは，農業水産業の保護を意識して「自由化は相当期間困難」とされたのである．

高度成長のさなかにあった日本の経済界は，自由化を怖れてはいなかった．保護政策はかえって合理化努力を鈍らせるから，自由化して国際競争に身を投ずるべきだという経団連の主張などはその代表的なものである．折から，経常取引に対する為替制限の撤廃を義務づけられるIMF8条国への移行も必至になっており，輸入額の80％を自由化する計画は，3年の予定を繰り上げて2年間で実行された．成長下の各産業は，海外との競争に自信を抱いていたのである．

貿易が自由化されても，ただちに日本の輸入が増えるわけではない．政府や政府関係機関が国産品を購入すると決めれば，海外の企業は政府に食い込むことはできなくなる．日本電電公社は日本最大の政府機関であるが，アメリカの議員たちが，アメリカ製の電話機や交換機をもっと電電公社に購入させようと考えて，交渉が始まったのは昭和54年であった．電電公社には電電ファミリーと呼ばれる四つの調達先――日本電気，富士通，日立，沖電気があり，アメリカ製品を受け入れる余地はなかったし，コンピュータやマイクロ・プロセッサーの技術的秘密が洩れることも心配していた．政府の各省は電電公社を説得することができず，アメリカの技術と製品に対する拒否反応を緩和させることができなかった．問題は政治問題に発展し，大平首相はこの問題について特別閣僚会議を開催したほどである．日本側は初めて電電公社のオファーを提出したが，そこには高度技術関連機器はまったく含まれていなかった．アメリカのストラウス通商代表と牛場代表の話し合いは決裂した．折から大平首相の訪米が迫っており，アメリカの要求を容れた解決がはかられた．電電公社のオファーは全額にして19億ドル，コンピュータや交換機を除く電子ケーブルや搬送機器を含むものであったが，アメリカはなお満足しなかった．最終的には，1981年1月1日より以前に，「両国市場への参入に関する相互性の確保」を達成できるよ

表2　日本の主要輸出商品　（5年間平均百万ドル）

	生糸	綿織物	鉄鋼	原動機	事務機器	産業機械	家庭用電器	半導体等電子部品	自動車
昭和26-30年	45	229	207	7	0	9	2	0	0
31-35年	40	301	265	13	1	16	15	5	7
36-40年	36	322	763	44	9	36	288	28	57
	陶磁器	合繊織物							
41-45年	115	425	1,857	152	60	90	1,012	64	488
46-50年	197	1,026	7,050	586	636	291	2,348	290	2,845
51-55年	407	1,803	12,485	1,963	1,581	837	5,740	1,365	7,739
56-60年	526	2,333	14,515	3,316	5,250	1,456	11,458	3,929	20,659
61-62年	553	1,988	13,546	5,861	14,701	3,492	12,825	8,993	35,770

表3　商品別自由化計画

早期に自由化するもの（約1年以内）
　銑鉄，普通鋼，亜鉛鉱石，輸出競争力の強い一部の機械類，ベンゾール・トリオールなどの化学品の基礎材料，一部油脂製品，カリ塩，石灰窒素，大部分の医薬品，原綿，原毛，綿製品，絹製品，自転車タイヤチューブなど一部のゴム製品，ビール，雑穀（豆類を除く），家畜・畜産物の一部，さけ・マグロなどの缶詰類など

近い将来自由化するもの（約3年以内）
　特殊鋼，フェロアロイ，鉄鋼二次製品，アルミニウム，マグネシウム，工作機械，金属加工機械その他産業用機械の一部，石炭酸，アセトン，ブタノール，ソーダ灰・苛性ソーダその他ソーダ製品，油脂製品，塗料，天然硝酸ソーダ，ビタミン類，毛製品，人絹スフ製品，合成繊維製品の大部分，化繊用パルプ，板ガラスの大部分，自動車タイヤチューブなどのゴム製品，雑貨類，野菜およびその加工品の大部分，果物およびその加工品の大部分，精製ラード，木材加工品の大部分，工業用油脂，食用油脂およびその粕（国産のなたね油との競合の少ないもの）など

所要の日時をかして自由化するもの（できるだけ3年に近い時期に自由化）
　石炭，石油，銅，鉛，ニッケル，技術開発途上にある機械類（例えば，工作機械その他産業用機械の一部，化学機械装置，産業用電子機器，普通および小型乗用車，重電機器の一部など），硫安，尿素，麻製品，製紙用パルプ，紙および紙製品，耐火材の一部，皮革製品，ブドウ酒・ウィスキー，紅茶，くるみや栗などの特殊林産物，砂糖

自由化は相当期間困難なもの
　硫黄，マンガン鉱石，米，麦，でん粉類，雑豆，バナナ・パイナップル缶詰，果汁，大部分の生鮮かんきつ類，なたね，酪農製品，食肉およびその加工品，沿岸水産物，鯨肉，魚粉，なたね油およびそれと競合する一部の食用油脂，菓子類など

出所：経済企画庁調整局編「図説　貿易為替自由化計画」（昭和35年7月），51～52頁より作成.

う交渉スケジュールを確保することで合意が成立した．事態は深刻な政治的対立を生み出しそうになったが，結論は抽象的な合意に落ち着いたのである．

4　資本取引と為替レート

　日米間の総合収支の変遷を考えてみよう．昭和20年代（1950年代前半まで）の日本は，アメリカの援助と特需があって辛うじて輸入をまかなうことができた．昭和30年代（1960年代前半まで）は，特需なしの自立を達成しえたが，昭和32 (1957) 年，36 (1961) 年，38～39 (1963～64) 年のように，国際収支の大赤字を生じ，世界銀行やアメリカの市中銀行から借入によってようやくつじつまを合わせた年もあって，なお国際収支の危機の心配は常に存在した．貿易収支が均衡している時でも外貨保有高は20億ドル程度で，貿易が赤字になればそれ以下に落ち込んでしまうのである．
　国際収支が常に綱渡りの状態にあったのは，この時期の年率10％の高度成長の帰結であった．高い成長を維持するためには，原材料，燃料などを成長に必要な分だけ常に輸入しなければならない．輸出によって得た外貨を原燃料の輸入の支払にあてて，20億ドルの外貨を保有してゆくのが精一杯という資金ぐりが続けられていたのである．そのなかで，設備投資が増加し，そのための輸入を行えばたちまち20億ドルの保有外貨に手をつけなければならない．しかし，昭和38～39年の外貨危機を乗り切ったあと，輸出が増加し，保有外貨が増加し始めた．42 (1967) 年の20億ドルを底として，45年44億ドル，47年182億ドルと外貨が増加し始めて，石油危機に際しても，120億ドルを切ることはなかったのである．それは経常収支の黒字が安定し，短期借入金もほぼ返済をすませ，国際収支に余裕が生じたことを意味していた．
　こうして，1970年代に入るころからの日本は，1973～74年，1979～80年の二度にわたる石油危機の時期はあったにせよ，国際収支は安定した黒字を続けていたと言ってよい．西ドイツとともに国際金融の面で貸し手の立場に立つことになったのである．その資金はどのように運用されたか．それは以下に見るようにアメリカの市場へ投入された．
　第二次世界大戦の後，アメリカは世界に君臨する経済大国であった．貿易は常に大幅な輸出超過，その保有する資金を大戦後ヨーロッパ復興計画（マー

シャル・プラン）のために投入しても，なお余りがあった．その経済力は日本に対する援助や特需をまかなってきた．大戦後の20年間，アメリカは世界経済を主導し，復興から発展へのコースを切り拓いた．しかし，ヨーロッパと日本が復興するにつれて，アメリカ経済にかげりが生じた．1970（昭和54）年までは常に黒字であったアメリカの貿易収支は70年代に入って赤字を計上するようになり，70年代後半には常に赤字を続けるようになった．アメリカの一般物価は上昇し，日用品までも輸入に依存するようになってきた．復興したヨーロッパと日本とがその物資を供給するようになっていたのである．もっともアメリカは，IMF体制の基軸通貨国であるから，ドルの流出に当ってもドルを追加発行すれば決済できるので，苦しい引締策をとる必要はなかった．また，西ドイツや日本に対しては，固定レートの引上げを要求し，日本の場合，1971年に360円を308円に切り上げたが，73年3月には，EC6カ国とともに変動相場制に移行した．これによって円レートは順次切り上げられていったが，日本は最も競争力の強い電子製品や機械類を中心に輸出を伸ばし続けた．アメリカは経常収支の赤字が恒常化したにもかかわらず，中南米をはじめ途上国に対する資本輸出を維持することができたが，それは日本や西ドイツなど，経常収支黒字国がその保有するドル通貨をアメリカに投資したからである．アメリカの金利は日本はもちろんドイツよりも有利であったから，余剰資金はアメリカに集まり，ニューヨークはその資金を運用して国際金融の中心として機能してきたし，現在もその地位を保持しているのである．

　アメリカは，かつてのような抜群の経済力を保持しているわけではなく，むしろEUの方が総合力においては勝っているかもしれない．しかし中南米や，アジアにおける基盤はなお揺ぐことはなく，日本はアメリカのパートナーとしての役割に甘んじているのである．

第4部

地域統合と政策選択

はじめに

　第4部を構成する第10章と第11章の2章は，第3部までの，日独それぞれの社会経済秩序や企業システムならびに対外経済関係のかたちの検討を受けて，欧州と東アジアにおける地域統合の動きに日独がそれぞれどのように政策的に関与し，そこにどのような問題が生じているか，またどのような対応がありうるかを検討している．第10章は2005年半ばまでの東アジア統合と日本を扱い，第11章は本論でEU東方拡大の実現に向かう過程とそこでのドイツの状況とを2003年初頭の時点で検討し，その後については訳者が追記で補足している．そこでまず，それぞれの要旨を示しておこう．

　まず第10章で今久保は，1990年代以降の世界における，また特に東アジアにおける自由貿易協定（FTA）を軸とした経済連携や地域統合への動きの活発化に対して，この動きに遅れて参入した日本が，政策当局による孤立への危機意識に基づき，ともかくもFTA等を含む「内外一体の経済政策」を推進しているが，これらは経済連携・地域統合戦略の面でも国内改革の面でも必ずしも期待された結果に結びつかず，対外的には新たな孤立の危険を生じさせていると指摘する．彼はその主因を，国内では，いわば市場主義に傾斜した構造改革が，揺らぎつつある「フロントランナー型」経済の基盤の再確保への確かな展望を示しえていない点に，対外的には，政府がその東アジア重視の公式表明とは裏腹に，東アジア軽視・米国重視の姿勢を変えていないために，日本が周辺国から不信感を持たれるなど，東アジア諸国に「東アジア共同体」の一員としてなお受容されていない点に観る．その上で，国内における均衡発展的な産業構造の高度化やそれによる実質国民所得の維持・拡大と東アジアにおける垂直分業的補完性の維持とを両立させる政治経済学的な政策視点と，東アジアを重視し，かつ何よりも東アジア諸国に受け入れられる努力を重ねた上で，東アジア統合の主導権の掌握を狙う中国や，東アジアの地域的自立化を懸念する米国を牽制しつつ日韓間および日・ASEAN間の経済連携を優先するかたちでの，東アジア統合への筋道を提言する．

　次に第11章でケスタースとヘブラーは，まず，体制転換直後以降2002年に至

る中東欧諸国との加盟交渉過程を欧州の再統一過程として跡づけ，かつ加盟国や加盟候補国における，拡大の実現を阻みうる不確定要因の存在をも指摘する．拡大受け入れ態勢の形成では，1997年にEUの基本条約改正を決議したアムステルダム首脳会議での積み残し案件が2001年のニース条約に，より明確に盛り込まれたこと，その際，ドイツは，人口比に応じた理事会票数配分を獲得できなかったが，加盟大国としての影響力を強化したことを明らかにしている．次いで，相対的に低所得の中東欧農業諸国への拡大がもたらす経済問題のうち，東西労働力移動とその労働市場への影響を検討し，ドイツの対応について提言している．すなわち，まず，ドイツの労働市場問題が移住圧力で激化するとの危惧が，東方拡大後におけるEUの移動の自由や一部サービス分野の自由化に対する制限をもらたした事実を指摘する．その上で，穏健な人口移動を予測する近年の労働力移動推計に依拠しつつ，人口移動は人口動態や雇用に積極的効果をもたらすとの楽観的な見通しを述べ，ここから，一方では移動制限策の早急な廃止，他方では，移動が引き起こしかねない国内労働市場への負の影響を防ぐための，ジンに依拠した，福祉国家給付の出身国原則による旧加盟国国民への適用制限，および――ボルとも呼応する――非就業補助金等の福祉国家的給付の賃銀補助金による代替とこれによる国内労働市場の柔軟化，を提言する．

　以上のような彼らの提言には，先行加盟大国の，それもとりわけドイツの経済的利益を優先する一種のしたたかな政治経済的リアリズムの姿勢が窺われる．ただし，彼らの楽観的見通しに基づく提言は，ドイツをはじめとする加盟国の国内における反発を抑え，また加盟候補国に――移行期間が過ぎるまで既加盟国に比べて加盟資格に差を設けた――「二等の加盟資格」を甘受させるのに成功することが前提となる．しかし，訳者の今久保による追記は，当面におけるこの前提条件の確保の困難性を示唆している．すなわちそれは，EU東方拡大による25カ国加盟体制が2004年5月1日に実現したことから，上記の不確定要因等の諸問題が拡大を阻害する可能性があるとのケスタースらの危惧が杞憂に終わったと述べる一方で，これらの諸問題は東方拡大後に持ち越されたに過ぎないとして，EU憲法条約，中期予算，安全保障，サービス労働自由化等における統合の進展にもかかわらずそこに生じた持ち越しの問題と，それらの

問題を巡る加盟大国間の主導権争い，大国と中小国の対立，中東欧加盟国と旧加盟国との対立という重層的な対立の存在とを指摘し，それらの持つ統合に対する遠心分離作用の可能性を予測する．これは，ケスタースらの提言と関わらしめれば，提言の有効性に対する留保を意味すると言える．

　最後に，第10章と第11章が示した，日独双方が置かれた状況の類似点と相違点を指摘しておく．すなわち，さしあたり類似点としては，ともに経済規模格差の大きい域内の複数の後発国との統合がもたらす固有の試練に両国が直面していること，相違点としては，①統合の端緒に立つ東アジアと，統合の一層の拡大と欧州憲法条約の採択にまで至る深化の局面にあるEU，②統合を積極的に進める東アジアの後発国と後手に回りがちな経済大国日本という構図に対し，独仏等加盟大国が統合の推進役を担うという構図，③日本が孤立の新たな可能性を生み出しつつあるのに対して，ドイツは統合と域内影響力の拡大を実現しつつあり，しかしまたその動き次第では統合にとっての遠心分離作用の原因となる可能性を持つこと，を挙げることができる．

　以上から，新たな孤立の可能性を生み出しつつある日本の状況の方が，ドイツのそれよりはるかに深刻であることも知られよう．

第 10 章

東アジア統合と日本の戦略

今久保幸生

1 はじめに

　世界貿易機関（WTO）の加盟国・地域は 2005 年 2 月時点で 148 にのぼっている．この加盟国・地域の増加や，途上国が 4 分の 3 を占めること，交渉分野が幅広くなったことなどにより，参加国間の合意形成がますます困難となって，WTO はその機動性を大幅に低下させている．このため，1990 年代以降，WTO を軸とした多角的通商交渉への関与から，地域的または二国間の自由貿易協定（Free Trade Agreement FTA）または経済連携協定（Economic Partnership Agreement EPA）の締結へと，政策の実質的な軸足を移す国が著しく増えている．その結果，WTO に通告された世界の地域貿易協定（Regional Trade Agreement RTA）数は，80 年代には 10 件に満たず，90 年代前半でも 31 件に過ぎなかったのに対して，90 年代後半には 60 件と大幅に増え，2005 年 1 月 1 日現在その総数は 122 件に達している．このため，2002 年には，世界の貿易額のうち FTA 締結国による貿易の割合はすでに 97％に達した[1]．地域的ないし二国間の FTA または EPA は，今や国際的経済連携の主流となっていると言えよう．
　東アジアにおいても，アジア通貨危機以降，地域的または二国間の経済連携，特に FTA・EPA 締結への動きが活発化しており，それまでこれらに参加していなかった中国や韓国も，FTA・EPA 戦略を積極的に推進しつつある．
　一方，日本は 1990 年代後半まで，その WTO 志向，すなわち自由・無差別・

多角主義志向のゆえに，中国や韓国と同様，地域的または二国間の FTA・EPA には関与してこなかった．そのため日本は，世界の地域統合・二国間協定の潮流に取り残され，孤立したかに見えた．もちろん，経済実態としては日本が国際分業から文字通り孤立したとは言えない．それどころか，特に東アジア諸国・地域の経済発展に伴い，ここでの経済的な相互依存関係──実質的な経済統合──は，日本を中核とするかたちでむしろ強まっている（経産省 2004a）．にもかかわらず，「今から振り返ると，日本は貿易立国として先進的に FTA に取り組まなければならなかったが，逆に乗り遅れているという危機感が出ている」との政府の経済財政諮問会議の中川議員（経産相）発言が示すように（諮問会議 2003.11.26a），今日政府や経済界において，世界における FTA 等の制度化された経済連携の急伸のなかでの，日本の一種の孤立状況への危機意識が広まっている．この危機意識は，FTA 等の締結の流れに棹さされば世界経済における日本の地位の低下や衰退を招く恐れがあるとの認識とも結びついている．

　その日本も，1998〜99 年に至ってようやくこの意味での孤立の危機から脱するべく対外経済政策を転換し，WTO の多角的通商交渉を補完する機構として，二国間 FTA・EPA ないし地域統合に踏み出した．またその際，東アジアを主たる対象地域に据えた（経産省 1999, 荻田 2004）．こうした日本の対外経済政策の──事実上，多角主義の枠組みよりも地域統合や二国間 FTA・EPA 締結に力点を置く方向への──転換と，それに伴う関連の諸施策の展開は，この間の「グローバル化」や「世界大競争」状況の到来，「IT 革命」の進行等による日本経済の構造変化，特に，東アジアにおける「キャッチアップ型」諸経済の急伸やそれと結びついた国際分業構造の変化に伴う，「フロントランナー型」日本経済の基盤の動揺を背景としたものと言ってよい．言い換えれば，これらは，そうした意味における経済環境や経済構造の変化を含む試練に対応して，世界やとりわけ東アジア・太平洋地域における日本経済の新たな主導的位置を確立することにより，今後の発展の展望を切り拓くことを目的とした戦略の展開であると言えよう．

　では，このような戦略は，どの程度，上記の意味における日本の孤立からの脱却と，意図された主導的位置を確立した上での，主たる政策関心地域である東アジアの統合への展望を与えるであろうか．その際に解決されるべき課題があるとすれば，それはどのようなものか．さしあたり，こうした問題が浮かび上がってくる．ただしこの問題は，次のような状況を踏まえて検討されねばな

らない.すなわち,日本のFTA・EPA戦略推進の動きは,比較対象を東アジア諸国・地域に絞っても,初発の遅れに加えて,先行するASEANならびにASEAN加盟諸国や,特に中国の素早い地域統合戦略の展開に比べて,今なお遅れを取っているということである.したがって,前述の問題は,この遅れに関わる問題とも関連づけて検討される必要がある.

この遅れの問題に関する政府や経済界および学界の支配的な見解は,特に,地域統合・FTA等のための政策当局における意思決定機構の欠陥や,通商交渉の阻害要因とされる農業保護等の存在を遅れの理由として強調してきた.また,それは,主な対策として,第一に,強力な「司令塔」を構築し,これによる一元的な政策を推進すること,第二に,GDPに占める比率が一割,就業者に占める割合が二割と小さいにもかかわらず保護の維持のために国民負担を強い,FTA・EPA締結の阻害要因ともなっている農業をはじめとする諸「規制分野」における関税・非関税措置等による保護や規制の緩和ないし撤廃により,国境を越えて市場機構の作用を徹底させること,第三に,先端的新産業群等を軸とした産業構造・貿易構造・投資構造の高度化を推進して日本経済の活性化と国際競争力の向上を実現させること,を主張している[2].また現実にも,こうした見解に呼応して,産官学それぞれから,「官邸主導」方式を通じた産業構造の改革,農産物市場開放等の戦略推進の動きが現れている.

しかし,これらの支配的な見解や産官学によるFTA・EPA戦略推進の動きは,日本の孤立の問題を含め,将来における日本経済の展望やその東アジアにおける位置に関わる無視しえぬ問題を孕んでいる.本章では,この点を念頭に置きつつ,日本の東アジア統合戦略とそれに伴ういくつかの主要な問題を検討したい[3].

2　日本の対外経済政策転換の背景

問題の検討に入る前に,あらかじめ,日本の東アジア統合戦略に密接に関わる要因として,日本の対外経済政策の転換の対外的背景と国内事情との双方を示しておこう.

(1) 対外的背景

　ここでは，何よりも，東アジアにおける地域統合志向の高まりに注目する必要がある．

　第一に，これまで東アジア地域は，主な最終消費市場である米国に依存しつつも，日本を中核とする経済発展により高度の経済的相互依存関係を構築し，近年これを著しく深化させてきた．2003年における日本の相手国・地域別貿易のうち，輸出では東アジアが47.0％，米国が23.9％，EUが15.3％，輸入では東アジアが45.0％，米国が15.1％，EUが13.0％というように，輸出入とも相手先として東アジアが圧倒的に高い比率を占めている．これを東アジアの域内貿易比率で見れば，1980年に輸出約34％，輸入約35％であったものが，2003年にはそれぞれ49.5％および58.8％にまで高まっている．こうした東アジア内貿易の結びつきの強まりは，日本からの東アジア地域への直接投資の増加を軸とした域内投資の緊密化による，東アジア域内諸国間の産業内貿易の伸びや，とりわけ同一製品の垂直的な工程間分業を主因としていることも明らかにされている．以上はともに，日本の他の東アジア地域との制度的な経済連携の前提をなす実質的な経済統合が成熟してきたことを示すものである．

　他方，これらの東アジア地域は依然高関税を維持している．2000年における東アジア各国の関税率を単純平均で見れば，インドネシア37.5％，タイ25.8％，フィリピン25.6％，韓国16.1％，マレーシア14.5％，中国10.0％（EU4.1％，日本2.9％）となっている．これは日本経済の拡大の障害となるものであり，東アジアの域内貿易の中身が，日本との関係を弱めつつ中国を軸に他の東アジア間で緊密化しつつある事実とともに，日本にFTA等を通じた東アジア統合を促す強い誘因となっている[4]．

　第二に，90年代以降活発化している地域統合の動きに日本が関与してこなかったため日本に不利益が生じているとの認識が広まってきた．1994年以降北米自由貿易協定（NAFTA）加盟国となり，2000年にはEUともFTAを締結し，EPA・FTAによる選択的な特恵関係の構築を通商政策の基本に据えているメキシコとの関係は，その典型と見られた．メキシコはこの基本方針に従い，政府調達でFTA締結国を優先し，FTA未締結国からの自動車完成車の関税を引き上げる等の政策を打ち出した．これを根拠とした貿易転換効果等により日本が被る生産減少は，2000年に約6200億円，雇用喪失が約3万人に及ぶとされた（経産

省2002.7b）．この問題を解決することが，後に触れる日本のメキシコとのFTA締結の基本目的であった．

　東アジアに関しても，その域内で，また他地域の国との間でEPAないしFTAを締結する国々が増えているが，それは，日本政府によれば，やはり日本に負の影響をもたらすものとなる．例えば，経済産業省（以下経産省と略す）は，後に触れる中アセアンFTAの成立による日本経済への影響について，約3600億円のGDPの減少と約5万人の雇用減少という試算結果を示している[5]．この状況も日本の対応を促す要因となっている．

　第三に，アジア通貨危機の過程で，IMFは東アジア諸国からの即効性の支援への期待に応えず，その構造調整プログラムによってむしろ危機を深化させた．APECは，1996〜98年における米国，カナダ，豪州の主導による「早期自主的分野別自由化」（EVSL）の試み（早期の自主的自由化がAPECや加盟国の貿易・投資・経済成長に建設的影響をもたらす15分野を特定し，特に林水産品を含む9分野について優先的に自由化を進めることとしたもの）への，日本を中心とした反対を契機に自由化論議の求心力を失った．またAPECは，同じく通貨危機に有効に対応せずにASEAN諸国を失望させ，2004年11月の閣僚宣言で，APEC地域の数多くのFTA締結の経験を踏まえ，今後のFTA交渉の参考となる項目・事例をとりまとめた「FTAベスト・プラクティス」を承認するまでは，この年を含め，いずれかといえばテロ対策等の政治的課題へ傾斜している．これも，日本を含む東アジアにおいて，代替的な経済連携の枠組みへの，それも特にFTAや包括的EPAの締結への要請が強まってきた一つの背景である．

　第四に，東南アジアでは，ASEAN域内貿易が拡大せず，域内における――フィリピンやインドネシアが石油化学製品について，マレーシアが自動車完成車・同部品について，それぞれ関税引下げ実施の延期を表明する等の――保護主義の動きにより，ASEAN自由貿易地域（AFTA）の進展に足踏みの状況が現れていた．シンガポールのASEAN外との二国間協定締結への積極的な動きや，これらの動きに対するタイ等の同じくASEAN外との二国間協定への動き等は，この状況の打開策でもあったと観られる．

　これらの動きには東アジアを超えるものがあり，しかもその動きは拡大しつつある．例えば，シンガポールは，2004年12月段階で，ニュージーランド，欧州自由貿易連合（EFTA），豪州，米国とのFTA協定を発効済み，インド，ヨルダンと交渉妥結または実質合意，カナダ，チリ，パキスタン，パナマと交渉中，エジ

プト，バーレーン，クウェート，スリランカと交渉開始で合意または事前交渉開始というように，いわば地球規模の FTA 締結を目指す動きを見せている．また，タイも，2004 年 11 月までにバーレーン，ペルー，インド，豪州，ニュージーランド，スリランカ，ブータン，ネパールと FTA 枠組み協定締結または実質合意に至るとともに，米国との交渉開始に合意するなど，東アジア外諸国との FTA 締結強化の志向が明白に窺われる．しかも，これらの動きはマレーシアやフィリピンの FTA 志向の同様の積極化さえも誘っている．ことに，マハティール首相時代まで AFTA 外の二国間 FTA に消極的であったマレーシアの場合，アブドゥラ政権は AFTA 外の二国間協定に積極的であり，豪州との間でその可能性を模索中である．さらに，ASEAN は 2003 年 10 月の印 ASEAN 首脳会議において，インドとの包括的経済協力枠組み協定を締結し，2011 年までの FTA 実現を目指すことで合意した[6]．

　2002 年 10 月に米国が，ASEAN 各国との個別 FTA 締結とそれを通じた ASEAN 全体への FTA 網の拡大を目指す「ASEAN 行動計画 EAI」を打ち出したこと，および前述のように 2003 年 5 月にシンガポールと，2004 年 5 月には豪州とそれぞれ FTA に調印し，2003 年 10 月にタイと FTA の政府間交渉開始で合意したことは，日本の ASEAN との FTA 締結志向を強める刺激となった[7]．2002 年 4 月の EU・ASEAN 経済閣僚会議において貿易・投資拡大の枠組みである「EU-ASEAN 地域間貿易構想（TREATI）」が合意された後，2003 年 10 月，EU 委員会が EU と ASEAN との FTA 交渉を進める用意がある旨を発表し，さらに 2004 年 4 月の東アジア経済サミット（世界経済フォーラム主催）の際に，双方が FTA 締結の可能性を探る共同研究に入ることを明らかにし，2006 年の早い時期に本格交渉を始める可能性を視野に入れて年内に結論を出すこととしたのも，日本にとっては同様の効果を持ったと言えよう[8]．

　第五に，東アジアのみの二国間連携や地域連携への動きも拡大してきた．

　このうち最も注目されるのは，2001 年末に WTO 加盟を果たしたばかりの中国と ASEAN との FTA 構想が中国側の主導により急進展していることである．中国はすでに 2000 年 11 月の ASEAN＋3 首脳会議の際に中アセアン FTA の提案を行い，翌 2001 年 11 月の中 ASEAN 首脳会議において ASEAN と 10 年以内の FTA 締結を目指すことで合意した．2002 年 11 月の中 ASEAN 首脳会談では，FTA の大枠を決める「包括的経済協力枠組み協定」に署名し，2003 年から本格交渉を始め，2010 年までに ASEAN 原加盟 6 カ国と一部例外を除いて関税を完

全に撤廃すること，ASEAN 後発加盟 4 カ国には 2015 年まで締結時期を遅らせることで合意した．「枠組み協定」ではモノ，サービス，投資の自由化，貿易の円滑化など幅広い分野を盛り込むことが決められた．また，中 ASEAN は，2004 年 1 月までに 8 分野の農産品の関税引下げを開始し，3 年以内にこれを前倒し撤廃すること（「アーリーハーベスト」）や人材育成等の農業協力で合意した．2003 年 10 月からは，中国はタイとの間で約 260 品目の農産物関税を前倒しで撤廃している．また，中国は統合を円滑に進めるべく，2002 年 11 月，カンボジア，ベトナムなどの 6 カ国に対して約 30 億ドルの債権放棄を行うことも表明した．さらに，2005 年 4 月の ASEAN 非公式経済閣僚会議は，中アセアン FTA について 7 月から物財貿易に関する自由化を先行実施することで正式合意し，7 月にこれが実施に移された．

　中国と ASEAN の双方が FTA 締結を急いだ理由は次の通りである．まず，中国と ASEAN は経済的には競合関係が強いとされるが，当面 ASEAN の利益が中国のそれを上回るとの見方が優勢である．この状況のもとで，中国は，FTA 締結による貿易の増大を通じて ASEAN を潤すことにより，一方では ASEAN における「中国脅威論」の台頭による対東南アジア関係の政治的不安定化を防ぐとともに，他方では ASEAN の支持を得て WTO における自国の発言力を確保・強化するためであったとされている．次に，東アジア統合の政治的主導権を握って米国の「一方主義」アプローチを牽制するとともに，ASEAN と日本との経済的結合を牽制する目的もあったと観られる．また，ASEAN 側は，年率 7％程度の成長を続ける中国経済への関与を強めてその成長力を取り込み，また直接投資の中国へのシフトに歯止めをかけるためと観られている[9]．さらに，中国と ASEAN 原加盟国との FTA 締結年の 2010 年が，AFTA 原加盟国による域内関税完全撤廃，および 1994 年のボゴール宣言に謳われた APEC 域内先進国による域内貿易・投資自由化の期限でもあることから，中アセアン FTA が締結期限を 2010 年に設定したのは，双方がこうした東南アジア・APEC における自由化との同期化を図り，自由化の利益を時宜を得て確保することも意図したものと観られる．

　このほか，中国が中アセアン FTA 締結を主導した背景には，当初政治的には韓国側が主導した日韓 FTA 構想の進展があったとされている（近藤 2003）．この場合，中国の ASEAN との FTA 締結への動きは，この状況に対応したまでとの見方も成り立つであろう．とはいえ，ASEAN とのこれまでの協力蓄積の厚い日

本を尻目にした，以上のような中国の，単なる受動的対応の域を超えた積極的な東アジア統合戦略と ASEAN のこれへの前向きの対応，およびそれらの急速な進展は，日本を刺激し，その東アジア統合への巻き返し志向を確実に強めることになったことは疑いない．ことに 2003 年 6 月に中国が香港およびマカオと，一国二制度原則のもとで貨物・サービスの段階的自由化と貿易投資促進を図るための経済貿易緊密化協定（CEPA）を締結したこと，特に香港との CEPA 締結は，台湾資本を包摂することにより，事実上，中華経済圏形成への布石となると観られていること（中国情報局 2003.6.30，同 2003.12.1），後に触れるように中国は日韓に対して，日中韓 FTA の締結を繰り返し働きかけていることは，中国が東アジア統合戦略を積極的かつ本格的に推進し，これを主導しようとしていることを如実に示しており，これに対する日本の巻き返し志向が強まるのは，容易に理解されうるところである．

ともあれ，以上の中アセアン FTA 締結への動きは，他の東アジア諸国・地域の，やはり対中牽制を意図したと観られる東アジア域内協力の動きをも呼び起こし，これらの国や地域が日本の協力を要請するかたちでも，日本の地域統合への動きを刺激している．

まず，FTA 締結を展望する日アセアン経済連携強化への期待である．ASEAN は中国との間で先に FTA を締結する見込みであり，2002 年 9 月にはインドとの間で FTA を含む包括的経済協力枠組みを取り決めているが，両国，特に中国との政治的均衡をとるために，日本との FTA 協議をも重視する姿勢を見せている．これは，ASEAN が，2003 年 10 月，安全保障上の潜在的脅威である中国ならびにインドと内政不干渉や紛争の平和的解決を定めた東南アジア友好協力条約（TAC）への調印を行い，日本にもこれへの署名を求めたこととも対応している[10]．

次は，2002 年 1 月に日本との包括的経済連携協定（JSEPA）を締結したシンガポールに加えて，タイ，フィリピン，マレーシア，インドネシアも日本に二国間 FTA 締結を要請するに至った点である．タイは 2001 年 11 月にタクシン政権が日本に FTA を提案し，また 2003 年 6 月には政府間交渉入りを求めた．フィリピンも 2002 年 5 月アロヨ大統領が訪日時に小泉首相に日本との FTA を提案した．マレーシアは，2002 年 12 月の小泉首相との会談において，マハティール首相が日本とマレーシアとの経済連携の構想を提案している．インドネシアのメガワティ大統領も日本との FTA 経済連携協定への希望を表明し，2003 年 6 月には両国首脳会談において，両国経済連携協定の可能性に関する政府間の予備的模

索で合意し，9月には第1回会合を開催している[11]．この動きは，各国が日本と結んで東アジアにおける中国等への，また東アジア以外の地域統合や個別国への牽制力を得るためでもあろう．

さらに，ASEAN＋3の枠組みによるFTA等の経済協力体制の構築の動きも注目される．ASEAN＋3は，特に通貨危機発生後の97年12月にASEAN側の提案に基づきクアラルンプールにおいて初の首脳会合を行って以来，2004年11月のビエンチャンにおける第8回会合の開催に至る過程で，共同による経済関係等の強化を進めつつある．

このうち重要度の高い共同行動としてまず挙げられるのは，通貨・金融面での協力関係の強化であり，なかでも注目すべきは，2000年5月の財務大臣会合における，東アジア域内二国間通貨スワップ協定のネットワーク構築を軸とした通貨・金融面の協力体制の構築（「チェンマイ・イニシアティブ」）である．アジア通貨危機は，通貨と満期の「二重のミスマッチ」の特徴を持つ資本収支危機の性格を持っていた（吉冨2003）．そこで今後の対応として，東アジア域内の安定した通貨・金融体制の構築，特に危機発生時の「最後の貸し手」機能の確立と危機発生の予防，アジアの貯蓄の域内における長期資本形成・投資への有効利用等のための，域内金融協力が不可欠であるとの認識が広まった．さらに，貿易や投資における統合が進めば，為替リスクや通貨取引費用の削減への要請が一層強まることから，FTAを柱とする東アジア地域統合の進展のための域内金融協力の必要性への認識も広まった．「チェンマイ・イニシアティブ」は，事実上，以上の目的を達成するためのASEAN＋3による最初の大きな通貨・金融協力の，具体的には外貨相互融通の枠組みであった．

この通貨・金融協力体制は，2002年8月のタイ政府の構想を契機に，2003年初めに「東アジア・オセアニア中央銀行役員会議」（EMEAP：日本，豪州，ニュージーランド，中国，香港，インドネシア，韓国，マレーシア，フィリピン，シンガポール，タイが参加）が「アジア債券基金（ABF）」の発足を発表し，また2003年6月開催の「アジア協力対話（ACD）」において政治宣言を発出する，というかたちで進展をみた．このABF構想は，後に見る各国財務省当局によるアジア債券市場構想（ABMI）とともに進められており，ともに，アジアの現地通貨建ての債券市場を発展させて，通貨と満期の二重のミスマッチを回避しながら，しかもアジアの貯蓄をアジアの投資に振り向けることを目指すものである．EMEAPによれば，各国中央銀行が拠出する外貨準備により総額10億ドルの基金を創設

し，当面ドル建てのアジア（日本を除く）各国の国債に投資し，将来は社債等を含むアジア通貨建て債券を主な対象とするとされ，自国通貨建ての国債を購入するスキームも検討された（ABF-2）．2003年6月にEMEAPは，国際決済銀行と共同で前記の内容の第1次基金を，また翌2004年12月には第2次基金をそれぞれ創設し，2005年2月には現地通貨建て債券投資のためのアジア債券基金を創設し，同年夏にはこれによって民間向け投資信託商品を発行して民間資金を呼び込み，債券市場の拡大と流動性の向上を図ろうとしている．また，これを受けて，アジア開発銀行（ADB）は2004年にアジア通貨建て債券を発行し，2005年には債券発行を拡大しており，さらにタイをはじめとするASEAN諸国も現地通貨建て債券発行に乗り出している[12]．ともあれ，ABFはABMIとともにASEANの枠を超える枠組みであるが，ASEAN原加盟国と日中韓が積極的に進める金融協力の発展形態であることは疑いない．

　なお，ASEAN＋3は，2004年に，二国間枠組みであった「チェンマイ・イニシャティブ」を多国間枠組みへと発展させる方向を打ち出し，2005年5月にこれを盛り込んだ「通貨スワップ協定」の強化で合意した（「日経新聞」2005.5.5）.

　いま一つの重要な協力強化の対象はFTA・EPAへの共同的努力であり，さらには政治や安全保障上の協力を含む，より包括的な東アジア共同体創設への努力である．この点でまず注目すべきは，2000年11月にASEAN＋3会議で中国側が中アセアンFTA締結に関する作業部会の設置とそれによる共同研究を提案したのに対し，ASEAN側がこれを支持する一方，ASEAN＋3によるFTAの可能性についての共同研究の逆提案をも行ったことである．ASEANのこの逆提案は，中アセアンFTAによって中国に取り込まれる危険を回避するべく，政治的均衡を取ろうとしたものとも観られているが，ともあれ，これはASEAN＋3の枠組みでの最初のFTA構想として無視しえない．

　翌2002年11月のASEAN＋3の首脳会議では，すでに2000年の第4回首脳会議で設置されていた政府関係者から成る「東アジア・スタディグループ」（EASG）が，その最終報告書でASEAN＋3首脳会議の東アジア首脳会議への格上げと東アジアFTA創設を提言したことを受けて，東アジアFTAの設立を中長期的課題として位置づけ，以後ASEAN＋3経済大臣会合等においてその実現可能性を検討することとした．2003年10月には，中国の温家宝首相がASEAN＋3の会合において，13カ国で市場を統合する「東アジア貿易圏」の創設構想を提言しており（経産省2000.5～2002.9，同1997.12～2003.10），これも事実

上 ASEAN ＋ 3 による FTA 創設への提案であった．

　以上を受けて，2004 年 11 月の ASEAN ＋ 3 の首脳会議は，2005 年末から「東アジア首脳会議」(東アジアサミット) を定例化することで合意した．この東アジアサミットは，少なくともこの時点では，ASEAN および日中韓の 13 カ国を軸とした，FTA 創設等経済や社会および安全保障上の統合を目指す「東アジア共同体」の創設のための包括的な協議の場を設定するものと想定された．この意味で，そうした戦略方向が提示された 2004 年 11 月は，東アジア地域統合にとっての一つの節目をなすものであった (なお，ASEAN 首脳会議としては，2004 年 11 月に 2020 年の「ASEAN 共同体」実現を目指す「ビエンチャン行動計画」を採択している)．

　ASEAN ＋ 3 は，以上のほか，貿易・投資・技術移転の強化，中小企業・裾野産業の育成，IT 特別協力，人材育成などの分野の協力も進めつつある[13]．これも，やがては東アジア FTA を一つの核とした東アジア共同体への収斂を予望するものと言ってよかろう．こうした動きは，東アジア統合戦略を重視する日本の積極関与を要請する動きであることは言うまでもない．

　一方，東北アジアでは，アジア通貨危機後に韓国が外資導入を目的として日韓投資協定を提案し，1999 年 9 月から日本と協議を開始して，2001 年 12 月に基本合意に達した．これと並行して，1998 年 10 月の日韓 FTA 締結の提案を盛り込んだ日韓共同宣言に沿って，翌 11 月に韓国は具体的な日韓 FTA 構想検討の提案を行った．これが中アセアン FTA 構想を刺激したことはすでに述べた．ともあれ，この提案に基づき，2002 年 3 月の日韓首脳 (小泉・金大中) 会談において，日韓 FTA に関する産学官共同研究会の設置につき合意をみている (日韓 FTA のその後の展開については，次節であらためて触れる)．また韓国は，2003 年 10 月の ASEAN との首脳会議で FTA の可能性を議論し，2004 年 1 月の首脳会議で 2005 年の早期に交渉を開始し，2 年以内に交渉を終了し，2009 年に ASEAN 原加盟国について少なくとも製品の 80％を関税ゼロとする旨の共同声明を発し，2004 年 3 月から ASEAN と産官学研究会による共同研究を開始した．2004 年 11 月には韓 ASEAN サミットにて 2005 年早期の FTA 交渉開始，2 年以内に合意を目指すことであらためて合意した．さらに韓国はロシアとともに TAC にも加盟した．

　韓国は東アジア域外との FTA にも積極的であり，すでに 2002 年 10 月にチリとの間で初の FTA を締結して 2004 年 4 月に発効させ，メキシコとは 2004 年 5

月に共同研究実施で合意し，10月に第一回共同研究会を開催し，また2004年11月にはシンガポールとの間でFTAの実質合意に至っている．しかも2004年5月にはEFTA加盟国とも共同研究開始に合意し，10月の共同研究会では2005年初めの交渉開始を勧告する共同報告書がまとめられた．2004年5月にはメキシコとFTAに関する共同研究の実施に合意し，10月に第一回共同研究会を開催している．さらに，今後はカナダ，インド，南米南部共同市場（メルコスール）ともFTAに関する検討を始める方針ともなっている[14]．

　韓国のこの動きは，同国自体が東アジア統合を軸とし，これの深化を狙いつつ，同時に東アジア以外にも締結対象を拡大するかたちで，FTA戦略を本格的に推進しつつあることを示すものであり，その動きが隣国日本を刺激するものとなっていることは疑いない．

　先に触れたように，中国も，2002年11月の日中韓首脳会合において，朱鎔基首相が，3カ国の研究機関が「共同研究」の来年の主題として「可能性としての日中韓FTAの効果」を取り上げることを強く支持する旨を表明して，事実上の日中韓FTA締結の提案を行った．これに対して，韓国の金碩洙首相は，日中韓の民間研究機関が2003年から行う「実現可能な日中韓自由貿易地域についての経済分析」に関する共同研究を引き続き支援する旨を述べるにとどめた．ともあれ，中国の提案を受けて，以後3カ国の研究機関が研究を行う態勢に入った．中国はさらに，2003年10月のASEAN＋3会合において温家宝首相が提唱した前記の「東アジア貿易圏」創設の一環として，日中韓FTA締結への姿勢を一層強めており，これを受けて，日中とともに日中韓投資協定の産官学の共同研究をも開始させている[15]．

　このほか，中国もまたアジア域外諸国・地域とのFTAに積極的となっている．すなわち，2004年11月にはチリとFTA交渉入りを合意し，ここで2005年1月の第1回交渉が予定された．また2004年11月には5月に署名していたニュージーランドとの貿易経済協力枠組みの交渉をできるだけ早期に開始することで合意した．2004年6月には南部アフリカ関税同盟（SACU）と交渉開始を決定し，2004年9月には中東湾岸協力会議（GCC）との間でFTA交渉を開始した．中国はさらに，メルコスールやインドとも検討を始めるなど，積極的なFTA化を進めている．

　しかし，何よりも中国は東アジア共同体の形成における主導権確保を狙っている．すでにタイ，ベトナムとの二国間FTA交渉を成立させ，2004年11月から

はシンガポールと二国間協議を開始することとなったのも，そうした狙いに基づくものでもあろう[16]．

以上の中国の提案や積極姿勢は，日韓FTA構想推進や日本の東アジア共同体への積極関与姿勢等への牽制をも含む，日本に対するさらに踏み込んだ挑戦でもあり，日本に本格的な対応を迫るものとなっている．

なお，2005年半ばまでに，東アジア外諸国・地域からも日本とのFTA・EPA締結の要望が提示され，または締結への関心が表明されている．さしあたり国・地域名を列挙するにとどめるが，先に触れたメキシコのほか，インド，チリ，豪州，スイス，メルコスール諸国・同地域，GCC諸国・事務局，カナダ，台湾，モンゴル，EFTA，イスラエル，エジプト，モロッコ，SACUやその加盟下の南アフリカ等がそれである．このことも，日本のFTA戦略推進を，またはFTA戦略推進の加速を促す要因となっている（外務省2005.6）．

(2) 国内事情

日本の対外経済政策の転換のいま一つの背景は，日本経済自体の停滞状況にある．

1990年代後半から2000年代初頭の世界経済において，米国は「ニューエコノミー」好況を経験し（ただし「ニューエコノミー」と好況との関連は明確とは言いがたい），EUは通貨統合を実現させるとともに，東方への拡大を着実に進めつつあった．東アジアでは，諸国・地域の経済発展ないし通貨危機後の回復が目立ち，特に中国の急激な興隆は「中国脅威論」を台頭させるほどであった．

他方，日本経済は，1990年代初頭以来，不良債権問題や金融システムの脆弱性，「デフレ不況」等の問題を抱えて長期低迷を続け，2000年代に入っても確実な復活の兆しが見えない状況にあった．また，世界経済の挑戦は日本経済における産業空洞化・競争力低下問題を引き起こし，日本経済がこれに適切に対応できていないことが，低迷のいま一つの背景となっていた．すなわち，日本経済の停滞は，米欧からはFTAやEU統合の進展や知的財産権戦略・国際標準化戦略等において不利益を被り，また中国を中心とする東アジア諸国・地域の追上げに晒されて産業の競争力が一部失われつつある一方，国内は高コスト構造のゆえに産業立地としての魅力が低下し，したがって国内貯蓄が成長の源泉となる国内投資に回らず海外へ流出するとともに対内投資も伸び悩み，これらが

相まって国内の産業空洞化の懸念を呼び起こすか，または現実に一部産業空洞化をもたらしたことによると言ってよい．以上は，日本経済が，先進国や他の東アジア諸国・地域の挑戦に対応してその将来を展望しうる位置を確保しておらず，このままでは衰退に向かうほかない状況にさらされていること，別言すれば，フロントランナー型経済・産業構造の基盤が大きく動揺していることを意味している（諮問会議 2001.11.22 をも参照）．

後に触れるように，経済財政諮問会議を軸とした政府機関により，この事態への認識に基づき日本経済の構造改革のための経済活性化・競争力強化戦略やその発展形態としての新産業創造戦略等が提示されてきたのは，基本的には，フロントランナー型経済・産業構造の確実な構築，ないし再構築による日本経済の再生を目的としたものと言えよう．

しかも，その際注目すべきは，これらの戦略推進においては，国内対応と同時に，日本経済の東アジア経済とのFTA・EPAによる連携強化が有力な政策手段とされていることである．これによって日本が「成長著しい東アジアを需給両面から活用することは，国内の経済構造の改革を促すとともに，我が国企業収益の増加を通じた企業の株価上昇および投資収益の還元というかたちを通じて国内経済を浮揚させ，国内経済全体を活性化させる起爆剤となり得るであろう」というのである（経産省 2002a）．こうした期待は政策当局のみならず，経済界にも広く行き渡っており，諸外国やアジアにおけるFTA締結の動きが進めば進むほど，それだけ一層日本において，構造改革を刺激するFTA締結への呼び声が高まる状況となっている[17]．

ただし，ごく最近になって，政策当局は，例えば平成16年度の実質GDP成長率が1.9％と政府見通しの2.1％に近い伸びとなったことを根拠に，日本経済は，過剰雇用，過剰設備，過剰債務というバブル崩壊後の三つの過剰の調整をおよそ終了していよいよ「攻めの改革」に踏み出す時を迎えているとして，平成17～18年度の2年間を，新たな躍動の時代へ向かうことができるかどうかの岐路と見なすとともに，これまでの構造改革にめどをつけ，超高齢社会の到来や地球規模のグローバル化などの時代の潮流に適切に対応して，新たな成長基盤を確立するための「重点強化期間」と位置づけている（「基本方針2005」）．

その際，重点強化の柱の一つであるグローバル戦略の強化については，2006年春に諮問会議において「グローバル戦略〜我が国の世界戦略」（仮称）をとりまとめることとされているが，現在のところ，後者の重点は，これまで推進し

てきた FTA・EPA を軸とした経済連携戦略の一層の強化にあると言ってよい（諮問会議 2005.4.19）．

3　日本の対東アジア地域統合政策

　以上のような内外における背景のなかで，日本はどのような東アジア地域統合政策とこれに関わる経済政策を実施しようとしてきたか．この点を，冒頭に提示した意味でのその可能性や問題点とともに検討したい．

(1) 日本の FTA 戦略

　まず，日本政府の対外経済政策の基本戦略はどのようなものか．
　2002 年に経産省が呈示した「対外経済政策の基本理念」の柱は，従来どおり WTO を中心とする多国間枠組みを主軸に据えつつ，「地域，二国間等様々なフォーラム」を活用する「重層的な対外経済政策」を推進することであった．その理由は次の通りとされた．①WTO において形成されていない新たな通商ルールの迅速な策定．②世界的貿易自由化を促す，WTO と地域・二国間協定締結との相補的役割の重視．③国際的ルール策定に向けた「仲間」作りにより，多角的交渉における日本の発言力を向上させること．④FTA・EPA の締結による，不利な条件下にある日本企業の事業環境の改善．⑤国内構造改革の促進（経産省 2002b）．ここから，「基本理念」が日本の対外経済戦略の転換を公式に示していることが知られる．ここに，1997 年まで見られなかった地域，二国間等のフォーラムの積極的推進の方針が明記されているからである．これが政府の対外経済政策の基本理念を代表するものでもあったことは，経済財政諮問会議（議長小泉純一郎首相．その性格については後に触れる）が，経済活性化戦略の柱として，対内直接投資等とともに，前記のように FTA の推進を挙げたことからも知られよう（諮問会議 2002.6.25）．
　では地域・二国間等様々なフォーラムの積極的推進自体は，どのように構想され，実施されているか．これをまず構想について検討するが，その際，構想自体が事態の推移に伴い変化していることから，この変化をも跡づけることとする．

当初の構想としてまず注目すべきは，2001年に経産省が提示し，同年から翌2002年にかけて経済財政諮問会議においても構造改革の柱の一つとして取り上げられた，「東アジアビジネス圏」構想である．この構想は，「世界経済の成長軸である東アジアの経済活動との相互連携を深め，『需要』『技術』『投資』などの経済活動のフロンティアを拡大できるかどうかが我が国経済成長の生命線」であるとの認識に基づき，およそ次のような内容を持つものとして提示された（経産省 2002.4.3，同 2002.6.17，同 2003）．

　すなわち，①ASEAN＋3にほぼ一致する東アジアを対象とし，②日本をアジア地域の「通商・投資の中核国」に位置づけることを目指し，③また日本と日本を含む東アジアの経済発展の一体性を強調し，④東アジアビジネス圏の実現のために，ASEAN＋3の枠組み構築を目指し，それへの行程として日アセアン，日韓の幅広い連携強化を図り，さらに⑤東アジアを日本産業の高付加価値化の「ドライビングフォース」ならびに日本経済の「フロンティア」として位置づけ，⑥日本企業が東アジアを見据えて「人，モノ，金，情報」を自由に動かせるための制度整備を行うこと，外国企業の対日投資促進による日本経済の構造改革と活性化，「高付加価値創造」拠点としての日本の競争力強化，を三位一体の総合戦略として強力に推進する必要を強調した．

　東アジアビジネス圏を，まず日アセアン，日韓の連携強化を皮切りに構築しようとするこの戦略構想は，一方では，米国がNAFTAの創設を経てのち米州自由貿易地域（FTAA）による西半球の統合を試みており，EUが東方拡大を着実に進めつつあるとともに，これら欧米諸国・地域が東アジアをも制度的連携により把握しようと試みつつある状況のもとで，欧米に対抗し，他方では，「ドライビングフォース」および「フロンティア」としてのASEAN＋中韓の成長力を利用することにより国内経済改革を推進し，同時にASEAN＋3における主導国・中核国としての位置を確立しつつ，ASEAN＋3において経済的影響力を強め，かつ制度的連携を急速に進めつつある中国に先行して，東アジアFTAを実現させようとする戦略構想であったと見ることができる．

　次に注目すべきは，国際協定としてのFTAを主管する外務省が，経産省の東アジアビジネス圏構想に踵を接して2002年10月に発表した「日本のFTA戦略」構想である．これは，「経済活性化」のために世界的に出遅れたFTAの締結で挽回し，締結を急ぐことを目的としつつ，東アジアビジネス圏構想にも通ずる日本の地域統合戦略の方向を，政策の具体的な柱や方法とともに示したもので

あった．その主な内容は次の 3 点に要約しうる（外務省 2002.10）．

①まず，この構想は，自由化が日本の産業構造の高度化・競争力強化に必要であり，EPA・FTA の利益を確保するには，規制分野における市場開放と構造改革は不可避であるとした．ただ「農業交渉をはじめ，WTO 新ラウンド交渉の進展も考慮に入れた現実的な EPA・FTA 交渉スケジュールを組む必要」や，EPA・FTA 締結のための構造改革を「10 年以内という中間協定の経過期間を使い，国内経済への影響に配慮しつつ実施する」との目配りも忘れてはいなかった．

②次に，地域における政治的・経済的安定性の確保と，緊密な経済関係があるが比較的高い貿易障壁ゆえに日本経済の拡大の障害の残る国・地域の優先の観点から，東アジア諸国・地域を EPA・FTA 締結の戦略的最優先目標とした．同時に，急伸する中国を東アジア全体の経済システムとその発展に調和的に統合する体制の構築の必要性を強調した．

その際，第一に，日中韓＋ASEAN を中核とし，大洋州をも視野に入れた東アジア全体の包括的経済連携を最終目標としつつ，まず韓国および ASEAN との EPA・FTA の追求を主張した．ASEAN については，日本の貿易・投資相手として有力なタイ，フィリピン，マレーシア，インドネシアとの間で日・シンガポール新時代経済連携協定（JSEPA）の枠組みを基礎にして個別の連携作業を早急に進め，後発 ASEAN 諸国については，ASEAN 統合イニシアティブへの支援を引き続き行う等により，将来の EPA・FTA 締結に備えるものとした．

第二に，中長期の課題としての，中国を含む他の東アジア諸国・地域との EPA・FTA の実現を目指すとの方針を示した．その上で，中国については，将来の EPA・FTA の可能性を視野に入れつつ，当面は WTO 協定の履行状況，中国経済の動向，日中関係全体の状況，WTO 新ラウンドや ASEAN，韓国との EPA・FTA 交渉の結果等を総合勘案し，方針を定めるとの考えを示した．また，「広義の東アジアにおける先進国」豪州，ニュージーランドについて，ASEAN＋3 を核とする東アジアの経済連携を拡大して，――2002 年 1 月に小泉首相がシンガポールでの政策演説で提示した――「共に歩み共に進むコミュニティ（いわゆる東アジア拡大コミュニティ）」を構築するため，包括的な EPA・FTA の締結を中長期的課題としつつ，農産物の扱いがきわめてセンシティブであるゆえ短期的には相互に利

益のある分野での連携強化を図る，として，いわば統合の二段階方式を提示した．

このほか，約一億人の人口を持ちASEAN10カ国に匹敵するGDP大国であり，日本企業にとっては米州市場への門戸でもあるメキシコにおける，日本企業の経済的不利益の解消のため，同国とのEPA・FTA交渉の早急な開始を求めている．

③さらに，対象分野の柔軟な選択を提示する．先進的なJSEPAをモデルとする包括的協定を優先度の高い国との間で目指すが，準備が整っていない国に対しては低水準の協定を締結し，当面は技術支援等を行ったり長い履行期間を認めることで，将来可能な限り質の高い協定締結を目指すとした．また，当該国との物品貿易で農林水産品が絶対的にも相対的にも大きな比重を占め，日本のその自由化が当面交渉項目になりえず，サービス貿易でWTOプラスを期待できる場合，後者に特化したEPA・FTAを追求するとした．さらにEPA・FTAではなく，投資協定，相互承認協定等の分野限定アプローチや規制改革の相互推進の対話を中心にする場合もありうるとした．

以上から知られるように，この「東アジア拡大コミュニティ」の具体化構想は，内外におけるアプローチの柔軟性を容認し，メキシコとのFTAの場合を除き東アジア諸国・地域を「戦略的最優先目標」として，そこを軸とした4段階の国別連携方式を提示しており，その限りで経産省の東アジアビジネス圏構想と一部重なっていた．またそれは，大筋で他省庁の方針とも共通しており，主導的経済団体の見方ともほぼ一致していた[18]．

ただし，小泉構想の具体化を図る外務省の構想は，上述したように，戦略対象地域としてより広く，豪州，ニュージーランドをも含んでいた．これは，英米系諸国を顧慮しているという意味で間接的な「対米関係還元主義」の外交姿勢を表すものであり，この点で，東アジアに焦点を絞った（「東アジア連携中心主義」の）経産省の構想と明確な相違があった[19]．

他方，この時点では，後に見るように農林水産省（以下，農水省と略す）はFTA戦略の推進に正面からは反対していないが，それに伴う農林水産品の市場開放には慎重であった．外務省の構想にはこの農水省の立場への配慮が見られるが，内閣府や他の主要経済省庁・審議機関等は，農林水産品の市場開放を容認するかまたはその積極的な推進を促す立場であった．特に，2002年10月におけ

る，内閣官房長官（首相官邸）開催の「日・ASEAN 包括的経済連携構想を考える懇談会」（第5回）の「中間報告」の示す自由化姿勢は厳格であり，農業等の保護措置にはきわめて厳しかった（日・ASEAN 懇談会 2002.10）．

　これらの省庁等の間の立場の違いは，この時期までの地域統合戦略に無視しがたい政府としての不統一性があったことを示しており，またそれは政策推進力の分散にも繋がった．各省庁が事前の相互調整なしにそれぞれ担当者を交渉の場に送り込んで個別交渉に当たらせ，相手国の担当者を戸惑わせる状況が，メキシコや ASEAN 諸国等との交渉において繰り返し見られたことがその表れである．この分散状況，ひいては FTA 戦略における「司令塔の欠如」は，交渉相手国側との円滑な連携交渉を阻む一要因となり，したがって日本の FTA 統合戦略に負の影響を及ぼすこととなった．

　しかし，各省庁等の立場を調整して FTA 政策を統一する政府の動きも，必ずしも迅速にはなされなかった．例えば，2002 年 4 月以降開催された前記の「日・ASEAN 包括的経済連携構想を考える懇談会」は，この問題に対応する組織ともなりえたはずである．だが，懇談会では，農水省の官僚を呼び，省の立場を提示させるなどの形式は取られているが，実態は，農産物自由化論に立つ学識経験者たちが農水省官僚の主張を聴き置き，これを自説を補強するために批評する場でしかなかったように見える．農水省側には，懇談会の報告や提言への関与権はないかたちとなっていたことも，そうした事態を許すこととなったといえよう．要するにこの懇談会は，各省庁・経済団体の利害の横断的調整の場とはいえず，懇談会の意思決定には，以上の意味で縦の序列が設けられていた．この序列に従い，あらかじめ特定の立場からの政策提言がなされるような枠組みでは，政策意思の調整や統一はとうてい達成できなかったはずであろう．また，学識経験者を集めたこの懇談会はそもそも，対外経済政策の調整・統一の場としては枠組みが小さ過ぎた（日・ASEAN 懇談会・各会合議事次第等）．

　これより先の平成 2001 年 1 月に内閣府に設置された経済財政諮問会議も，同様の問題を内包していた．同会議は，経済財政政策に関し，民間有識者の意見を政策形成に反映させつつ，内閣総理大臣がそのリーダーシップを十分に発揮することを目的としており，その役割は，①総理大臣の諮問に応じて，経済全般の運営の基本方針，財政運営の基本，予算編成の基本方針等，経済財政政策に関する重要な事項，②総理大臣または関係大臣の諮問に応じて経済全般の見地から政策の一貫性および整合性を確保するため，全国総合開発計画その他の

経済財政政策に関連する重要な事項について調査審議し，答申・意見等を提出すること等とされ，通常これらの答申等は，閣議決定され内閣の基本方針となるとされた．

ところが，閣議決定に繋がるゆえに明らかに司令塔の役割を持ちえたこの会議の場合，その成員は議長および10名の議員に限定され，2004年4月時点では，議長は内閣総理大臣であり，議員は内閣官房長官，経済財政政策担当・総務・財務・経済産業の各大臣，日本銀行総裁，牛尾治朗ウシオ電機代表取締役会長，奥田碩トヨタ自動車取締役会長，本間正明大阪大学教授，吉川洋東京大学教授から成っており，産官学の構成をとっていたが，FTAに重大な利害を持つ農水省を含む諸他の省庁は正規の議員に含まれず，臨時議員として関連事項のみの審議に加わる立場でしかなかった．その意味で，同会議もまた諸省庁への水平的な同意の調達による利害調整の場ではなく，タテの序列を前提としたかたちをとっている面があり，その限りで懇談会と同様の問題を残している（諮問会議2001.1.16a～d）．また，設置時期以来議員が国務大臣を除き固定している点は，時とともに政策立案が固定化・硬直化する可能性を孕んでいることから，経済変動に対する適切な対応能力への疑念を起こさせる．

しかもまた，2002年4月3日の諮問会議において，塩川議員が「総じてFTAについては司令塔がはっきりしていない．そこが一番弱い」と発言していることが示すように（諮問会議2002.4.3a），この時点において，諮問会議自体，司令塔の役目を担っていないのみならず，そうした司令塔はほかにも存在していなかったのであり，したがってまた，FTA戦略の統一がなされる状況でもなかった．

この事態は，「日本活性化のための経済連携を推進する国民会議」(呼びかけ人伊藤元重東京大学教授) や経済団体による提言を誘うこととなった．「国民会議」は，「FTAを実際に進めようとすると司令塔がない」状況に鑑み，これを改めるべく世論を喚起することで東アジア諸国とのFTAの早期実現を目指すこと，をその目的として，2004年2月17日にそのための世話人会合を開いている（伊藤2004.2.17）．また，(社)日本経済団体連合会 (経団連) は，2004年3月の経済連携に関する緊急提言により，「縦割り・横並びの関係省の一段上に立って，総合的なEPA戦略や交渉における対処方針を企画・立案し，必要な国内の総合調整を行いつつ，一元的・一体的かつ集中的にEPA交渉に臨み得る体制」としての「官邸主導の体制」作りを，具体的には，「司令塔」としての「経済連携戦略本

部」(仮称)と「特命担当大臣」の設置を要請した．これは通商交渉を一元化して扱う米国通商代表部（USTR）型の機関の設置を提案したものと言えよう．同時にこの緊急提言は，「『経済連携戦略本部』を中心に，構造改革特別区域本部，経済財政諮問会議，総合規制改革会議（2004年4月以降，規制改革・民間開放推進会議）等との連携強化を図り，それぞれの持ち得る機能を最大限活用する必要」を強調するとともに，「政府・与党間の連携を強化すべく，自由民主党のFTAに関する特命委員会等の与党組織と政府との責任者会議等の設置を検討」するよう要請してもいる（経団連2004.3.16a, 同 2004.3.16b）．

　これらの動きを背景に，2003年末から2004年にかけて，政府もようやくこの問題に正面から取り組み始めた．すなわち，まず，2003年12月19日に首相官邸において，FTA交渉を推進するための「経済連携促進関係省庁連絡会議」の初会合を開き，「政府としての取り組み態勢を整備し，一体となって進めていく．随時機動的に活発に開いていく」こととした．翌2004年3月30日には「経済連携促進関係閣僚会議」の初会合を開いている．この会議の目的は，メキシコとのFTA交渉の際の，関係省庁ごとの個別協議方式が交渉を難航させたとの認識のもとに，省庁間の縦割りの弊害を排し，首相官邸主導でFTA交渉に臨むためのもの，としている．これらはまさに上述の強い「司令塔」構築の要請に応え，戦略の統一を官邸主導によって図ろうとするものであった（「日経新聞」2004.3.29～30）．

　次に，2004年5月には，経済財政諮問会議が，FTA・EPA締結交渉を迅速に進めるための本格的な集中審議に乗り出す方針を打ち出した．これは「経済財政運営と構造改革に関する基本方針2004（基本方針2004）」に盛り込まれるものとされ，ことに焦点となっていた労働市場や農産物市場の開放問題を首相官邸主導で調整することを狙ったものとされた（「日経新聞」2004.5.19）．さらに，政府による戦略の統一は，2004年12月21日に，上記の経済連携促進関係閣僚会議が「今後の経済連携協定の推進についての基本方針」を提示するかたちで一層進展した．

　この戦略の統一はしかし，すでに触れた手続き面での問題に加えて，内容面でも問題を孕んでいた．

　これを，「基本方針」について検討すれば，第一に，それは一方で，日本が対メキシコFTAを除き，東アジア諸国やASEANとの間でFTA交渉に取り組んできたことや今後もその方向を進む予定であることを踏まえて，「これら協定へ

の取組は,東アジアを中心とした経済連携を推進するという我が国の方針を具体化するもの」であり,「これらの早期締結に政府一体となって全力を傾注する」と述べている.しかし他方,「上記以外の交渉についても……進行中の交渉の進展状況を勘案しつつ検討を進めていく」と述べ,「交渉相手国・地域の決定にあたっては,経済上・外交上の視点,相手国・地域の状況等を総合的に勘案する」としている.このことや,FTA 以外の諸経済連携をも選択肢として検討する,と述べていることから判断して,政府による FTA 戦略の統一は,初期の経産省と外務省の双方の FTA 戦略のうち外務省の方向に収斂したものと言える.否,表現上ないし形式的にはともかく,実質的には外務省の方針以上に東アジア外諸国・地域との連携を重視する姿勢を打ち出したものと観られる.このことは,2004 年 11 月の ASEAN＋3 首脳会議において,東アジアサミットの 2005 年からの定例化と,経済や安全保障上の統合を目指す東アジア共同体の形成とが合意されたことに即応して,「基本方針」が,東アジア共同体の構築を促すことをその目的に据えていることとも対応している.2005 年 7 月 27 日の ASEAN＋3 外相会議において 12 月の第 1 回東アジアサミットの大枠合意がなされ,参加国が ASEAN＋日中韓に加えて,インド,豪州,ニュージーランドの 16 カ国とされた.確かに議長・開催国について,当初構想と異なり日中韓の影響力拡大への警戒感が高まったことから当面 ASEAN 主導,ASEAN 内での持ち回りとされた点は,ASEAN 重視の方針を維持しているとはいえ,東アジアサミットは,その名称にもかかわらず,参加国構成から見て当初から東アジアの枠を超える会議として出発することとなったのであり(「日経新聞」2005.7.28),このような会議の性格は東アジア共同体の構成国の決定にも密接に結びついてゆくことが予想される.「基本方針」が東アジア共同体の形成を目的に据えたのも,こうした事態の展開を想定してのものであったと観てよい.

　第二に,「基本方針」は,農業については,一方における「(3) 我が国への安全・安心な食料の安定的輸入,輸入先の多元化に資するか否か」という基準と,他方における「(4) 農林水産分野については,我が国の食料安全保障の視点や,我が国で進行中の同分野の構造改革の努力に悪影響を及ぼさないか」という基準を並記している.これは,かたちの上では農業利害とそれ以外の利害の双方に目配りを効かせたもののように見えるが,その実態は,農業利害の,それ以外の自由化利害への譲歩を具体化したものと言ってよい.要するに政府の農政上の統一は,自由化の方向へと収斂するかたちをとることとなった.ただしこ

の点の立ち入った検討は後述に譲る．

　FTAを議題に据えた2005年4月19日の第8回経済財政諮問会議も，上記の「基本方針」に準拠して，「東アジア重視」を強調する一方，東アジア外諸国・地域への連携範囲の拡大を打ち出している．ほかならぬ経産省を代表する中川議員でさえも，同会議提出資料によれば，同省の初期の戦略とは異なり，「基本方針」を基準としつつ，将来の相手国候補として次の諸国・地域を挙げている．スイス・EFTA（政府間での研究開始に合意），湾岸諸国，インド（2004年11月の首脳会議において共同研究会の設置に合意．2005年4月6日，経済産業省とインド商工省との間で政策対話を実施），SACU（南アフリカ等），豪州（現在，首脳会談に向け関係省庁で対応協議中），カナダ，東アジアFTA，中国，韓国，アセアン，（台湾），米国（東アジアに対する関与の確保），メルコスール（ブラジル，アルゼンチン等．ブラジルはBRICsの一角．米国と交渉中で，これらが発効すると「第二のメキシコ」として経済的損失の恐れ），チリ（第1回産学官共同研究会〔1/31, 2/1〕，第2回産学官共同研究会〔4/21～22〕）（諮問会議 2005.4.19b）．

　さらに，中川議員は同じ諮問会議において「昨年12月の……基本方針を前提にEPAに取り組んでいるが，大前提としては，経済連携の相手方とならない国はごく限られており，ほとんどの国は経済連携をする意味があると考えている．将来的には，例えばアフリカの国々とも連携することが，相手方にも当方にもプラスになると考える．……戦略の順位としては，豪州とASEANを本年度の最大課題として早くやる」と発言している（諮問会議 2005.4.19a）．

　このように，初期に最優先対象国に指定されていた韓国が，「本年度の最大課題」からはずされていることとともに，FTA締結対象国・地域の範囲が東アジア域外に顕著に広げられたのは，日本が，東アジア諸国・地域を含めて，諸外国が積極的に推進しつつあるFTA締結の動きに遅れをとることによる不利益を被らないためであると観られ，それ自体としては理解可能である．

　他方，これには，すぐ後に見るように，東アジアにおけるFTA締結交渉が日韓FTAの場合のように予定通りに進捗していない現状を踏まえ，東アジア外諸国・地域へのFTA締結対象の拡大によって，日本として東アジアでの交渉の停滞へのいわば保険をかけておく意図が込められているようにも見える．しかしこの場合は，足元の東アジア地域をFTA戦略によって確実に固められぬうちに東アジア外との経済連携を進める構図となる．そうした戦略構想は，東アジアとの統合という初期の目標を達成するどころか，むしろ東アジア統合の過程に

おいて，日本がASEANや中韓に対して一段と孤立の方向に進みかねない危うさを孕むこととなるのは否定しがたい．ところが，先にも触れたように，2006年春に諮問会議において策定予定の「グローバル戦略〜我が国の世界戦略」では，このような現下の「基本方針」自体がその中核部分として継承される見通しさえある（諮問会議2005.6.21）．

ともあれ，以上の戦略のもとで，現実のFTA政策ないし地域統合政策は，どのように推進されたか．次にこの過程を跡づけてみたい．

① すでに触れたように，日本は2001年1月シンガポールとの間で初の，FTAを含む二国間の包括的経済連携協定であるJSEPAを締結しており，これは2002年11月30日に発効した．

② 2002年10月，日本はメキシコとFTAを含む経済連携協定の政府間交渉の開始で正式に合意した．もっとも，その際交渉の決着時点とされた2003年秋には，メキシコ側が当初要求の豚肉関税撤廃案の代案として25万トン程度の豚肉無税枠設定案を提示したのに対して，日本側は，約70品目の農林水産物関税の追加撤廃の譲歩案とともに，最終譲歩案としてメキシコ産豚肉に現輸入量の2倍の年7〜8万トンの低関税（4.3％を2％程度に引き下げ）輸入枠を設ける案を逆提示し，メキシコ側がこれを受け入れず，FTA合意は見送りとなった．その後，両国間の交渉が続けられ，2004年3月に基本合意，同年9月に署名，の手続きを経て，2005年4月1日に発効した．

③ ASEAN諸国のうち，タイについては，2002年4月の小泉・タクシン会談において，両国間の経済連携について作業部会を設置して検討することで一致した．その後，作業部会の検討等を経て2003年12月の首脳会談で交渉開始の合意がなされ，2004年2月以降の政府間交渉を経て，2005年8月1日に，FTAを核としたEPA締結の基本合意に達した．その内容については，農業分野ではコメは自由化の例外とし，一部加工用鶏肉について協定発効から5年で完全率を削減し，バナナは低関税枠を設定するなどで決着し，自動車部品は2011年までに原則関税撤廃，完成車については排気量3000cc超の大型車の関税を現行の80％から2010年までに60％に引き下げ，2009年にはその他の排気量の完成車も含めて扱いを再協議すること，鉄鋼製品は一部関税を即時撤廃し，一定輸出量まで無税枠を設定し，発効から10年後にすべての関税を撤廃すること，労働者の移動では，日本での資格取得を条件にタイからの介護士の受け入れを容認し，原則10年以上の実務経験

を持つ料理人の在留要件を5年程度に短縮することとする，投資・サービス分野でタイは日本企業への最恵国待遇を約束する，等で決着した．

　フィリピンとは，2002年5月の日比首脳会談におけるアロヨ大統領からの提案を受け，両国間の経済連携について作業部会を設置して検討することで一致し，同年10月以来2003年9月までの作業部会の会合等を経て，2003年12月の首脳会談において交渉開始で合意し，2004年2月以降の交渉を経て2004年11月末の首脳会談で大筋合意に達した．その内容は，農林水産品では，バナナ，パインアップル，鶏肉，マグロ・カツオについては日本側が関税撤廃または関税割当を約束し，粗糖については，発効後4年目に再協議することとした．人の移動では，日本の国家資格取得を前提した看護師・介護福祉士の受け入れの基本的な枠組みにつき合意した．鉱工業品では，双方ともほぼ全品目について，関税を10年以内に撤廃することを約束した．投資については，投資の内国民待遇，最恵国待遇およびパフォーマンス要求の禁止規定を含めた質の高い投資ルールを整備することとした．このほか，サービスその他において新たな自由化を行うかまたは二国間協力を推進することとした．

　マレーシアに関しては，2002年12月の日馬首脳会談を踏まえ，2003年2月の平沼経済産業大臣とラフィダ通商産業大臣の会談において，作業部会での検討開始につき一致した．以後，作業部会やその後の産官学共同研究会の開催を経て，2003年12月の首脳会談で交渉開始の合意がなされた．さらに，2004年1月以降のEPA締結交渉会合を経て，2005年5月25日の首脳会談において大筋合意に達している．その内容は，農林水産品では，パパイア，マンゴー等の熱帯果実，エビ，バナナ等について，日本側が関税撤廃あるいは関税割当を約束し，合板については再協議とした．鉱工業品については，双方が10年以内に実質上全品目の関税撤廃を約束した．自動車分野については，マレーシアの自動車・同部品産業の競争力向上のための協力を行うこととした．投資では，内国民待遇，最恵国待遇ならびに投資家・投資の保護の強化が約束された．その他，サービスの主要分野についての自由化や，農林水産，教育・人材養成，情報通信技術，科学技術，中小企業，観光，環境の分野での二国間協力が推進されるなどの合意がなされている．

　インドネシアについては，前述のように2003年6月の両国首脳会談で両

国間の経済連携協定の可能性の予備的模索で合意したのち，交渉の詰めを経て 2004 年 11 月には官民合同作業部会設置で合意し，2005 年 6 月には両国首脳会談で両国経済連携協定の交渉開始に合意し，2005 年 7 月に第 1 回交渉に入っている．

さらに，ブルネイ，ベトナム，カンボジア，ラオス，ミャンマーなど，これまで二国間交渉を行っていない ASEAN5 カ国については，2005 年 4 月 13 日に FTA 交渉に関する個別協議に入った（「日経新聞」2005.4.13）．

④ ASEAN 全体に関しては，2002 年 1 月に小泉首相が，「幅広い分野における経済連携を強化する」ための，日アセアン包括的経済連携（CEP Comprehensive Economic Partnership）協定構想を提案した．同年 11 月の日アセアン首脳会合で，双方が「10 年以内のなるべく早い時期」に FTA を含む CEP 協定を締結すること等を謳った共同宣言に署名し，2003 年に締結交渉を開始することで一致した．その際，小泉首相は，ASEAN 全体との FTA 交渉と並行して「条件の整った国」との二国間交渉も進めるとした．2003 年 10 月の日アセアン首脳会議では，双方が日アセアン CEP 協定の「枠組み」に署名した．ここで，2005 年初の交渉開始ののちできるだけ早期に交渉を終え，2012 年（アセアン新規加盟国は 2017 年）に実施のための措置を終了するとの日程が示された．2003 年 12 月の日本・ASEAN 特別首脳会議では，CEP や「東アジア・コミュニティ」創設等を規定した「東京宣言」と，その付属書として具体的な日アセアン協力措置を盛り込んだ「日本 ASEAN 行動計画」を発出し，TAC の日本による締結の意図を表明する宣言への署名を行った．さらに，2004 年 11 月の日・ASEAN 首脳会議で，2005 年 4 月に日アセアン CEP 協定交渉を開始することで合意し，2005 年 4 月中旬に第 1 回交渉を開催した[20]．この間，中韓両国が ASEAN との FTA 交渉を加速していることを受け，日本も ASEAN との交渉を加速し，2 年程度で交渉を終えることを目指す，としており（「日経新聞」2004.12.6, 同 2005.4.14），交渉もその前提で進められているものと観てよい．

以上は，政治的には，1997 年の「福田ドクトリン」——東南アジア重視の外交方針を示し東南アジアの発展への協力に際して「対等な協力関係」を打ち出した——を継承したものであるとともに，原が指摘したように，従来，実質的な米国のアジア戦略への追従と理念上の多国間主義に基づいてきたアジア経済外交の姿勢を，少なくとも部分的に変更する意思を表明し

たものでもある．とはいえ，ASEAN レベルから「東アジア」レベルに視野を広げれば，むしろ，日本のアジア経済外交の相対化の姿勢が現実にも示されている[21]．

⑤先に触れた，2002年11月の日中韓FTA締結に関する中国朱首相の提案に対して，小泉首相は，中国のWTO加盟後の約束事項の履行確保が重要であり，日中韓FTAについては中長期的な視点から検討すべき課題であるとして，当面は状況を見ながら検討してゆくとの姿勢を打ち出した．ともあれ，2003年より，FTAの経済効果に関する研究を日中韓の3研究機関間で行い，2004年からは部門別効果に関する研究を行っている．また2004年11月の日中韓首脳会議において，「ビジネス環境改善のための政府間メカニズム」および「投資関連の法的枠組みに関する政府間協議」の創設に合意がなされ，2005年5月に日中韓投資協定の締結に向けた第1回政府間協議が開催された．他方，2005年5月に中国が日中韓FTA締結のための産官学共同研究会の設置を日韓両国政府に打診してきたが，同年7月の日中韓外相会談では，日本側が慎重姿勢を取り，当面先送りとなった（経産省1997.12～2003.10，同2000.5～2002.9，外務省2005.6，「日経新聞」2005.5.8）．

⑥2002年11月のASEAN＋3首脳会議において，各国はASEANと日中それぞれとのFTAを個別に積み上げ，漸進的に東アジア自由貿易圏を成立させるべき，との認識で一致した．これを受けて，2003年10月の首脳会議において小泉首相は，安全保障，情報通信，エネルギー，食料安全保障，東アジアにおける経済連携への取組み，アジア債券市場の育成などの重要性を指摘した．日本側のこの指摘は，中国が東アジアFTAの可能性を検討すべきと発言したこと，韓国が韓アセアンCEP構想を進めたいとの提案を行ったこと，シンガポールから，日中韓各国とアセアンおよび日韓の経済連携がそれぞれ進んでおり，これらに日中が加われば東アジアの経済連携がさらに進展するとの指摘がなされたこととも方向として重なるとともに，一応は，東アジア共同体創設への筋道を示すものでもあったと言えよう[22]．

⑦日韓FTAに関しては，2002年3月の日韓首脳会談により発足した日韓FTA締結のための産官学共同研究会の諸報告を受けて，2003年10月の日韓首脳会談で政府間交渉を年内に開始し，2005年の実質合意を目指す方針で一致した．これに基づき，2003年12月以降2004年11月までに6回の政府間交渉が行われた．しかし，韓国側では対日貿易赤字が拡大することへの警

戒感が強く，基幹産業や政府部内，経済学者，国民各層に幅広く消極論が観られ，これに後述する2005年春の領土・領海問題や歴史問題などによる両国間摩擦が加わってその後の協議は停滞しており，2005年内の実質合意という両国の目標を達成することが困難な情勢にある（経産省2004b,「日経新聞」2004.4.29, 同2005.7.17）．

⑧先に触れた，FTAを金融面で支えるアジア域内通貨・為替・金融協力の枠組みに関しては，日本は概ね諸他の東アジア諸国・地域を先導する立場にあった．1997年のアジア通貨危機に際して，日本政府は，東南アジア各国に支持されて「最後の貸し手」としての「アジア通貨基金AMF」構想を提唱した．周知のように，これは米国，IMF，中国の反対で実現しなかった．1998年のAPEC首脳会議において，日本はAMF構想に代えて「アジア通貨危機支援に関する新構想」（新宮沢構想）を提示し，これに基づき総額300億ドルの資金支援を行っている．さらに前述した2000年5月の「チェンマイ・イニシャティブ」に基づき，日本は2003年2月までに韓国，タイ，フィリピン，マレーシア，中国，インドネシアとの間で二国間通貨スワップ取り決めを締結し，同年11月にはシンガポールとも調印したことから知られるように，最も積極的にスワップ取り決めの網の目を広げた[23]．

東アジアにおける通貨・金融危機発生の予防，域内貯蓄の有効利用等のために，最初に提起された構想は円の国際化政策であったが，これは実現性に難があった．現在は，銀行融資に過度に依存せず通貨と満期の二重のミスマッチを解消するためのアジア債券市場の育成が重視されている．日本はこれを積極的に提案し，その具体化を進めつつある．すなわち，2002年12月のASEAN＋3非公式セッションにおいて，日本は「アジア債券市場育成イニシアティブ（ABMI）」を提案した．2003年1月には，塩川財務相がマレーシアのマハティール首相にアジア各国通貨建ての債券市場育成を表明し，同月の財務相の「円の国際化推進研究会」報告においてもこれに関する項目が盛り込まれた．同年3月には「アジアにおける債券市場の育成にかかるASEAN＋3ハイレベル・セミナー」（東京）において，谷口財務副大臣が「アジア債券市場イニシャティブ」を発表するとともに，新たな債務担保証券開発のための作業部会（議長タイ）と信用保証メカニズムのための作業部会（議長韓国）を設置している．前述のように，2003年10月のASEAN＋3首脳会合において，小泉首相がアジア債券市場育成の重要性

を指摘したことも,この政策路線上にある(青木2002,財務省2004).

　他方,域内貯蓄ではなく,各国の国債に投資する「アジア債券基金」構想に関しても,日本は積極関与してきた.また,新たな為替システムとしてのアジア共通通貨ないしアジアバスケット通貨,アジア保証機構,アジア共通格付機関等の設置等の構想においても,日本は積極的であった(青木・馬場編著2004,青木2002).

⑨外務省は,2003年3月に,「厳しい経済財政状況の下,ODA(政府開発援助)の戦略性,機動性,透明性,効率性の確保への要請」が強まったとして,平成4年閣議決定のODA大綱の見直しを行った.その際,「今後ともODAの重点をアジア地域に置きつつ重点化を図る」とし,「アジア地域における発展状況,援助需要の変化および経済連携強化等を十分に考慮する」として,FTAとの連関を重視する姿勢を示した.また,対中経済援助に関する「日本国内における強い批判と厳しい経済・財政事情(ODA大綱との関係,中国自身による対外援助,中国国内での不十分な広報,国内の厳しい経済・財政事情など)」,および「中国の経済発展に伴う開発課題の変化(沿海部と内陸部の格差是正,貧困問題への対応,WTO加盟に向けた体制整備,地球規模問題への対応,など)」を指摘し,「対中経済協力の見直しの必要性」を打ち出した.これにより,ODAは日本の東アジア地域統合政策のための,日本によるいま一つの資金供給の手段ともなったと言える[24].

　また経産省による「産業競争力戦略会議中間とりまとめ・競争力強化のための6つの戦略」が,ASEAN＋3を軸としたFTAを含む経済連携協定とODAのリンケージ等によるODAの戦略的活用を『東アジア自由ビジネス圏』実現のツール」としたことも注目される(経産省2002.5.10).

⑩政府は,東アジア外の諸国・地域との間のFTA締結についても,この間現実に推進し,かつ強化しつつある.

　まず,インドについては,2004年11月の両国首脳会談でFTAを含めたEPA締結の可能性を検討する共同研究グループの立ち上げに合意し,2005年4月29日の日印首脳会談では,この共同研究会を6月までに発足させ,2006年6月までに結論を得ることで一致した(「日経新聞」2005.4.30).

　チリとは,2004年11月の日チリ首脳会談においてEPA・FTA締結の可能性を検討する産官学研究会の立ち上げに合意し,2005年7月までに3回の共同研究会会合を開いた.

スイスとは，2005年4月の首脳会談において，両国間の経済連携強化のための政府間共同研究を開始することで一致した．
　また，小泉首相による「東アジア拡大コミュニティ」構想が端的に示したような，オセアニア諸国との連携強化の姿勢が現れたことを受けて，その一環として豪州とのFTA交渉入りを模索する動きも出てきた．FTAに関しては，豪州側が，2005年3月の小泉首相・ダウナー外相会談で，外相がFTA締結の是非を検討する共同研究の開始を提案するなど，交渉入りに前向きの姿勢を示した．これに対して，日本側では，農水省等が国内農業への影響を懸念したことなどにより，当面締結交渉入りは見送ることとした．とはいえ，2005年4月の首脳会談で，両首脳は経済連携強化のあり方を2年間かけて政府間で研究してゆくことで一致した．その際，とりわけ投資協定や規制緩和策などが検討課題となる見通しとなっている．こうした手段を通じての，豪州との経済連携の深化ないしFTAの早期締結には，諮問会議における奥田碩議員（経団連）や牛尾治朗議員の主張から知られるように，財界からの強力な後押しもある（諮問会議2005.4.19a）．
　以上の展開や，それに関わる，後に見る農水省の政策転換にもかかわらず，東アジアにおけるFTA戦略は必ずしも順調に進展しているとは言いがたく，東アジア内外における諸外国・地域のFTA化への動きがますます活発となっている現状では，むしろ日本のFTA締結の相対的な遅れはなお解決できていないと言わざるをえない．
　第一に，FTA戦略構想の統一が相当進んだことは確かであるが，現実の交渉の場では，担当省の個別交渉の体制は変わっておらず，依然として高い水準のEPAを一括締結するかたちとはなりにくい状況が続いている．
　第二に，ASEAN諸国とのFTA交渉については，2005年5月に自動車・鉄鋼，および農林産品の関税取扱いや人材育成協力などの関税以外の項目で大筋合意に達したマレーシアとでは，マレーシア側の建設，運輸などサービス分野の自由化への消極姿勢が障害となって，なお署名には至っていない．フィリピンとの間でも，労働者受け入れを含めて2004年11月にFTA締結の基本合意を行ったにもかかわらず，受け入れ人数や日本からの投資保護のための紛争処理制度や自動車メーカーによる投資拡大で調整が難航し，2005年9月に予定された署名は11月末以降にずれ込む見通しとなった．タイとの間では，2005年3月に農業分野で，7月に労働者受け入れでそれぞれ大筋合意し，7月に一部農水産品で

日本側が関税撤廃時期の協定発効直後（5年前倒し）への追加譲歩を行い，自動車・同部品，鉄鋼製品等での合意も成って基本合意に達したとはいえ，3000cc以下の完成車の関税引き下げを2009年まで先送りして再協議とするなど，なお課題を残している．また，タイとの間での完成車関税撤廃を3000cc超の大型車のみに限定したことから，先に完成車の関税撤廃で合意したフィリピンやマレーシアが合意の見直しを要求する可能性も出てきている．同時にこれらは，インドネシアとの交渉にも負の影響を及ぼす可能性もある．要するに，ASEAN諸国とのFTA基本合意から署名に至るまでは，なお時日を要するのであり，この間に，中韓およびASEAN諸国の相互間ないし域外諸国・地域との間での経済連携がさらに先へ進む可能性もある[25]．

　第三に，この相対的な遅れの可能性は，ASEANや同加盟国とのFTAにも密接に関わる東アジアサミットへの，政府の姿勢によって高まったように見える．2005年7月に開催されたASEAN＋3外相会議は，同年12月に第1回が開催される東アジアサミットや東アジア共同体の枠組みを詰めることを目的として開催され，日本の東アジア統合戦略にとっても疑いなく基軸的に重要な会議であった．だが，日本の町村外相は，国連安全保障理事会拡大の決議案をめぐるアナン国連事務総長等との会談を優先し，当該外相会議には代役として逢沢外務副大臣を送ったことから，ASEAN＋日韓両国に日本の東アジア重視の姿勢を疑われるという外交上の重大な失政を晒した（「日経新聞」2005.7.28）．この外相の姿勢は，中国がこの間，ラオス訪問を予定するなどその影響力を高める努力を重ねた事実があったために，一層目につくものとなった．ともあれ，外相のこの選択は，外交判断の誤りか意図的選択かは別として，一方において，この間の日本政府のFTA戦略構想が東アジア地域・諸国を相対化する方向を取り始めたことと，形の上では整合的である．しかし，他方において，これらにより，ASEANないし東アジアサミットにおける日本の影響力のさらなる後退は避けがたい見通しとなっている．この行動は，福田ドクトリンを踏襲するはずの日本の東アジアに対する積極姿勢を疑わしめるような行動に映ったからである．このことは，FTA交渉の相対的遅れとも相まって，またそのこと以上に，日本にとって，日本以外の東アジア地域との統合どころか，東アジア地域における孤立の危険が去っていないばかりか，あらためてその危険が拡がる可能性が表れていることをも意味するであろう．

　第四に，東北アジアに関しては，韓国との間で政府間交渉を進めつつあり，

中国とも将来的なFTA締結への準備過程に入っているにもかかわらず，2005年2月頃から韓国および中国との間で歴史問題や領土・領海問題による対立が起こり，これが3〜4月に急速に拡大した．その中身は，韓国との間での島根県議会による——県民の漁業権益（竹島〔韓国名の独島〕周辺は日韓共同管理の暫定水域となっている）と絡んだ——「竹島の日」条例提出（2月下旬），同条例可決（3月16日）の問題や教科書検定問題，小泉首相の靖国神社参拝問題，中国との間での，小泉首相の靖国神社参拝問題，教科書問題，尖閣諸島，沖ノ鳥島の領有権問題や排他的経済水域問題（東シナ海ガス田開発・試掘・調査），台湾問題（査証，日米共通戦略に台湾海峡問題を入れる）などである．これらが中韓両国政府および国民を刺激し，4月には中国で日本製品不買運動が起こり，また全土に大規模な反日デモが拡がった．政府レベルでは，国連安全保障理事会の日本の常任理事国入りに対して中韓両国が消極姿勢を取るなど日本と両国との外交関係に大きく影を落とし，肝心の日韓FTA交渉そのものも停頓する事態を招いている（「日経新聞」2005.3〜5）．

　もともと，日本との間のFTA締結には，日韓FTA締結の提案がそうであったように，概ねアジア通貨危機を経た東アジア諸国から提案されたものが少なくない．このためもあって，さしあたり日本の東アジア諸国に対する，第二次世界大戦に至る歴史的負荷の問題は表面化しなかった．従来，日本側から東アジアの包括的な政治・経済秩序に関して何らかの構想ないし政策を提示することは一種の禁忌と見なされていたが，アジア通貨危機を契機に，東アジア諸国側からそうした提案が示されたことは，この禁忌観念をある程度後景に退かせることにもなったからである．このことは，日本の東アジア統合戦略を展開しやすくする要因となったと言える．

　とはいえ，東アジアに対する日本の歴史的負荷の問題はこれによっていささかも解消されたことにはならない．むしろ，通貨危機の直後の以上の状況は，日本がこの問題を東アジア統合に臨んでの前提的解決課題として自ら取り組み，歴史的負荷の問題がことあるごとに外交の武器とされる状況を改めるための好機でもあったはずである．だが日本政府はこの問題に積極的に取り組むことはせず，その意味で日本はここでも歴史的負荷の問題を適切に処理する好機を逸した．それどころか，2005年春に歴史問題や領土問題が拡大した際，日本政府首脳は，いたずらに近隣諸国を刺激し逆なでする言動を繰り返した．その結果が，中国や韓国を中心とする政治的な猛反発による両国と日本とのFTA交

渉を含む外交関係の後退であった．このことは，今日の東アジアにおいては，時間との勝負の面のある FTA 締結にとってまことに不都合な事態である．

もちろん，この問題では，中国政府や韓国政府がそれぞれの統治能力の不足ないし統治危機または調整機能の低下をナショナリズムの動員によって補ったという問題はある．それにしても，日本側が日韓両国を含め東アジア諸国に，歴史問題等を外交上の武器とする口実を与えるような状況を精算せず，この問題で溝が埋まらない状態を維持していることに，より大きな問題がある．これが米国との安全保障の枠組みにより担保されている場合，表現はともかく，結局は「米国偏重，アジア軽視」の姿勢が根本的には改められていないことを意味することになり，アジアを固めるべき時にいわば大局を見誤るもの，との批判は免れないであろう．

政府の FTA 戦略は，国内レベルの問題をも孕んでいる．ここでは 1 点のみを指摘しておきたい．すなわち，経産省等は，FTA・EPA の推進根拠として，国内構造改革への刺激等のほか，いわゆる静態効果や動態効果による利点を一般的に挙げるか，または，例えば『通商白書 2003』が，日アセアン FTA が成立した場合の日本経済に与える影響について，「約 1.1 兆円から約 2 兆円の GDP の増加が見込まれ」，また「仮に 1.1 兆円から 2 兆円の GDP 増加が国内で起きた場合には，約 15 万人から 26 万人の雇用機会創出に相当する効果が発生する」との経済分析モデル（GTAP モデル）の試算を引いているように（経産省 2003），その効果を数値を挙げて強調する場合が多い．だが，FTA 等を軸とした東アジアビジネス圏の創設に伴う負担や費用とその分担については，ほとんど具体的に触れていない．これは，EU の東方拡大や深化により発生する負担や費用やその各国間分担の問題が，EU やその加盟国や加盟候補国において徹底的に論じられ，統合の政治的同意に関しても注意深い検討がなされてきたこと（例えば第 11 章を参照）と比べて際だった対照をなす．日本においては，FTA 戦略が国民になお浸透しているとは言いがたく——外務省「経済外交（WTO・FTA）に関する意識調査」（平成 15 年 2 月）によれば，FTA に関心があると答えるものはわずか 2 割に過ぎない——，したがってその利害得失の議論が十分になされておらず，そのことが政策当局において負担や費用の問題の検討を後景に退かせる根拠ともなっているように思われる．しかし，この問題をおろそかにしたままで戦略を実施すれば，政策実施過程で政策の正当性に関する思わざる障害が生じる可能性がある．

(2) 国内の経済構造改革

　他方，FTA・EPA 戦略に対応する国内の経済構造改革のための政策はいかなるものか．

　経済産業省は，「国の内外の情勢を一体的に捉え」，「国内の経済構造改革の推進と，新たな国際経済秩序の形成への積極的貢献とを有機的に連携」させた「内外一体の経済政策」を提示している．また経済財政諮問会議は，「経済財政運営と構造改革に関する基本方針 2004」の重点施策である新産業創造戦略の構成要素として，経済連携の推進と対日直接投資の促進を挙げ，そこで「WTO 新ラウンド交渉を推進しつつ，経済連携を推進する．アジア各国等との経済連携交渉について，アジアの先進国にふさわしいリーダーシップを発揮しつつ，政府全体として緊密な連携・調整のもとに国内構造改革と一体的に加速・強化する」として，これをより具体的に述べている（諮問会議 2005.6.4）．内閣府の『経済財政白書』（平成 16 年度）も，経済連携を国内構造改革と一体的に推進することの必要性を強調している（内閣府 2004）．この場合，内外双方の関係としては，後者，特に FTA 戦略の推進が，国内経済構造改革を促し，国際競争力の向上へ寄与する点が重視されている（経産省 2002b）．

　こうした認識に基づく国内の経済構造改革の内容については，今日，「内外一体の経済政策」の立案に関する司令塔の役割を担う政府の経済財政諮問会議の，毎年そのつど閣議決定されている「基本方針」を検討するのが適当であろう．同諮問会議は，多様な国内の経済構造改革の戦略を立案してきているが，本稿の主題に直接関わる構造改革の要は，「基本方針 2002」，「基本方針 2003」において提示された「経済活性化・競争力戦略」ないし「経済活性化戦略」，およびその発展形態としての，「基本方針 2004」「新産業創造戦略」（2004 年）および「新産業創造戦略 2005」（平成 17 年 6 月 8 日）ないし「基本方針 2005」に盛られた，「新産業創造戦略」であると言ってよい．

　このうちまず経済活性化・競争力戦略ないし経済活性化戦略については，経産省の産業競争力戦略会議の検討を経て，2002 年 5 月の諮問会議で平沼議員がこれを「経済活性化に向けての 6 つの国家戦略」として提言した．その戦略項目は，①我が国の高付加価値拠点化，②産業の再編を促し競争力企業を伸ばしていくこと，③サービス産業，新規産業創出を促進して，経済と雇用機会の拡大を図ること，④内外の企業や人材を我が国に引きつけること，⑤アジアの成長

を我が国の経済成長の原動力とすること，⑥新市場，新産業を創出して，自立的に需要が拡大する経済構造を作ること，であった（諮問会議 2002.5.13，経産省 2002.5.10）．

この提言は，基本方針 2002 において「経済活性化戦略～6 つの戦略と 30 のアクションプログラム」として具体化された．「6 つの戦略」は，①人間力戦略（大学の国際競争力アップ，IT 国民皆教育など），②技術力戦略（生命科学等への資源の集中，知的財産の保護や活用など），③経営力戦略（創業支援制度の整備，倒産法制の見直しなど），④産業発見戦略（環境，バイオ，ナノ等の新技術開発や市場化の推進など），⑤地域力戦略（〔経済・教育・農業・社会福祉などの分野で地方自治体や民間事業者等の自発的立案によって，地域を限定して地域の特性に応じて規制を撤廃・緩和し，特色のあるまちづくりや民間事業者のビジネスチャンス拡大を進める制度としての〕構造改革特区の導入，都市再生特別地区の積極活用など），⑥グローバル戦略（FTA の推進，対内直接投資等による競争力強化など），から成る（諮問会議 2002.6.25）．

基本方針 2003 は，「経済活性化」「国民の『安心』の確保」「将来世代に責任が持てる財政の確立」のための構造改革の基本方針として「3 つの宣言」と「7 つの改革」を挙げ，このうち「経済活性化」の宣言として，民間活力を阻む規制・制度や政府の関与を除去し民需を創造するとし，改革として，①規制改革・構造改革特区，②資金の流れと金融・産業再生，③税制改革，④雇用・人間力の強化，を挙げている（諮問会議 2003.6.27）．

2004 年に，以上の戦略をより系統立てて策定された新産業創造戦略の骨格は次の通りである．

(1) 三つの視点（世界との競争をどう勝ち抜くか，社会の要請にどう応えるか，地域の低迷をどうするか）により，四つの条件，すなわち，①日本経済の将来の発展を支える戦略分野，②国民ニーズが強く内需主導の成長に貢献する分野，③最終財から素材まで，大企業から中堅・中小まで，大都市から地方までの拡がりがあり，日本の産業集積の強みが活かせる分野，④市場機構だけでは発展しにくい障壁や制約があり，官民一体の総合的政策展開が必要な分野，を設定し，次の戦略 7 分野を抽出する．「燃料電池」「情報家電」「ロボット」「コンテンツ」「健康・福祉・機器サービス」「環境・エネルギー・機器・サービス」「ビジネス支援」．また，これらの分野を，a 強い競争力を活かし世界で勝ち抜く先端的新産業群（7 分野のうち前の 4 分野），

b 健康福祉や環境など社会の変化に対応した市場ニーズに応える新産業群（同じく後の3分野），という，3本柱のうち2本柱の産業戦略に区分し，これらの定性的方向を示すとともに，2010年頃の具体的市場規模の展望を明らかにし，その実現のために必要な方策（「アクションプログラム」）を示した．さらに，産業戦略の第3の柱，つまりc地域再生を担う産業群として，先端産業（産官学ネットワーク強化），ものづくり産業（高度部材集積の活用），地域サービス産業（地域の魅力の再認識と発信），食品産業（地域ブランドの発信）をも加えた．

(2) また，分野横断的な重点政策課題として，①産業人材の強化（産学連携による人材育成プログラムの開発やベテラン人材の活用等の促進，企業内人材投資の促進，優秀な人材を育てるための顕彰制度の充実，ものづくり教育の充実），②知的財産の保護強化（営業秘密を含む知的財産の保護の強化，技術流出防止の徹底）――「知的財産推進計画2004」に基づく知的財産戦略と関わらしめる――，③研究開発の重点化（研究開発の戦略分野への重点化）――「科学技術基本計画」による「科学技術創造立国」実現政策と連携させる――，④規制改革・公正取引ルールの強化，⑤中小企業の革新と再生，を挙げ，これらを支える技術として，革新技術（ナノテク，バイオ，IT，環境）と伝統技術（からくり，技法等）を挙げている（ITについては，「e-Japan重点計画2004」や「ユビキタスネットワーク」環境整備のための「u-Japan構想」との連携を想定）．

(3) その上で，こうした政策努力を行い新産業の創造を実現することを前提とした，次のような産業構造の中長期展望を示す．すなわち，戦略7分野は広範な裾野産業への波及効果を持ち，これらの相乗効果により日本産業の成長，高付加価値化をもたらし，また年7％弱のペースで急激に成長して日本経済を牽引していく見込みである．また，年齢構造と消費構造の変化により今後伸びる産業と伸び悩む産業が生じ，さらにEPAの締結により物品，人，サービス，資本の域内移動がより自由になることで，関税引き下げによる市場価格の変化や各産業の競争力に応じた生産量の変化等を通じて産業構造の高度化等の効果が期待される．この要素を加味し，2025年まで実質15％以上の経済成長を達成するマクロ経済運営を前提とすれば，産業構造は次のように変化する見通しである．①製造業は，先端産業の成長により引き続き日本経済を支えていく．グローバル競争のなかで勝

ち抜く製造業を一定規模に保持することができる．②サービス業，特に対事業所サービス，対個人サービス，医療・保健・社会保障・介護は，大きく成長し，雇用創造の場を提供する．③エネルギー多消費型の産業（鉄鋼，化学製品，窯業・土石製品，パルプ・紙・木製品）の合計の成長率は，全産業平均よりも低水準に留まり，環境・エネルギー制約への対応を組み込んだ環境調和型の産業構造の姿となる（諮問会議 2004.5.19，同 2004.6.4）．

2005 年に策定された「新産業創造戦略 2005」は，前年に策定された「新産業創造戦略」の具体化を図るべく政策面を進化させたものであり，燃料電池，ロボット等重点 7 分野の実現に向けた施策のさらなる具体化に加え，以下の 3 点の施策を重点的に実施するとしている．①高度部材・基盤産業（サポーティングインダストリー）への施策の重点化，②人材，技術等の蓄積・進化，③知的資産重視の「経営」の促進．このうち例えば②において，ものづくり分野・戦略分野における専門職大学院の設置や海外からの高度人材流入等の施策を盛り込んでいる点等に，政策面の発展の一端が窺い知られる（諮問会議 2005.6）．

さて，以上について検討すれば，第一に，経済活性化・競争力戦略の到達点ともいえる新産業創造戦略は，「N レポート」と別称されているように，1985 年の米国「大統領産業競争力諮問委員会報告書」（ヤングリポート）を意識しつつ，今日の日本における産業の競争力強化を図ったものである（諮問会議 2004.5.19）．だが，ヤングリポートが，一国の国民の実質所得の維持・拡大と，国際市場での競争に打ち勝てる財・サービスの生産との両立を謳い，また注目すべきことに，1990 年の通産省『2000 年の産業構造』も，同リポートと似て，「我が国経済の発展と国民生活との間」の「大きな不均衡」への認識に基づき「国民生活の豊かさ増進を目指す産業政策」を「分野別にみた産業政策の重点」の筆頭に置きつつ，経済発展と国民生活の豊かさの増進との両立を図ることを目指したのに対して[26]，新産業創造戦略は，経済活性化・競争力戦略とともに，産業の競争力強化を多様なかたちで提示するが，国民の実質所得の維持・拡大——ヤングリポートにいう「生活水準での競争力」——への指摘はほとんど見られない．確かに，基本方針 2003 は「経済活性化」と「国民の『安心』の確保」を挙げ，新産業創造戦略も「世界との競争にどう勝ち抜くか」と「社会の要請にどう応えるか」の視点を並記してはいるが，後者を具体化する条件が「国民ニーズが強く内需主導の成長に貢献する分野」とされているように，国民生活の豊かさ自体よりむしろ市場ニーズ喚起の視点が前面に現れている．その意味

で，経済活性化・競争力戦略や新産業創造戦略は，ヤングリポートや『2000年の産業構造』から後退していると言わざるをえず，いわば政策立案者の余裕のなさがここに露呈している．

　第二に，経済活性化・競争力戦略や新産業創造戦略の相当部分は，90年代前半に通産省が提示した『21世紀の産業構造』や『21世紀型経済システム』の現状認識や対策などの内容と重なっており，その限りで後者の焼き直しの面がある．後者は，日本がキャッチアップの時代を終え，「フロントランナー」の一員になったこと，アジアの工業化水準の向上等ダイナミックな国際的競争の時代に入り，地域経済統合の動きが進展しているとの認識に基づき，創造性・独自性のある新規分野の創造，比較優位分野への特化と比較劣位分野の海外移転・輸入，規制緩和・制度改革，需給一体，内外一致，アジアを含む国際分業構造の精緻化，制度の国際的調和化などの新たな産業構造・経済システムへの変革を強調し，知的財産制度の検討なども提示していたからである．もちろん，当時は国際的にはWTO体制下の多角的ルールが重視され，また対日直接投資についてはほとんど触れられてない等の点で，今日の諸戦略と段階差が認められはする．だが，今日の諸戦略が提示する国内産業構造改革自体の内容が，90年代前半のそれと大きく重なっていることは否定できない．留意すべきは，90年代前半の改革にもかかわらず，90年代後半から2000年代にかけて，東アジア経済の興隆等による，日本経済における産業空洞化・競争力問題が一層拡大してきた事実である．このことは，90年代前半の政策が，国外からの試練への対応策として限界を露呈したことを示す．ここからすれば，これらと相当部分重なっている経済活性化・競争力戦略や新産業創造戦略は，厳しさを一層増している国外，特に東アジアからの挑戦への対応策としてどこまで有効かについて，疑問なしとしない．したがってまた，これらの戦略が，日本経済の「フロントランナー」としての基盤の再構築と東アジアにおけるその主導的位置の確立に繋がるかどうかも不確かであると言うほかはない．

　第三に，基本方針2003が「経済活性化」のための宣言として，「民間の活力を阻む規制・制度や政府の関与を取り除き，民間需要を創造する」と述べ，新産業創造戦略が規制改革・公正取引ルールの強化を謳う一方，後者が，「市場メカニズムだけでは発展しにくい障壁や制約があり，官民一体の総合的政策展開が必要な分野」を戦略7分野抽出の条件として掲げていることとの間には，整合性の問題がある．この問題は，諮問会議においても意見として提示された．2004

年4月26日の同会議における牛尾議員の次のような発言はその一例である．「中川議員が提出された新産業創造戦略については，〔牛尾議員は…引用者〕民間の努力を重視しており骨太のなかで位置づけられるべきもの．経済活性化に向けた重点施策のなかの地方再生や新産業創造戦略の策定の実施のところで，どこにアクセントを置くかということはよく議論させていただきたい．重点的に前へ走らせるというのが経済活性化の基本だから，プライオリティをつけたい．また，民の改革の推進に関し，よく頑張っている民とそうでない民がある．（中略）民の改革でも，非常にかすんでいる民というものをどう活性化させるかということが大切．この新産業創造戦略の裏にはそのようなものが全部ある（中略）．これだけ国際化しているのに，全然国際的な荒波を受けようとしない業界を政府が助け過ぎることはよくないと思う．現に波に晒されているところは，九勝一敗ぐらいで前へ進んでいるのに，もっぱら防波堤に隠れるということをしているところもある」（諮問会議 2004.4.26）．

　この発言の冒頭部分はまさに上で指摘した整合性の問題に関わる．新産業創造戦略は，この意味において国の関与のあり方に関して今後も「民」の視点からの点検にさらされ，したがって原案通りには実行されない可能性がある．この問題がどういうかたちで落ち着くかを見極めるには，今後の政策論議の推移を追跡する必要があろう．

　第四の問題はこれと密接に関わる．すなわち，基本方針が挙げる国内経済の諸改革策では，多様な産業の高度化を進める際に，業種の成長力により政策措置の力点に格差を設けている．すなわち，成長力があり経済全体を担うと見なされた業種への政策支援と，成長力に限界があるとされた業種の早期退出策との双方が打ち出されている．問題は，その際にこれら双方の産業が，「よく頑張っている民とそうでない民」として，それぞれに固有な産業特性を十分に踏まえたとは言いがたく，またそれに基づく経済合理的な根拠づけがなされているようには見えない，単一の恣意的な基準で区分される可能性があることである．諸産業が自助努力で「よく頑張る」ことの重要性はいささかも否定するものではない．しかし，他方において，仮にこうした単一基準が採られれば，「重点的に前へ走らせる」産業への支援が過大に実施され，「防波堤に隠れ」ているとされる産業への支援は「助け過ぎ」とされてこの支援を削減することとされ，例えば懸命な自助努力も虚しく後退を余儀なくされつつある産業であって，適切な支援さえ行われるかまたは維持されれば中長期には「費用逓減」型産業と

して発展する可能性を持つ産業への目配りは不十分にしかなされないことになり，一種の不合理性が生じる．またそのために無視しえぬ社会的摩擦が生じる可能性もある．しかし，先に指摘した牛尾議員はこうした単一基準の主張を繰り返している．それどころか，同議員の属する業界を含むと観られる「よく頑張っている民」への支援要請には遠慮がなく，むしろこの点での国の政策介入の不徹底を衝いてさえしており，「民活論」の立場の恣意性を示してはばかるところがない．同議員は，2001年11月26日の会議で次のように述べているのである．「日本の工業製品の輸出がGDPに占める比率は15年前に比べて大幅に低下してきている．ただ，円高により輸入額が抑えられ，貿易収支が均衡しているだけ．円安になれば輸入品は高くなる一方，輸出力を回復するだけのポテンシャルはない．日本の国際競争力の回復というのは非常に深刻な問題．経産省が産業政策に遠慮しているのではないか．すべての国はそれなりに産業政策をやっている．半導体を例にすれば，米国も韓国もやっている．行政指導という意味ではなく，デザインを描いて刺激を与えることはすべき．次に，産学共同，海外進出など，やはり政府がバックアップする必要がある」（諮問会議2001.11.26）．

諸産業の特性を踏まえつつ，産業退出に伴う摩擦を可能な限り少なくしつつ産業構造の高度化を進めることで，日本経済全体の円滑で均衡の取れた改革を実現するのが政策当局の責務であるとすれば，以上の発言から窺われるものは，特殊利害をあからさまに一般利害とする発想である．こうした発想そのものにつき，それによる改革が経済的不合理性や社会的摩擦を生じる可能性があることを含めて，その問題性を指摘せざるをえない[27]．

(3) 農産物市場開放・農業改革の問題

農産物市場開放・農業構造改革の問題は，上記の構造改革上の問題が格別に重要な意味を持つ問題領域であり，しかも，日本の東アジア地域統合の成否を決めるきわめて重要な要因の一つであるとともに，内外とも利害対立が激しい問題でもある．

まず，WTO新ラウンドの農業交渉は，諸外国との多様な利害対立を伴って推移してきた．すなわち，2000年3月に農業交渉が開始され，2001年11月ドーハ閣僚会議で新ラウンドが立ち上げられた．その後，米国，EU，日本のモダリ

ティ（農業交渉における市場アクセス，国内支持，輸出競争の3分野のそれぞれについて各国共通に適用される取り決め）案の提示を受けて，2003年2月に農業交渉議長よりモダリティ案が提示され，2003年8月には米国・EUが交渉を進めるべく，農産物の関税率に上限値を導入し，自由化の困難な品目については低関税での最低輸入量の拡大を要求する内容を盛り込んだ，交渉枠組みに関する共同文書を提示した．だが，2003年9月のカンクン閣僚会議ではこれを受けたデルベス議長案が，先進国と，欧州の輸出補助金全廃や米国の国内助成金削減など先進国の農業保護の撤廃・引き下げ（国内支持の問題）を主張する途上国との対立——日本は，輸出補助金撤廃と貿易を歪める国内補助金の大幅削減を主張する立場であった——を解消しえず，合意に至らなかった．だが，2004年1～5月には，輸出競争について，EUと米国が輸出補助金の削減に柔軟姿勢を示し，途上国側もこれを評価した結果，7月に成立した「枠組み合意」にはこれが盛り込まれた．

一方，市場アクセス改善の柱である関税削減方式では，米・EUは①ウルグアイ・ラウンド方式（関税の全品目平均引き下げ率と品目ごとの最低引き下げ率を設定し，品目ごとの柔軟性を有する方式），②スイス方式（数式により関税を一律に引き下げる方式），③無税の3分類を併用するブレンド方式を主張する一方，日本など食糧輸入国（G10）は非貿易的関心事項・農業の多面的機能などに配慮した柔軟性を確保する立場からこれに反対し，2004年7月の枠組み合意では，関税の高さに応じて品目を区分し異なる削減幅を適用する「階層方式」が採択された．またこの合意では，引き下げ方式から除外される適当な数のセンシティブ品目についても，低関税枠の拡大により市場アクセスの実質的改善を達成するとした．G10諸国が反対する上限関税の導入については，結論は先送りされた．その後，2005年12月に予定された香港での閣僚会議を前に，途上国，先進国が相互に働きかけを行っている状況である．

とはいえ，2005年7月末に貿易自由化第1次案をまとめるとのWTOの目標は，農業分野の関税引き下げに関する各国間の利害調整が実現しなかったために断念を余儀なくされるなどの状況にあり，モダリティ合意や譲許表交渉を経て最終合意に至るまでには，なお幾たびもの紆余曲折が予想される[28]．

以上の動きにおける農水省の立場は，これまでは，概ね1999年7月の食料・農業・農村基本法とこれを受けた2000年3月の食料・農業・農村基本計画に基づいていた．基本計画は，食料自給率目標を掲げた上で，食料の安定供給確保，

農業の多面的機能の発揮の確保,農業の持続的発展,農村の振興に関する施策を柱とする一方,国内産農産物が選択されるための品目ごとの生産性や品質の向上,家族経営の活性化や株式会社形態導入を含む農業経営の法人化の推進,消費者の視点の重視,食品産業の健全な発展等のための施策も打ち出していた(農水省 2000.3).農水省はこの基本計画に基づき,とりわけ次の点を強調してきた.

①世界一の農林水産物純輸入国である日本の市場はきわめて開放的であり――農産物平均関税率は 12％であり,20％の EU などより低い水準にある――,現在抜本的な農業改革を断行中である.ただ日本の地理的条件,人口密度,農業構造,農地価格,流通構造では費用削減に限界があり,第一次産業の努力だけではどんな農産物も競争に耐えられない.

②日本の食料自給率は 2000 年度で 40％(カロリーベース)に低下しており,これは主要先進国中最低である――1970 年に日本 60％,米国 112％,仏 104％,英 46％,スイス 47％,2000 年に日本 40％,米国 127％,仏 132％,英 74％,ドイツ 96％,スイス 58％(1999 年),豪州 280％――.日本の穀物自給率も 28％にまで低下しており,世界 175 の国・地域の穀物自給率(2000 年)を試算すると日本は第 128 位であり,OECD 加盟の先進国のなかでは,30 カ国中 29 位でアイスランドに次ぐ低さとなっている.しかも人口 1 億人を抱える国のなかでは最下位である.国民の多くはこの状況を懸念している.日本が徹底した市場開放を行えば食料自給率は一挙に 17％まで落ち込む見込みである.また,消費構造の変化や世界人口,耕作面積の長期見通しから――世界の人口は 2050 年には現在の約 1.5 倍になると見込まれるが,世界の耕地面積が今後大幅に増加する可能性は低く,砂漠化によりむしろ減少が懸念される――,世界の食糧需給は中長期的に逼迫する恐れがある.

③そこで,今後とも,長期的な食料自給率の目標 5 割を設定して国内の農業生産の増大を図るとともに,輸入,備蓄との適切な組合せにより,安定した食料供給の確保に努め,また農業生産の活性化等を図るため農産物の輸出を促進する[29].

農水省は,FTA・EPA の農水産品自由化の問題に関しても主務官庁としてこの立場からの政策を維持してきた.すなわち,日本との FTA・EPA の対象である東アジア諸国やメキシコは,日本に農産物の関税撤廃等の市場開放を要求し

てきたが，農水省は，農林水産物関税はWTO農業交渉において検討し，FTA交渉ではさらなる削減・撤廃を行わない方針であると主張していた（農水省2002.7a）．この場合，ASEAN等が日本の農産物自由化をFTA・EPA交渉の不可欠の要件とする限り，WTO交渉期限まで日本のASEANとのFTA統合の実現は困難となり，ASEANに対して農産物の市場開放をいち早く受け入れた中国がFTA締結でも先行する可能性が高くなることが見込まれた．

だが農水省のこのような立場は，国内においても，経済財政諮問会議，総合規制改革会議等の政府機関や経団連等の財界および学界等により，ことにFTA締結の進展を重視する見地から厳しく批判されてきた．この批判と対案の要点はおよそ次の通りである．

①農業への保護が構造調整を遅らせたのであり，輸入による競争や効率化への圧力でこそ構造調整が進む．

②農水産物関税交渉を除く経済連携強化では相手側の同意を得られない．また農業保護が障害となってFTAを結べなければ日本経済の再生に多大な影響を及ぼす．しかも，FTA・EPA交渉を進める上で農業分野の取扱いは重要な焦点であり，農業分野全体をFTA・EPA交渉から除外することはありえない．

③FTA・EPAの締結が農業構造改革への取組み努力を無にし，わが国農業の荒廃を招かぬよう，農業の構造改革を早急に進め，国内産地の国際競争力を強化する必要がある．すなわち，(a) 農地法の見直し等により，規模拡大に取り組む意欲あるプロ農業経営への支援の集中化・重点化とともに，信用力や販売力，雇用力をもった株式会社・農業生産法人等による企業的経営の推進，農協改革等を進める．(b) 高コスト構造の是正を図るため，大幅な規制改革を推進して，生産資材価格を合理化し，物流拠点や配送ルート，配送効率等の輸配送の見直し等により流通コストの削減を図る．その際，農産物流通において重要な役割を担う農協の努力に期待するとともに，流通業界の協力も必要である．(c) 個別農家や農協，流通関連事業者の努力だけでは達成しえない環境整備等については，国および地方自治体が主体的に取り組む必要がある．

④構造改革への取り組みが成果を上げるには一定の期間を要する．そこで，関税等の国境措置が縮小・廃止された場合に影響を受ける一定の農業経営に対し，国内措置として，従来の品目別価格支持・経営安定政策を転換し

て，一定規模以上の担い手に支援を集中し重点化する方針での，所得減を補償する品目横断的な直接支払い等の新たな支援策の導入が必要である．ただし，新たな支援策は，国および地方自治体の既存の農業予算の組換えにより行うのが基本である．

⑤労働力や土地の効率利用により生産性の向上と高付加価値化を図ることで，消費者の嗜好の多様化に応え，かつ積極的な攻めの視点で国際競争力を強化し，国産品の世界への輸出を促進することが期待される．

⑥食料安全保障や地域経済への影響等から，真に守るべき品目については，GATT・WTO ルールとの整合性をとりながら，10 年超，一部除外，再協議等という例外措置を組み合わせることで，現実を踏まえた柔軟な対応を行うことも選択肢として許容される．なお，食料安全保障としては，国内農業保護によるのではなく，構造改革と合わせて海外からの輸入先の分散，備蓄が重要であり，その際，特にアジア諸国との連携のとれた農業政策を立案することが肝要である．またカロリーベースの食料自給率は，食べる側と作る側のギャップの問題に対応しえないので，見直しが必要である．さらに，特に，輸出国側の，輸出税や数量制限等による他国への食料供給制限措置を禁止すべきである[30]．

以上は，基本的には市場での競争原理を基本とした批判と対案であると言ってよい．この点で最も厳しい批判は，総合規制改革会議のそれであろう．同会議は，農業協同組合を独禁法の適用対象外とする優遇措置の廃止を盛り込み，農業利害の内部切り崩しを図っている．農協の強い影響力が市場原理を歪め，農業の競争力低下に繋がっているので，民間企業等の新規参入を促して農業の活力を高めようというのである（総合規制改革会議 2002.10）．以上の批判は，経団連の場合のように，対案として直接支払い所得保障方式などの経過措置・例外措置を認めはするが，直接所得保障方式についても競争原理と厳格な予算制約を課しており，他方，農業の多面的機能については後景に退けている（経団連 2004.3.16a）．あるいは，内閣府の『経済財政白書』が「農業が食料安全保障をはじめ，国土・環境の保全等多面的な機能を有していることに留意しつつ，こうした構造改革とグローバル化とを調和させることで，農業の国際競争力が向上し，消費者にも大きな便益が発生することが望まれる」としているのも，食料安保や農業の多面的機能を積極的に推進するというよりはむしろ，比較優位に応じた競争原理による国内農業の構造改革と競争力向上とに力点を置いたも

のと観られる（内閣府 2004）．

　以上を受けて，すでに 2000 年 3 月に食料・農業・農村基本計画の着実な推進を図るため内閣に設置されていた「食料・農業・農村政策推進本部」（本部長，小泉首相）は，2004 年 5 月に農政改革の推進について検討し，次のような改革の柱を提示した．①補助金を選別し，経営規模や生産性など経営的に優れた農業者に重点配分する，②農地法の規制緩和を行い，構造改革特区のみに限定されない，株式会社等の農業参入を容易にする，など（「日経新聞」2004.5.25）．翌 2005 年 3 月 22 日に同本部が決定した「21 世紀新農政の推進について〜攻めの農政への転換〜」は，以上の改革内容を定式化するとともに，「内閣に設置された各種本部と連携を図り，関係府省庁が一体となって，下記事項を内容とする 21 世紀新農政を推進すること」とし，しかも「この推進状況については，食料自給率の状況も含め，毎年度，当本部において推進状況と成果を検証し，情勢の変化に応じ，施策の適切な見直しを行っていくものと」した．要するに農政を農水省の所管から政府全体の統一施策として推進する体制を打ち出しているのである．

　こうした全体的な政策動向のもとで，農水省自体も政府の統一方針に従い，それまでの政策を変更することとなった．農水省は 2003 年から食料・農業・農村基本計画の「抜本的改革」のための検討を進め，2005 年 3 月に新たな基本計画を策定した．この新たな基本計画は，「経済社会のグローバル化が進展しているなかで，WTO の農業交渉やアジア諸国等との EPA 交渉に積極的に取り組むとともに，国際的な農業政策の動向を視野に入れ，国内農業の持続的な発展や多面的機能の発揮を図っていく必要がある」として，従来と異なり，WTO 農業交渉ならびに EPA 交渉に積極的に取り組む姿勢を明示している．

　また，この間に進められた農水省の施策の「抜本的改革」は次の柱からなり，これにより国境措置に過度に依存しない体制を作ろうとするものであった．

(a) 食の安全・安心と安定供給の確保．食の安定供給の確保は，農産物の安定的な輸入の確保，不測時における食料安全保障，国際協力の推進，等から成る．

(b) 食料産業の持続的な発展（品目横断的な政策への転換，担い手・農地制度の改革，農業環境・資源の保全対策の確立）．具体的には，農地法を改正し株式会社形態を導入，農業の構造改革を加速化（米政策の抜本的改革，構造改革特区におけるリース方式での株式会社の農業導入，農業経営の法人化の推進），

個別品目別政策による支援（国境措置による保護への依存，個別品目の生産量を確保する戦略，全生産者を対象とした支援）を見直し，プロ農業経営に着目（食料安保などの多面的役割を維持するために必要な国境措置を確保，競争力のあるプロ農業経営を増やす戦略．プロ農業経営者への支援の集中・重点化，多様な担い手の参入促進，優良農地の確保，生産・流通コストの削減）．

(c) 農村の振興（農水省 2004.1.30a, 同 2004.1.30b）．

農水省は，これらに基づいて，2004年5月の「食料・農業・農村政策審議会」（農相の諮問機関）の企画部会において，農業参入の一層の規制緩和を行うための農地法の改正の方針を打ち出した．農地法は，それまで農業参入について，農業生産法人や構造改革特区で認められた株式会社や非営利組織（NPO）に限っており，また農地を信託できるのは農協などに限っていた．だが，農家の後継者不足等により耕作放棄等による農地面積が大幅減少し，「耕作放棄地」は2000年調査で全農地の6％に達している状況であるため，新規参入を増やして農業経営の効率化を進め，後継者不足で増える耕作放棄地を減らすことで農業の衰退に歯止めをかけることが要請されているという．そこで，農地法を改正して，農地を借りまたは保有して利用できる会社組織を広げ，少ない資金でも設立が容易な有限責任の合同会社 LLC（平成17年6月の商法改正で設立可能となった）を加えるとともに，農協以外の金融機関等の他業種にも農地の信託を認め，農地の転用を後押しする方向での検討を行うこととした．同省は，2005年8月に，構造改革特区に限って認めている株式会社による農業経営を全国的に解禁するとの方針を固め，同年9月にそのための農地法の改正を行った（農水省 2004.5.18,「日経新聞」2004.5.19, 同 7.16, 同 2005.7.25, 同 10.31）．

以上の改革は，FTAに対応した構造改革と食料安全保障の維持との妥協を図ったものであるかに見えるが，実情は上述の(b)に力点が置かれているといえよう．かつて単一目標であった食料自給率の目標が，食の安全，安心，安定供給という新たな指針を設定せざるをえなくなったことにより相対化されたこと，食料自給率に従来のカロリーベースに加え，野菜や果物の生産量が反映されやすい国内農家の生産額ベースでの指標をも加えたこと——これによれば，2003年度の自給率は70％であり，基本計画では2015年にこれを76％に引き上げるという．なおカロリーベースでは2003年度に40％であった自給率を2015年度には45％に引き上げると述べている——も，同じ意味を持つと言える．

FTA戦略の推進においても，農水省の積極姿勢への変化が明確に現れてい

る．

　既述のように，農水省は，農林水産物関税は WTO 農業交渉において検討し，FTA 交渉ではさらなる削減・撤廃を行わない方針を取っていた．しかし，2004年 3 月に FTA 交渉の基本枠組みで大筋合意したメキシコとの間では，農水省は，従来方針を変更して交渉過程でいわば「WTO プラス」の譲歩を行った．

　ASEAN や東アジアの FTA 交渉相手国が，農水省のこの方針変更を根拠に，日本に同様の譲歩を期待したことは容易に推測されうる．ただ，農水省は 2004年前半の時点では，FTA 交渉を進める際，「農林水産分野については，我が国の食料安全保障に十分配慮するとともに，我が国農林水産業において進めている構造改革の進展具合を念頭に置きながら推進することが必要」，と強調する一方（農水省 2004.1.30c），「各国それぞれ，我が国農林水産業との関連度合いや貿易事情などが異なっているため，各国の抱える諸事情等を踏まえた戦略的な対応を実施することが重要」であるとして，従来の方針を一部維持する姿勢を見せていた（農水省 2004.4a，同 2004.6a）．

　とはいえ，従来方針維持の姿勢は，2004 年度後半以降，より一層後退することとなった．すなわち，農水省は 2004 年 6 月に「経済連携（EPA）・自由貿易協定（FTA）交渉における農林水産物の取扱いについての基本的方針」を定め，2004 年 11 月には，この基本的方針に基づく「農林水産分野におけるアジア諸国との EPA 推進について～みどりのアジア EPA 推進戦略～」を策定した．後者は，コメなど一部を除く農産物の関税を幅広く撤廃・削減する方針を固め，かつ，EPA 推進に当たっての六つのポイント──①我が国食料輸入の安定化・多元化，②安全・安心な食料の輸入の確保，③ニッポン・ブランドの農林水産物・食品の輸出促進，④我が国食品産業のビジネス環境の整備，⑤アジアの農山漁村地域の貧困等の解消，⑥地球環境の保全，資源の持続可能な利用，をアジア規模で実現する方針を打ち出している．すなわち，それは，アジアにおける食料安全保障，食の安全・安心の確保，農林漁業・食品産業の共存・共栄，農山漁村の発展を前面に押し出している．

　この方針の提示は，直接にはフィリピンをはじめ ASEAN 諸国との FTA 交渉合意に弾みをつけるためであったと観られる．事実，フィリピンとの FTA 交渉合意においてはその効果があったと言ってよい（農水省 2004.11，「日経新聞」2004.11.14）．またこの戦略に基づくその後の農水省の FTA 交渉の際の柔軟姿勢により，マレーシア，タイとの FTA 交渉においても，農業分野はいち早く決着

をみている.さらに農水省は,韓国,ASEAN 全体,インドネシア,チリ,インド,スイスとの交渉にあたっても,この方針で臨む姿勢であることを明らかにしている(平成 17 年第 8 回諮問会議における島村臨時議員発言,農水省 2005.4.19).

以上のような農政の展開について検討しよう.

まず第一に,FTA・EPA の締結の如何にかかわらず,農家の後継者不足や耕作放棄地問題に対応し,国内農業の競争力を向上させるための構造改革が重要な課題であることは疑いない.また WTO 農業交渉や FTA・EPA 交渉の推進のためにこれが急がれることも理解しうる.さらに 2000 年の基本計画が目指し,2005 年の新たな基本計画にも盛られた食料の安定供給の確保のためにも,農業の競争力向上が重要であることは疑いない.そもそも「国内食料自給率の維持・向上」のための優良農地の常時確保についてさえ,市場競争力のある農業の存在は欠かすことができない.

だが食料の安定供給の確保ないし食料安全保障の実現に着目した場合,市場の自由化を媒介させた競争力向上策だけでは,目的の達成は困難であろう.例えば,コメの関税を 300％から 0％にまで引下げた場合のある試算によれば,コメの自給率は 65％にまで低下する.このコメ市場の完全自由化は,食料安保政策における自給率目標化政策だけでなく,食料安保の要である不測時に必要な潜在的生産能力をも妨げる.そもそも,市場機構の作用と結びつけられた農業の競争力向上策と,不測時の食料安全保障という政治経済的な政策目標とは,ぎりぎりのところ両立しがたいように思われる.

他方,第二に,自由化論を待つまでもなく,食料安保のいま一つの柱である「農産物の安定的な輸入確保等の措置」を着実に進め,強化すべきは当然であるが,これは確実性に難がある.すなわちまず,中長期的に世界の穀物需要と穀物供給の不均衡で穀物市場での不安定性,ことに穀物供給逼迫と食糧確保競争が生じうる.その際,多国籍アグリ・ビジネスの問題的行動も顧慮しておく必要がある.次に,輸入確保は根本的に穀物生産・輸出国に依存しており,後者の産地要因のみならず,財源不足による作付け制限や生産・在庫抑制等の食料政策の影響も受けるし,米国の対ソ穀物禁輸の場合のように,政治的に禁輸措置や輸出規制措置が実施される場合もありうる.さらに,WTO の農業協定には穀物輸出国の輸出制限措置への規制や輸出税の規律がなく,輸出国家貿易の不透明な運用は認められている.また輸出農産物確保措置は単なる取り決めに過ぎず輸出国側に輸出義務はない.したがって,この措置は平時はともかく不測

時には頼れず，中長期に安定的な農産物供給を確保しえない（伊藤＋伊藤研究室 2002）．このように，輸入確保面で食料安保を脅かす多様な要因があることからも，政策的な国内食料供給の維持・向上は欠かせない．

　第三に，例えば米国の新農業法による事実上の補助金積増し策は，WTOの立場から見た是非はともかく，国益志向の点でその対外農産物自由化要求と矛盾してはいない．また日本が農産物市場を開放しても，総合規制改革会議や経団連等が暗黙に前提している，競争力ある日本の輸出品が外国市場から見返りに開放される保証はない．国内の自由化論は，極論すればどの国も自由化の原則を守ることを前提としており，利害のねじれへの現実認識に欠ける．また，日本がコメ等の市場開放を行っても効果は双方にとって微々たるものとの試算がある一方，日本は「日米中トライアングル農産物依存構造」に組み込まれることなどによる，重大な安全保障上の「従属変数」になる危険性もある（日本経済研究センター 2002.3）．

　政府機関や経団連等の農政批判はこうした点で説得力に欠け，農水省の新たな基本計画も，この問題を解決しうるとの確証を与えていない．むしろ食料自給率の達成目標は，食の安全，安心，安定供給の確保という目標のなかに相対化された分，その実現がますます難しくなり，少なくとも自給率引き上げへの見通しに不確かさが増大するものと予想される．

　以上のように，食料自給率基準を相対化させた農水省の政策転換とメキシコをはじめとする諸国への農水産品自由化での譲歩は，国内食料自給率の減少に導く可能性があり，その意味では，食料自給率の拡大を盛り込んだ新たな基本計画の当該部分との間で政策的不整合があると考えられる．これに対する農水省の代案は，2004年11月に提示された「アジア食料安保」構想であるように見える．しかし，事実上食料安保を国内の課題から東アジア規模の課題に移し替えようとするこの構想は，東アジア諸国の同意を取り付けて打ち出されたものではなく，農水省が一方的に提示したものに過ぎない．またそれはそもそもアジアに範囲を限定する拘束力もなく，したがってアジア食料安保の保証もないのである．それどころか，特に今や食料輸入国に転じた人口大国中国の影響を被りやすくなるなど，潜在的ないし構造的不安定性を抱え込むことにもなり，その意味で，農水省のアジア食料安保構想は，政策的不整合の解決にならぬばかりか，むしろ戦略的な問題を孕むものと言わざるをえない．

　以上からすれば，農業問題をいわば保護された特殊利害による既得権益への

批判の文脈や,保護から自由へといった単純な文脈で解決するのは難しいと思われる.これへの代案を提示するとすれば,一方での段階的開放などの漸進主義と,他方での地域的協力による解決とを組み合わせることであろう.

このうち前者に関しては,第一に,中国経済が台頭するなかで,ASEANは,農業のみならずむしろ工業力強化のため日本の一層の協力を期待していると考えられる.2002年4月の日タイ首脳会談で,小泉首相が「二国間の経済連携の可能性を具体的に検討したい」としたのに対して,タクシン首相が「問題の少ない分野から着手し,実施して行くべきと考える」旨発言したことは,タイやその他の東アジア諸国の対日農産物市場開放圧力の強さを軽視しえないとはいえ,この文脈からも理解しうるであろう(農水省2002.7b).日本は農業での譲歩をしにくい場合でも,例えばASEANには技術や人材育成等の協力で寄与しうるはずである.

第二に,農産物市場問題への対応が不可避でも,農産物の特定品目をセンシティブ財として例外扱いしたり開放時期を延期する等の措置を講じているNAFTA等の場合のように,農業協力等の代替的譲歩や開放の段階的実施で応じる方策もありうるであろう[31].

これとの関連で,中国の対ASEAN農産品市場の前倒し開放が,日本・ASEAN間の農産品市場開放を要請しているとの見解があるが,前倒し開放の部分は中国・ASEAN双方の輸出合計で10億ドル(0.2%)に過ぎず,貿易全体への影響は大きくない.また開放対象となった農産物の多くは熱帯作物であり,中国農業への影響は小さいとされている.したがって,中国のASEANに対する形式的な農産物市場開放をもって,これと日本の農産物市場開放とを同列に扱い,後者の開放を主張するのは不合理と言うべきであろう.

他方,後者の代案は,1958年のローマ条約でその樹立が規定されたEECの共通農業政策や総合研究開発機構(NIRA)(2001.8)が示した「リージョナル・フード・セキュリティRFS」構想のような方法を想定している.これへの地域的合意の調達は必ずしも容易ではないと予想されるが,東アジア食料安保を確実なものとするには,そうした制度的枠組みの構築が欠かせないように思われる.しかし,少なくとも2004年11月における農水省の「アジア食料安保」構想は,すでに見たように,そうした地域間協力の枠組みと連動させられてはいない.

以上要するに,農業問題がFTAの障害と決めつけるのは短絡かつ誇張であっ

て，農業が経済連携の障害とされる状況は，EPA・FTAの柔軟設計によりある程度まで打開しうると考えられるのであり，またこれを地域的枠組みと組み合わせることで，いわば異次元の地域的解決の途も見えてくるように思われる．

(4) 中国脅威論と対中政策の問題

　急速な経済発展に基づき積極的なFTA戦略を展開しつつある中国にどう対応するかという問題も，東アジアにおける日本のFTA戦略の展開にとってきわめて重要な問題である．FTA戦略に関しては，すでにこの点にある程度触れたので，ここではこの問題を，近年の「中国脅威論」を手掛かりに検討したい．近年の中国脅威論は，多様な論拠を提示しているが，とりわけ次の諸点がしばしば強調されている．

　第一に，中国はその膨大な低賃銀労働力と人民元安，およびハイテク部門の伸びにより，一方では日本や東アジアの経済をその安価な製品輸入を通じて「デフレ・ブラックホール」に巻き込み，他方では，生産拠点および巨大市場としての強力な吸引力により，膨大かつ急激な中国への投資シフトと対中依存を引き起こしている．しかも，この間の中国経済の急成長は，素材・エネルギー需要をも急拡大させ，これによる「中国発インフレ」現象が無視しえなくなっている．これらは，中国を除く東アジア諸国・地域や日本の競争力を——中国を除く東アジアでは中国企業の進出も加わって——急激に失わせつつあり，それぞれに「産業の空洞化」問題を引き起こしつつあると同時に，周辺諸国，ひいては世界の資源・エネルギー安全保障を不安定化させる要因となっている．

　第二に，日本の中国との相互依存の深化に伴い，中国における特許権侵害，突然の政策変更のリスク，通商摩擦等の問題が顕在化している．

　第三に，中国の経済大国としての台頭により米中の緊密度が一段と増している．他方，中国はASEANに各種の有利な条件を提示し，後者とのFTA締結の主導権を握り，東アジア全体の経済連携の主導権をも握る戦略を迅速に展開している．これに対し，日本は東アジア統合の要となるASEANとのFTA統合においてさえ，その出発点で中国に出遅れたばかりでなく，その遅れは今なお続いている．今後，日アセアンのFTA交渉が順調に進まず，中アセアンのFTAに日韓が加わる構図となれば，アジア経済統合に向けた日本のリーダーシップは中国の陰に隠れてしまい，日本は孤立から脱却はしても，すでに希薄化してい

る東アジアにおける存在感を一層希薄化させることになる[32]．

　他方，これに対する反論も多様であるが，上記との関連では次の諸点が注目される．

　第一に，中国の低賃銀，人民元安によるデフレ輸出論や空洞化論は，本来これと関わりのない国内問題を中国に帰せしめるものであり，デフレや空洞化等の原因の大半は国内にある．

　第二に，中国では，WTO加盟による企業間競争の激化により赤字企業が6割増加したとされ，また，中国は銀行の不良債権の大きさ，地域間不均衡などのもろさを持っている．さらに，中国経済は，固定資産投資に占める外資の割合が常に10％を超えていることに示されるように，外資依存度が高い．

　第三に，2001年の東アジア輸出総額に占める中国の比率は11％，輸入総額に占める比率は8.2％でしかない．しかも高い貿易依存度のなかで輸出の半ばは外資系企業によって占められ，配当金等の海外流出も多い．輸出が増えると輸入も増える構造でもあり，ハイテクであるほど輸入コンテンツ比率が高い．こうした中国の生産と貿易の拡大はむしろ東アジア国際分業の懐を深くする．中国の経済規模が大きくなればなるほど東アジア分業体制の強化・拡充に繋がる（渡辺編 2004, 8-9頁）．

　第四に，日本の対中直接投資は2000年度においては日本の対外直接投資の約2％，GDPの0.02％に過ぎず，日本の空洞化を説明しえない．また，対中貿易収支は赤字であるが，対中貿易を媒介する香港・台湾を加えた中華圏全体では，2001年は依然日本は黒字である．さらに2000年頃に中国とASEAN諸国とは100％近い競合率であるが，同年の日中の競合率のレベルは20％程度と低い．また中国の輸出に含まれる輸入コンテンツは日本より遙かに高い等により真の競合度は10％未満と考えられる．日本とASEANあるいは中国の両経済は，少なくとも向こう10年は概ね補完関係が続くであろう．

　第五に，世界銀行によれば，中国のGNPは日本の約4分の1でしかなく，東アジアのGDPに占める日本の比率は約71％，中国は約16％となお格差が大きい．2000年における日・中・ASEAN貿易では，全体でも中間財貿易でも日本のASEANとの相互依存関係の方が中国とASEANのそれより強く，また日アセアンの依存関係は強まっている．さらに同年の日本からのASEANへの直接投資額は依然中国へのそれを上回っている．ODA供与でもASEANは中国を凌駕し最重要地域となっている．日本企業等がASEAN諸国に対して行った膨大な技

術教育の蓄積や，通貨金融危機発生時のいち早い，そして巨額の資金協力の事実もある．

　第六に，中国とASEANないしASEAN諸国とのFTAは，ASEANにおける中国脅威論に対する中国側の緩和策の意味もある．また，ASEAN諸国もFTAを前提とした産業構造の高度化に取り組みつつある．他方，中国のASEAN諸国との貿易は競合関係が強いのみならず，ASEANにとって工業面，技術協力面，投資面での中国との提携の魅力は日本のそれより遙かに弱い．さらに，中アセアンFTAは途上国同士の協定であり，授権条項に基づくものとなるであろうし，そうなれば，関税撤廃を超える協定部分は不完全な内容のものとならざるをえまい．

　第七に，日本はASEANとのFTA締結前倒しの戦略によって，中国の動きへの巻き返しに出たところである．これには前記のような従来からのASEANと日本との，中国より遙かに密接な経済的結びつきやASEAN諸国への援助や協力の実績が有力な基礎になる．また，ASEAN諸国も経済連携の相手方を日本から中国に乗り換えたのではなく，むしろ，日本の戦略は中国の経済的膨張を警戒するASEANの期待にも叶う面がある[33]．

　さて，以上の中国脅威論もその反論も，それ自体としてそれぞれ部分的な説得力を持つように見える．ここでは，主題との関連で若干の指摘のみを行っておく．

　中国経済に関する以上の脅威論と反論は，大部分現状までを念頭に置いたものである．ただ，双方に事実認識の相違があっても，対中政策では双方とも結論が一致する面もある．そもそも，中国経済の国際競争力上昇への対応策として，国内産業保護主義でこと足れり，とするような現実感覚に乏しい脅威論者はほとんどいないであろう．

　とはいえ，中国が今後さらに経済大国化への道を歩み，日本・東アジア諸国が，中国との実態的・制度的な相互依存関係の一層の緊密化のなかで，中国の拡大の影響を，経済的にも政治的・外交的にもますます強く受けてゆくであろうことは，まず間違いあるまい．その場合，中国からの「潜在的な脅威」の可能性を冷静に予測しておく必要があろう（美甘 2004）．中国が，すでにその急速な経済成長に基づき東アジア統合の主導権を握るべくFTA戦略を積極的に進めつつあることは，「潜在的な」脅威がすでに一部顕在化し始めている兆候とも見ることができるゆえに，そうした予測はなおさら欠かせないであろう．

その上で，日本が対中政策を推進する場合，然るべき対応策を講じる必要がある．すなわち，日本は，一方では，東アジアの国際分業において，他の東アジア諸国・地域との間の補完性とともに，とりわけ中国経済との補完性を維持するために，国内諸産業の生産性向上をたゆまず進めること，だがそのための産業構造転換を進める際は，退出産業やその被用者への配慮に基づく猶予措置を講じること，資源・エネルギー安全保障体制の構築等の対策を講じること，他方では，特に中アセアン FTA の先行を許せば，日本は東アジア統合の「従属変数」となる可能性があることから，東アジア統合における中国の影響力を相対化させ，かつ中国を東アジアの「多角的」経済連携の枠組みに組み込むために，やはり，韓国や ASEAN 諸国との FTA 連携を可能な限り中国に先行して，または少なくとも中国と同時に実現すること，中国については，WTO 加盟国としての貿易・投資障壁の撤廃の進捗度を見極めつつ，外務省の言うように何よりもASEAN ＋ 3 の枠組みによる FTA・EPA に組み込むことで，中国との経済関係の拡大を図ること，以上が戦略的に重要であろう．

　これは中国との対決を意図したものではむろんない．そもそも今日，中国との経済関係の発展を抜きにした東アジア経済統合は考えられず，また東アジア統合を進める際不可欠となる域内の通貨・金融協力の発展や，ひいてはアジア共通通貨制度のような深化した枠組みの構築を目指す場合でも，独自の戦略を展開しつつある中国との調整は欠かせないからである．

　以上の政策は，こうした影響力を持つに至った中国をも最終的には東アジア共同体という全体的連携に至る可能性のある東アジア統合に，対等かつ調和的に参加させるための工夫であり，中長期的に中国との間で一層密接で積極的・平和的な関係を経済・外交を含めて構築してゆく途でもあって，その限りで中国の動きに対錘を置くものに過ぎない．この点は韓国や ASEAN 諸国にとっても共通の関心事であるに違いない．しかもまた，この政策は同時に，日中双方に対する ASEAN の警戒心をも和らげながら，東アジア全体の政治的安定と経済発展に寄与する途でもある．

　とはいえ，この点に関しては，現在のところ，政府レベルでは中国脅威論の否定とこれに立脚した政策姿勢が支配的であるように見える．国の首長が臆面もなく靖国神社参拝のような，現実政策的にも理念的にも東アジア共同体実現の方向とは矛盾する東アジア諸国軽視の行動をとり続けようとしているのは，政治面でのその端的なしるしである．日韓間とともに日中間でこの間に噴出し

た歴史問題・領土問題等による対立は，少なくとも日本が前向きな影響力を行使しうるような東アジア共同体への途を停滞させる要因となっている．また経済的には，エネルギー・資源安全保障問題を含めた中国からの潜在的脅威に関する十分な政策対応上の詰めがなされているとは言いがたい．

4 おわりに

　以上に見たように，世界のFTA・EPA締結の大潮流における日本の孤立からの脱却への動きは，東アジア諸国に比べてなお遅れ気味である．確かに，政府は東アジア統合戦略にようやく本腰を入れつつあり，その一環として「フロントランナー」経済としての日本経済を再構築することにより域内におけるその主導的位置を確保しようとしてもいる．だが，日本の東アジア統合戦略は，依然として孤立の危険を払拭し切れていないことを含めて，なお幾多の重要な問題を残しており，また重要な問題を生み出す面もあった．

　そこでこれらを踏まえて，日本が統合戦略を進める際に特に重視すべき課題について3点のみを述べることで，結論に代えることとしたい．

　第一に，日本は，この先，東アジアにおけるFTA・EPA統合を推進する際，何よりもまず東アジア地域における孤立の危険を防ぐ努力を積極的に払う必要がある．

　その際，中韓両国との間で歴史問題や領土問題のこじれを契機に大きく損なわれた相互信頼を回復することは，その最初の課題でなければならない．その際，そうした信頼回復の努力は一過性の弥縫策であってはならない．それは，歴史問題への最終的かつ不可逆的な責任ある対応を軸とし，かつ日韓を含む東アジア地域全体に信頼への確信を与えるような，友好姿勢の約束でなければならない．この点は，経済大国日本が東アジア地域において持つ影響力の大きさから見て，東アジアFTAを軸とした東アジア共同体の形成の不可欠の前提条件であるといっても言い過ぎではなかろう．

　同じく孤立防止のための努力として欠かせないのは，今に至っても「米国偏重」の姿勢を覗かせる外交姿勢をあらためて，東アジア重視の姿勢を明示することであろう．そのためには，東アジアサミットや東アジア共同体の枠組みを詰めるための2007年7月のASEAN＋3外相会議に日本の外相が欠席したこと

による失点を回復する以上の，東アジア諸国・地域に対する，外交や産業・金融協力や文化交流，国際支援等多方面にわたる日本側の努力が要請されることは言うまでもない．

　以上を前提とした上で第二に重要なことは，東アジア共同体を目標とする東アジア統合が，共同体参加国・地域相互に開かれた対等な統合となるよう，日本が可能な努力を傾注することである．この場合，まず，日本は東アジア統合の過程において経済大国としての主導性を押し出すのではなく，関係各国との対等なパートナーとしての姿勢を示し続ける必要がある．これは失われた信頼を回復することに役立つとともに，日本の姿勢が共同体の形成に際して積極的に信頼を獲得することに繋がるはずである．

　また，対等な統合を実現する上で特に重視すべきは，経済的・政治的・軍事的に拡大する中国をも，東アジア統合の全体的枠組みに対等かつ調和的に参加させるために，その諸政策の主要な柱となる，韓国やASEAN諸国，ないしASEANとのFTA・EPA締結を含む制度的連携をいち早く推進し，実現することである．

　さらに，現下の中アセアン等のFTAは，授権条項のもとで広範な自由化例外項目を含みつつ形成され，このため東アジア全体の経済連携の際，「スパゲッティボール現象」のように，各国間の優遇的連携が交錯することで生じる調整困難な課題を残す見込みとなっている．このような困難を可能な限り少なくするには，東アジアにおいて高い水準のEPA締結の可能性を持つ日韓FTAが早期にそうした内実のFTA・EPAを締結し，諸他の東アジア諸国・地域の制度的連携の範例を示すことが，東アジア統合を円滑に進める上でも有意味となる．早期の日韓の信頼関係の回復と両国間のFTA締結は，この点からも期待されるところである．

　第三に，東アジア諸国による東アジア統合の動きは，これにより東アジア経済の米国経済への過度の依存からの脱却を目指すものであり，米国の影響力を相対化する動きの面を持っている．アジアの経済余剰の米国への流出を押しとどめ，これを東アジア域内で循環させるための地域通貨・金融協力の枠組みも，これと同様の意味を持つ．

　その場合しかし，これらを米国との正面対決のかたちを取らずに進める必要もある．東アジア経済における米国の重みは低下しつつあり，東アジアにおいて通貨・金融協力面でも通貨バスケット制やアジア債券市場育成への方向が拡

大しつつあるとはいえ,有力最終消費市場としての,また今日なお東アジアの主要決済手段でもある基軸通貨ドルを持つ国としての米国は,日本を含む東アジア経済にとって今後も無視しえない意味を持ち続けると観られるからである.東アジア統合は,米国との対決を目標とするのではなく,あくまでも,東アジアの自立性を高めることにより対米経済関係における非対称性を解消するためのものでなければならない.

とはいえ,その際に,例えば,東アジアサミットへの米国のオブザーバー参加を認めるべき,との小泉首相の提案は,東アジアの自立性の向上,そのための米国の影響力の相対化,という東アジアの大多数の諸国・地域が目指す方向に反するものと言わざるをえない.したがって,豪州等の参加資格を認めるなどにより東アジアサミットの性格が当初とは変わってきているなかで,その性格をさらに大きく変える可能性のある米国のオブザーバー参加を認めることには慎重であるべきであろう.日本は,東アジアの一員としてその統合を進めるのであれば,東アジア諸国・地域に対して,この点での「対米偏重」の姿勢を改める必要があろう.

なお,以上の提案は,東アジア諸国・地域が,域外の諸国・地域とのFTA締結を積極的に推進しつつあることをいささかも否定的に観るものではない.グローバルな分業が進展し,欧米諸国やいわゆるBRICs諸国との実質的な経済的相互依存関係が深まりつつあるなかで,東アジア域内のみの統合を進めることは問題になりえない.ただ,そうしたグローバルな相互依存関係の進展にあって,経済的な相互依存関係とともに地域安全保障や文化面での依存関係がきわめて密接である東アジア地域の間での統合をとりあえず優先することが重要であるというに過ぎない.

第四は国内問題についてである.すなわち,補完的国際分業を実現しうる「フロントランナー」経済としての基盤の確立と,そのための国内産業構造の改革が,FTA・EPA戦略の一環として要請されているが,これらは同時に国民生活の向上も伴うものでなければならない.この国民生活の向上は,確かに一方では,「フロントランナー」経済の基盤の要である戦略産業の成長を柱とした今日的な意味での産業構造の高度化によるものとなろう.しかし,他方ではそれは,均衡ある産業構造の高度化の立場から諸他産業に必要な支援を継続することや,退出産業とその雇用問題の解決が社会的摩擦なく解決されることにも依存しており,これらへの対応の如何が,FTA戦略が正当性を調達するための試

金石の一つともなると思われる．また，産業構造の改革と国民生活の向上という課題の同時達成のためには，食料安全保障や，本報告では具体的に触れられなかった資源・エネルギー安全保障上の対策や内外労働力市場に関わる対策も不可欠であろう．その際，これらは，市場重視・規制緩和の視点のみでは解決しえない課題であるとの認識も欠かせない．例えば，いわゆる市場原理主義による事実上の農業切り捨て論は安易に過ぎるのであり，農業をはじめとして部門によっては，市場原理ではなく政治的リアリズムの視点，ないし政治経済学的観点が欠かせないはずである．いずれにせよ，この点を含めたFTA・EPA戦略展開に伴う利害得失の検討はまだ不十分であり，国民各層への情報提供による情報共有でも大きな非対称性を残している．こうした問題を解消した上で，諸産業・国民諸階層にとって，均衡の取れた政策を推進する必要があろう．

注

1) 以上，WTO/FTA Colum, Vol. 034, 2005/1/20, Jetro，平川（2005.2）．なお，外務省は，「自由貿易協定（FTA）」，「経済連携協定（EPA）」および「地域貿易協定（RTA）」を次のように定義している．

   FTA：物品の関税及びその他の制限的通商規則やサービス貿易の障壁等の撤廃を内容とするGATT第24条及びGATS（サービス貿易に関する一般協定）第5条にて定義される協定．EPA：FTAの要素を含みつつ，締約国間で経済取引の円滑化，経済制度の調和，協力の促進等市場制度や経済活動の一体化のための取組も含む対象分野の幅広い協定．RTA：FTAと関税同盟の双方を含む概念．WTO協定上は，双方とも関税及びその他の通商規則の撤廃とサービス貿易の障壁の除去を内容とする．また関税同盟は参加国間の共通通商政策を前提として，対外的には共通関税を設定することがFTAと異なる．関税同盟の方がFTAより参加国内の統合度は高い（外務省 2002.10）．

   今日の地域的ないし二国間経済連携では，EPAの特徴を持つものが増加しつつある．日本が取り組む経済連携もこの傾向にあり，2005年4月以降，政府としてこれをFTAではなくEPAの呼称に統一することを決めている．

2) こうした主張は枚挙に暇がないほど多いが，ここでは，浦田・日本経済研究センター編（2002），青木・馬場編著（2004）のみを挙げておく．GDPと就業者については，農水省（2004.5.24）を参照のこと．

3) 今日の日本を地域国家と見て，そのアジアとの関係を，ドイツのヨーロッパとの関係と比較しつつ国際政治経済学的かつ制度社会学的視点から検討したKatzenstein（2003）は，本書第4部およびとりわけ本章の認識関心と一部重なっており，主題をそれぞれの対米関係の変化を踏まえて検討している点は評価しうる．だが，アジアにおける中国の位置については，「アジア諸国の観点からは米中のみが日本に対する不可欠の対錘の役割を演じうる」と指摘するに過ぎず，東アジア地域統合における中国の戦略的な影響力とそ

の拡大を過小評価している点に問題がある.
 4) 以上,外務省 (2002.10),平川 (2005.2),内閣府 (2004),浦田 (2005.3).
 5) 経産省 (公表年月不明),津上 (2003.7.8) は,中国・ASEAN の FTA が先行した場合,日本企業の生産拠点再編により日本国内の空洞化が一層進むと予測している.この点,外務省 (2002.10) をも参照.
 6) 以上,経産省 (2004.12),「緊密化するインドと東アジアの経済関係」(『東京三菱レビュー』No. 3,東京三菱銀行,2004 年 3 月 2 日).
 7) 外務省 (2003.5).経産省 (公表年月不明) は,米アセアン FTA が成立した場合の日本経済に及ぼす影響を GTAP モデルで試算し,約 4600 億円の GDP の減少,および約 6 万人の雇用の減少,という結果を示している.
 8) 経産省 (2003),同 (2004.12).「日経新聞」(2004.4.30),同 (5.1).
 9) 以上,「人民網日本語版」(Japan People 2001.11.7),日本経済研究センター (2002.3),高安 (2002.2),経産省 (2003),同 (2004.2),浦田・日本経済研究センター編 (2002),「日経新聞」(2005.4.28),同 (2005.8.1).なお,渡辺編 (2004) 33 頁は,中国側が日本の政治的影響力減殺といった政策目的を持つとの見方を否定しているが,この解釈は説得力に乏しい.
10) 外務省 (2003.6),「迷走する日本の対 ASEAN 外交」(2003.11.21).
11) 経産省 (2003),同 (2004.5),青木・馬場編著 (2004) 159 頁,渡辺編 (2004) 18 頁.
12) なお,ADB は,2002 年 10 月にアジア準備銀行 (ARB) 構想を打ち出している.また,APEC は 1999 年に「国内債券市場発展のイニシアティブ」を発表している.以上,財務省 (2002.6.17),金融庁 (2002.6.17),青木・馬場編著 (2004) 160 頁以下,青木 (2002) 71 頁,清水聡「『ドル離れ』の必要性とアジア債券市場」(日本総研調査部 JRI『Asia Monthley』,No. 50, 2005 年 5 月 10 日,所収),「日経新聞」(2005.1.30),同 (3.28),同 (3.31),同 (4.11).ABF の創設については「EMEAP プレス・ステートメント」〔日本銀行仮訳〕(2003.6.2).その問題点については,近藤 (2003) 88 頁以下を参照.
13) 末廣・山影編 (2001),財務省 (2003.6.12, 10) 2 頁,浦田・日本経済研究センター編 (2002) 197 頁,経産省 (2000.5 〜 2002.9),青木 (2002) 40, 47 頁.
14) 以上,渡辺編 (2004) 18 頁,経産省 (2003),同 (2004b),同 (2004.12),平川 (2005).東アジア共同体論などについては,谷口 (2004),平川 (2005) を,また,特に韓国については今久保 (2004.12.10),『ジェトロ貿易投資白書』2004 年版を参照.
15) 経産省 (1997.12 〜 2003.10),同 (2002.7a),同 (2003),「日経新聞」(2002.5.29),同 (11.5),渡辺編 (2004) 113-114 頁.日本の対応については,津上 (2003.7.8).以上を含む東アジア各国や周辺・関係諸国の対外通商政策と FTA については,木村・鈴木編著 (2003) をも参照のこと.
16) 経産省 (2004.12),『ジェトロ貿易投資白書』2004 年版.
17) これに対して,荻田 (2004) 57-58 頁は,通商政策の転換とともに FTA の推進が産業界の声に後押しされたのではなく,一部の官僚たちの主導によっていたとしている.
18) 財務省 (2001.12.3),同 (2003.1.30),諮問会議 (2002.6.3),経団連 (2000.7.27),同 (2003.1.1),「日商 FTA ／ EPA 情報局」(http://www.cin.or.jp).
19) この点に関しては,日本において FTA 推進を主導したのが「日米二国間主義症候群」ないし「対米関係還元主義」が顕著な外務省というよりむしろ,「東アジア連携中心主義」

に立つ通産官僚であったとの見方もある．萩田（2003.3），荻田（2004）．
20) 以上，外務・財務・農水・経産省（2004.3.12），経産省（2003），同（2004b），同（2004.5），外務省（2003.12），同（2005），同（2005.6），渡辺編（2004）61頁．
21) 原（2002.3）．したがって，原（2003.4）が，この姿勢の変更と日本の米国のイラク戦争支持のかたちでの依然として続く米国追従の姿勢との矛盾を指摘しているが，この矛盾自体が部分的なものでしかないことになる．
22) 経産省（2002.7a），同（2003），同（2004b），「日経新聞」（2002.5.29），同（11.5）．
23) 青木（2002）71頁，青木・馬場編著（2004）160頁以下，財務省（2004），同（公表年月不明b），原（2002.3）8頁，「日経新聞」（2002.4.10），同（6.30），同（7.11），同（9.14），同（10.28），同（11.5〜6）．
24) 外務省（2003.3.14），渡辺編（2004）71-75頁．
25) 外務省（2005），「日経新聞」（2005.5.26），同（6.30），同（7.27），同（7.28）．
26) 大統領産業競争力委員会（1985），関下（1996）．
27) 牛尾議員は，2005年5月11日の諮問会議における「経済活性化について」に関する発言でも，「予算を先端分野へ大胆に集中させること」と述べ，同趣旨の主張を繰り返している．しかし，これに対して，中山臨時議員（文部科学大臣）が，第3期科学技術基本計画の「5つの戦略」分野に関わって，「次の基本計画におきましても，重点4分野は大事だと思う．その分野のなかでも，さらに重点領域を徹底していくことも大事だと思うが，海洋開発，宇宙開発といった，いわゆるフロンティア，エネルギーといった日本にとって非常に重要な研究開発がこの重点分野以外になっていることは，モラールの低下等，非常に弊害も大きいと思っている．そういう意味では「選択と集中」，この言葉にとらわれてしまうのもまた問題ではないか．非常に難しいが，4分野に属さない研究開発にも適切に対処していくべきではないかと考えている」として，事実上牛尾発言を退けていることは注目される（諮問会議 2005.5.11）．
28) 以上，農水省（2004.3），同（2004.6a），同（2004.10），『ジェトロ貿易投資白書』2004年版，「日経新聞」（2004.6.24），同（7.6）．
29) 以上，農水省（2002.7a），同（2002.5），同（2002.7b），同（2003），諮問会議（2003.11.26b）．なお，伊藤＋伊藤研究室（2002），シンプソン（2002）をも参照のこと．
30) さしあたり，日・ASEAN懇談会（2002.10），内閣府（2004），経団連（2004.3.16a）を見よ．なかには，「日本がとるべき戦略は，農業をはっきりと衰退産業と認め，安定的な輸入を実現するように転換すべきである」，「長期的には，日本において農業は衰退していくべき産業である」との極論もある．青木・馬場編（2002a）167頁以下．
31) 浦田・日本経済研究センター編（2002）．コメのセンシティブ品目扱いに関しては，市場を開放する一般農産品（96％）と開放しない戦略的な穀物（4％）とを明確に区分したロメ協定の仕組みをも参照．日本経済研究センター（2002.3）．
32) 浦田・日本経済研究センター編（2002），日本経済研究センター（2002.3），経団連（2043.1.1），津上（2003），青木・馬場編著（2004）．
33) 経産省（2002.6.17）8-9頁，日本経済研究センター（2002.3），浦田・日本経済研究センター編（2002）185頁，経産省（2002）11-12頁，青木・馬場編著（2004），渡辺（2004），津上（2003），木村・鈴木編著（2003），佐野（2004）．

参考文献

青木健(2002)「ASEAN・中国のFTA創設合意と日本の対応」(『ITI季報』第47号)
青木健・馬場啓一編(2002a)『日本の通商政策入門』東洋経済新報社
青木健・馬場啓一編著(2004)『政策提言 日本の対アジア経済政策』日本評論社
「EMEAPプレス・ステートメント」(2003.6.2)〔日本銀行仮訳〕
伊藤元重・伊藤研究室(2002)『日本の食料問題を考える――生産者と消費者の政治経済学――』NTT出版.
伊藤元重(2004.2.17)「日本活性化のための経済連携を推進する国民会議について」(http://www.nri.co.jp/news/2004/040217.html)
今久保幸生(2004.12.10)「東アジア経済統合における日韓FTAの意義と課題」(韓国慶北大学校経商学部主催・慶北大学校・京都大学合同国際シンポジウム「東北アジア経済協力の展望と課題」報告論文)
浦田秀次郎・日本経済研究センター編(2002)『日本のFTA戦略』日本経済新聞社
――――(2004)『アジアFTAの時代』日本経済新聞社
――――(2005.3)「『エネルギー』『金融』で協力強化を」(『日本経済研究センター会報』)
浦田秀次郎編(2002)『FTAガイドブック』ジェトロ
荻田竜史(2003.3)「日本/FTA推進への政策転換――『東アジア連携中心』外交へ?」(『アジ研ワールド・トレンド』)
――――(2004)「『超大国』米国と『遅れてきた国』日本のFTA戦略」(渡辺利夫編『東アジア市場統合への道 FTAへの課題と挑戦』勁草書房)
殖田亮介(2003.2)「シンガポールの自由貿易協定(FTA)戦略」(『みずほリサーチ』)
外務省(2002.10)「日本のFTA戦略」(http://www.mofa.go.jp/mofaj/).
――――(2003.4)「日・ASEAN包括的経済連携構想」
――――(2003.5)「米国・ASEAN・FTA構想について」
――――(2003.6)「インド・ASEAN・FTA構想について」
――――(2003.12)「日アセアン特別首脳会議」
――――(2003.3.14)「ODA改革:政府開発援助大綱の見直しについて」
――――(2005)「日インドネシア経済連携」
――――(2005.6)「東アジア諸国との経済連携協定交渉の現状と課題」
外務省・財務省・農水省・経産省(2004.3.12)「日メキシコ経済連携協定に関する大筋合意について」
Katzenstein, Peter J. (2003), Regional States: Japan and Asia, Germany in Europe, in: Kozo Yamamura and Wolfgang Streeck, *The End of Diversity?: Prospects for German and Japanese Capitalism*, Cornell Univ. Press. New York.
木村福成(2005.3)「日本の存在低下を直視し経済外交展開を」(『日本経済研究センター会報』)
木村福成・鈴木厚編著(2003)『加速する東アジアFTA 現地リポートにみる経済統合の波』ジェトロ
金融庁(2002.6.17)「銀行,証券,保険分野の協力」
経済財政諮問会議(2001.1.6a)「平成13年・第1回経済財政諮問会議議事要旨」

〈http://www.keizai-shimon.go.jp〉
───（2001.1.6b）「経済財政諮問会議会議令」
───（2001.1.6c）「経済財政諮問会議運営規則（案）」
───（2001.1.6d）「経済財政諮問会議議員名簿」
───（2001.6.26）「経済財政運営及び経済社会の構造改革に関する基本方針（骨太の方針）」
───（2001.11.22）「構造改革の先にめざす日本の姿──日本経済再生シナリオ──」再生シナリオ検討プロジェクトチーム．
───（2001.11.26）「平成13年・第29回議事要旨」
───（2002.4.3a）「平成14年・第9回議事要旨」
───（2002.4.3b）「グローバル化への対応」（平成14年・第9回会議〔有識者議員［牛尾治朗・奥田碩・本間正明・吉川洋］提出資料〕．
───（2002.4.3c）「グローバル化による経済活力再生について」（平沼議員提出資料）
───（2002.5.13）「平成14年・第12回議事要旨」
───（2002.6.3）「経済活性化戦略（案）」
───（2002.6.25）「経済財政運営と構造改革に関する基本方針2002（基本方針2002）」
───（2003.6.27）「経済財政運営と構造改革に関する基本方針2003（基本方針2003）」
───（2003.11.26a）「平成15年・第25回議事要旨」
───（2003.11.26b）「亀井臨時議員提出参考資料（農業の競争力強化等について）」平成15年・第25回会議
───（2004.1.19）「構造改革と経済財政の中期展望──2003年度改定」
───（2004.4.26）「平成16年・第9回議事要旨」
───（2004.5.19）「新産業創造戦略」（中川議員提出資料），平成16年・第11回会議
───（2004.6.4）「経済財政運営と構造改革に関する基本方針2004（基本方針2004）」
───（2005.4.19a）「平成17年・第8回議事要旨」
───（2005.4.19b）「今後の経済連携の方向性について」（中川議員提出資料）
───（2005.5.11）「平成17年・第10回議事要旨」
───（2005.6）「新産業創造戦略2005」（中川議員提出資料），平成17年・第15回会議
───（2005.6.21）「経済財政運営と構造改革に関する基本方針2005（基本方針2005）」
経済連携促進関係閣僚会議（2004.12.21）「今後の経済連携協定の推進についての基本方針」
通商産業省産業政策局編（1990）『2000年の産業構造』
───（1993）『21世紀型経済システム』
───（1994）『21世紀の産業構造』
経済産業省（経産省）（1999）『平成11年度通商白書』
───（2001.9.20）「アジアを中心とした国際分業の現状と課題」（産業構造審議会）
───（2002a）『通商白書2002』
───（2002b）「対外経済政策の基本理念」
───（2002.4.3）「グローバル化による経済活力再生について」（平沼議員提出資料）
───（2002.5.10）「産業競争力会議中間とりまとめ　競争力強化のための6つの戦略──グローバルトップを目指した企業改革と産業構造への転換──」（産業競争力戦略会議）

─── （2002.6.17）「東アジアビジネス圏について」
─── （2002.7a）「日韓 FTA 構想のこれまでの経緯」
─── （2002.7b）「日・メキシコ共同研究会報告書の概要」
─── （2003）通商白書 2003
─── （2003a）「経済連携について」
─── （1997.12 〜 2003.10）「ASEAN ＋ 3（日中韓 ASEAN 首脳会議）について」
─── （2000.5 〜 2002.9）「AEM ＋ 3（日中韓 ASEAN 経済大臣会合）について」
─── （2004a）『通商白書 2004』
─── （2004b）「FTA・経済連携の推進について」
─── （2004.5）「ASEAN 諸国との二国間の取り組み」
─── （2004.12）「FTA をめぐる世界の動き」
─── （公表年月不明）「東アジア経済連携について」
（社）日本経済団体連合会（2000.7.27）「『自由貿易協定の積極的な推進を望む〜通商政策の新たな展開に向けて〜』を建議」（『経団連クリップ』No. 129）
─── （2003.1.1）「活力と魅力溢れる日本をめざして」
─── （2004.3.16a）「経済連携の強化に向けた緊急提言〜経済連携協定（EPA）を戦略的に推進するための具体的方策〜」
─── （2004.3.16b）「資料 7：政府における EPA 推進体制」
近藤健彦（2003）『アジア共通通貨戦略　日本「再生」のための国際政治経済学』彩流社
財務省（2001.12.3）「自由貿易協定を巡る最近の情勢と関税政策の対応のあり方に関する企画部会長報告」（関税・外国為替等審議会・関税分科企画部会）（http://www.mof.go.jp）
─── （2002.6.17）「ASEAN ＋ 3 における地域金融協力」
─── （2002.6）「『産業空洞化』と関税政策に関する研究会座長報告――産業空洞化を超える Win-Win シナリオ――」
─── （2002.7.11）「自由貿易協定等の経済連携と関税政策」
─── （2003.1.30）「FTA の現状と今後のあり方」
─── （2004）「アジア債券市場育成に関する国際的取組み」
─── （公表年月不明 b）「アジア債券市場育成イニシアティブ（ABMI）とアジア・ボンド・ファンド（ABF）の対比」
佐野孝治（2004）「グローバリゼーションと東アジア地域統合」（福島大学国際経済研究会編『21 世紀世界経済の展望』八朔社）
ジェームス・シンプソン（2002）『これでいいのか日本の食料』家の光教会
食料・農業・農村政策推進本部（2004.5.24）「農政改革基本構想」（農林水産大臣亀井善之・第 3 回会議配付資料）（http://www.maff.go.jp/kihon_koso/kihon_koso.htm）
─── （2005.3.22）「21 世紀新農政の推進について〜攻めの農政への転換〜」
「人民網日本語版」（2001.11.7）
末廣昭・山影進編（2001）『アジア政治経済論』NTT 出版
関下稔（1996）『競争力強化と対日通商政策――世紀末アメリカの苦悩と再生』青木書店
総合規制改革会議（2002.10）「平成 14 年度・第 10 回会議議事概要」
総合研究開発機構（NIRA）（2001.8）『食料・農業分野における東アジア諸国の連携に関する研究』

大統領産業競争力委員会（1985）「ヤング報告」（Global Competition The New Reality）
高安健一（2002.2）「ASEAN・中国の自由貿易協定と日本の対応」（『アジア・マンスリー』日本総研調査部環太平洋研究センター）
中国情報局（2003.6.30, 2003.12.1）「中国情勢 24」
津上俊哉（2003.7.8）「東アジアのFTAに後れを取るな　日本再生に必要な3つの条件」（『世界週報』2003年7月8日号）
─────（2003）『中国台頭』日本経済新聞社
豊田隆（2003）『農業政策』日本経済評論社
谷口誠（2004）『東アジア共同体──経済統合のゆくえと日本──』岩波書店
内閣府（2004）『経済財政白書』平成16年版
─────（2005）『経済財政白書』平成17年版
日・ASEAN包括的経済連携構想を考える懇談会（2002.10）（第5回）「中間報告」
─────（2002.4-10）各会会議事次第
日本経済研究センター（2002.3）「中国研究報告書　緊密化する米中・浮標する日本──3国関係と日本の活路──」
「日商FTA／EPA情報局」（2004.4.1）（http://www.cin.or.jp）
農水省（1999.4～）「WTO農業交渉コーナー」（http://www.maff.go.jp）
─────（2000.3）「食料・農業・農村基本計画」
─────（2000.4）「WTO農業交渉の現状と問題点」
─────（2000.4.5-11.29）「WTO新ラウンド交渉メールマガジン」第1～29号
─────（2002.5）「我が国の食料安全保障と農産物貿易政策──自由貿易協定をめぐって──」
─────（2002.7a）「WTO農業交渉をめぐる状況について」
─────（2002.7b）「我が国の食料安全保障と農産物貿易政策──自由貿易協定をめぐって──」
─────（2003）「我が国の食料自給率──平成13年度食料自給率レポート・食糧需給表」
─────（2004.1.30a）「新たな食料・農業・農村基本計画の策定に向けて」
─────（2004.1.30b）「食料・農業・農村基本計画の構成等に関する基本方向」
─────（2004.1.30c）「食料・農業・農村をめぐる現状と課題」
─────（2004.3）「WTO農業交渉をめぐる情勢」
─────（2004.4a）「FTAをめぐる状況」
─────（2004.4b）「韓国, タイ, フィリピン, マレーシアとの経済連携について」
─────（2004.5.18）「農地・担い手施策の展開方向」
─────（2004.5.24）「農政改革の基本方向について」（農林水産大臣亀井善之）
─────（2004.6a）「WTO農業交渉をめぐる情勢」
─────（2004.6b）「経済連携（EPA）・自由貿易協定（FTA）交渉における農林水産物の取扱いについての基本的方針」
─────（2004.10）「WTO交渉・枠組み合意について──農業交渉, 非農産品アクセス交渉（林水産物）──」
─────（2004.11）「農林水産分野におけるアジア諸国とのEPA推進について～みどりのアジアEPA推進戦略～」

─── (2005.4.19)「農林水産分野における EPA／FTA への取組」(島村臨時議員提出資料)

原洋之助 (2002.3)「国際経済協力の効率化のための官民パートナーシップの検討調査」内閣府・(財)日本総合研究所

─── (2003.4)「東アジアにおける統合の可能性──日本はどのような寄与ができるか──」(『TheWorld Compass』)

平川均 (2005.2)「『東アジア共同体』と自由貿易協定 (FTA)」(『国際経済労働研究 Int'lecowk』)

美甘哲秀 (2004)「中国の対 ASEAN 貿易と FTA」(渡辺利夫編『東アジア市場統合への道 FTA への課題と挑戦』勁草書房)

「迷走する日本の対 ASEAN 外交」(2003.11.21)(http://www.panda.hello-net.info/colum)

吉冨勝 (2003)『アジア経済の真実 奇蹟, 危機, 制度の進化』東洋経済新報社

渡辺利夫編 (2004)『東アジア市場統合への道 FTA への課題と挑戦』勁草書房

第11章
EU 東方拡大とドイツ

ウィム・ケスタース，マルティン・ヘブラー

（今久保幸生 訳）

1 問題提起

　欧州連合［以下 EU と略記］の東方拡大はヨーロッパの経済的・政治的再統一であると解釈することができる．EU 最大の加盟国ドイツは，このことによって，地理的になお一層旧大陸の中心に移動することになる．ドイツと中東欧諸国との間の，伝統的に強固な経済関係は再活性化され，また拡大される．他方，ドイツは EU の一部として，多くの領域でもはや独自の経済政策を実行することはできなくなっている．通貨政策，為替政策，対外経済政策等々はヨーロッパ化され，したがって国民的処分権を取り上げられている．それゆえにこそ，我々の考察においては，EU の東方拡大の諸問題が前面に押し出される．我々はその際，ドイツの役割に特別の注意を向けている．

　本報告において，我々は，まず，加盟交渉の状況と EU 委員会の拡大推進計画について論じるであろう．というのも，東方拡大は多くの公衆にそう思われているほど確実ではないからである．加盟条約は，すべての新旧加盟国において，国内法に従いあらためて批准されなければならない．その際，中東欧諸国において「二等の加盟資格」への同意がなされない恐れがある．東方拡大を行う EU の制度設計は，ニース条約[1]に記された諸決議から明らかになる．本報告では，とりわけ，どのような問題がニースにおいても解決されえなかったか，また，旧 EU 諸国，特にその最大の国ドイツが，27の加盟国を包括する EU におい

てどの程度影響力を失うことになるのか，という問題を論じる．

また，未解決の問題は多いが，ここではそれらのなかの，東西人口移動の問題と，労働市場規制に対するそれのありうべき影響のみを，立ち入って検討することとする．

2　ヨーロッパの再統一

すでに1989〜1990年の体制転換直後に，西側によって，中東欧諸国のための最初の緊急経済援助が決定された．これに積極的に取り組んだのは，個別の諸国のほか，国際通貨基金とその援助信用，および世界銀行，OECD，EUであった．EUの東欧政策の手段は，当初の数年は，特に多角的PHAREプログラム[1]，および「通商・協力協定」の締結，EUの「一般特恵制度」への中東欧諸国の受け入れ，非関税通商障壁の撤廃，であった．経済的・政治的接近の最も重要な一歩は，EC条約第380条[2]に基づく，いわゆる欧州協定による諸国の連合化である．これは，今日に至るまで，中東欧諸国のEUとの関係に関する法的基礎となっている．最初の欧州協定は，1991年にチェコスロバキアおよびハンガリー，ポーランドと調印された連合協定であった[2]．さらに1996年までに，今日EU東方拡大の候補国グループに属する他のすべての中東欧諸国と，協定がとり結ばれた（表1参照）．

欧州協定の前文には，すでに中東欧諸国のEUへの完全加盟資格という目標が明記されているが，1993年6月のコペンハーゲンにおける欧州理事会首脳会議[3]が，EU東方拡大の政治的幕開けをなす．そこで初めて，EU諸国側から，原則的に中東欧諸国を受け入れる用意のある旨が表明されたからである．

>「欧州理事会は，本日，連合協定に加わった中東欧諸国であって，欧州連合の加盟国となる希望を持つ国はEUの加盟国となりうる，との決議を行った．」(Europäischer Rat 1993)

欧州協定は，1993年まではまだEU加盟資格に関する代替的選択肢として論じられていたのであるが，[この首脳会議での決議により]すべての加盟準備活動の前提条件および主要手段となった．コペンハーゲン首脳会議に続き，1994年から1996年までにすべての連合協定参加国の加盟申請がEUに届いた（表1参照）．

表1　欧州協定と加盟申請

国	欧州協定調印	加盟申請
ハンガリー	91年12月16日	94年 3月31日
ポーランド	91年12月16日	94年 4月 5日
チェコスロバキア	91年12月16日	
ルーマニア	93年 2月 8日	95年 6月22日
ブルガリア	93年 3月 1日	95年12月14日
スロバキア共和国	93年10月 6日	95年 6月27日
チェコ共和国	93年10月 6日	96年 1月17日
ラトビア	95年 6月12日	95年10月13日
エストニア	95年 6月12日	95年12月24日
リトアニア	95年 6月12日	95年12月 8日
スロベニア	96年 6月10日	96年 6月10日

出典：筆者作成.

(1) コペンハーゲン基準

EUの新規加盟国受け入れの用意は，諸条件のカタログ——いわゆる三つのコペンハーゲン基準——と結びつけられた．これは，加盟意志を持つ国の側で，加盟の，ではなく，加盟交渉に取り上げられるための前提条件として，満たされるべきものとされた．三つの基準は一部はすでにコペンハーゲンにおいて，次のようにより詳細に定義された．

1. 政治的基準
    a. 民主主義的および法治国家的秩序
    b. 人権の擁護
    c. 少数民族の保護
2. 経済的基準
    a. 機能力のある市場経済
    b. EU域内での競争圧力と市場の力に対応する能力
3. アキ・コミュノテール受け入れ，という基準

1995年12月に，マドリッドでの欧州理事会首脳会議において，次の決議がなされた．すなわち，アキ・コミュノテール（Acqui communautaire 以下，アキと略記）受け入れのコペンハーゲン基準は，アキが個別国の国内法に置き換えられた時点で満たされた，とは見なされえないこと，適正な司法・行政機構によりアキが実効のあるかたちで適用され，実施されるように保障されなければなら

ないこと，これである．アキは EU の共有財産を，すなわちそのすべての有効な条約や法律文書を包括したものである[4]．これらは，各言語ごとに 8 万～8 万 5000 頁に及んでいるが，中東欧諸国の EU 加盟交渉のために 31 の章に細分された．

(2) 加盟交渉の状況

　EU 委員会によって解釈され，より詳細に定義されたコペンハーゲン基準に基づき，委員会は 1997 年 7 月に，さしあたりエストニア，ポーランド，ハンガリー，スロベニア，チェコ[3]とのみ加盟交渉を開始するよう勧告を行った．欧州理事会は，1997 年 12 月のルクセンブルク首脳会議においてこの勧告に従うこととし，「アジェンダ 2000」行動計画[5]のなかで提示された拡大戦略を確認し，1998 年 3 月 30 日に上記の中東欧 5 カ国との交渉に着手した．これらの諸国は以後，「ルクセンブルク・グループ」とも呼ばれることとなる．他の中東欧 5 カ国との加盟交渉の開始は，これらの諸国においては機能力のある市場経済（経済面の一番目の部分基準）が未定着であるとの理由で，当面否決された．これらの国々には，加盟交渉開始のために定められた諸基準の充足において，一層の前進を行うことが要請された．

　1998 年以降，加盟候補国におけるコペンハーゲン基準充足の進展に関する委員会の拡大報告が毎年公表されている．しかし，この進展報告では，候補国に対して具体的な加盟日は示されなかった．1999 年 10 月の報告に基づき，2000 年 2 月に残余の中東欧 5 カ国との交渉が開始された．委員会の評価によれば，ブルガリアでは，ましてルーマニアではなおさら，依然として機能力のある市場経済は定着していなかったにもかかわらず，である．長い間，中東欧諸国の EU 加盟において，第一波（エストニア，ポーランド，スロベニア，チェコ共和国，ハンガリー）と第二波（ブルガリア，ラトビア，リトアニア，ルーマニア，スロバキア共和国），という言い方がなされてきた．1999 年 12 月 10～11 日にヘルシンキ欧州理事会が「第二波」の諸国（マルタを含む）とも加盟交渉を開始することを決議して以来，あるいは遅くとも 2000 年 2 月 15 日にこの告知が実行に移されて以来，この区別はもはや適切ではなくなっている．というのは，公式には，それ以降，中東欧の 10 候補国のすべてが同等の加盟交渉段階に位置するようになっているからである．かつての「第二波」の諸国は，以後「ヘルシンキ・グループ」

とも呼ばれるようになった．

　EUはどの候補国とも二国間の加盟交渉を行っている．2001年4月初めにおける，EU委員会ロマーノ・プロディ委員長のハンガリー訪問の枠内で，ヘルシンキで受け入れられた交渉原理，すなわち，どの国も単独でその交渉業績や交渉水準に応じて評価されるという原理があらためてハンガリーに対して確認された．ハンガリーはこの時点において，同国が［アキの］31の加盟章のすべてに決着をつけた場合でさえも，ひょっとするとポーランドがそうなりうるような，ありうべき落伍国を待たねばならないのではないか，と危惧していたのである．

　　「交渉の際は，どの加盟意志ある国も単独で取り上げられて評価される．この原則は，様々な交渉章に関する交渉の開始にも，その後の交渉経過にも当てはまる．交渉のダイナミクスを維持するために，鈍重なやり方は避けられるべきであろう．現在，交渉過程に引き入れられた加盟意志のある国は，それらが加盟準備において十分な進展を達成する限り，是認できる期限内に，すでに交渉がなされている諸国に追いつく可能性を持つであろう」(Europäischer Rat 1999)．

　本来の交渉開始の前に，各候補国における，また31章それぞれにおける，共同体法(Gemeinschaftsrecht)の［国内法への］置き換えに関する委員会の評価(「スクリーニング」)がなされた．これに続く加盟交渉のために，委員会は，［既存］加盟諸国によって交渉開始前に全会一致で採択されるべきEUの立場を検討し合って固めた(Dresdner Bank 2001)．加盟候補諸国は，委員会報告への態度表明と各々の交渉上の立場とを定式化した．その上で，交渉自体においては，個々の各章が開かれて委員会の評価と当該候補国の態度表明との突き合わせがなされ，暫定的にそれぞれの章の交渉が結着した．章をまたがる一括での解決を可能にするため，交渉の終わりに，加盟文書の定式化の前域においてすべての章が再度一括して開かれ，最後に閉じられることとなる．アキそのものは交渉によりいかなるかたちであれ決して変更されてはならず，全部揃ったかたちで受け入れられ，かつ施行されなければならない[4]．加盟候補諸国は，アキの諸規定を——たいていは費用上の理由により——わずかな年数では満たしえない領域において，移行期間(Übergangsperiode)を申請することができる．EUは同じく，その利益を擁護するために移行期限(Übergangsfrist)を申請することができる(Verheugen 2001)．

第11章　EU東方拡大とドイツ　353

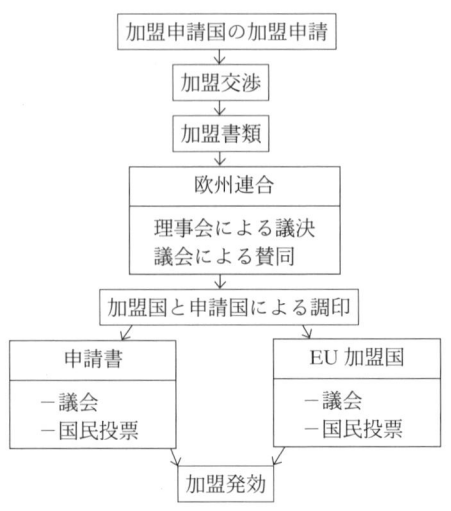

```
        ┌──────────────────┐
        │ 加盟申請国の加盟申請 │
        └────────┬─────────┘
                 ↓
           ┌─────────┐
           │ 加盟交渉 │
           └────┬────┘
                ↓
           ┌─────────┐
           │ 加盟書類 │
           └────┬────┘
                ↓
        ┌──────────────────┐
        │      欧州連合      │
        ├──────────────────┤
        │  理事会による議決  │
        │  議会による賛同   │
        └────────┬─────────┘
                 ↓
        ┌──────────────────┐
        │ 加盟国と申請国による調印 │
        └────┬────────┬────┘
             ↓        ↓
       ┌────────┐ ┌────────┐
       │ 申請書  │ │ EU加盟国 │
       │ −議会  │ │ −議会  │
       │ −国民投票│ │ −国民投票│
       └────┬───┘ └───┬────┘
            ↓         ↓
           ┌─────────┐
           │ 加盟発効 │
           └─────────┘
```

出典：Dresdner Bank 2001. 9 頁より一部修正.

図1　加盟手続きの概観

　2002年12月には，ブルガリアとルーマニアを除く全中東欧諸国との加盟交渉が終結されえた．2002年3月以来，加盟条約の練り上げに関する作業がなされている．EU委員会は，諸条約が交渉の終結後およそ6週間で提出されるという前提から出発している．これに次ぐEU委員会の態度決定は，2003年2月に行われることとなっている．EU加盟国と加盟申請国とによる条約の調印は，2002年10月に公表された委員会の日程表に従えば，引き続き2003年の春に計画されている（EU-Kommission 2002a）．加盟は2004年5月1日に実現される予定である［図1参照］．

　この手続きはしかし，東方拡大の実現にとってなお重大な危険を孕んでいる．加盟15カ国のうち一国でも拡大に敵対する潮流が政治的影響力を獲得したとして，当該EU加盟国が反対票を一票投ずるだけでも，中東欧諸国の加盟を阻止できるのである．ニース条約に対するアイルランドの国民投票による否決は，まさに警鐘と解釈されうる．国粋主義的潮流やポピュリスト的潮流を政権にまで押し上げた比較的最近のいくつかの選挙結果（オーストリア，ネーデルラント，デンマーク[5]）に鑑みて，このシナリオが現実のものとなる公算は，わずかであるとはいえ，完全には排除されえないと言えよう．しかもまた，中東欧諸国において加盟条約が問題なく受け入れられるということは，最近の世論形成

表2　2002年4月におけるユーロ・バロメーターのアンケート（百分比）

質問	明日EU加盟国民投票が行われるとしたら，あなたはこれに賛成か反対か		自国がEU加盟資格をもつことをあなたはそもそもどう思うか	
回答	賛成	反対	肯定的	否定的
ルーマニア	85	4	77	3
ハンガリー	74	6	65	4
ブルガリア	73	7	64	4
スロバキア	69	10	61	5
スロベニア	56	28	41	17
ポーランド	53	24	52	22
チェコ	51	18	43	14
リトアニア	50	17	42	9
エストニア	44	28	35	20
ラトビア	42	37	32	24

出典：EU-Kommission 2002b.

に従ってさえ，ただちには前提とされえないように見える．というのは，中東欧においても，加盟敵対勢力が2004年までなお政治的影響力を獲得する恐れがあるからである．加うるに，これまでEUが加盟交渉において追求してきた戦略が，中東欧諸国において，EUが2等の新規加盟資格を導入したがっているとの印象を一段とかき立てている．

　2002年4月の，中東欧諸国における「ユーロ・バロメーター」の最新アンケートの示すところによれば[6]，加盟条約の批准は，特にバルト諸国およびチェコ共和国，ポーランドにおいて失敗に終わる可能性がある．最長7年までの延長オプションを伴う，当初2年の移動の自由の制限（[後に触れる]『2＋3＋2』モデル）を，すでに過年に「飲ま」ざるをえなかった以上，特に中東欧諸国の共通農業政策への参加に関する理事会決議，ならびにEU構造基金[6]の将来の形態は，世論にとっておそらく決定的である．EU加盟資格に反対するものの割合の急増との関連は排除されえない．2002年に，その対前年比の割合はポーランドにおいては11％，ラトビアにおいては7％，スロベニアおよびエストニアにおいては6％，チェコ共和国においては5％上昇した（EU-Kommission 2002b, 表2）．

(3) ニース決議

　コペンハーゲンでは，1993 年に受け入れ能力創出のための EU の改革が，東方拡大の前提条件をなす，ともされていた——このことは，現在の中東欧候補 10 カ国グループからの最初の加盟日に関する思惑があるので，忘れられてはならない (Nicolaides u. a. 1999)．

> 「新規加盟国を受け入れつつも，ヨーロッパ統合の促進力を維持するという（[欧州]）連合の能力は，連合にとっても加盟候補国にとっても同様に重要な視点を表すものである」(Europäischer Rat 1993)．

それゆえ，「コペンハーゲン基準」の中東欧諸国による充足が東方拡大の必要条件と呼ばれうるとすれば，これに対して，加盟候補国の影響力から完全に切り離された EU の改革は，その十分条件と呼ばれうる．[これについては]アムステルダム首脳会議において，本来すでに 1997 年に必要な改革の決議がなされるはずであった[7]．しかし，周知のようにこれは不首尾に終わった．そこで規定されたのは，欧州議会の地位の改善，および委員会委員長の地位の強化，理事会における一定の政治領域での加重特定多数決による採決の拡大[8]，（少なくとも加盟国の半数を含む）加盟国グループの緊密化協力[9]の可能性の導入，である (Deutsche Bundesbank 2001, Best 2001)．未解決の制度的諸問題としては，とりわけ，欧州委員会[10]の規模と構成，および理事会における票の加重方法，議決に遅滞をもたらしている全会一致規定を切り離すための，理事会における加重特定多数決による投票のありうべき拡大の問題，があった (EZB 2000)．

　2002 年 10 月 19 日のアイルランドにおける国民投票の肯定的な結果により，ニース条約は発効可能となった．結果として，ニースでは委員会の 27 加盟国への制限が決議された．この場合，2005 年からどの加盟国も委員 1 名のみを置くこととなろう[7]．交渉中の 12 の候補国すべての受け入れの後，委員会の縮小と，小規模加盟国のための輪番方式とが考慮される予定となっている (Best 2001)．理事会における票数配分は下記の表に示されたように変更される．ドイツは，再統一によって増加した人口をこれに応じた理事会での票数引き上げにより顧慮させる旨の要求には，またもフランスの抵抗で失敗した．

　4 大加盟国はその影響力を約 27 ％失うことになる．これは，拡大によって EU 人口が 28 ％増加することと対比すれば相応であるように思われる．相対的に最も有利な成果を収めたのはスペインであり，同国はその損失を 15 ％に止めるこ

表3 東方拡大の前と後における欧州閣僚理事会の票数配分

	従来の票数	比率 (%)	新たな票数	比率 (%)	相対的勢力喪失 (%)	人口比 (%)
DL	10	11,5	29	8,4	-26,9	17,0
GB	10	11,5	29	8,4	-26,9	12,3
FR	10	11,5	29	8,4	-26,9	12,3
IT	10	9,2	29	8,4	-26,9	12,0
SP	8		27	7,8	-14,9	8,2
POL			27	7,8		8,0
R		5,7	14	4,1		4,7
NL	5	5,7	13	3,8	-34,4	3,3
GR	5		12	3,5	-39,5	2,2
T		5,7	12	3,5		2,1
BE	5		12	3,5	-39,5	2,1
U		5,7	12	3,5		2,1
POR	5	4,6	12	3,5	-39,5	2,1
SW	4		10	2,9	-37,0	1,8
BU		4,6	10	2,9		1,7
Ö	4		10	2,9	-37,0	1,7
SR		3,4	7	2,0		1,1
DK	3	3,4	7	2,0	-41,2	1,1
FI	3	3,4	7	2,0	-41,2	1,1
IRL	3		7	2,0	-41,2	0,8
LIT			7	2,0		0,8
LET			4	1,2		0,5
SL			4	1,2		0,4
EST			4	1,2		0,3
Z			4	1,2		0,2
LUX	2	2,3	4	1,2	-49,6	0,1
M			3	0,9		0,1
計	87	100	345	100		

訳注：DL：ドイツ, GB：グレートブリテン, FR：フランス, IT：イタリア, SP：スペイン, POL：ポーランド, R：ルーマニア, NL：ネーデルラント, GR：ギリシャ, T：チェコ, BE：ベルギー, U：ハンガリー, POR：ポルトガル, SW：スエーデン, BU：ブルガリア, Ö：オーストリア, SR：スロバキア, DK：デンマーク, FI：フィンランド, IRL：アイルランド, LIT：リトアニア, LET：ラトビア, SL：スロベニア, EST：エストニア, Z：キプロス, LUX：ルクセンブルク, M：マルタ.
出典：Best 2001, 21 頁および筆者の試算による.

とができた．これに対して，拡大 EU における小国の影響力は一部著しく減少することになる．EU はしかし，理事会における人口比による票の重みの配分からは依然としてはるかに隔たっている．小国は一部，人口比で割り当てられるよりも明らかに多くの政治的重みを持っている．

　加重特定多数決による理事会決議については，三重多数決原則が定められ

第11章 EU東方拡大とドイツ 357

た. すなわち,

① 加重特定多数決の下限は, [決議の] 当日より 71.3％ (62 票) から 73.4％ (255 票) または 74.8％ (258 票) に引き上げられる[8].

② 加重特定多数は, 同時に加盟国の単純多数を代表しなければならない. 258 票の下限が決められれば, この点は――従来そうであったように――自動的に保証されよう.

③ 加重特定多数は, EU 人口の少なくとも 62％を代表しなければならない. 従来は理事会における加重特定多数は自動的に人口の少なくとも 58％を代表した. 62％の下限が明確に採用されることにより, ドイツは他の 3 大国 (グレートブリテン, フランス, イタリア) のうち 2 国と協力すれば, 否決されえないことが保証されよう (Best 2001).

理事会における議決にとって, 全会一致原則から加重特定多数決への転換は, サービス給付を伴う (フランスの希望により文化的サービスと音響映像サービスを除く) 商業の場合や, 法律や内政の分野の若干の問題 (2004 年から) においてや, 構造基金・結束基金[11]の場合 (2007 年から. ただし, スペインの圧力で, 2013 年までの財政計画が事前に全会一致で決定された後に限られる) のみにおいて成功した. ドイツは移動の自由の問題における加重特定多数決への移行を阻止し, 英国は租税政策や社会政策の問題におけるそれを阻止した. このことにより, おそらく, 大加盟国の政治的優位に関するあらゆる先入観が確証されることとなった.

すでにアムステルダムにおいて 1997 年に決定された, 加盟諸国中の比較的小部分グループの, 一定領域における緊密化協力の可能性は, さらに強化された. 緊密化協力に加わらない諸国の拒否権は原則として廃止された. 緊密化協力は, 理事会を通じ, 特定加重多数決により承認されなければならず, 少なくとも八つの加盟国を含まなければならないものとされた (Best 2001). それを超える具体的決議はなされなかった. 例えば, 欧州中央銀行理事会において, 欧州中央銀行定款の変更手続きに関する一致による採決方式を適応する件は, その準備がなされるに留まった (Deutsche Bundesbank 2001).

3　EU 東方拡大の経済的諸問題

　EU 東方拡大においては，特に，加盟しようとする国が，従来の EU 統合諸国に比べて，一部――購買力平価換算による 1 人当たり国内総生産で見て――はるかに貧しく，また農業的性格を強く帯びているゆえに，問題が生じる可能性があろう．

　収斂，すなわち現在の EU 諸国の生活水準への追いつき過程は，この数値によれば――比較可能性は限られるが――バルト諸国において最も進捗していることを確認しうる．これは本来ほとんど驚くにあたらない．というのは，中東欧諸国は徹底した構造転換を経ているからである．国内経済では，国有財産の民営化や，サービス部門に有利となる一次部門や工業部門の減少が，また対外経済では，東側から西側への通商関係の方向変換が，それにあたる．集団としての中東欧諸国は，2001 年には 2000 年と対比して EU に 0.8％追いついた．この数値は，平均 2％の収斂率という標準想定からまだはるかに隔たっている．後者の収斂率は，広く受け入れられかつ成長論に基づいた経験的分析が欠けているため，多数の予測に立ち入ることで得られたものである（例えば，Brücker 2001, Sinn u. a. 2001）．

　豊かな国民経済と貧しい国民経済との共同市場[9]においては，構造的な適応圧力が非常に高いために，経済問題が生じるかもしれない．というのは，生産要素である労働と資本は賃銀格差や利益格差に基づく強い転換誘因に影響されるからである．後者は物財貿易をも刺激する．なぜなら，物財においては，生産要素の投入がいわば「しみ出された」かたちで存在するからである．高い適応圧力が頑固な構造に突き当たる場合，経済問題，すなわち支払い不能や失業，財政問題が，予想されうる結果となる．それゆえに，東方拡大は一定の適応能力を前提とする．この適応能力はしかし，新旧 EU 諸国の経済的な重みが異なるため，中東欧諸国においては従来の加盟国よりなお一層高いものでなければならない．このように概観した緊張の場には，さらに多くの問題が出てくる．すなわち，立地競争は経済問題の解決の際にどのような役割を演じるべきであり，また演じうるか．統合過程の財源はどのように確保されるべきか．EU 財政の約 50％を占める共通農業政策，ないし優に 30％を占める構造政策においては，どのような改革が必要となるか．今は，これらの問題をすべて論じるだけ

表4　中東欧諸国の（購買力平価換算による）一人当たり GDP の対 EU 平均百分比

	1998	1999	2000	2001
スロベニア	68	71	72	69
チェコ	60	59	60	57
ハンガリー	49	51	52	51
スロバキア	46	49	48	48
エストニア	36	36	38	42
ポーランド	39	37	39	40
リトアニア	31	29	29	38
ラトビア	27	27	29	33
ブルガリア	23	22	24	28
ルーマニア	27	27	27	25

出典：1998 年については，EU-Kommission 1999, Annex 2, 1999 年については，EU- Kommission 2000, Annex 2, 2000 年について は，EU-Kommission 2001, 2001 年 に ついては，EU-Kommission 2002a, Anhang 7. 欧州委員会の指摘によれば，計算方法は年により変更されているので，年次比較は行えない．

の余裕はない．そうする代わりに，以下では，少なくとも同程度に重要な，別の問題が検討されなければならない．

　ここ数年，ドイツにおいて比較的最も注目を集めているのが，労働力移動の可能性に関する研究と，労働市場システムにとってのその帰結である．1989年から1993年までの中東欧諸国の政治的開放後の，対外移住の第一波（erste Auswanderungswelle）についての経験から，EUへの［対外］移民（Auswanderer）の約3分の2がドイツに入って来るものと予測されている．計量経済学に基づく最初の諸研究は，所得格差の大きさを考慮してさらに著しいドイツへの人口移動潜勢力を予測した（経験的には Brücker, Franzmeyer 1997 または Bauer, Zimmerman 1999 を参照せよ）．上で言及した移住（Wanderung）第一波の経験に基づき，形式上は比較的熟練度の高い対内移民（Einwanderer）が，とりわけ国内の低賃銀労働力と競合することとなろう，との予測がなされた．この分野に強固な賃銀硬直性があることから，自国の就業者の代替とそれに対応する比較的高い失業とが予想されたことは，理に叶っている．

　ドイツの労働市場問題が，予想された移住圧力のもとで一層厳しさを増す可能性があるとの危惧は，EUが，東方拡大後における移動の自由の制限のためのいわゆる「2＋3＋2」モデルの合意に達したことに，相当寄与した．これによれば，加盟後2年の移行期における被用者の移動の自由が完全に停止される．とはいえ，この期間に［EU］構成諸国はその国内法に基づき，または今後の加盟諸国との二国間協定により，それぞれの労働市場を開放することは許され

る．アイルランドおよびスウェーデン，ネーデルラントはすでにこの選択権を行使する旨を表明した．他の構成諸国は移行期限の満了前に，時機を失せず EU 委員会に簡単な声明を出すことにより，3 年の［期限］延長を選ぶことができる．同様の可能性が，全部で 5 年を経たのちもう一度ある．とはいえ，この場合に認められるのは 2 年間だけである．したがって，遅くとも全部で 7 年後には，完全な移動の自由が EU 全体に実現されるであろう．さらにこの規定を超えて，ドイツ，オーストリアは，サービスの自由における諸制限を貫き通した．ドイツは建設業，クリーニング業，塗装業において，またオーストリアは同じく建設業とクリーニング業，ならびに造園業，社会福祉サービス，在宅看護，保安サービスにおいて，それぞれサービスの自由を適用除外とすることができる．サービスの自由の適用除外は，期間の上で被用者の移動の自由の適用免除と結びついており，したがってやはり最長 7 年間まで持続しうる（Glende 2002）．

改善された方法論とデータベースに基づいて提示された近年の諸研究は，以前の研究とは異なり，穏健な人口移動の流れを予測するのみである．

表 5　中東欧諸国（MOEL）の人口移動潜勢力に関する近年の推計概観

	類推対象	対象期間	MOEL10 カ国からの純移住への射影	
			EU15 カ国へ	ドイツへ
Fertig, Schmitt 2000, Fertig 2000	17 カ国からのドイツへの移住	1960～97 年		20 年経過後に 30 万～120 万人 a)
Hille, Straubhaar 2001, Straubhaar 2001	EU 南方拡大	1988 年以降ないし 1993 年以降	15 年後に 150～200 万人	
Brücker 2000	18 カ国からのドイツへの移住	1967～98 年	30 年後に 315 万人	30 年経過後に 200 万人
Sinn u.a. 2001	EU 南方拡大およびトルコ人のドイツへの対外移住	1974～97 年		15 年経過後に 400～500 万人（下限）

a) ポーランドおよびチェコ，ハンガリー，エストニアの 4 カ国からについてのみ．
出典：筆者作成．

1．ヒレとシュトラウプハール（2001）およびシュトラウプハール（2001）は，1988 年以降（ギリシャ）および 1993 年以降（スペインおよびポルトガル）の，つま

表6　Straubhaar 2001 による中東欧諸国（MOEL）への年当たり人口移動率

所得格差 %	年当たり粗人口移動率			年当たり純人口移動率		
	%	実数		%	実数	
		MOEL10 カ国	MOEL8 カ国		MOEL10 カ国	MOEL8 カ国
70	0,40	419.000	296.000	0.15	157.000	111.000
60	0,34	356.000	252.000	0.13	136.000	96.000
50	0,27	283.000	200.000	0.10	105.000	74.000
40	0,19	199.000	141.000	0.06	63.000	44.000

注：MOEL8 カ国は，MOEL10 カ国からルーマニアとブルガリアを除いた諸国．
出典：Straubhaar 2001, 22-23 頁．

り被用者の完全な移動の自由の時期についての，南方拡大諸国とイタリア，アイルランドを除く EU 諸国との間の人口移動の研究において，労働の未来研究所（IZA: Forschungsinstitut zur Zukunft der Arbeit）の比較的単純な推計モデル（Bauer, Zimmermann1999）に明確に依拠しつつ，これに二つの決定要因のみの補足を行っている．追加変数の一つはネットワーク効果（すでに EU 北方7カ国で生活している南ヨーロッパ人の総数）を顧慮したものであり，いま一つの追加変数は，移住目的国と出身国との空間的距離（首都間の距離）を表すものである．これらの変数を含むすべての説明変数は一つの時期に固定されている．というのは，現在の対外移住の決断は過去の情報に依拠していると想定されるからである．中東欧10カ国と中東欧8カ国の EU15 カ国への人口移動率を外挿法によって求めるために，推計パラメータが用いられている．平均失業率は EU では 10.5％，中東欧10カ国では15％であるとの仮定，および移動の自由の確立時点で，すでに100万人の中東欧諸国市民が「旧」EU で生活しているとの仮定，EU と中東欧諸国との間の平均距離が1500キロメートルあるとの仮定のもとで，いくつかの射影（Projektionen）が，所得格差に関する仮定に依存しつつ，算出されている．

　この数値の解釈に際しての要点は，すでにバウアーとツイマーマン（1999）の場合がそうであるように，それらが原則として加盟後1年目の［中東欧諸国からの］対外移住のみを示しているということである．とはいえ，この数値は，将来における移動の自由の確立時点での［EU への］対内移住の予測には，より有用である．というのは，それはいくつかの収斂シナリオを表現するからである．例えば，最初に加盟する中東欧8カ国のための移動の自由の確立に際して，EU に対する平均所得格差が，購買力平価換算での1人当たり GDP のわずか40％

に過ぎない場合，この研究は，最初の年における中東欧諸国から EU への市民の純移住数をわずか4万4000人と予言する，等々である．さらに進んだ解釈は，中東欧8カ国の加盟15年後に，正味100万人ないし150万人（中東欧10カ国では150万人ないし200万人）の人々が中東欧諸国から EU へ移住するであろう，と予測するが（Straubhaar 2001），これは，移住の中東欧諸国の所得の発展——この発展は動学モデルによってのみ適切に表現されうるであろうが——へのありうべき逆作用を無視している．

2．ドイツ経済研究所［DIW］等（ベルリーン）は，ヨーロッパの5大経済研究所の，欧州委員会からのある受託共同研究での動学的構造モデルに基づき，かなり穏健な人口移動潜勢力の推計を提示している（Brücker 2000）[10]．この推計は，誤差修正モデルの枠組による，1967年から1998年まの期間における，18の出身国からのドイツへの移住のエコノメトリック的分析に基づくものである．この推計モデルは，出身国と［移動］目的国における将来の所得機会と雇用機会への期待の形成を顧慮している．これによれば，人口移動の最も重要な決定要因は，賃金格差の近似値としての富裕度格差（購買力平価による1人当たりGDP格差），および労働所得を獲得する蓋然性の指標としての失業率である．すでにドイツで暮らしている各対外移住送り出し国国民の総数も，推計等式において顧慮されている．さらにその上，人口移動の個別費用が異なるゆえに，一定の所得格差がある場合，その個別費用を移住による期待収益が上回る人口部分だけが対外移住するという前提に立っている．この人口部分が対外移住した場合，所得格差が不変であれば，純移住はゼロにまで減少する（Brücker, Trübswetter, Weise 2000）．

中東欧諸国の対外移住潜勢力の予測のために，EU と中東欧諸国の失業率が現在の水準に凍結され，中東欧諸国の追いつき過程については年当たり2％の収斂率（基礎シナリオ）が仮定される．射影はまずドイツについて実施され，次いで，中東欧出身の移民の地域的配分がドイツに3分の2，残りの EU に3分の1で一定であるとの仮定のもとで，EU について推計がなされる．ブリュッカー（2000）は，基礎シナリオにおける中東欧諸国から EU への予想されうる純移住の規模として，仮に2002年から候補の全10カ国が移動の自由の障壁の即時撤廃を伴って加盟するとした場合，33万5000人の人数を提示している．つまりこの人数は，2002年の中東欧諸国の全10カ国からの予想される対内移住に関

わっている．この研究の著者たちは，EUへの年々の純移住が，10年間のうちに，年当たり15万人に減少すると予想している．加盟の約30年後には，中東欧諸国とEUとの間の移住の流出入とが相殺される均衡に到達する．そうなれば，390万人の中東欧諸国出身者が「旧」EUで（そのうち250万人はドイツで）暮らすことになろう．これによれば，「旧」EUで暮らす中東欧諸国国民の数（Bestand）は315万人（ドイツで暮らすものは195万人）増えるはずである．とはいえ，ここで確認されるべきは，すべての中東欧諸国が2002年にはすでにEU構成国となっているとの仮定は，最近の展開に照らして修正されざるをえまい，ということである．2002年に予測された純移住の41%がブルガリアとルーマニアからのものであるが，これらの国の加盟は早くとも現在進行中の10年（laufende Dekade）の終わりに予期されうるに過ぎない．この現実的な加盟時期を顧慮すれば，以前の推計と比べて，ただでさえすでに少なくなっている現下の射影移民数は，さらに著しく減少することになる．

3. ifo経済研究所（ミュンヘン）からは，連邦労働・社会秩序省の委託による，マックスプランク外国社会法・国際社会法研究所との共同研究が提示されている．この共同研究は，動学的構造モデルに基づき，上で引用した穏健な推計に対して，むしろ中東欧諸国からEUへの比較的高い移住の流れを予言している（Sinn u. a. 2001）．1974年から1997年までの期間における，EU南方拡大とトルコからドイツ連邦共和国への移動との類推により，五大加盟候補国（ポーランドおよびルーマニア，チェコ，スロバキア，ハンガリー）からドイツへの移住が予測され，また中東欧全10カ国に関する推計がなされているのである．類推に説得力をもたせるために，納得性に関する考察が補足されている．推計モデルの決定要因は，購買力平価で見た所得格差，および労働市場の状況——これは国内総生産の実績のその潜在値からの乖離により代理される——，ネットワーク効果（他のモデルにおけるように，すでに移民の目的国で暮らす外国人人口の総数により表現される），である．

考察対象の中東欧諸国からドイツへの移住の射影に関しては，労働市場状況の影響を表す変数は，景気変動の影響を小さくするためにゼロと置かれている．所得の展開については，高シナリオでは，収斂がなく，また所得格差が1997年の水準（！）に留まっていると想定された．低シナリオでは，——ブリュッカー（2000）の場合のように——2%の収斂率が仮定された．これにより

ジン他（2001）は，加盟後最初の15年は，（中東欧5大国の場合）320～400万人の純移住ないし（中東欧10カ国の場合）400～500万人の純移住が予測可能，との結論に達している．これは，4ないし5％の人口移動率に相当する．当初は，毎年，少なくとも年当たり20～25万人（中東欧5カ国）ないし25～30万人（中東欧10カ国）が，「旧」EUに移住するであろうというのである．納得性に関する考察（1.候補国は，南方拡大諸国やトルコよりも貧しく，また機能程度も低い市場経済であり，空間的にドイツにより近い．2.移動圧力は，ポルトガルやスペインの場合と異なり，加盟前に低減されることはできなかった．政治的転換後速かに高められた移動障壁が，潜在的な対外移民を押し止めたからである）は，この値を，著者たちの見解によれば下限をなすものと思わせている．

ジンとウェルディンク（2001）は，同じモデルに基づいて，交渉が最も広範に進んだ［中東欧］8カ国の加盟についての推計結果を提示している．彼らは，加盟後最初の15年に250万人から300万人の純移住潜勢力を予想している．これは人口の3.4％から4.3％の移動率に相当する，という．とはいえ，著者たちは，この潜勢力が実際の移住に照応すると予期することはできないと，明言している．

4. アレッケとフーバー，ウンティート（2001）は，これまでに提示したすべての，新旧の計量経済学に基づく移動潜勢力の推計方法に対する根本的な批判を，次の研究に基づいて行っている．すなわち，ミクロ経済学的な移動の決定要因（年齢，能力資格，家族の規模，出身国における相対所得，直接移動費，情報・求職費，およびその他の社会的・心理的・政治的費用）の，1989年11月9日の後のドイツ国内純移動への影響，および1983年から1991年にかけてのベルギーおよびフランス，ドイツ，ネーデルラント，グレートブリテンにおける外国人比率の変化への影響についての，計量経済学的研究がそれである．彼らは次のような結論に至っている．すなわち，暗黙にか明示的にか1人当たり相対所得を移動の決定要素として前面に出す方法は，移動のミクロ経済学的な規定要因の大きさを無視しており，それによって移動潜勢力の著しい過大評価をもたらしている，というのである．

5. フェルティヒ（2000）およびフェルティヒとシュミット（2000）は，非構造的モデルを移動傾向の推計に用いており，その際，諸国に独自な（時を超えて一

定の）変数（例えば，距離，言語，共通の国境，気候）に従属させ，また時の経過とともに変化するがどの諸国でも等しい変数（例えば，世界の景気，さまざまなショック，政治的大事件）にも従属させている（Straubhaar 2001）．ブリュッカー（2000）と同様に，彼らは 1960～97 年のドイツへの 17 カ国からの移住に関するデータを用いている（Fertig, Schmidt 2000）．これによって，彼らは，年齢ごとに特有な移動傾向の推計を得ている．特に人口統計学を顧慮しつつこうして算出された値は，ポーランドおよびチェコ，ハンガリー，エストニア（中東欧 4 カ国）から EU への移住の射影のために利用されている．この 4 カ国の住民が，ドイツへの従来の移住源泉国の平均的な住民のように行動するとすれば，年当たりわずか 1 万 5000～1 万 8000 人の移民が，あるいは 20 年後に計 30～40 万人の対内移民が，それぞれ見込まれるに過ぎない．中東欧 4 カ国が並はずれた対外移住地域を表すとしても，ドイツへは年当たり 4 万 9000～6 万 3000 人，すなわち 20 年後に 90 万人から 120 万人が見込まれるに過ぎない，というのである（Fertig, Schmidt 2000）．

ドイツ連邦銀行の調査研究は，提示された 2002 年 10 月の研究成果の評価において，次のような予測を述べている．拡大後の最初の 15 年に正味で 150 万人から 220 万人の間の人々が中東欧諸国から旧 EU 諸国に入って来る可能性があると．また，この推計の下限値が，比較的に蓋然性が高いとの格づけがなされている（Walter, Just 2002）．これに対して，連邦政府は，2001 年 2 月にはまだ年当たり 22 万人の対内移民を——それゆえ 15 年後には 330 万人の移民を——予測していたのである（Glende 2002）．それゆえ近年の諸成果は，政策判断の新たな評価を勧めるものとなっている．人口統計上の展開にとって，あるいはまた高有資格の従業者への労働需要にとって（Bauer 1998），ならびにまた，場合により熟練度の低い労働力の雇用にとって（Hebler 2002），移住が積極的な効果をもたらすことからすれば，移動の自由の許可は，遅くとも 2 年後には真剣に検討されるべきであろう．

4　経済政策的な結論

経済的な人口移動問題といったものは，我々の見方からは意味をなさない．予期されうる対内移住の流れも，そこから導き出されうる労働市場効果も，ど

ちらも，経済的に不適切な状況をもたらさない．逆に，人口移動はおそらく移住先地域にとってむしろ積極的な厚生効果をもたらすであろう．政治経済学的考察は，それにもかかわらず，なぜドイツの政治家や労働組合が外国人労働力のわずかな流入をさえ恐れるのか，あるいは恐れると言い立てるのかを示している．場合により低熟練の中央値選挙民（Medianwähler）の相対賃銀状況を，移動の自由の確立に続く年々にいくらか悪化させるであろう移住の分配効果，この効果が，目下実施中の隔離政策（ヨーロッパの派遣方針［Europäische Entsenderichtlinie］[12]，ドイツの公的発注委託法，移動の自由の移行期限）をもたらしているのである（Belke, Hebler 2002）．

　我々の政策措置への提言は何か？　経済的観点からは，東方拡大の国民経済的利点を実現可能にするために，隔離は可及的速やかに廃止されるべきであろう．そのために必要な，ドイツの労働市場や社会政策の諸制度改革は，ジン（1999）によって明確に提示されている．彼は，資本と労働に対する人口移動費用の公式モデルに基づき，EU 東方拡大の国際的含意を研究している．彼のモデルは，さしあたり新 EU 国民経済から旧 EU 国民経済への人口移動の流れは，時がさらに経過すれば再び逆転する，と予測している．南ヨーロッパからドイツへの移住や前世紀の米国西部における土地獲得の経験から，移住は，長期の仕事の場（ないしは国）が存在する限りでのみ，持続的性質のものとなる，との論拠が導き出されうる．目的国での失業率が高い場合，移民は傾向として，彼らが出身国で生計を立てるのに十分な稼ぎを得る時まで，そこに留まるに過ぎないであろう．移民がこの見通しを持つかどうか，またどの程度の数の移民がこの見通しを持つかを確認することは，困難ではあるが．このことは，次のようなベーリ（1998）の予測とも符号する．すなわち，「いずれにせよ，東西の人口移動は一時的な性格のものであろう．一方，永久移住は，特に中東欧における現在の力強い経済回復にはずみがつくようであれば，東から東への型のものとして続きうる」．国家干渉のない，のちの帰国を伴う対内移住（「二面性を持つ人口移動」）は，ジン（1999）によれば，現存する諸資源の最も効率的な投入をもたらすので，最善の解決となる[11]．それゆえに，人口移動は（移行段階においても），理想的な場合においては，法的規制や移転支出によって人為的に制限されるべきではなかろう．しかし，人口移動が，賃銀や社会的給付の双方の水準の格差に基づくが，その経済的に最適な範囲を逸脱する恐れがある場合は，次善の解決として，――非移動への補助金（「非移動報奨金」）によって非効率な構造を中

東欧諸国のなかに維持することによってではなく——旧EU諸国民経済における福祉国家体制の改革が選択されるべきである[12]．この種の制度改革は，福祉国家的移転についての出身国原則の導入や，労働市場の適応能力を高める賃銀補助金の導入を含みうるであろう．

ジン (1999) は，中東欧諸国のEU統合へのまさに移行段階における，福祉国家的諸制度や労働市場諸制度の形成に対するかれの提言を導き出す際に，ドイツ統一との明白な平行線を引いている．EU東方統合はその性格の点で独・独統一と類似しているというのである (Jovanovic 1999 をも参照)．双方の場合，図式的に見れば，一つの繁栄している国民経済が一つのより貧しく，また発展度の低い国民経済を囲んで拡大したし，また拡大することとなる．しかもその上，拡大の相対的な範囲は類似している．すなわち，ドイツ統一は市場経済の人口を4分の1増やしたのに対して，計画されているEU東方拡大はEUの人口をおよそ6分の1増やすこととなる．しかし，ドイツ再統一の場合，移行期のための制度選択の際に決定的な失敗がなされたことが，労働市場や公的予算（西ドイツにとって国内総生産の5％にのぼる年当たり公的移転費用）に破壊的な影響を及ぼした．したがって，EU東方拡大の枠内でこの種の失敗を回避することは期待されてよいものである．というのは，ジン (1999) の計算に従えば，西ドイツの制度選択をEU東方拡大にコピーした場合，EUの年当たり国内総生産の4,5％までの，ないし3000億ユーロを超える年間費用が見込まれなければならないからである．

さて，この予備的考察から，EU東方拡大の枠組みにおいて必要となる，旧EU諸国における制度的適応のための重要な結論が導き出される．すでに再統一後の西ドイツの事例が示したように，現在のEU諸国は中東欧諸国に非移動報奨金を支払う余裕がなく，またそれに加えて，この方法は次々善の解決を意味するものでしかないので，別の制度的転轍が優先されねばならない．前述した（EUにおける福祉国家的な諸制限を伴わない）理念モデルに従う定住の自由の制限を退け，また，東方拡大をさらに延期するという政治的に望ましくない選択肢を無視する場合，比較的安価な選択肢は，旧加盟国の福祉国家プログラムを自国民に制限すること，である．このことは，従来EUにおいて福祉国家的移転の際に適用されていた居住地原則の出身国原則による代替のかたちでの，社会システムの深部に及ぶ編成替えに基づき進められることとなろう．［これにより］移住が，社会国家の給付によってさらに追加的に促されることはもはや

なくなるであろう．出身国原則の適用は，ジンの構想の枠内においては，そうでなくともシステム競争の諸力を通じた福祉国家の浸食を防ぐ適切な手段となろう．さらにその上，このことは，EU 条約の四つの基本的自由を完全に実現するための一つの決定的な前提条件となろう[13]．

しかし，出身国原則の遺漏のない適用の場合でさえ，自由な移動は，中東欧諸国からの移民が従来 EU で就業してきた被用者の一部を代替する結果（「代替効果」）をもたらしうるであろう．このことは，後者をして，福祉国家的給付への要求を正当化しうるかもしれない．この作用を排除するためには，EU 諸国民経済における労働市場がより一層柔軟化されるべきである．失業手当の受給権の要求や早期年金生活者化やその他の「非就業補助金」のための諸条件は，より厳格に形作られなければならない．同時に，これに伴ってなされる支払いの範囲は制限されなければならない．労働市場の必要な柔軟化は，ジンによれば，これによって節約された額が，かりに低賃銀被用者の賃銀補助金に投入されれば，社会的目標設定を守ってさえも達成されうる，という（Sinn 1999）．予期されうる配分による影響を緩和するためには，参加モデルや資本の裏づけのある事前配慮制度（Vorsorgesysteme）による被用者財産形成が促進されうるであろう（FAZ 1999）．

それゆえに，出身国原則の適用と通常の福祉国家的諸給付の賃銀補助金による代替は，ジンによれば，EU 東方拡大の移行段階にとっての制度的な改革提言の重要な構成要素と見なされる．旧 EU 諸国におけるこの制度変更により，中東欧諸国と従来の EU 諸国との間の自由な人口移動という厚生利益が実現されうるかもしれない．同時に，EU は，東方拡大に伴う東欧の政治的不安定性によって突然生じる人口移動の波に，比較的によく備えることができるであろう．

終わりに，人口移動問題の社会的局面（gesellschaftliche Dimension）に，手短に立ち入っておきたい．ドイツ連邦共和国は 50 年を超えるその存続のなかで，移住についての経験をたっぷり積んできた．戦後の最初の年々に，旧ドイツ東部諸領域からの被追放者（die Vertriebenen）がやってきた．1200 万人の難民（Flüchtlingen）のうち，当時ほぼ 800 万人が持続して，のちにドイツ連邦共和国を形成する三つの西側占領地域に定住した（対内移住第一波）．若い民主主義（ドイツ連邦共和国）はその後，1950 年から 1961 年 8 月の壁の建設までのその存続の最初の年々に，ドイツ民主共和国からの 230 万人のドイツ人を統合した（対内移

表7　1946〜95年におけるドイツへの移住

(単位：1000人)

	被追放者 被強制移住者	ドイツ民主共和国からの移住者	外国人	移住合計
1946〜49	5.054	425	N.A.	5.479
1950〜61	2.053	2.257	508	4.818
1962〜73	283	280	3.150	3.716
1974〜87	660	244	-48	856
1988〜95	2.075	773*	2.588	5.436
1946〜95	10.125	3.979	6.198	20.302

注：*は1990年10月3日まで．
出典：von Loeffeholz, Köpp 1998, Tabelle 2を要約した．

住第二波）．これらの大量移住にもかかわらず，ドイツ経済の奇跡による労働力不足がすでに予測可能な状況となった．1955年に最初の外国人労働者協定がイタリアとの間で締結された．次いでスペイン，ギリシャ（ともに1960年），およびトルコ（1961年，1964年），モロッコ（1963年），ポルトガル（1964年），チュニジア（1965年），ユーゴスラビア（1968年）の各国との募集協定がそれに続いた（von Loeffelholz, Köpp 1998）．1950年から1973年までに差し引き約370万人の外国人移民がドイツに入ってきた（対内移住第三波）．一方，1962年から1973年までの被強制移住者（Aussiedler）および［ドイツ民主共和国・東ベルリーンからの］移住者（Übersiedler）の数はわずか56万3000人に減少した．1974年から1987年までの年々には，ドイツ連邦共和国は移住運動の差し引きで4万8000人の外国籍市民を失った――それでも，ドイツにおける外国人比率は移民の間での高い出生率によりさらに上昇した（von Loeffelholz, Köpp 1998）．1988年からの中東欧における政治的諸変革，および特にバルカン戦争が，ようやく対内移住の第四波をもたらした．1988年から1995年までの間に約260万人の外国人と280万人の被強制移住者および［東ドイツ・東ベルリーンからの］移住者が西ドイツへ移動してきた（表7を見よ）[13]．中東欧の，現在EU加盟資格を申請している10カ国からは，EUの移住隔離（ドイツにおけるアジュール権の厳格化，EU諸国におけるシェンゲン協定[14]）に至るまでのわずかな年々に58万5417人がドイツに入ってきた．

なお，銘記しておくべきは，ドイツ連邦共和国が，単にドイツ出身の移民だけではなく，長い移住の伝統を持っていることである．総じて，1946年以来2000万人の人々がドイツ西部に新たな故郷を見つけ出した．それゆえに，近い将来

中東欧EU「新」加盟国からの移住は，それが連邦西部諸州に限られる限り，決して社会問題にはなるまい．しかし，かつてドイツ民主共和国を形成した五つの州にとっては，そこには西部と比較可能な移住の伝統がなく，また高い外国人比率も見られないことを確認せざるをえない．後者は，ドイツにおける外国人敵対心についての従来のあらゆる経験からして，どちらかといえば文化的には寛容な地元住民，ということと平行して現れている．それゆえ，さらなる対内移住は，この理由からしても，むしろドイツ西部を目標地域とするのが適当であろう．政策の課題は，（西部）ドイツの統合能力を適切な措置によって維持すること，また，それを――可能ならば――国の東部にも拡大し，ドイツの移住の伝統を民主主義文化の構成要素として，また経済的な立地優位として強調することであろう．

訳者追記

ここでは，本章の諸論点に関する2002年の後の展開を最小限補足しておく．以下，特に断らぬ限り，主に駐日欧州委員会代表部および外務省のwebsite掲載情報を用いたが，この追記の文責は，言うまでもなく執筆した訳者にある．

(1) EU東方拡大は，2004年5月1日における10カ国のEU加盟によりその大部分が実現した．25カ国に拡大したEUは，人口が約4億5500万人（2002年），域内GDPが約9兆7310億ユーロ（2003年）となり，約9兆7130億ユーロの米国をわずかながら上回る経済統合体となった（EU統計局）．また，2005年4月25日に加盟条約調印を行ったブルガリアとルーマニアが2007年にEU加盟を果たせば，EUは27カ国体制となる．さらに，2004年6月にEU加盟国候補に決定されたクロアチアが，ブルガリア，ルーマニアと同時に，またはやや遅れてであれ加盟を果たせば，これらによって東西欧州分断の歴史に名実ともにほぼ終止符が打たれることとなる．

以上の限りでは，中東欧諸国との加盟交渉過程において生じた諸問題が東方拡大の実現を危うくしかねないと見たケスタースらの予測は，結果としては当たらなかったことになる．しかし，EU統合のその後の経過は，これらの諸問題の多くが東方拡大の実現とともに解決されたのではなく，拡大の実現後に持ち越されたに過ぎないことを示している．

(2) EU25カ国体制の形成後今日に至るEU統合の最大の焦点は，EU憲法条約

の採択と批准であったと言えるが，上記の諸問題も，EU 憲法条約を巡る加盟国間の利害対立の焦点となっている．特に，理事会の議決を巡る票数配分や委員会の委員数，予算，安全保障，自由化等を巡る諸問題がそれである．

EU 憲法制定の目的は，それまで段階的に積み上げられてきた諸条約のゆえに複雑化した EU の構造上の透明性を高め，かつ拡大後の EU をより効率的で強力な共同体に再編することにあったと観てよい．このため憲法条約は，半年ごとの議長国輪番制を廃して，加盟国首脳による理事会が選任する任期 2 年半の常任議長（EU 大統領．再任可能）を新設するとともに，共通外交・安全保障政策を担当する EU 外相職を新設し，同時に EU に条約締結権限を与えて EU による加盟国統合力を強化する内容となっている．手続き面では，2001 年のラーケン欧州理事会における「欧州の将来に関するコンベンション（諮問会議）」結成合意を受けた 2002 年 2 月からの諮問会議の会合開始，2003 年 6 月の諮問会議による憲法条約草案の欧州理事会への提出，同年 10 月以降の政府間協議による草案の検討と改訂，2004 年 10 月 29 日の加盟国首脳による EU 憲法条約調印，同年 11 月以降の加盟各国による憲法条約の批准開始，という経過を辿っている．

だが，第一に，2004 年秋の調印に至る過程で重大な利害対立が生じた．その最大の焦点は理事会の意思決定方式の問題であった．憲法草案が，加盟大国の主導を許す人口数を基礎とした二重多数決制の導入を盛り込んだことに中小国が激しく反発したのがそれである．

その複線は，2002 年 12 月のニース首脳会議の際に，最大人口を擁するドイツが人口比を反映した欧州理事会票数配分を要請したにもかかわらず，フランスの反対により独仏英伊を同数配分とする決定を飲まざるをえなかったことにあった（一方，三重多数決原則に 62％の EU 人口下限という柱を盛り込んだのはこのようなドイツへの譲歩であったとされている）．同時に人口がドイツの約半数に過ぎなかったスペイン，ポーランドが，EU 拡大後にドイツと並ぶ 27 票を獲得することも決められていた．ここに，EU25 カ国体制となった場合の自国の影響力の弱化を懸念したドイツは，憲法条約の調印において，あらためて人口比を反映させた意思決定方式を要求して譲らなかった．EU 憲法草案は，ドイツの要求に応じて加盟国の 50％超が賛成し，かつ賛成国の人口が EU 総人口の 60％以上の場合に可決，との二重特定多数決制の方式に改めた．これは，英独仏の EU 加盟大国が共同歩調を取れば理事会決定を阻止できることを意味した．

だが，2003 年 12 月に草案はスペイン，ポーランドの拒否に遭い，また対立す

る双方の妥協の試みも不調に終わった．結局，議長国アイルランドが中小加盟国に配慮して，可決に必要な票数を加盟国の55％超，人口では総人口の65％以上に引き上げ，同時に議案の阻止には最低4カ国の反対を要する旨の案を提示し，この案でようやく決着したのであった．

　同じく利害対立が際だったのが，欧州委員会の定員数や輪番方式についてであった．憲法草案は委員会の機動性を向上させるべく，2004年秋からの欧州委員会の定員を15人（他に投票権のない委員を10人）に減らすこととしていた．しかし，ここでも大国主導を警戒した中小国が「一国一人を維持すべき」との意見に固執し，議論は一時膠着状態に陥った．結局これも，最初の委員会委員は各加盟国1人（合計25人）の委員で構成され，その後は加盟国の3分の2に相当する委員（委員長，EU外相を含む）で構成されると同時に，委員は加盟国間の平等な輪番制によって選出されるとの，中小国に配慮しつつも大国と小国の妥協を図った改定案で決着した．

　いま一つ，大きな焦点となったのは，欧州統合を深化させて連邦制の導入を目指そうとする独仏中心の加盟国グループと，外交・安全保障，税制，社会政策等の意思決定における拒否権に固執する英国中心のグループとの対立であった．これについては，結局，英国の主張する外交・税制・社会政策等の分野で拒否権の保持が認められ，統合推進派の独仏などが大きく譲歩したかたちとなった（田中信世「EU憲法で合意」（財）国際貿易投資研究所『フラッシュ68』2004. 7，所収）．

　ここからすれば，EU憲法条約の採択は，一方における大国と中小国，他方における大国間，つまり独仏と英国との間，といった対立する諸利害の，重層的な政治的妥協の所産でもあったと言えよう．

　第二に，EU憲法条約の批准は，2005年7月までに11カ国が行ったが，2005年5月29日にフランスが，また2005年6月1日にはネーデルラントが，それぞれ国民投票で条約を否決した．また2005年7月時点での批准未定国は12カ国であった．しかし，フランスとネーデルラントにおける批准の否決やこれを受けた英国の批准凍結の決定が加盟国の間に動揺を招いたことから，2005年6月16日，欧州理事会は2006年11月1日を発効期限としていたEU憲法条約の批准手続きの延期で合意した．憲法条約の発効には全加盟国の批准が必要であるとはいえ，5分の4が批准すれば首脳会議で次善の策を検討するとの付則も確かにある．しかし，この付則にもかかわらず批准手続きの延期がなされたことで，

英国に次いでデンマーク，ポルトガル，チェコ，アイルランドが国民投票の凍結を表明したことも加わって，当面憲法条約発効のめどは立たなくなり，EU統合の深化は足踏み状態となっている．

　フランスないしネーデルラントにおける批准否決の理由としては，①人口の99％をイスラム教徒が占め，かつ2025年にはその人口が，現在EUで最多人口のドイツを追い抜く見通しとなっているトルコがEUに加わることへの懸念，②中東欧などへの投資や雇用の流出と，旧加盟国における移民の増大による失業率の上昇等への懸念，③物価上昇を招いた単一通貨ユーロ導入への反感をてことした統合促進への反発，④国家主権の制限とEUへの権力集中への懸念，⑤小国が埋没することへの懸念，⑥シラク政権への反対，などが挙げられた．

　ともあれ，ドイツとともにEUの牽引役を務めてきたフランスの批准失敗により，統合への推進力が大きく減衰したことは否めない．一方，影響力の拡大を志向するドイツがフランスに代わる推進役として前面に躍り出る可能性もなくはない．だが，シラク大統領の盟友シュレーダー首相率いる連立政権の支持率が急落してその内政基盤が揺らいでおり，また，「EUのドイツ化」に対しては，他の加盟国の警戒心が高まってドイツが推進役としての正統性を調達しにくい状況にあることからすれば，この方向への予想もたちにくい．

　このように独仏枢軸によるEU圏統合の推進に蔭りが見えてきたことには，財政赤字をGDPの3％以下に抑え，政府債務残高をGDPの60％以下とすることを義務づけていたユーロ圏諸国の安定成長協定に対して，財政赤字問題で結束した独仏が，2005年3月24日のEU首脳会議で協定の緩和を勝ち取り，これによって財政赤字への制裁措置を回避したことも与っているように見える．これに対してネーデルラントやポーランド等の中小国や，共通通貨ユーロへの信任の動揺を懸念する欧州中央銀行が反発しているからである．また，独仏によるこの財政協定弾力化への共同歩調は，すぐ次に述べるEU中期予算問題や，イラク戦争を含む安全保障問題での，英国と独仏との間の，また独仏と中東欧新規加盟国との間のそれぞれの対立ないし亀裂とも結びつき，また上述した憲法条約交渉を巡る同様の対立にも飛び火したからである．

　(3) 2005年6月16～18日のEU首脳会議における，2007年から2013年までのEU中期予算を巡る協議は，次の二つの対立を主要な根拠として決裂した．第一の対立は，予算払戻制（リベート制）の扱いを巡ってであった．英国は，1984年以来20年以上，共通農業政策の恩恵を受けない見返りとして予算の払

い戻しを受けており，しかもEU拡大に伴いリベート額が増加する見込みとなっている．独仏は，首脳会議においてこの払戻制の2013年からの撤廃を要求した．英国はこの要求を拒否し，逆にリベート制見直しの前提として，フランスが最多の享受国となっている農業補助金の大幅削減を要求した．議長国ルクセンブルクのユンケル首相は，農業補助金をリベート制と一体で見直し，かつ英国への払戻金に上限を設定してその増額を凍結する妥協案を提示したが，英国，ネーデルラント，スウェーデン，スペイン，フィンランドが反対を表明した．最終局面では新規加盟国等の一部が英仏間の仲裁を提案したが，不成功に終わった．リベート制の廃止には加盟国の全会一致が必要とされることから，協議は当面膠着状態に陥っている．

　第二の対立は，予算規模を巡るものであった．今回の中期予算はEU拡大後の最初の中期予算となることから，一方では，社会資本等の整備のための補助金を受け，これを通じて経済力の強化を図ろうとする中東欧の（新規加盟）中小国はその拡大を求め，他方，財政難に直面するEU主要国（既加盟大国）は分担金を抑えるべく予算の大幅減額を主張し，ここに利害対立が生じているのである．この状況において，欧州委員会は国民総所得（GNI）の1.24％相当の予算を提案したのに対して，主要国は1％の上限設定を求めたことから，議論は平行線を辿っている．さらに議長国が提示した1.06％の妥協案についても，ドイツは了承したが，2005年6月段階では全体の合意形成には至っていない（「日経新聞」2005.6.15〜6.18，同7.16）．

　(4) 安全保障に関しては，すでにマーストリヒト条約（1991年締結，1993年発効）において欧州共通外交安全保障政策（CFSP）が導入され，1999年のアムステルダム条約以降これが強化されてきた．2003年4月には，独，仏，ベルギー，ルクセンブルクによる欧州防衛に関する首脳会合において，北大西洋条約機構（NATO）の装備・能力に頼らぬEUとしての作戦立案・実施能力の強化が必要であるとして，NATOから独立した軍事司令部の設置が提案されている．これに対して，米英両国はNATO司令部との重複は受け入れられないとの立場を取った．なかでも，自国を盟主とするNATOの枠内で欧州が負担を肩代わりする仕組みを維持しようとする米国は，この提案に猛反発している．この状況のもとで，2003年12月のブリュッセル欧州理事会において，① NATOの欧州連合軍最高司令部内にEU独自のオペレーションを行うための連絡室を設置，② EU幕僚部にNATOの連絡要員を配置，③ EU幕僚部に軍事・文民セルを設置

することで一応の合意をみた．しかしながら，EU 独自防衛志向は，以後も強まることが予想される．他方，2004 年 3 月 29 日に，バルト三国とスロバキア，スロベニア，ルーマニア，ブルガリアとの 7 カ国は，同年 5 月の東方拡大に先だってNATO 加盟を果たし，これによって，NATO の枠組みによる欧州の安全保障の水準は飛躍的に高まった．しかもその際，ロシアに対する安全保障上の懸念が強いと見られる中東欧諸国では，英独仏による EU 防衛政策共通化は NATO の役割を弱めるゆえに，安全保障は米国主導のNATOに委ねるべきとの意見が主流となっている．さらに，イラク戦争を巡っては，独仏が米英主導のイラク戦争に反対し，イラク戦後の主権委譲問題に関しても共同歩調を取ったのに対して，スペインや中東欧諸国は当初は米国（英国）支持を表明するという，一部ねじれを含む，安全保障戦略上の対立が見られた．

　以上の中期予算問題や安全保障問題を巡る展開は，独仏が統合の推進役としての求心力に蔭りを見せたことにより，一種の政治的空隙が生じ，この状況のもとで英国がその影響力の拡大を狙い，ことに独仏との間で実質的な主導権争いへと動き出しつつあるとともに，大国主導による EU 統合の深化や，そこでの大国の主導権争いに対して，旧加盟国や新規加盟国のなかの中小国が反発を強めていることを示している．これらの状況は，全体として統合に対して遠心分離作用を及ぼしていると見ても，あながち的はずれではなかろう．

　(5) 本章においてケスタースらが詳細に検討した労働力移動・労働市場に関しては，サービス分野の自由化を巡る EU 内部対立の新動向についてのみ指摘しておく．

　ボルケスタイン前欧州委員（域内市場担当）の主導により 2004 年に提案された「域内サービス市場の自由化に関する欧州指令案」（「ボルケスタイン指令案」）は，EU 域内で事業を行う企業は進出先国の法律ではなく出身国の法律に従う，との「出身国主義」を原則としていた．また「欧州委員会は，これを経済活性化，雇用創出の柱と位置づけていた．

　しかし，仏，独，ベルギー，スウェーデン，デンマーク等は，この指令案によって労働者の流入のみならず，中東欧諸国の低賃銀と長時間労働を持ち込む「社会的ダンピング」が生じ，労働者の権利保護や高福祉の制度を持つ「欧州社会モデル」が脅かされるとの強い懸念を表明した．欧州委員会のドゥラン・バローゾ委員長（2004 年 6 月のブリュッセル首脳会議において，10 月末に任期満了を迎えるプロディ委員長の後任として選出された）はこの批判に応えて，いったんは

この原則を撤回するかに見えたが，委員会委員の間では支持派が多数を占め，特に高失業に悩む新加盟国出身の委員が原則の維持を要求したことから，同委員長も後者の意見に従うこととしていた．ところが，2005年3月19日に，直後の3月22～23日にこの指令案の検討が予定されたEU首脳会議の開催予定地ブリュッセルにおいて，欧州労連の呼びかけにより5万人規模のデモが実施された．また，何よりも2カ月後に欧州憲法批准の国民投票が予定されたフランスにおいては，同指令案への市民の反発が同国による憲法批准拒絶に繋がることが懸念された．同指令案が政治問題化し，憲法を「超自由主義」と見る批判が勢いを増して，世論調査で批准反対が賛成を上回る事態となったからである．そこでEU首脳会議は3月23日，フランス政府に配慮してボルケスタイン指令案の見直しで，したがってまた2010年までの関連戦略の練り直しで合意せざるをえなかったのである．

以上から，EU統合は，東方拡大とEU憲法条約の採択に端的に現れているように着実に進展しつつあるとはいえ，統合過程では，独仏英の指導権争いや，加盟中小国の，大国，特に独仏枢軸に対する牽制などの重層的で解決が容易でない対立が繰り返し現れ，これに米国の安全保障戦略による影響力行使も加わり，統合に対して重大な遠心分離作用が生じていることがわかる．こうした遠心分離作用は，加盟国数が一挙に増えたことや，加盟国間の経済力格差がかつてなく拡大したことのゆえに，一層抑制や解消が困難となっていると観られる．憲法条約の批准が足踏み状態となり，統合が停滞しているのはそうした事情を物語るものであろう．このことは，先進的地域統合体が抱えざるをえない固有のジレンマとも言えるのではなかろうか．

こうしたなかで，ドイツがEU統合過程におけるその影響力の一層の拡大を図ることは，他の加盟国からの反発による孤立の危険を招く可能性がある．こうした点をドイツがどのように受け止めて，その地域統合政策をどのように推進してゆくかは，遠心分離作用への対応がどのようになされてゆくか，という問題とともに，引き続き観察を要する問題である．

訳注

[1] ニース条約は，EU拡大を見据え，EUの意思決定手続の効率化および機構改革を目指すべく，EUの基本条約（欧州連合条約——マーストリヒト条約——，欧州共同体条約，欧州原子力共同体条約）を改正したものであり，2001年2月に署名され，2003年2月に発

効した.「EU 関係用語集」(http://www.mofa.go.jp/mofaj/area/eu/keyword.html). なお, 以下の訳注は, 特に断らぬ限り同じ出典, または「欧州連合」(外務省)(http://www.mofa.go.jp/mofaj/area/eu/), または「欧州連合」(駐日欧州委員会代表部)(http://jpn.cec.eu.int/home/index_jp.php) による.

[2] 連合協定とは, EC 条約第 310 条を根拠として, EU と第 3 国との間に特別な関係を築くことを目的として制定される国際条約を指す. また欧州協定とは, EU 加盟を前提として, 政治対話, 自由移動, 経済協力, 文化協力, 財政協力および国内法の EU 基準への調整義務などを取り決める連合協定のことである (田中素香「EU の中東欧への拡大に関する覚書」,『比較経済体制研究』第 6 号, 1999 年所収, をも参照).

[3] 欧州理事会 (European Council) は, EU の最高意志決定機関であり, EU 加盟国首脳および欧州委員会委員長により構成される. 理事会議長国首脳が議長を務め, 通常年 4 回開催される. 議長国は半年交替の輪番制であり, 2005 年前半はルクセンブルク, 2005 年後半は英国である. この欧州理事会は, 欧州連合の発展に必要な原動力を与え, 一般的政治指針を策定するとともに, 共通外交・安全保障政策の共通戦略を策定する. 他方, 欧州連合理事会 (Council of the European Union 閣僚理事会) は, EU 加盟国の閣僚級代表により構成される EU の通常の政策決定機関であり, 総務・対外関係理事会, 経済・蔵相理事会等, 分野ごとに招集, 開催される. 議長国は欧州理事会と同様である. 本章後出でしばしば言及される理事会には閣僚理事会が含まれている.

[4] 言い換えれば, アキは, 共同体の基本条約, 規則, 指令, 判例法等のすべての蓄積された法体系の総称であり, 新規加盟交渉の際には, これの受容が不可欠の条件となる.

[5] 1997 年 7 月に欧州委員会が発表した, 中東欧 5 カ国との EU 加盟交渉の開始を提言する報告書であり, 将来の EU 拡大による支出増大の可能性をにらんだ EU の財政改革プログラムを盛り込んだものである.

[6] 構造政策 (地域支援政策) の実施のために分野によっていくつか設けられた基金であり, 主に地域を単位として, プロジェクトを自治体, 中央政府, 欧州委員会等で協議しながら設定し, 実施してゆくものである.

[7] この首脳会議で採択されたのが, EU の基本条約 (欧州連合条約と欧州共同体条約および欧州原子力共同体条約, 欧州石炭鉄鋼共同体条約 [2002 年失効]) の改正を行うアムステルダム条約であり, 1997 年署名, 1999 年に発効した. 2003 年には, それを改正するニース条約が発効している.

[8] 欧州連合理事会の会議では, 国益の衝突により政策決定が停滞する場面がしばしば見られた. そこで, 統合の深化に伴い決定が停滞することによる弊害を除去し, 迅速な決定を可能とするために, 多くの政策分野で, それまでの全会一致方式に代えて導入されるようになった政策決定の方式が, 各国に人口や国力などを勘案した持ち票を配分した上で票決を行い, 賛成票が一定数以上に達すれば, 成案とするという, この加重特定多数決である. 野田昌吾 (2003)「概説:現在ドイツの政治」(http://koho.osaka-cu.ac.jp/vuniv2003/noda2003/noda2003-12.html). ことに, 1986 年に採択された単一欧州議定書やさらには欧州連合条約 (マーストリヒト条約) 等によって, この制度による採決の対象が拡大されてきた. EU25 カ国体制の現在, 特定多数決によって表決が行われる際には, 321 票中 232 票が必要となる. 加盟国ごとの票数配分については本文表 3 を参照. ただし, 理事会が欧州委員会の提案とは異なる決定をしようという場合や欧州委員会の同意している議

会の修正案を退けようという場合には，依然として全会一致が条件となる．また，共通外交・安全保障政策や司法・内務協力に関する理事会の票決は，欧州連合条約に例外規定のある場合を除き，全会一致が原則となっている．

[9] デンマークのようにマーストリヒト条約の批准をいったんは拒否したり，共通通貨ユーロの採択を国民投票で否決したりする国が現れたこと，EU 拡大に伴い中核国が進める統合推進のペースについて行けない加盟国が現れる可能性が高まったことにより，統合の遅れを懸念する諸国のなかから提起されたのが，この緊密化協力（closer cooperation）である．アムステルダム条約がローマ条約に追加した第 5a 条によれば，これは，特定の分野について，全構成国が同じペースで統合を推進することができない場合に，一部の加盟国が先行して政策統合を行う方式である．手続きを開始する場合は，過半数の加盟国の合意を必要とする．また，加盟国には拒否権が残されている．この規定は，のちに本文で見るようにニース条約で改正・緩和されており，その呼称も「強化された協力（enhanced cooperation）」と改められた．

[10] EU の執行機関にあたる．加盟国の合意に基づき欧州議会の承認を受けた委員で構成される．24 の総局があり，政策，法案を提案し，EU 諸規則の適用を監督し，理事会決定等を執行する．また，共同体事項（通商分野）につき対外的に EU を代表する立場であり，国際法人格を有する．

[11] 結束基金（Cohesion Fund）は，構造政策の実施枠組みの一つであり，運輸と環境を対象としてスペイン，ポルトガル，ギリシャ，アイルランドを対象に支援を行っている．

[12] 1996 年 12 月 16 日に欧州議会および欧州理事会が定めた方針であり，EU 加盟国である外国のサービス部門に従事する被用者を対象とし，移行期間後に国籍や居住の前提による諸制限を無効とすることにより当該加盟外国における被用者の労働条件を保証するものである．Europäische Entsenderichtlinie Richitlinie 96/71/EG des Europäischen Parlaments und des Rates vom 16. Dezember 1996.

[13] 以下で触れる，被追放者とは，ドイツ国籍を持つかまたはドイツ民族に属し，その住所を，オーデル・ナイセ線より東側の旧ドイツ東部領域にもっていたか，あるいは，1937 年 12 月 31 日の領土状態によるドイツ・ライヒの国境外の領域にもっており，この住所を，第二次世界大戦の出来事との関連において，追放（Vertreibung）の結果として，とりわけ国外追放（Ausweisung）または避難（Flucht）によって失った人々（被国外追放者 Ausgewiesene または難民）を指す．

　被追放者の法的地位に関する主要法規である，1993 年 6 月 2 日公示の，被追放者および難民の問題に関する法律（Gesetz über die Angelegenheiten der Vertriebenen und Flüchtlinge 連邦被追放者法 Bundesvertriebenen-Gesetz BVFG）によれば，次の者も被追放者とされる．すなわち，ドイツ国籍を持つかまたはドイツ民族に属し，一般追放措置（allgemeine Vertreibungsmaßnahmen）の成立後，[およそ 1951 年頃以降] 1990 年 7 月 1 日前に，またはその後，受入れ手続き（Aufnahmeverfahren）の定める方法により 1993 年 1 月 1 日前に，旧ドイツ・ライヒ東部領域，ダンツィヒ，エストニア，ラトビア，リトニア，旧ソビエト連邦，ポーランド，旧チェコスロバキア，ハンガリー，ルーマニア，ブルガリア，旧ユーゴスラビア，アルバニアまたは中国を去った者（被強制移住者 Aussiedler）．1993 年 1 月 1 日以降の被強制移住者は後期被強制移住者（Spätaussiedler）と呼ばれる．

　なお，すぐ後に掲げる表 7 の項目では，被追放者と被強制移住者とが併記されている

が，この場合の被追放者は，上記の意味の（いわば広義の）被追放者から被強制移住者を除く者を指すと推測される．また，表7の掲げる被強制移住者には後期被強制移住者も含まれ，同じくドイツ民主共和国からの移住者のなかには，東ベルリーンからの移住者も含まれると推測される．

ちなみに，ブロックハウス百科事典の挙げる下記の数値は，表7と必ずしも一致しないが，参考情報として紹介しておく．すなわち，1950年までに約1250万人のドイツ人が追放され，このうち約790万人が西ドイツへ流入し，410万人がソビエト占領地域・東ドイツへ流入した．1950～94年に約330万人のドイツ人が被追放者，被強制移住者，後期被強制移住者としてドイツ連邦共和国に受け入れられた．さらに，1950年から1992年までの期間に，284万9324人の被強制移住者が受け入れられた．このうち143万59人はポーランドから，74万6147人は旧ソ連から，40万1800人はルーマニアから，10万4691人は旧チェコスロバキアから，8万9717人は旧ユーゴスラビアから，2万1236人はハンガリーから流入した．

また，（東ドイツ・東ベルリーンからの）移住者（Übersiedler）とは，ドイツ民主共和国ないし東ベルリーンからドイツ連邦共和国に移住して（umgesiedelt），受入法（Aufnahmegesetz）に基づく受入れ手続きを通過したドイツ人を指す．受入れ手続き［緊急受入れ措置（Notaufnahme）］は，例えば順応支度金などと同様に，1990年7月1日の通貨・経済・社会同盟の発効に伴い廃止された．

1950～89年にこの移住者の人数は351万8000人にのぼった．このうち88％はドイツ民主共和国の移住（Übersiedlung）許可を得ていないもののそれであった．1961年8月13日のベルリーンの壁の建設に至るまでは，255万8000人の同範疇の移住者が記録されている．以上，*Brockhaus Die Enzyklopädie,* zwanzigte, überarbeitete und aktualierte Auflage, Leipzig・Mannheim 1996, 1999. なお，被強制移住者等の人数の推移や内訳については，Zahlenmäßige Entwicklung und Struktur, in: *Wirtschaft und Statistik,* hg. vom Statistischen Bundesamt, H. 9, 1989 をも参照のこと．

［14］1985年にルクセンブルクのシェンゲンで締結された，共通国境管理の漸進的撤廃に関する協定（85年シェンゲン協定）および90年に締結されたシェンゲン実施条約から成る．1999年に発効したアムステルダム条約は「シェンゲン・アキをEUの枠組みに統合する議定書」を採択して，シェンゲン協定およびその関連規則（「シェンゲン・アキ」）をEUの枠組みに取り込み，同条約発効後5年以内に履行措置を講ずることとした．2005年6月現在，ベルギー，デンマーク，独，仏，伊，フィンランド，ギリシャ，アイスランド，ルクセンブルク，ネーデルラント，ノルウェイ，オーストリア，ポルトガル，スウェーデン，スペインの15カ国が「シェンゲン・アキ完全適用国」である．EU新規加盟10カ国はまだシェンゲン・アキを完全に適用しておらず，またその完全適用は2007年末の前までは見込まれていない．http://www.auswaertiges-amt.de/www/de/willkommen/einreisebestimmungen/schengen_html をも参照．

注

1）PHAREは，「ポーランド・ハンガリー経済再建支援（Poland-Hungary Assitance for Restructuring of Economy）」の略語である．ポーランドとハンガリーは，早期改革国家とし

て西側援助の最初の目標（国）となった．このプログラムは，速やかにすべての改革国家にまで（ドイツ連邦共和国への編入前のドイツ民主共和国にさえ）拡大され，しかも今日なお存続している．
2) これは，アムステルダム版の「欧州共同体創設条約」を意味している．本稿におけるEC条約に関するすべての参照指示は，1997年以来効力を持つ新しい条項番号記載に従って記されている．
3) これらとならびキプロスもその対象とされた．ただしキプロスはマルタと同様，中東欧諸国には含められていない．
4)「アキには交渉の余地はない．」(Verheugen 2001, 5頁)
5) デンマークにおける保守・右派ラディカル勢力による少数派政権は，議会において，右翼ポピュリスト派のデンマーク国民政党に支持されている．
6)「ユーロ・バロメーター——EU世論モニタリング」においては，70年代初頭以来，EU委員会の付託により，年2回全EU加盟国におけるアンケートの結果が出版されている．http://www.za.uni-koeln.de/data/en/eurobarometer/を参照せよ．
7) Deutsche Bundesbank (2001) 16-17頁，および Dresdner Bank (2001) 16頁以下，Verheugen (2001), Best (2001) を参照のこと．
8) この問題は，2004年の次回政府間会議において再度決定されなければならない．
9) 共同市場の定義は，もの，サービス，資本，人の（定住の自由を含む）自由，である．
10) この結果の要約は，Brücker, Trübswetter and Weise (2000) および Brücker (2001), Boeri and Brücke (2000), Boeri and Brücker (2001) に見られる．
11) まさにこのことが，90年代のポーランドにおいて観察されえた．80年代にもともと60万人だったEUへの対外移民被用者のうち，当時，30万人が再び帰国したのである．Ludwig (2000) を参照せよ．
12) この種の提案については，例えば，Wildasin (1991) を参照せよ．もし被用者が，単純に福祉国家的給付の受け手となるために西側において移動すれば，人口移動は非効率をもたらす．そうした状況においては，「非移動報奨金」の支払いは，旧EU加盟国の見地からすれば，対内移民を維持するより安上がりとなりえよう．
13) Sinn (1900) Sinn 1999 および FAZ (1999) を参照せよ．

参考文献

Alecke, B. and Huber, P., Untiedt, G. (2001) What a Difference a Constant Makes - How Predictable Are International Migration Flows? in OECD (ed.) *Migration policies and EU Enlargement. The Case of Central and Eastern Europe,* Paris, 63-78頁.

Bauer, T. (1998) *Arbeitsmarkteffekte der Migration und Einwanderungspolitik. Eine Analyse für die Bundesrepublik Deutschland,* Heidelberg.

Bauer, T. and Zimmermann, K. F. (1999) *Assessment of Possible Migration Pressure and its Labour Market Impact Following EU Enlargement to Central and Eastern Europe. A Study for the Department for Education and Employment,* IZA: Bonn.

Belke, A. and Hebler, M. (2002) *EU-Osterweiterung, Euro und Arbeitsmärkte.* München, Wien.

Best, E. (2001) The European Union after Nice: Ready or Not, Here They Come, in *Intereconomics*

36, 19-24 頁.
Boeri, T. (1998) *Labour Markets and EU Enlargement, Paper presented at the 25 Years Anniversary Conference 'Shaping the New Europe: Challenges of Eastern Enlargement - East and West European Perspectives',* WIIW, 11. - 13. 11. 1998, Wien.
Boeri, T. and Brücker, H. (2000) *The Impact of Eastern Enlargement on Employment and Labour Markets in the EU Member States. Final Report, Executive Summary,* Berlin, Milano.
Boeri, T. and Brücker, H. (2001) Eastern Enlargement and EU-Labor Markets: Perceptions, Challenges and Opportunities, IZA: Discussion Paper Nr. 256, Bonn.
Brücker, H. (2000) The Impact of Eastern Enlargement on Employment and Labour Markets in the EU Member States. Final Report, Part A: Analysis, Berlin, Milano.
Brücker, H. (2001) Werden unsere Löhne künftig in Warschau festgesetzt? in *List Forum für Wirtschafts- und Finanzpolitik* 27, 71-92 頁.
Brücker, H. and Franzmeyer, F. (1997) Europäische Union: Osterweiterung und Arbeitskräftemigration, in *DIW Wochenbericht* 64, 89-96 頁.
Brücker, H. and Trübswetter, P., Weise, C. (2000) EU-Osterweiterung: Keine massive Zuwanderung zu erwarten, in *DIW Wochenbericht* 67, 315-326 頁.
Deutsche Bundesbank (2001) Perspektiven der EU-Erweiterung nach dem Europäischen Rat, in *Monatsberichte der Deutschen Bundesbank,* März, Frankfurt/Main.
Dresdner Bank (2001) *Herausforderung Osterweiterung: Wachstumschancen nutzen - Reformen vorantreiben, Trends Spezial, Wirtschaftsanalysen,* Mai.
EU-Kommission (1999) Bericht über die Fortschritte jedes Bewerberlandes auf dem Weg zum Beitritt, o. O.
EU-Kommission (2000) Strategiepapier zur Erweiterung. Bericht über die Fortschritte jedes Bewerberlandes auf dem Weg zum Beitritt, o. O.
EU-Kommission (2001) Making a Success of Enlargement. Strategy Paper and Report of the European Commission on the progress towards accession by each of the candidate countries, o. O.
EU-Kommission (2002a) Auf dem Weg zur erweiterten Union. Strategiepapier und Bericht der Kommission über die Fortschritte jedes Bewerberlandes auf dem Weg zum Beitritt, Brüssel.
EU-Kommission (2002b) Candidate Countries Eurobarometer 2002.1. Highlights, Brüssel.
Europäischer Rat (1993) Auszug der Schlußfolgerungen des Vorsitzes - Kopenhagen, Europäischer Rat, 21. und 22. Juni 1993, abgerufen am 12. 9. 01 unter der Internet-Adresse: http://www.europarl.eu.int/enlargement/ec/cop_de.htm.
Europäischer Rat (1999) Schlußfolgerungen des Vorsitzes Europäischer Rat (Helsinki) 10. und 11. Dezember 1999, abgerufen am 4. 10. 2000 unter der Internet-Adresse: http://www.europarl.eu.int/enlargement/ec/de/hel.htm.
EZB (2000) Das Eurosystem und Osterweiterung, in *Monatsberichte,* Februar, 41-54 頁.
FAZ (1999) Die Osterweiterung als Chance und Bedrohung, Burda: Verkrustungen werden aufgebrochen / Sinn: Reformen tun Not / Tagung des Vereins für Socialpolitik, in *Frankfurter Allgemeine Zeitung,* 2. 10. 1999, 14 頁.
Fertig, M. (2000) *The Economic Impact of EU-Enlargement: Assessing the Migration Potential,* Heidelberg,

mimeo.

Fertig, M. and Schmidt, C. M. (2000) Aggregate-Level Migration Studies as a Tool for Forecasting Future Migration Streams, IZA: Discussion Paper, Nr. 183, Bonn.

Glende, A. (2002) Wie wirken sich die Regelungen zur Freizügigkeit zwischen EU und Polen aus? Welche Möglichkeiten haben polnische Arbeiter auf dem deutschen Arbeitsmarkt? Parlamentarischer Beratungs- und Gutachterdienst des Landtags NRW, mimeo.

Hebler, M. (2002) *Arbeitsmarkteffekte der EU-Osterweiterung. Zur Wirkung von Integration, Migration und institutionellem Wandel auf den Arbeitsmarkt,* Berlin.

Hille, H. and Straubhaar, T. (2001) The Impact of the EU-Enlargement on Migration Movements and Economic Integration: Results of Recent Studies, in OECD (ed.) *Migration policies and EU Enlargement. The Case of Central and Eastern Europe,* Paris, 79−100 頁.

Jovanovic, M. N. (1999) What Are the Limits to the Enlargement of the European Union?, in *Journal of Economic Integration* 14, 467−496 頁.

Ludwig, M. (2001) Die Angst vor dem Andrang aus dem Osten - Keine massenhafte Arbeitskräfteemigration aus Polen und anderen Bewerberstaaten, in *Frankfurter Allgemeine Zeitung* vom 28. März 2001, 16 頁.

Nicolaides, P. and Boean, S. R., Bollen, F., Pezaros, P. (1999) *A Guide to the Enlargement of the European Union (II). A Review of the Process, Negotiations, Policy Reforms and Enforcement Capacity,* European Institute of Public Administration: Maastricht.

Sinn, H.-W. (1990) Tax Harmonisation and Tax Competition in Europe, in *European Economic Review* 34, 489−504 頁.

Sinn, H.-W. (1999) EU-Enlargement, Migration and Lessons from German Unification, CEPR Discussion Paper No. 2174, London.

Sinn, H.-W. and Flaig, G., Werding, M., Munz, S., Düll, S., Hofmann, H. (2001) *EU-Erweiterung und Arbeitskräftemigration. Wege zu einer schrittweisen Annäherung der Arbeitsmärkte,* München.

Sinn, H.-W. and Werding, M. (2001) Zuwanderung nach der EU-Osterweiterung: Wo liegen die Probleme? in *ifo Schnelldienst* 54 (8), 18−27 頁.

Straubhaar (2001) Ost-West-Migrationspotential: Wie gross ist es? HWWA: Discussion Paper 137, Hamburg.

Verheugen, G. (2001) The Enlargement Process after Nice: a Qualitatively New Stage, in *Intereconomics* 36, 3−7 頁.

von Loeffelholz, H. D. and Köpp, G. (1998) *Ökonomische Auswirkungen der Zuwanderungen nach Deutschland,* Berlin.

Walter, N. and Just, T. (2002) Die deutsche Bauwirtschaft im Zuge der EU-Osterweiterung, Deutsche Bank Research Sonderbericht, 11. Oktober 2002, Frankfurt a. M.

Wildasin, D. (1991) Income Redistribution in a Common Labor Market, in *American Economic Review* 81, 757−774 頁.

総括と展望

渡辺　尚

　ここで，それぞれ独自な観点に立つ 12 本の論考を総括するに当たり，まず指摘できることは以下のごとくである．それは，1990 年代初に相前後して日本では「平成バブル」が，ドイツでは「再統一バブル」がはじけ，これ以降日独経済が長期停滞を余儀なくされている現状認識で日独双方が一致しているにもかかわらず，概して日本側の論調が悲観的であるのに対して，ドイツ側の論調は楽観的と言えないまでも，悲観的ではけっしてないことである．これは何につけても「弱気」の日本人と「強気」のドイツ人との相違の反映であろうと，簡単に片づけられるものではない．九十年代以後の長期停滞の影響が，日本では東アジアにおける政治関係の険悪化によって増幅されているのに対して，ドイツでは拡大 EU におけるドイツの政治・経済的影響力の増大によって，ある程度緩和されているからである．日本側の危機意識は孤立感によって強まり，ドイツ側の危機意識は統合成果によって宥められている．日独双方の危機意識の違いはある程度現実的根拠を持っているのである．

　とはいえ，危機意識の持ち様が日独それぞれの側で一致しているわけではない．とりわけ危機の原因を何に求めるかという点で，論は分かれる．日本側では日本の類型特性（いわゆる「日本型資本主義」）に問題関心を向ける者と，状況変動に対する政策対応の不適合に向ける者とに大別できよう．もちろん，経済政策の構造特性も類型規定を受けている以上，前者には当然に政策関心も含意されている．しかし前者が政策だけでなく企業行動や消費者行動まで問題にするのに対して，後者は政策批判に重点を置くという違いがある．類型設定をそれなりの方法的手続きを踏んで行うか，またどのような戦略構想を打ち出すかは別として，前者に属するのは渡辺，劉であり，日本の企業構造に仮借ない批判を浴びせる竹内もこれに含めてよいであろう．後者に属するのは，孤立への危機意識から発する日本の地域統合政策が新たな孤立を生み出す危険を指摘する今久保と，日本の対外経済政策が事実上米国の下請けであったことを示唆する中村である．この 5 人に対して，日独貿易関係の変動を追い，これの近年の停

滞・衰退の裏に多角的貿易体制展開の可能性を看取する八林は，日独関係の意義づけに新たな視点を打ち出している．

　他方ドイツ側では，明示的であるか否かは別としてドイツの秩序政策（社会的市場経済体制）が試練に曝されているという認識を示す者は，ボル，ハックス，ティーメである．なかんずくボルは社会的市場経済からの逸脱にドイツ経済の危機の主因を直截に求め，ハックスはボルほど明確でないとはいえ基本的に同じ立場から，企業・労働政策に点検を加えている．ティーメは EU 内部の競争激化と産業立地としてのドイツの競争力劣化を重視し，その含意は一義的でないが秩序政策の環境変動適応力の再検討を促す．この三人に対してケスタース／ヘブラーは，EU 内部の労働力移動の有利な側面を重視し，不利な影響は政策によって調整可能であるとして，ドイツの移民受入れ国としての立地優位を強調している．興味深い対照を見せるのはハイドゥク／シャッベルとクレナーであり，前者が日独経済関係の停滞の原因を日本の構造的「閉鎖性」に求めるのに対して（その意味で彼は一種の類型論者である），一見日本を論じながら，間接的にドイツの社会的市場経済論を批判してみせるのが後者である．

　以上を念頭に置いて，ここで書名でもある「孤立」と「統合」についてあらためて考察を加えたい．前述のように，隣接空間との政治的関係がいたって不安定な日本に対し，フランスと組んで EU 統合の要をなすドイツは位置の優位に立つかに見える．しかし現状がそうだからといって，今後の展望においても日本の選択肢として統合への道が開けていないことにはならない．むしろ自戒するべきは，表面的な孤立を恐れて性急にこれからの脱却を図り，その結果，再び主体性を失った道に走ることではあるまいか．「脱亜入欧」，「脱亜向米」に心情的に反発して「離米入亜」を自己目的とすることは，主体性を失っている点で同一の道である．日本の戦略目標は，欧米ともアジアとも対等な相互依存の関係を築き上げることに置かれるべきであり，そのためには戦略的提携と同じく戦略的孤立もありうることを念頭に置く必要があろう．アメリカの単独行動主義はそれが長期的に見て成功を収めるか否かはともかく，モンロー主義の系譜を継ぐ一種の戦略的孤立主義と言える．EU 空間のまっただなかにあたかも台風の眼のような穴をうがっているスイスの，安全保障観念を体化したかのようなわが道を往く政策選択もまた，同じ範疇で捉えられるべきであろう．

　以上を考慮に入れた上でなお，単独行動主義をとるアメリカへの一辺倒から

脱し，東アジア諸国との政治的正常化を図ることが，日本の総合的安全保障にとり喫緊の政策課題であることは言うまでもない．しかしそのためには，明確な戦略構想が不可欠である．この意味で今久保による，東アジア統合の主導権を狙う中国や，東アジアの自立を懸念する米国を牽制しながら，日韓・日アセアン間の経済連携を優先するかたちでの東アジア統合への道筋の提唱は，傾聴に値する．そうであれば日韓の政治関係修復のために日本が何をなすべきかの検討は，私たちにとり今後の重要課題の一つであろう．

　ちなみに，後述のようにEUにおけるドイツの不均等発展がドイツを孤立へ向かわせる逆説的可能性を孕んでいるとすれば，これはそのまま中国の今後にも当てはまる．「昇竜の勢い」の中国経済がいつまで現在の高成長を続けられるか，また中国経済の不均等発展が東アジア空間にどのような反作用を及ぼすのか，これへの展望はあらゆる心情的予断を排除した，徹底的に現実に即したものでなければならない．日本側論考に通底する危機意識が感情移入によって曇らされていないか，今後とも自己点検を怠ってはなるまい．

　他方で，ドイツが当面EU統合拡大による外部経済性を享受できるために，ドイツ側論考に窺われる危機意識には総じてまだ余裕があるように見える．国境を越えたEU内部の企業合併に言及するハックスはともかく，他はドイツ経済とEU経済の両者を部分－全体の関係というよりも，むしろ二重写しで観ているように思われる．すなわち，両者の一体化が進んだ結果，ドイツ経済論がそのままEU経済論になりうるという暗黙の前提に立っているかのようである．これは，EU統合拡大・深化がドイツのEUにおける比重の不均等増大をもたらしていることの反映でなかろうか．ケスタース／ヘブラーは言うまでもないとして，ハイドゥク，ティーメが対外経済関係に言及する時，独米関係を視野に入れていないことも，このような自己認識と無関係であるまい．

　再統一を果たした後長期低迷に喘いでいるとはいえ，今やEU経済のドッペルゲンガーになり始めたドイツ経済は自らの内部に東西関係の不均衡を抱えつつ，EU内部の非ドイツ経済圏との相互依存関係における不均衡を強めている．これはヨーロッパのドイツ化に向かい，遅かれ早かれ何らかの軋轢を惹き起こさずにはおくまい．EU憲法条約の批准がフランスとオランダで否決されたことは，ガリバー・ドイツによって経済的に支配されるEU体制そのものへの批判と懐疑の表面化でもあること，よって「ドイツ経済＝EU経済」二重写し論に対する反撥を秘めていることも見誤ってはならないだろう．

ドイツ側論考に危機意識が窺われる限り，それが社会的市場経済体制の試練に焦点を当て，ドイツと二重写しのヨーロッパがやがて人口減少社会になる予測が視野の外に置かれていることも，見過ごすことができない．現在西欧がそこからの移民の殺到を警戒している，すなわち労働力の無制限供給源とみられている中・東欧が，出生率で西欧さえも下回り，労働力供給源としてやがて枯渇することはすでに予測されていることである．西欧にとり究極の労働力供給源と見なされるロシアの人口でさえ，2004年国連世界人口推計（中位推計）によれば2050年には日本の人口を下回るのである．このヨーロッパの長期人口動態がドイツ側論考の視野に入っていないのは，ドイツはその経済力と社会保障制度とによってドイツ外部から移民を惹きつける魅力を具えた社会であり，国内労働力不足を随時外部から補充できるという自信の表れと見るべきであろうか．もしそうであるならば，この自信は，福祉国家体制のドイツ的形態としての社会的市場経済が国内の社会的安定のためだけでなく，外部から労働力を吸引し続けるためにも堅持されるべきだとの認識を秘めていることになろう．手厚い福祉国家体制は，高止まりした労働費用のために短中期的に産業立地としてのドイツの競争劣位を招き，資本輸出の増大と資本輸入の抑制とを惹き起こす．他方で，長期的には充実した社会保障により外部労働力の確保を容易にする．人口減少社会となったヨーロッパが労働力の獲得競争にしのぎを削る将来を予感しながら，社会的市場経済が資本と労働力の国際移動に及ぼす正と反の効果の得失を計りかねていることが，ドイツ秩序政策が現在はまりこんでいる隘路と言えようか．

　以上を要するに，各論考の観点と論点の相違を超えて本書が示唆するものは，おそらく次のことであろう．すなわち，日本は己の「孤立」的現状や，後発の利益を享受して躍進する中国経済に過度に反応することなく，長期的かつ現実的展望に立って戦略構想を練ることが課題であり，ドイツは社会的市場経済の徹底がドイツのヨーロッパ化に向かうのか，それともヨーロッパのドイツ化に向かうのかという観点からの，社会的市場経済体制の忌憚なき再検討が課題であるということ，これである．いずれにせよ，本書が21世紀初頭に日独経済が直面した問題状況の時代的証言の一つとして，少なくとも資料的価値を持ち続けられることを私たちはひそかに願っている．

あとがき

　本書は,「孤立の日本　統合のドイツ――戦後史の分岐点」を共通論題として開催された 2002 年 11 月の第 13 回日独経済学・社会科学シンポジウムの, 独語と英語による各報告を基礎にして編まれたものであるが, シンポジウムの報告集そのものではない. むしろ, シンポジウム後の対象の変化を踏まえて各報告を大幅に改稿し, かつ共通論題の主旨により即するかたちに編別構成を改めた上で, 序論, 各部の「はじめに」による論点整理, および総括と展望によって, あらためて主題に関する共著者の主張を明示した, 一個の独立した作品である.

　ともあれ, 本書とシンポジウムとの関係を比較するための参考情報として, 当該シンポジウムの報告論題と報告者の一覧を以下に掲げておく.

　　第一セッション　日独の秩序理解への試練
　　　I　世紀の節目における日本の危機状況と危機意識　　　　　　　　渡辺　尚
　　　II　ドイツにおける社会的市場経済の展望　　　　　　　　アルトゥール・ボル
　　第二セッション　アジアにおける日本の統合, ヨーロッパにおけるドイツの統合
　　　I　アジアにおける日本の統合の可能性と方途　　　　　　　　今久保幸生
　　　II　ヨーロッパにおけるドイツの統合――東欧への拡大の諸問題
　　　　　　　　　　　　　　　　　　　　　　　　　　　　ウィム・ケスタース
　　第三セッション　世界経済の相互依存における日独の位置
　　　I　日本の対外経済関係――対米関係を中心にして　　　　　　　中村隆英
　　　II　ドイツと EU 内外との経済関係　　　　　　　　　　イェルク・ティーメ
　　第四セッション　日独経済関係
　　　I　過去 20 年の日本の対独貿易　　　　　　　　　　　　　　　八林秀一
　　　II　ドイツからみた独日経済関係の展望　　　　　　　ギュンター・ハイドゥク
　　第五セッション　転換期に直面する企業構造
　　　I　日本の企業構造　　　　　　　　　　　　　　　　　　　　　竹内常善
　　　II　ドイツの企業構造　　　　　　　　　　　　　　　ヘルベルト・ハックス
　　第六セッション　日本におけるグローバル化の試練と適応

Ⅰ　現代史の重荷に喘ぐ日本の現実対応　　　　　　　　劉　進慶
　　　Ⅱ　ドイツから見た日本の位置——受容と拒絶　　　ヲルフガンク・クレナー

　また，シンポジウムと本書に共通する事項についても，ここで補足しておきたい．
　シンポジウムの共通論題とセッション等の構成については，2001年8月初旬に，本シンポジウムの日本側代表である渡辺の提案に基づく協議により原案が形作られ，その後日本側報告者ならびにドイツ側事務局担当のクレナーとの幾たびかの調整を経て，最終案として固められた．
　その際，原案には，戦時期日本の対外侵略に関する問題の検討も含められていた．企画段階において，未来を展望するために日本の過去が今日なおもっている重みを再考する必要があることで，意見の一致をみたからである．2005年春に，日本の，中国および韓国との歴史問題や領土・領海問題をめぐる対立が，日本の両国との関係に少なからぬ亀裂を生じさせた事実からしても，2001年にこの問題の再考が検討されていたことの意味が，あらためてよく理解されるであろう．
　とはいえ，諸般の事情から2002年のシンポジウムにおいてこれを論題として立てることは断念せざるをえなかった．また，本書を編む際にも，この問題を立てることはしなかった．この問題はきわめて重要であるとはいえ，シンポジウム報告に即して我々の主張を明確に提示することがまずはなされるべき課題であり，また，この問題を本書のなかで断片的に取り上げるのでは，かえって我々のこの問題への認識を伝えるのに不十分となる可能性もある，と判断されたからである．
　したがって，この問題は次回以降のシンポジウムにおいて取り上げるべき重要な論点として残されている．とはいえ，本書のなかには，一部この問題に触れた章もある．これらの章において示された問題提起は，今後の本格的検討の際のたたき台となりうると考えている．
　各部の冒頭に置いた「はじめに」については，第1部と第2部を渡辺が，第3部と第4部を今久保がそれぞれ分担執筆した．本書に寄せられたドイツ側の独語原稿については，主として日本側参加者が手分けして和訳に当たった．具体的には，ボル稿を渡辺，クレナー稿を黒澤，ハックス稿を石井・竹内・黒澤，ハイドゥク＝シュナーベル稿を八林，ティーメ稿を黒澤，ケスタース＝ヘブラー

稿を今久保，がそれぞれ訳した．また，ドイツ側が寄せた各章の訳注についても，基本的にはそれぞれの訳者が執筆した．

最後に，シンポジウム組織委員長を務め，本書の編集にも名を連ねた立場から，この場を借りて，本書刊行に至るまでお世話になった関係各位への謝辞等を申し述べることをお許しいただきたい．

まず，本書の寄稿者である劉氏（東京経済大学名誉教授）と共編著者でありかつシンポジウムのドイツ側代表でもあったハックス氏（ケルン大学教授［エメリトゥス］）のお二人が，脱稿後，相前後して逝去されたことに触れさせていただきたい．劉教授は 2005 年 10 月 23 日に享年 74 で，またハックス教授はそれから一ヵ月半も経たない 12 月 3 日に享年 72 で永眠された．日独経済学・社会科学シンポジウムの重要な構成員でもあったお二人を失ったことは我々にとって重大な痛手であるが，劉教授については，亡くなる直前に電話で話を交わした渡辺教授より，校正作業の順調な進捗と 2006 年春の本書出版予定との報告がなされ安心していただけたこと，またハックス教授については，2005 年 11 月末ボーフムにて開催された第 14 回同シンポジウムへの日独双方の参加者が 11 月 25 日にケルンにて入院中の同教授をお見舞いした際，やはり渡辺教授より，ハックス教授執筆章の和訳原稿の初校ゲラ刷りが手渡されつつ，2006 年春の本書出版予定の報告がなされたことは，せめてもの慰めである．ここに，衷心より両故人のご冥福をお祈り申し上げる．

シンポジウムでの報告と討論を踏まえて本書のために新たに原稿を作成して下さった，両故人を含む日独双方の参加者各位，またドイツ側原稿の翻訳を引き受けて下さった日本側参加者および協力者各位には，あらためて深謝申し上げる．とりわけ，ドイツ側事務局の立場から共編著者としてご尽力いただいたクレナー教授には，日本側編著者を代表して篤く謝意を表する．黒澤助教授は，シンポジウムの運営と討論に積極的に参加して下さり，上記のように複数のドイツ側原稿の訳出に加えて，本書の編集にも協力を惜しまれなかった．黒澤助教授の多方面に亙るご尽力に深く感謝申し上げる．シンポジウムに際しては，京都大学大学院経済学研究科のゼミ生諸君の協力も得た．このことにも深謝する．

第 13 回シンポジウムは京都大学大学院経済学研究科において開催された．会場の使用を快く認めて下さった同研究科に御礼を申し上げる．また，シンポジウム開催に際して財政的ご支援を賜った京都大学経済学会，財団法人日独文化

研究所,フリッツ・テュッセン財団にも,深甚の謝意を表する.とりわけ,元京都大学総長,岡本道雄日独文化研究所長の日独学術交流に対する深いご理解にもとづく格別のご高配には,衷心より感謝を捧げるところである.

本書の刊行にあたっては,京都大学教育研究振興財団の出版助成を得た.同財団のご支援に篤く御礼を申し上げる.最後に,本書の出版を引き受けて下さった京都大学学術出版会の鈴木哲也編集長には,本シンポジウムの準備・企画段階から本書の刊行に至るまで,終始ご配慮に満ちたご支援を賜った.日独双方の編著者・寄稿者を代表して,鈴木氏に心から御礼を申し上げる.

2006 年 3 月

今久保幸生

索　引（事項索引／人名索引）

事項索引

[数字・アルファベット]
APEC　233, 287, 289, 310, 341
ASEAN 行動計画 EAI　288
ASEAN 自由貿易地域（AFTA）　287-289
ASEAN ＋ 3　288, 291-294, 298-299, 304, 309-311, 313, 336
EC 条約　350, 378, 381
EU（欧州連合）　116, 349-381, 385-387
　　EU 委員会　165-166, 288, 349, 352-354, 361, 381
　　EU 憲法　iii, 280, 371-373, 377, 387
　　EU 統合　ii-iii, 32, 49, 182, 190, 199, 201, 295, 359, 368, 371, 376-377, 386-387
　　EU 理事会　356-357
FTA　286-290, 292-295, 298, 305, 309, 314, 332, 335-338
IMF　272, 257, 275, 287, 310
NIEs（新興工業経済地域）　175-176, 187-189, 195-196, 199, 201, 204, 206-207, 234
WTO 協定　299, 340
WTO 新ラウンド　299, 316, 322

[ア行]
アキ・コミュノテール　351, 352
アジア開発銀行（ADB）　292, 341
アジア共通通貨　311, 336
アジア債券基金（ABF）　291-292, 311, 341
アジア債券市場構想（ABMI）　291-292, 310
アジア通貨危機　91-92, 283, 287, 291, 293, 310, 314 →危機
安全保障
　　エネルギー・資源安全保障　337
　　食料安全保障　22, 304, 309, 326-330, 340
　　総合的安全保障　387
イラク戦争　iii, 253, 342, 374, 376
岩戸景気　7-8, 39
円高　10, 23, 87, 88, 227, 322
欧州委員会　356, 363, 373, 375-376, 378
欧州議会　356, 379
欧州自由貿易連合（EFTA）　287, 294-295, 305 → FTA
欧州中央銀行（ECB）　255-257, 260, 358, 474

欧州理事会（European Council）　350-352, 372-373, 375, 378-379
欧米型経済システム　5, 11, 49, 78
置き換え水準　28-29, 31, 42, 51-52, 54
オルド　iv-v, 13, 122

[カ行]
外国人労働者／外国人労働力　24, 31, 42, 55, 245, 367, 370 →労働力
外来財　24-27, 40, 42
加重特定多数決　356-358, 378
株式持ち合い　79, 113, 141, 213, 216
企業グループ　80, 102, 112, 124, 155-156, 217
企業系列　79-82, 88, 105, 108
企業集団　80-82, 89, 115, 121, 123-124, 126, 128-130, 132, 134-135, 137-142, 144, 147-148
企業別組合　83, 85-86
規制改革・民間開放推進会議　303
協業　17, 20-21, 25, 38
行政指導　90, 101-102, 104, 107, 112-114, 322
競争秩序　iv, 65
勤労婦人福祉法　43
経済安定成長促進法　v, 60
経済活性化・（競争力強化）戦略　296-297, 316-317, 319-320
経済財政諮問会議　56, 284, 296-298, 301, 303, 305, 316, 325
経済産業省　117, 197, 230, 287, 305, 316
経済システム　4-5, 11-12, 14, 20, 49-50, 75, 78-79, 93, 99, 124, 385
経済体制理念　iii-v, 4
経済連携協定（EPA）　233, 283-287, 290, 292, 295-297, 299-300, 302-303, 305-308, 311-312, 315-316, 318, 324-325, 327, 329-330, 333, 336-340
合計出生率（TFR）　28-29, 31, 42, 51-52, 54
高コスト構造　88-90, 94, 295, 325
高度成長　8-10, 12, 36, 79, 81-82, 93, 95, 131, 266, 272, 274
コペンハーゲン基準　351-352, 356
孤立　i-iii, vi, 279, 281, 284-285, 306, 313, 333,

索　引　393

337, 377, 385-388

[サ行]

財閥 80, 123-124, 126, 147-148
産業競争力戦略会議 311, 316
産業空洞化 9, 87, 295-296, 320
産業立地 177, 230-231, 235, 295, 386, 388
市場経済 iv, 4, 59, 67, 70, 77, 111, 176, 351-352, 365, 368
市場原理 30, 76, 82, 279, 326, 340
失業 27, 61-66, 72, 90, 154, 168, 171, 223, 258, 260, 359-360, 362, 369, 377
失業率 iii, 8, 10, 23, 27, 61, 363, 367, 374
社会主義市場経済 ii, 14, 32
社会的市場経済 iii-v, 4-5, 15, 59-62, 64, 71-72, 116, 122, 386, 388
重化学工業化 125, 129-130
終身雇用 44, 79, 83, 85-86
自由貿易協定 92, 279, 283, 286, 329, 340 → FTA
出生率 28, 30-31, 41-43, 50-52, 54, 67, 72, 370, 388
少子・高齢化 10, 53
消費コウホート 27, 39-42, 50
消費様式 11, 18-19, 24-25, 39-40
食料自給率 22, 323-324, 326-328, 330-331
食料・農業・農村基本計画 323, 327
新産業創造戦略 296, 316-317, 319-321
生産の優位 3, 17, 19-22, 24, 37-38, 48, 53
西洋化 15-16, 18-20, 25
総合規制改革会議 303, 325-326, 331
総合人口政策 3, 42, 46-47

[タ行]

男女共同参画社会基本法 43
男女雇用機会均等法 43
チェンマイ・イニシャティブ 291-292, 310
秩序政策 iv, 3-5, 15, 63, 67-68, 72, 99-104, 112-116, 122, 166, 177, 253, 259, 386, 388
知的財産 295, 317-318
中アセアンFTA 287-290, 292-293, 335-336 → FTA
中国脅威論 9, 289, 295, 333, 335-336
中国のWTO加盟 176, 234, 309
通貨危機 91-92, 254, 283, 287, 291, 293, 295, 310, 314
通商産業省(通産省) 107, 115, 117, 230, 269, 271-272, 319-320
敵対的買収 122, 151, 157-158, 163, 165-166, 168, 170, 213

ドイツの(再)統一 ii, iii, v, 100, 152, 182, 242, 244, 350, 356, 368, 385, 387
東南アジア友好協力条約(TAC) 290, 293, 308

[ナ行]

内外一体の経済政策 279, 316
ニース条約 280, 349, 354, 356, 377-379
日アセアン包括的経済連携協定 308
日・シンガポール新時代経済連携協定 (JSEPA) 290, 299-300, 306
日米繊維交渉 268
日米貿易摩擦 178, 207
日韓FTA 289, 293, 295, 305, 309, 314, 338 → FTA
日中韓FTA 290, 294, 309 → FTA
日中韓投資協定 294, 309
日本型資本主義 14, 50, 75, 93, 385
日本的経営 49, 76, 78-79, 82-87
農林水産省 300-302, 312, 323-325, 327-332, 340

[ハ行]

バブル経済 23, 48, 75, 87, 132, 139, 182, 223 → 泡沫経済
東アジアFTA 292-293, 298, 305, 309, 337 → FTA
東アジア拡大コミュニティ 299-300, 312
東アジア共同体 279, 292-295, 304, 309, 313, 336-338, 341
東アジア首脳会議(東アジアサミット) 292-293, 304, 313, 337, 339
東アジアビジネス圏 298, 300, 315
富国強兵 16-19, 28, 30-32, 34, 41
富国向米 19, 31
プラザ合意 23, 87, 178
不良債権 iii, 78, 87, 91, 93, 96, 134, 139, 141, 213, 295, 334
ペティ=クラークの法則 20, 122
貿易結合度 188-189, 196, 206-207
貿易収支 22, 178, 207, 209, 219, 223, 227, 268-269, 274-275, 322
貿易摩擦 90, 178, 268-269

[マ行]

マーストリヒト条約 375, 377-379

[ヤ行]

輸出依存率 22-23, 26
ユーロ圏 iii, 256, 258-259, 374

[ラ行・ワ行]
類型政策　3-4, 13-15, 17-20, 24, 30-31, 37- 39, 43, 47-48

人名索引

逢沢一郎　313
アナン, コフィー　313
アロヨ, マカパガル　290, 307
安藤良雄　126, 148
内田忠夫　125
エーアハルト, ルートビヒ　iv, 59-60, 67-68, 72
江戸英雄　130, 148
オイケン, ワルター　iv
橘川武郎　148
金碩洙　294
金大中　293
グーテンベルク, エーリッヒ　iv
ケインズ, ジョン・メイナード　v, 48, 93, 126
小泉純一郎　290, 293, 297, 299-300, 306, 308-310, 312, 314, 327, 332, 339
小宮隆太郎　125
コンドラチェフ, ニコライ・ドミートリエヴィチ　10, 48
塩川正十郎　302, 310
柴垣和夫　148
下谷政弘　148
シュレーダー, ゲアハルト　166, 170, 253, 374
シラー, カール　v
白柳秀湖　148
ダウナー, アレクサンダー　312
高橋亀吉　148
タクシン, チナワット　290, 306, 332
竹中平蔵　231
田代茂樹　131

ティーメ, イェルク　iv, 177, 179, 241, 386-387
デルベス, ルイス・エルネスト　323
中山素平　131
西山弥太郎　131, 148
ハイドゥク, ギュンダー　iv, 3, 176, 179, 207, 386-387
ハックス, ヘルベルト　iv-v, 121-122, 151, 386-387
ビスマルク, オットー・フォン　66
平沼赳夫　307, 316
プロディ, ロマーノ　353, 376
ベーム, フランツ　iv
ボル, アルトゥール　iv-v, 3-4, 59, 122, 177, 280, 386
ボルケスタイン, フリッツ　376-377
町村信孝　313
マハティール, ビン・モハマド　288, 290, 310
美濃部亮吉　148
宮崎義一　126, 130, 148
宮本又郎　148
ミュラー-アルマク, アルフレート　iv-v, 4, 59
メガワティ, スカルノプトゥリ　290
森川英正　148
山崎広明　148
山路愛山　148
米倉誠一郎　148
ラフィダ, アジズ　307
リュストウ, アレクサンダー
レプケ, ウィルヘルム　iv

執筆者・訳者氏名および現職(執筆順)

渡辺　尚　東京経済大学教授

故劉　進慶

ヲルフガンク・クレナー(Wolfgang Klenner)　ボーフム大学教授

黒澤　隆文　京都大学助教授

アルトゥール・ボル(Artur Woll)　ジーゲン大学教授(エメリトゥス)

竹内　常善　名古屋大学教授

故ヘルベルト・ハックス(Herbert Hax)

石井　聡　名古屋大学研究員

八林　秀一　専修大学教授

ギュンター・ハイドゥク(Günter Heiduk)　デュースブルク・エッセン大学教授

クリスティアン・シャッベル(Christian Schabbel)　デュースブルク・エッセン大学助手

イェルク・ティーメ(Jörg Thieme)　デュッセルドルフ大学教授

中村　隆英　東京大学名誉教授

今久保　幸生　京都大学教授

ウィム・ケスタース(Wim Kösters)　ボーフム大学教授

マルティン・ヘブラー(Martin Hebler)　ノルトライン・ウェストファーレン州都市建設・住宅・文化・スポーツ省職員

孤立と統合：日独戦後史の分岐点
ⒸH. Watanabe/S. Imakubo/H. Hax/W. Klenner 2006

2006年3月30日　初版第一刷発行

　　　　　　　編者　　渡　辺　　　尚
　　　　　　　　　　　今　久　保　幸　生
　　　　　　　　　　　ヘルベルト・ハックス
　　　　　　　　　　　ヲルフガンク・クレナー

　　　　　　　発行人　本　山　美　彦

　　発行所　京都大学学術出版会
　　　　　　京都市左京区吉田河原町 15-9
　　　　　　京 大 会 館 内（〒606-8305）
　　　　　　電　話（075）761-6182
　　　　　　ＦＡＸ（075）761-6190
　　　　　　ＵＲＬ　http://www.kyoto-up.gr.jp
　　　　　　振　替　01000-8-64677

ISBN 4-87698-679-7　　　　　印刷・製本　㈱クイックス東京
Printed in Japan　　　　　　　定価はカバーに表示してあります